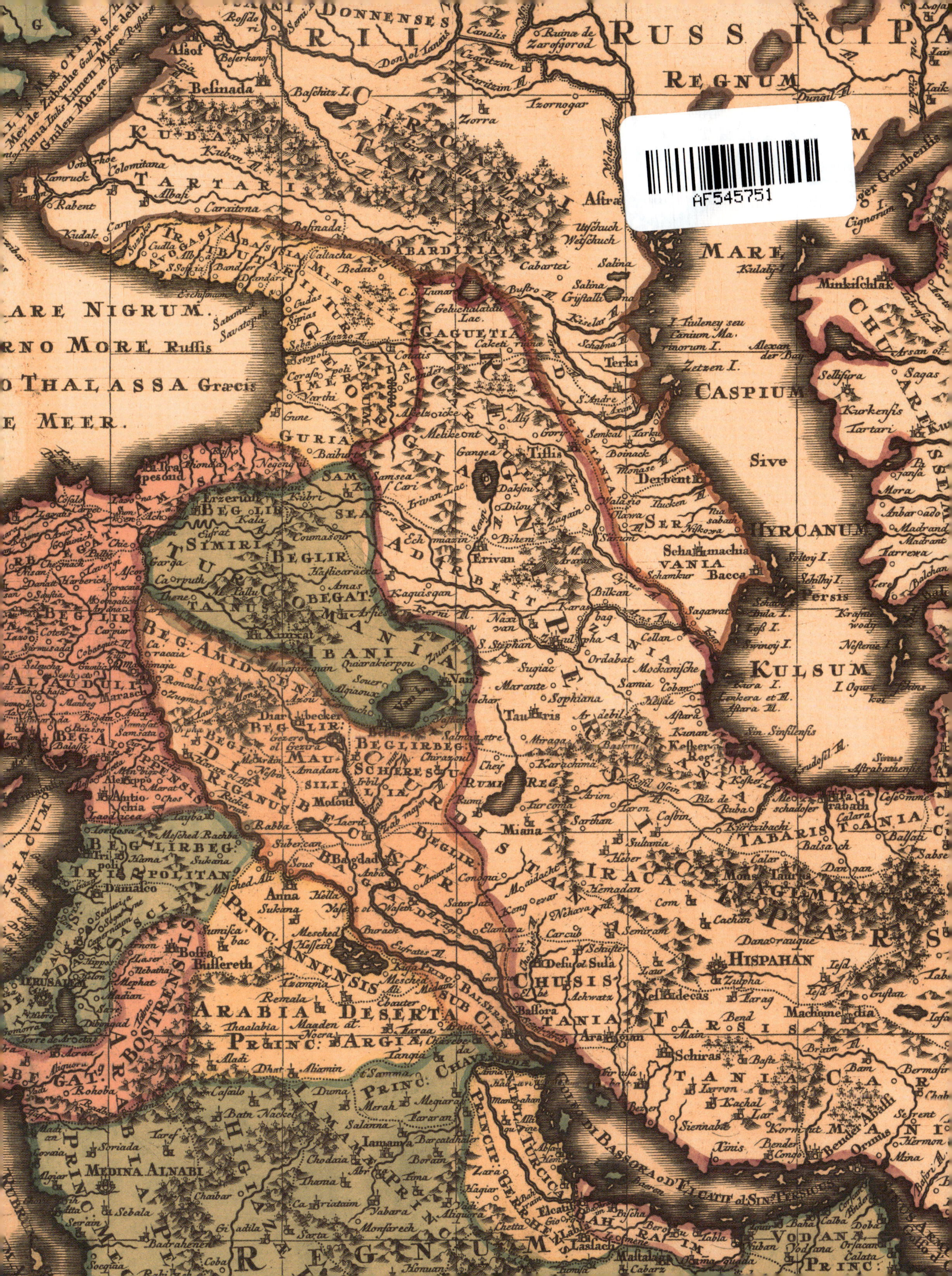
RUSSICI
REGNUM
CIRCASSIA
TARTARIA
CABARDINIA
MARE NIGRUM
Russis
THALASSA Græcis
MEER
MINGRELIA
IMERETIA
GURIA
GAGUETIA
GEORGIA
DAGESTAN
MARE CASPIUM
Sive
HYRCANUM
KULSUM
TURCOMANIA
BEGLIR
Erzerum
Erivan
Tiflis
Derbent
Terki
Astrabathensis
Tauris
Ardebil
Schamachia
Bacca
Persis
IRACA
HISPAHAN
FARSISTANIA
CHUSISTANIA
TABARISTANIA
KURDISTAN
Diarbecker
Mosul
Bagdad
Damasco
Hierusalem
ARABIA DESERTA
PRINC. ANNENSIS
MEDINA ALNABI
REGNUM
Schiras
Bassora
Ormus
Mahan
AF545751

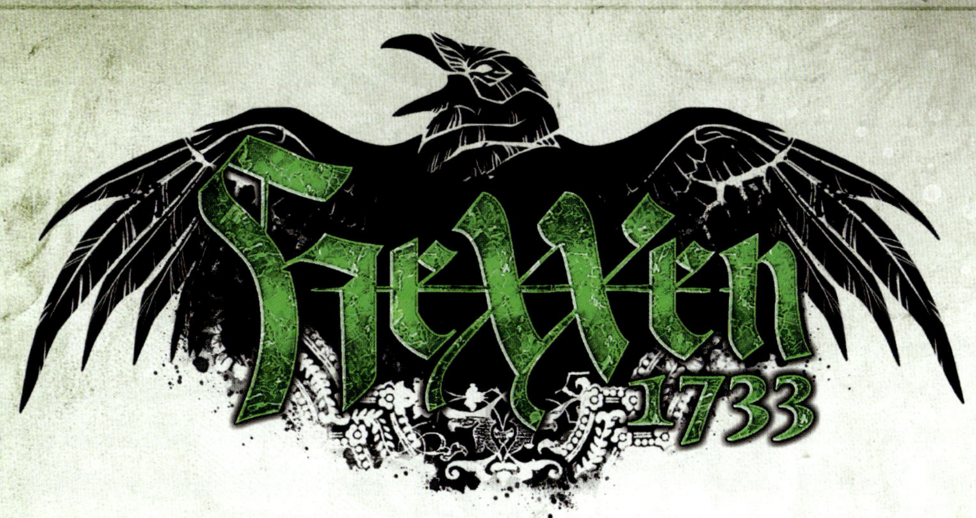

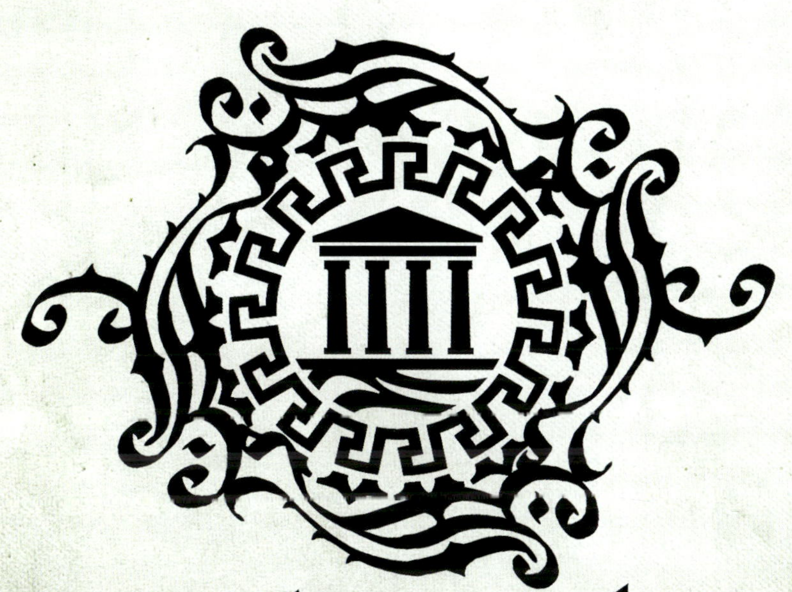

Mare Monstrum

Kompendium für den Jäger

Impressum

Verlagsleitung
Thomas Michalski

Redaktion
Mirko Bader

Autoren
Raphael Brack, Bjorn Beckert, Madeleine Seemann, Moritz Schmid, Jens Thomä, Martin Weber, Mirko Bader

Regelberatung
Martin Jäger, Roland Suljic

Lektorat
Nils Schürmann

Künstlerische Leitung
Maik Schmidt

Cover- und Schriftdesign
Steffen Brand

Layout
Nadine Hoffmann

Illustrationen
Steffen Brand, Maik Schmidt, Naemi Fürst, Larissa Kaatz, Piotr Chrzanowski, Carlos Diaz, Katharina Niko

HeXXen-Logo
Steffen Brand, Nadine Schäkel

Grafik-Konzeption
Steffen Brand, Maik Schmidt

Historische Bilder
Sergej Ermolaev

Mitarbeiter Ulisses Spiele
Administration Christian Elsässer, Carsten Moos, Sven Paff, Stefanie Peuser, Marlies Plötz **Marketing** Philipp Jerulank,Björn Meyer, Katharina Wagner **Verlag** Zoe Adamietz, Jörn Aust, Mirko Bader, Steffen Brand, Simon Burandt, Christiane Ebrecht, Frauke Forster, Christof Grobelski, Kai Großkordt, Nikolai Hoch, Nadine Hoffmann, Johannes Kaub, Arne Frederic Kunz, Matthias Lück, Susanne Majewski, Thomas Michalski, Jasmin Neitzel, Markus Plötz, Elisabeth Raasch, Diana Rahfoth, Nadine Schäkel, Maik Schmidt, Ulrich-Alexander Schmidt, Nils Schürmann, Alex Spohr, Jens Ullrich, Jan Wagner **Verlag USA** Robert Adducci, Bill Bridges, Timothy Brown, Darrell Hayhurst, Eric Simon, Ross Watson **Vertrieb** Jan Hulverscheidt, Stefan Tannert, Sven Timm, Anke Zimmermann

Inhalt

Gebräuchliche Abkürzungen

BdR	Buch der Regeln
WdH	Werkzeuge des HeXXenmeisters
HJa	Hexenjagd - Kompendium für Hexenjäger
Hzo	Hexenzorn - Grimoire für den HeXXenmeister
DDL	Die Deutschen Lande
GdDL	Geheimnisse der Deutschen Lande
AdW1-4	Archive des Wächterbundes
Mmo	Mare Monstrum Obscura
FdJ	Fibel des Jägerhandwerks
GdI	Geheimnis der Inseln

Vorwort

In seltenen Fällen fallen einem Redakteur gute Dinge einfach in den Schoß – *Mare Monstrum* ist solch ein Glücksfund. Es ist mehr als zwei Jahre her, dass ich von Raphael Brack und Bjorn Beckert ein geheimnisvolles Dokument von rund zwanzig Seiten zugespielt bekam. Unter dem Titel „Mare Monstrum" fand sich darin eine Sammlung kryptischer Notizen, fantastischer Ideen und historischer Anmerkungen. Ich brauchte nur einen Blick auf dieses Sammelsurium gebündelter Kreativität zu werfen, um zu wissen, dass es das Potenzial für etwas Großes besaß.

Tatsächlich begann für Raphael und Bjorn die Arbeit an *Mare Monstrum* schon vorher aus einer Laune heraus. In einem Rollenspielforum hatten sie Ideen zu einer alternativen Version des östlichen Mittelmeeres gesammelt – so wie die Region in der Welt von HeXXen 1733 aussehen könnte – und dabei so viele Rückmeldungen bekommen, dass daraus eine reichhaltige Ideensammlung wurde (jenes bereits erwähnte Geheimdokument). Kurz darauf stellten Bjorn und Raphael eigenhändig ein Team von fähigen Autoren zusammen, das sich sogleich an die Arbeit machte, die verschiedenen Themen zu Papier zu bringen: Assassinen und Kreuzfahrer, Osmanen und Venezianer, geheimnisvolle Inseln und Sagengestalten, Schatzjäger und Korsaren ... all das und noch viel mehr sollte Bestandteil dieser bunten Mischung werden.

Schon im ersten Planungstreffen entschieden wir uns dazu, die Welt von HeXXen 1733 nicht nur um einen zusätzlichen Schauplatz zu erweitern, sondern auch in Stil und Atmosphäre einen anderen Weg einzuschlagen. Lag der Schwerpunkt bisher auf einem Mitteleuropa, das geprägt ist von den Folgen des Großen Kriegs, von einem Höllenreich direkt vor der Haustür, von Finsternis und Niedergang, sollte *Mare Monstrum* in eine andere Kerbe schlagen: farbenfroher, phantastischer, abenteuerlicher, kulturell vielseitiger – das waren die Kernmotive, die wir für dieses Setting definierten. Die Jäger sollten die Möglichkeit bekommen, zur See zu fahren, alte Ruinen zu erkunden, gegen Monster der griechischen Legenden zu kämpfen, nach Schätzen der Templer zu suchen und dabei eine Fülle von Abenteuern zu erleben.

Natürlich entwickelte sich auch *Mare Monstrum* mit der Zeit immer mehr. Einige Ideen aus der ersten Planungsphase wurden verworfen, neue kamen hinzu. Für mich als Redakteur stellte sich zunehmend die Aufgabe, die vielen einzelnen Ideen miteinander zu verknüpfen, um dadurch eine lebendige, in sich geschlossene Welt zu kreieren. Als große Hilfe erwiesen sich dabei die fantastischen Autoren, die jederzeit bereit waren, die Ideen ihrer Mitstreiter aufzunehmen, weiterzuspinnen und in ihre Kapitel einzubeziehen. Dennoch ist *Mare Monstrum* vor allem eines: Ein prall gefüllter Baukasten voller Ideen für Spieler und Spielleiter.

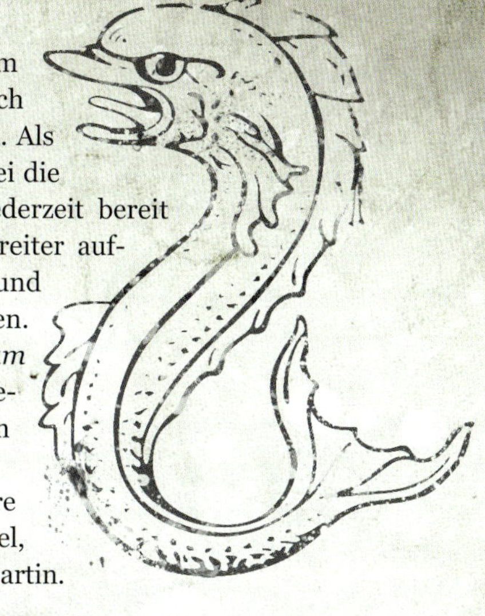

Viel Spaß mit der Lektüre wünschen Mirko, Bjorn, Raphael, Madeleine, Jens, Moritz und Martin.

Jäger im Mare Monstrum

Wie üblich machen wir niemandem Vorschriften, wie man die Inhalte von *Mare Monstrum* nutzen soll, doch sind einige Tipps angeraten. Jäger können selbstverständlich alle Rollen und Professionen spielen, da die Gruppe allerdings mit hoher Wahrscheinlichkeit zu Wasser reisen wird, lohnt sich ein Blick auf die neue Rolle des „Seefahrers" (ebenso wie auf die neuen Professionen).

Außerdem ist es durchaus empfehlenswert, mit einheimischen Charakteren zu spielen (in erster Linie Griechen und Osmanen, in geringerer Zahl auch Venezianern). Falls ein solcher Jäger religiös geprägt ist, sollte sich der Spieler mit den Grundsätzen der orthodoxen Kirche bzw. des Islam vertraut machen (die in diesem Buch nur in Randbemerkungen enthalten sind, aber in zahlreichen Quellen detailliert beschrieben werden). Nur Uskoken, Venezianer oder Europäer im Dienst des Hospitaliterordens stehen der katholischen Kirche nahe, im Fall der Johannei auch der protestantischen.

Was in Zentraleuropa das Französische ist, ist im Mittelmeerraum das Osmanische. Jeder einheimische Jäger beherrscht diese Sprache als Erst- oder Zweitsprache. Osmanisch ist eine Variante des Anatolischtürkischen, das in den vergangenen Jahrhunderten auch arabische und persische Elemente aufnahm. Mit dieser Verkehrssprache ist man in der Lage, sich in den gesamten gewaltigen Territorien des Osmanischen Reiches zu verständigen. Neu erschaffene Jäger beherrschen zudem als Muttersprache entweder Griechisch, Italienisch (venezianischer Dialekt), Arabisch, Armenisch, Hebräisch, Persisch oder einen Dialekt des Türkischen.

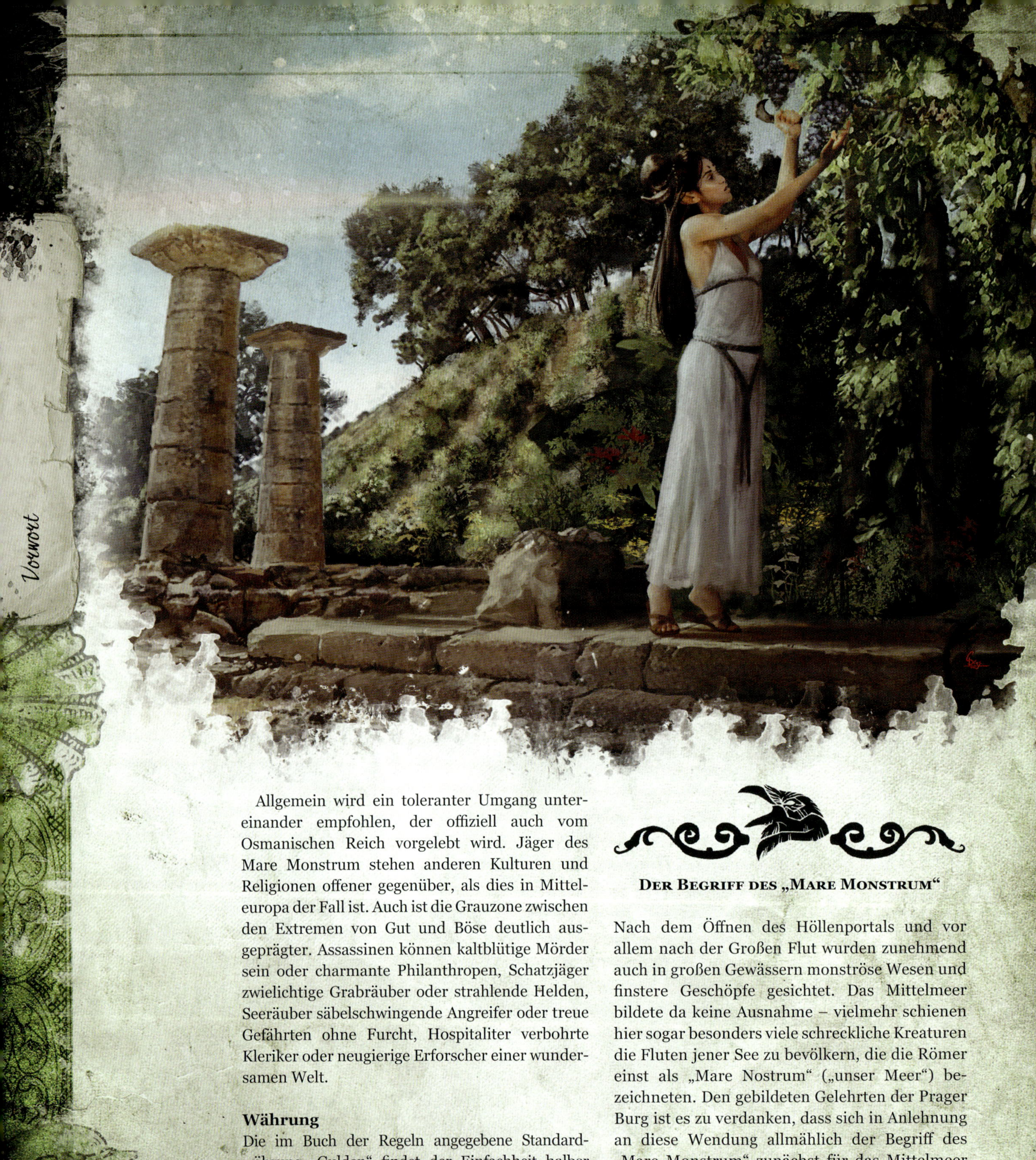

Allgemein wird ein toleranter Umgang untereinander empfohlen, der offiziell auch vom Osmanischen Reich vorgelebt wird. Jäger des Mare Monstrum stehen anderen Kulturen und Religionen offener gegenüber, als dies in Mitteleuropa der Fall ist. Auch ist die Grauzone zwischen den Extremen von Gut und Böse deutlich ausgeprägter. Assassinen können kaltblütige Mörder sein oder charmante Philanthropen, Schatzjäger zwielichtige Grabräuber oder strahlende Helden, Seeräuber säbelschwingende Angreifer oder treue Gefährten ohne Furcht, Hospitaliter verbohrte Kleriker oder neugierige Erforscher einer wundersamen Welt.

Währung

Die im Buch der Regeln angegebene Standardwährung „Gulden" findet der Einfachheit halber auch in *Mare Monstrum* Verwendung. Natürlich wäre eine Vielzahl verschiedener Währungen historischer. Ab 1690 war die gebräuchlichste der sogenannte Piaster. Gruppen, die Wert auf Authentizität legen, können Gulden durch Piaster ersetzen.

Der Begriff des „Mare Monstrum"

Nach dem Öffnen des Höllenportals und vor allem nach der Großen Flut wurden zunehmend auch in großen Gewässern monströse Wesen und finstere Geschöpfe gesichtet. Das Mittelmeer bildete da keine Ausnahme – vielmehr schienen hier sogar besonders viele schreckliche Kreaturen die Fluten jener See zu bevölkern, die die Römer einst als „Mare Nostrum" („unser Meer") bezeichneten. Den gebildeten Gelehrten der Prager Burg ist es zu verdanken, dass sich in Anlehnung an diese Wendung allmählich der Begriff des „Mare Monstrum" zunächst für das Mittelmeer selbst, später auch für die angrenzenden Länder durchsetzte.

Typische Namen im Mare Monstrum

Antike Namen/Heroen

Weiblich: Alkmene, Ariadne, Barge, Chaldene, Daphne, Eris, Elektra, Echo, Hebe, Helena, Hero, Medea, Pandora

Männlich: Ajax, Alexiares, Bathykles, Castor, Damasios, Ganymedes, Hektor, Iolaos, Iason, Laokoon, Leander, Nessos, Pollux, Sinon, Teiresias

Besonderheiten: Als Nachname wird üblicherweise der Name des Vaters verwendet, so zum Beispiel „Sohn/Tochter des Pelops“. Bei Heroen wird stattdessen der Name der Nymphenmutter herangezogen, z. B. „Sohn/Tochter der Thalia“.

Griechen

Weiblich: Andromachi Dimitriadou, Chrysa Erastidou, Dafni Moustakas, Evangelia Plaiodimitrios, Galatia Karatasos, Io Stavridakis, Katerina Cosmatos, Leandra Angelides, Mara Theodorakis, Sofia Thomasidou

Männlich: Angelis Georgalis, Christos Mitsotakis, Diamantis Xarhakos, Ernestos Gregoriou, Grigoris Michailides, Irakles Dimas, Kostas Angelopolos, Leonidas Doukakis, Milos Archenikes, Theodoros Cosmatos

Besonderheiten: Die Endung „-idis/-iadis“ kennzeichnet die mannliche Form eines Namens, „-idou/-iadou“ die weibliche.

Hospitaliter

Deutsche Herkunft: Bernhard von Löwenstein, Burkhardt von Berlepsch, Friedhelm Drach, Hugo Stein-Liebenstein, Johann von Bibra, Philipp Schenk zu Schweinsberg

Französische Herkunft: François de La Porte, Gabriel Bray, Henry de Lusignan, Julius de la Gardie, Nicolas Valois-Anjou, Pierre de Chátillon

Spanische Herkunft: Antonio Moctezuma, Francisco Fernández de Luna, Heinrich O'Donell de Tyrconell, Íñigo López de Mendoza, Joan Cardona, Rodrigo Velázquez

Italienische Herkunft: Enzo Quirinius Visconti, Gisalberto Marenzi, Ippolito d'Este, Johann von Gelmini zu Kreutzhof (Südtirol), Rinaldo Albizzi, Silvio Gonzaga

Weiblich: Eleonore von Beilstein, Isabella de Alvarado, Johanna von Egolffstein, Maria de Narváez, Rosalia de Tournemine, Teresa du Guesclin

Besonderheiten: Hospitaliter akzeptieren nur Männer als vollwertige Mitglieder in ihren Reihen. Die hier aufgeführten Frauennamen können für Jägerinnen verwendet werden, die dem Orden nahestehen oder nicht für den Kriegsdienst ausgebildet sind. Natürlich liegt es im Ermessen des HeXXenmeisters, die historischen Beschränkungen des Ordens in seinem Sinne aufzuheben.

Osmanen

Weiblich: Asul, Ayse, Behiye, Benefse, Canhabibe, Dervise, Devlet, Dilber, Dur-cihan, Emine, Fatima, Gülbahar, Gülfem, Gümüs, Hadice, Hafza, Huban, Husni, Inanpasa, Ine, Islah, Kadem, Kapabasa, Mansure, Melike, Nar, Nergis, Nefise, Neslihan, Nesrin, Pasabegi, Rabiye, Safiye, Sah-huban, Sara, Saruca, Selçuk, Selime, Serife-Bol, Seruda, Sitti, Surur, Tohin, Zühal

Männlich: Abbas, Abdullah, Ahmed, Ali, AslIhan, Avranos, Bekir, Butrus, Davud, Dilman, Dimitri, Etci, Evhad, Halil, Hamid, Hamza, Hamza Fâkih, Hasan, Heyreddin, Hoskadem, Husein, Husnü, Ibrahim, Ilyas, Isa, Iskender, Ismail, Istani, Kadri, Karaca, Kasim, Kemal, Kepçi, Kilavuz, Kismet, Kökcü, Kutbeddin, Mehmed, Mehmi, Mercan, Muharrem, Murad, Musa, Mustafa, Mürsel, Nasuh, Nebi, Pasayigid, Ramazan, Salih, Sinan, Sirmerd, Suleiman, Sunduk, Sun'üllah, Timurhan, Yagci Amca, Yahsi, Yazid, Yunus, Yusuf

Besonderheiten: Während Griechen, Juden, Armenier und andere Nichtmuslime im Osmanischen Reich Familiennamen im westlichen Sinne besitzen, gilt dies nicht für die muslimische Bevölkerung, die keinen offiziellen Nachnamen trägt. Zwar sind Beinamen üblich, diese leiten sich aber üblicherweise aus dem Titel ab (z. B. Mehmed Pascha), aus dem Namen oder Beruf des Vaters oder in selteneren Fällen auch von besonderen Eigenheiten der Person wie Tapferkeit, Stärke, Geschick und Ähnliches. An dieser Stelle sind daher nur Vornamen angegeben.

Venezianer

Weiblich: Anna Candiano, Donna Orseolo, Doretta Participazio, Elisabetta Malespini, Maddalena Ruzzini

Männlich: Argiro Boscolo, Franscesco Guardi, Girolamo Moro, Loredano Rossi, Todaro Zanetti

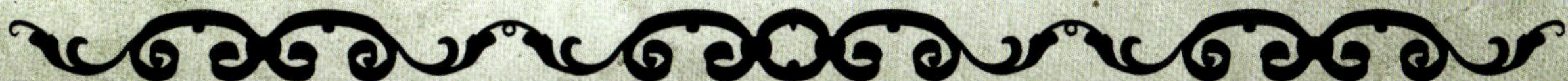

Geschichtliche Entwicklung

Die Geschichte in der Welt von HeXXen 1733 verlief wie in unserer realen Welt – bis zum Schicksalsjahr 1640, als sich im Schwarzwald das Tor zur Hölle öffnete. Die folgende Übersicht zeigt an, welche bekannten Veränderungen die Region betreffen, die in *Mare Monstrum* beschrieben ist, hier vor allem das Osmanische Reich und die Ägäis. Jäger, die in Geschichte bewandert sind oder aus der Region stammen, werden diese Entwicklung oder Teile von ihr kennen.

Im 13. Jahrhundert: Das Ende der Kreuzfahrerzeit bricht an. Viele Ritterorden werden aufgelöst. Obwohl sie sich zeitweise aufspalten, überdauern die Hospitaliter als einer der wenigen.

Ab 1453: Im Jahr 1453 erschüttern die Osmanen Europa, indem sie Konstantinopel erobern und sich ausbreiten. Der Aufstieg zur Großmacht ist augenscheinlich.

1522: Die Hospitaliter werden durch die Osmanen von Rhodos vertrieben und können die Insel erst 1731 wieder zurückerobern.

1640: Als sich das Höllentor im Schwarzwald öffnet, bekommt man im Osmanischen Reich davon zunächst kaum etwas mit. Der Schwarze Sturm wird als Wetterphänomen abgetan, für einige mag er als dunkles Omen gelten. Kurz darauf tauchen in der Ägäis seltsame Inseln auf, die zuvor auf keiner Karte verzeichnet waren. Außerdem sichten Seefahrer zunehmend bizarre und gefährliche Meereskreaturen.

Frühjahr 1641: Die Nachricht, dass Mitteleuropa von den leibhaftigen Mächten der Hölle heimgesucht wird, löst in Konstantinopel zunächst Freudenstürme aus, da man glaubt, als Muslime vor dem Einfluss des christlichen Teufels sicher zu sein. Doch der amtierende Sultan İbrahim lässt sich von den Mächten der Finsternis verführen und gewährt einem Hexenzirkel Zugang zu seinem Palast. Konstantinopel versinkt in einer sieben Jahre dauernden Herrschaft des Grauens, in der İbrahim „der Verrückte“ und seine sieben Ehefrauen das Volk terrorisieren.

Spätjahr 1641: Durch ein vermeintliches Wunder des wahnsinnigen Sultans – die effektvolle Beschwörung eines Feuerdämons – brennt die Georgskathedrale, Sitz des Ökumenischen Patriarchen von Konstantinopel, bis auf die Grundmauern nieder.

1644: Eine Welle des Vampirismus schwappt über den Balkan bis nach Griechenland. Zahlreiche isolierte Dörfer sind den blutgierigen Untoten ausgeliefert.

1645: Sultan İbrahim befiehlt den Angriff auf die von Venedig besetzte Insel Kreta und deren Hauptstadt Candia. Trotz des massiven Einsatzes von Truppen und Belagerungsgerät gelingt es den Osmanen in den folgenden Jahren nicht, die Mauern der Stadt zu überwinden. Die Belagerung wird 1669 abgebrochen, nachdem sich die Kriegshandlungen in die Minen unter der Stadt verlegt hatten.

1648: Mit der Unterstützung des Großwesirs und der Mutter des Sultans gelingt es dem Militär, den Topkapi-Palast zu stürmen, während İbrahim und seine sieben Konkubinen dort Hof halten. Die Hexen werden exekutiert. Im selben Jahr besteigt Mehmed IV. den Thron und erwirbt sich den Ruf eines einigermaßen fähigen Sultans.

1650: Unter den Großwesiren der Köprülü-Familie stabilisiert sich die Lage auch in den griechischen Gebieten wieder, da das Militär nun explizit gegen die Untoten vorgeht. Es bürgert sich sowohl bei christlichen als auch bei muslimischen Bestattungen ein, die Leiche nach vierzig Tagen zu exhumieren und auf Spuren von Vampirismus zu untersuchen. Trotz dieser Maßnahmen bleibt die Vampirbedrohung in Griechenland bis zum heutigen Tage bestehen.

Ab 1670: An Fürstenhöfen treten vermehrt die Mitglieder des mysteriösen Orakelbundes in Erscheinung und entbieten ihre Dienste als Gelehrte. Während die sogenannten Orakeljünger zeitweilig kaum noch gesehen werden, werben sie ab 1725 vermehrt für eine Pilgerreise zu ihrem Tempel auf Amorgos.

1676: Kara Mustafa Pascha „der Unfähige“ wird Großwesir. Unter seiner Ägide erleidet das Reich eine ganze Reihe katastrophaler militärischer Niederlagen. Die größte ist der 1683 eigenmächtig organisierte Zug gegen Wien, der durch den mysteriösen, brutalen Tod Kara Mustafas endet.

1683: Die Niederlage vor Wien löst den „Großen Türkenkrieg“ aus, bei dem sich das Heilige Römische Reich mit anderen europäischen Mächten in der „Heiligen Liga“ verbündet und zum Gegenschlag ausholt. In der Folge wird Sultan Mehmed IV. auf Bestreben der Janitscharen abgesetzt und exekutiert. Sein Sohn Süleyman II. besteigt den Thron.

Ab 1683: Süleyman II., der zunächst als unbegabt und als Marionette der Janitscharen gilt, setzt wieder ein Mitglied der Familie Köprülü als Großwesir ein. Eine gute Entscheidung, die das Reich nach den Debakeln der letzten Jahre auf einen besseren Kurs bringt.

1687: Der Große Türkenkrieg erreicht Griechenland. Unter dem Dogen Francesco Morosini erobern die Venezianer die Peloponnes und gliedern sie als Königreich von Morea ihrem Territorium an. Morosini plündert Athen und Piräus.

1696: Sehr zur Enttäuschung der Janitscharen beendet Süleyman II. den Krieg im Westen auf diplomatischem Wege. Der „Ewige Friede" mit Polen kommt durch die Unterstützung französischer Diplomaten zustande, wodurch sich allerdings weniger die Beziehung zu Polen bessert als vielmehr zu Frankreich.

1700: Der bis heute andauernde Krieg zwischen Russland und dem Osmanischen Reich bricht aus. Ebenso beginnt die Epoche, die man aufgrund der hohen Beliebtheit jener Blumen bei Hofe als „Tulpenzeit" bezeichnet. Süleyman II. geht umfangreiche Modernisierungen in Konstantinopel an und baut die Beziehungen zu Frankreich aus. Die kulturelle Synthese sorgt für eine Blütezeit – und für eine Entfremdung des Sultans und der Janitscharen.

12. Juni 1700: Der Aufstand der Zyprioten beendet das despotische Regime der Ritter vom Heiligen Grab, die die Insel vor Jahrzehnten im Handstreich erobert hatten.

Ab 1702: Ein bis heute andauernder Konflikt um den Stuhl des Ökumenischen Patriarchen entbrennt. Bis 1733 wechselt der Patriarch fast im Zweijahrestakt. Es kommt zu unzähligen Skandalen.

1715: Die Osmanen versuchen sich an der Rückeroberung Moreas, scheitern dabei aber. Eine Gegenoffensive der Venezianer kommt abermals bis Athen und verwüstet die Stadt erneut.

1719: Im Osten des Osmanischen Reiches bricht das persische Reich der Safawiden durch einen Aufstand der Paschtunen zusammen. Die Osmanen nutzen das Chaos, um ihre Gebiete nach Osten zu erweitern.

1723: Ausgelöst durch eine neue Welle der Altertumsforschung, gründet sich in der Unterwelt Konstantinopels der Schatzjägerring.

Frühjahr 1730: Der General Nader Schah fügt den Osmanen in Persien eine vernichtende Niederlage nach der anderen zu, sodass diese alle dort okkupierten Landstriche wieder verlieren.

1730: In Konstantinopel mehrt sich Unmut über die Niederlagen im Osten. Die Janitscharen fassen den Plan, die Misserfolge als Vorwand zu nutzen, um den verhassten Sultan abzusetzen. Mit 12.000 aufständischen Getreuen versucht der zwielichtige albanische Janitschar Patrona Halil, die Kontrolle über Konstantinopel zu erringen. Im Prunkviertel Kağıthane brennen zahlreiche Villen nieder, und auf Druck der Janitscharen wird der Großwesir entlassen. Dann geschieht das Unerwartete: Zahlreiche Rädelsführer der Aufständischen verschwinden oder fallen Unfällen zum Opfer. Zu guter Letzt treffen die dem Sultan zu Hilfe eilenden Krimtartaren ein und machen kurzen Prozess mit den verbliebenen Rebellen.

1731: Der Korsarenkönig Mohammed bin Fahjid greift mit osmanischer Unterstützung Malta, Hauptsitz des Hospitaliterordens an, wird aber vernichtend geschlagen. Der Orden holt zum Gegenschlag aus und erobert Rhodos zurück.

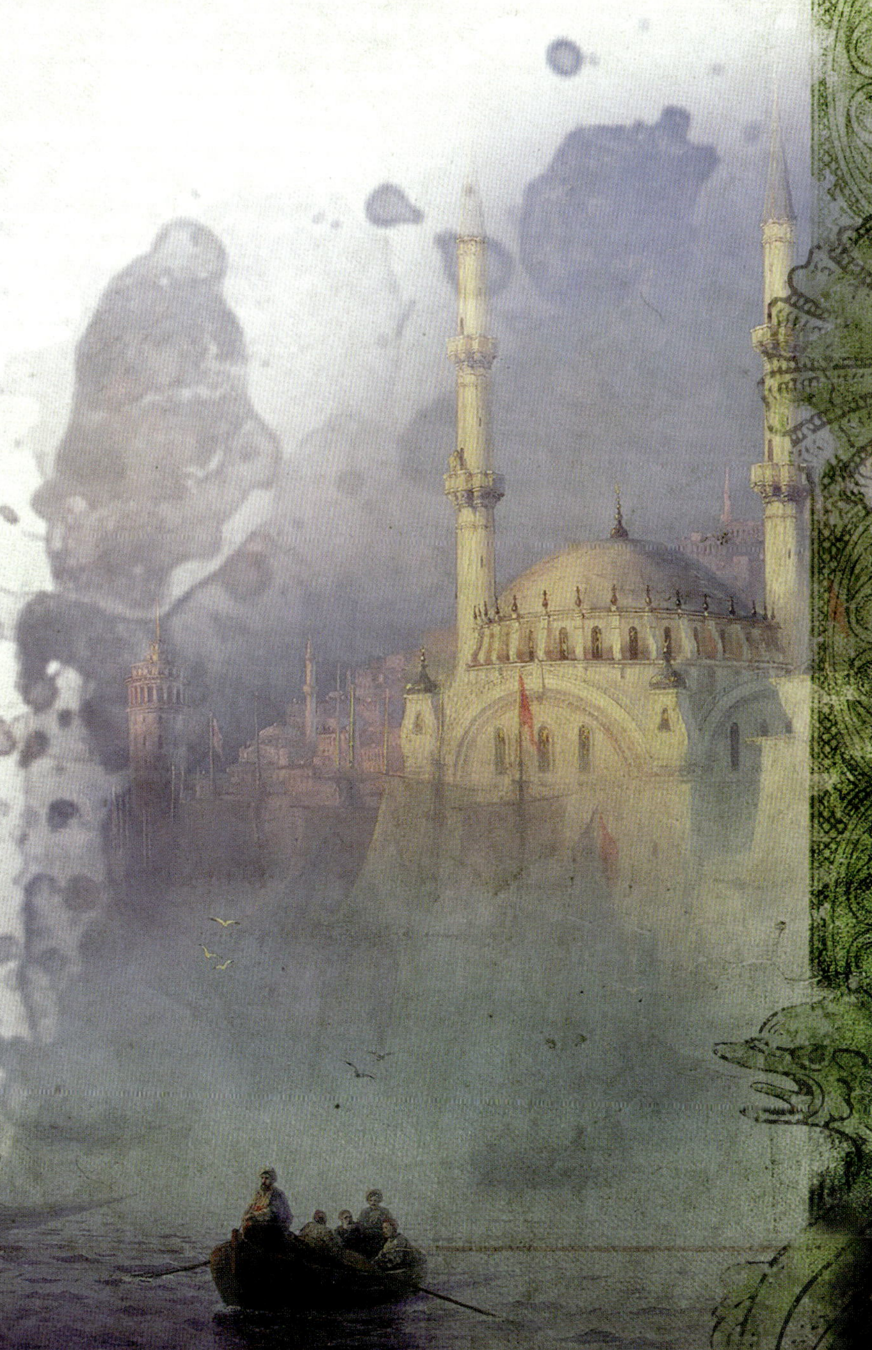

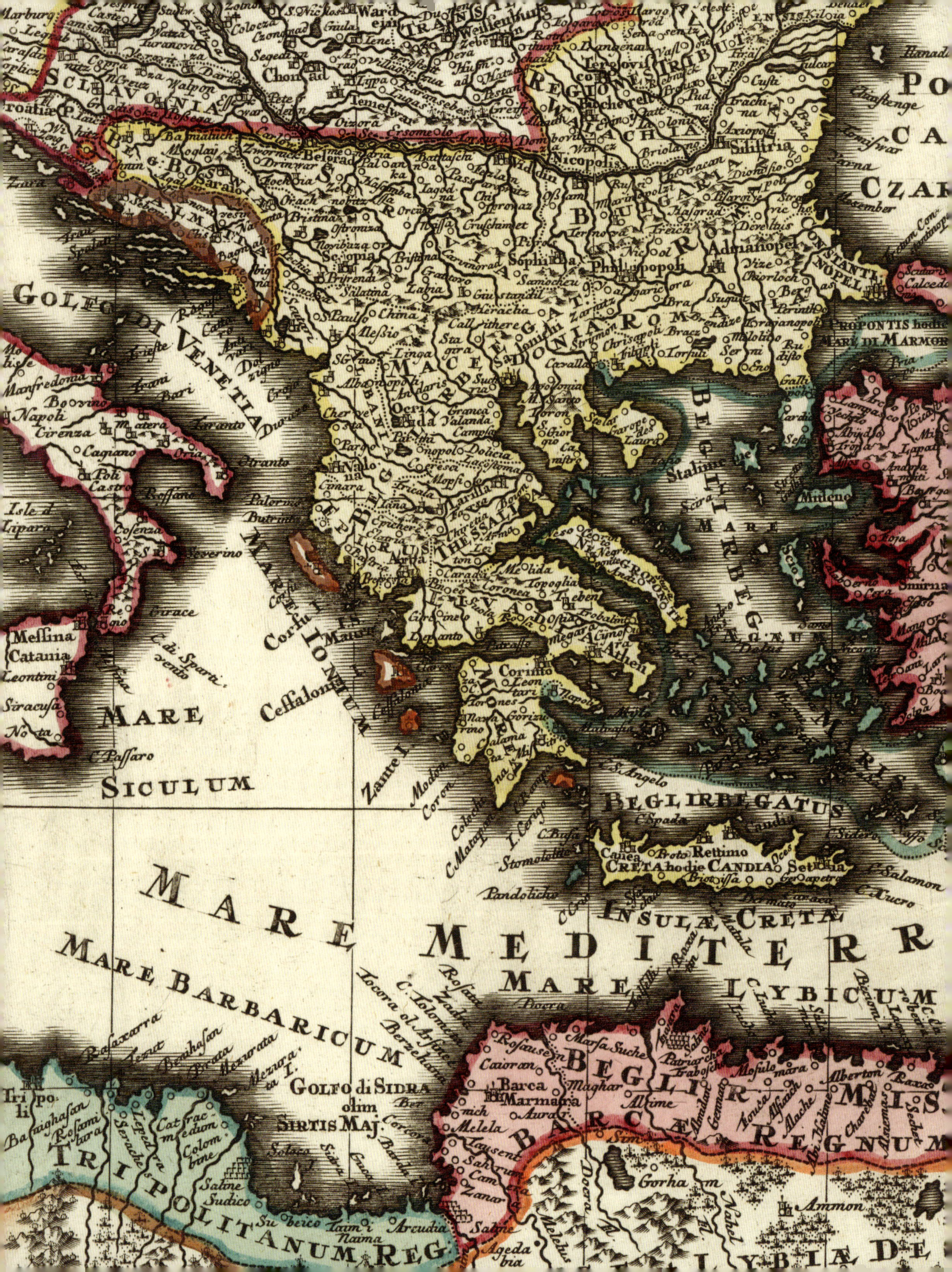

GOLFO DI VENETIA
MACEDONIA
THESSALIA
ROMANIA
BULGARIA
WALACHIA
MARE IONIUM
MARE SICULUM
MARE MEDITERR
MARE BARBARICUM
MARE LYBICUM
BEGLIRBEGATUS
INSULÆ CRETA
CRETA hodie CANDIA
PROPONTIS hodie MARE DI MARMORA
GOLFO di SIDRA olim SIRTIS MAJ.
TRIPOLITANUM REG
BARCÆ
BEGLIR
MIS REGNUM
LYBIA DE
Messina
Catania
Leontini
Siracusa
Napoli
Cirenza
Otranto
Durazzo
Corfu
Cessalonia
Zante I.
Modon
Coron
Corinto
Athen
Candia
Rettimo
Canea
Adrianopel
Philippopoli
Sophia
Nicopolis
Silistria
Belgrad
Salonichi
Larissa
Lepanto
Malvasia
C. Matapan
I. Cerigo
Metelino
Stalimene
Smirna
Tripoli
Barca
Marmarica
Zara
Spalato
Ragusa
Isle di Lipara
Manfredonia
Bari
Brindisi
Caraman
Galli
Scutari
Calcedonia
Carnia
C. Spada
C. Salamon
Sicilia
Kilia
Varna
CZAR

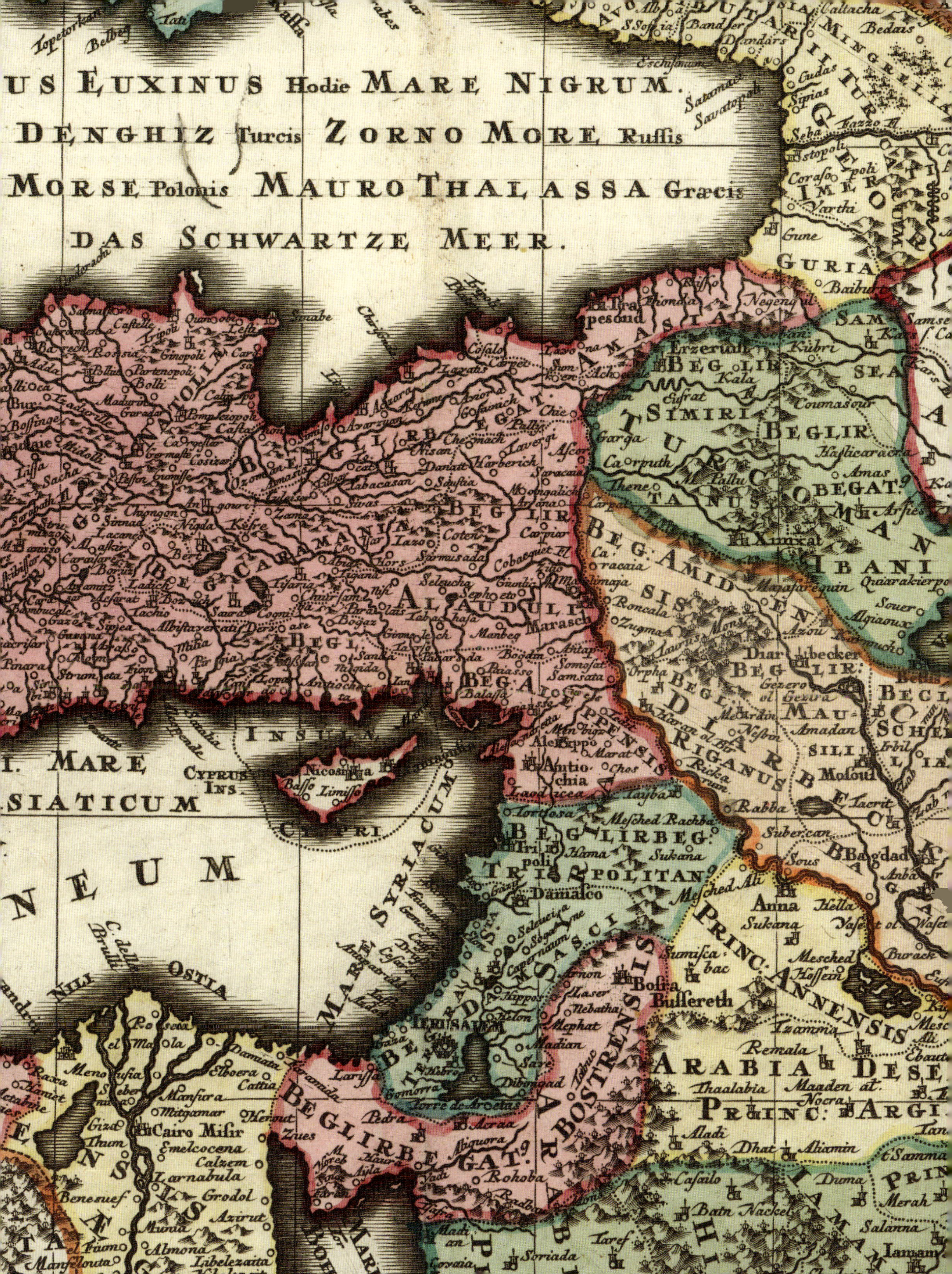

US EUXINUS Hodie MARE NIGRUM.
DENGHIZ Turcis ZORNO MORE Russis
MORSE Polonis MAURO THALASSA Græcis
DAS SCHWARTZE MEER.
GURIA
MINGRELIA
I. MARE
SIATICUM
NEUM
CYPRUS INS.
Nicosia
Limisso
Antiochia
Aleppo
Laodicea
Tortosa
Tripoli
Damasco
Marasch
Samsata
Erzerum
Baiburt
Trapesond
Cairo Misir
Bostra
Busfereth
BEG. AMID
BEGLIR BEG. TRIPOLITAN.
DIARBEC
PRINC. ANNENSIS
ARABIA DESE
PRINC. ARGI
Bagdad
Mosoul
Rabba
Anna
Sukana
Meschet Hossein

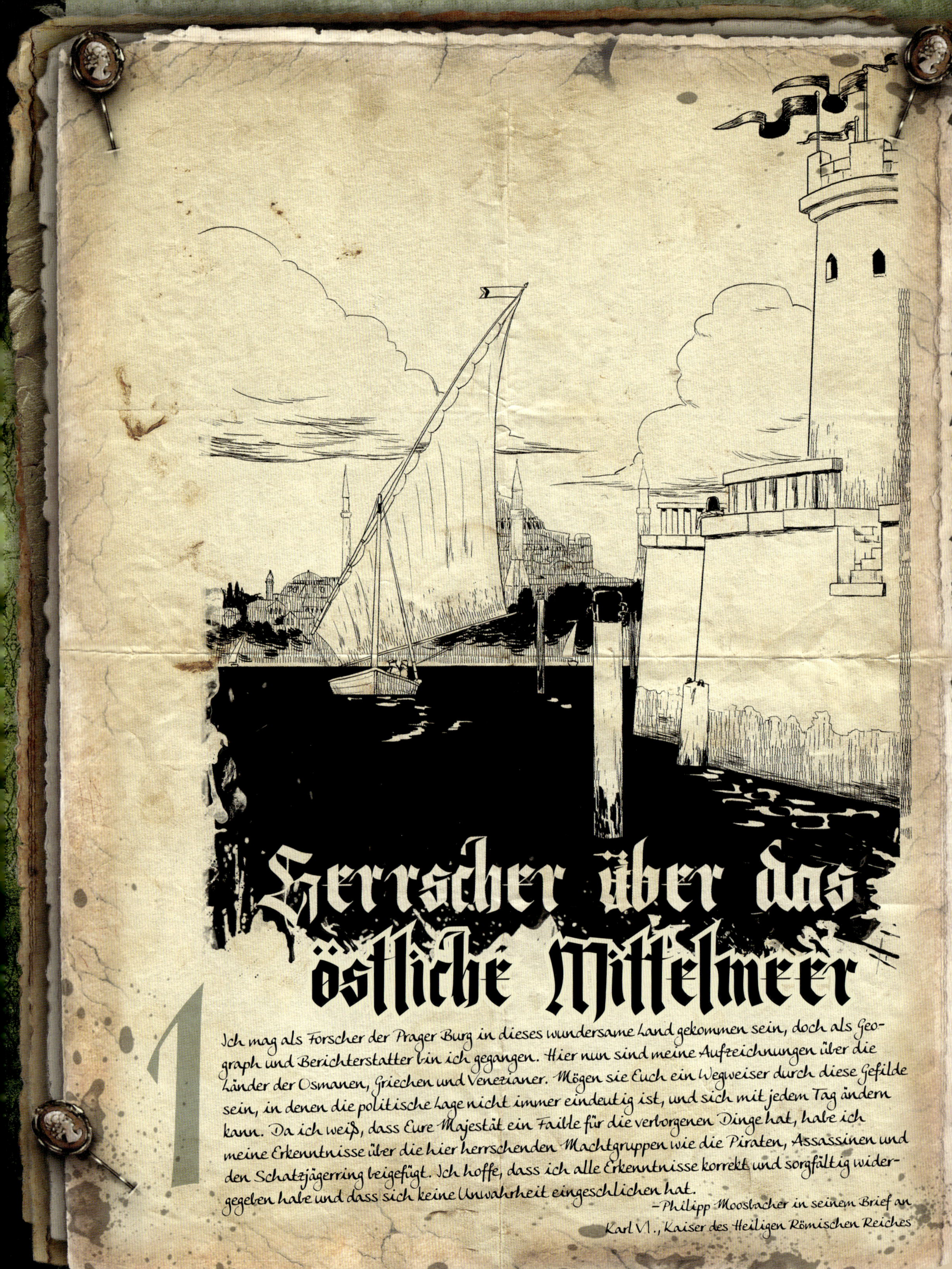

1 Herrscher über das östliche Mittelmeer

Ich mag als Forscher der Prager Burg in dieses wundersame Land gekommen sein, doch als Geograph und Berichterstatter bin ich gegangen. Hier nun sind meine Aufzeichnungen über die Länder der Osmanen, Griechen und Venezianer. Mögen sie Euch ein Wegweiser durch diese Gefilde sein, in denen die politische Lage nicht immer eindeutig ist, und sich mit jedem Tag ändern kann. Da ich weiß, dass Eure Majestät ein Faible für die verborgenen Dinge hat, habe ich meine Erkenntnisse über die hier herrschenden Machtgruppen wie die Piraten, Assassinen und den Schatzjägerring beigefügt. Ich hoffe, dass ich alle Erkenntnisse korrekt und sorgfältig widergegeben habe und dass sich keine Unwahrheit eingeschlichen hat.

–Philipp Moosbacher in seinem Brief an Karl VI., Kaiser des Heiligen Römischen Reiches

Das Osmanische Reich: Die Großmacht des Bosporus

Überblick

Für die einen „der Erzfeind im Osten“, für die anderen „ein Hort der Toleranz“ – wohl nirgendwo in Europa wird man eine neutrale Meinung über das Osmanische Reich zu hören bekommen. Im 18. Jahrhundert erstreckt es sich über Territorien auf drei Kontinenten, von Tunesien im Westen bis zum Persischen Golf im Osten, von Ungarn im Norden bis weit ans Rote Meer im Süden. 35 Millionen Menschen leben in diesem riesigen Reich. Muslime, Christen und Juden leben mal mehr, mal weniger friedlich vereint unter der Herrschaft des Hauses Osman, jener islamischen Eroberer, die vor Jahrhunderten die Herrschaft über Konstantinopel an sich rissen und sich nun als legitime Nachfolger der Cäsaren betrachten.

Während die Öffnung des Höllentors die Großmächte Europas an den Rand des Zusammenbruchs brachte, florieren die Osmanen. Das Reich des Sultans ist ein Reich der Extreme. Während sich in den Palästen schwindelerregende Reichtümer häufen, verelenden weite Teile der Bevölkerung unter der erdrückenden Steuerlast. So wundert es nicht, dass es im Inneren der Monarchie hinter einer Fassade der Stabilität gärt. Korruption, Vetternwirtschaft und Ämterkauf sind an der Tagesordnung.

Aufbau des Reiches

Ähnlich wie das Heilige Römische Reich im Zentrum Europas führt auch das Osmanische Reich seine Legitimation auf das antike Rom zurück. Und ebenso wie bei seinem europäischen Gegenspieler kann es zu akuten Anfällen von Migräne führen, wenn man versucht, die Organisationsstruktur der osmanischen Regierung genau zu untersuchen. Zwar herrscht der Sultan auf dem Papier mit absoluter Macht über sein Reich, doch besteht dieses aus einem Gewirr vieler verschiedener Einflussgruppen.

Als „Herr der Könige“ beansprucht der Sultan außerdem auch den Titel „Kalif“, der einen religiösen Anführer bezeichnet, 1733 aber eher selten verwendet wird. Anders als beim europäischen Adel kennt man im Osmanischen Reich keine feste Erbfolge. In früheren Zeiten waren unter den Prinzen daher regelrechte Meuchelorgien die Folge, wenn ein Sultan verstarb (oder verstorben wurde). Heute regelt man die Nachfolge, indem man die männlichen Erben des Sultans im sogenannten Kafes, dem goldenen Prinzengefängnis im Topkapı-Palast, inmitten von unglaublichem Luxus so lange einkerkert, bis ein neuer Sultan benötigt wird.

Dem Sultan zur Seite steht der als „Dīwān“ bezeichnete Staatsrat der Wesire, die im Grunde Minister sind, sowie ein überaus komplexer Verwaltungsapparat. Die Wesire rekrutieren sich aus den „Askerî“, der steuerbefreiten Elite des Reiches, die am ehesten mit dem europäischen Adel vergleichbar ist. Wörtlich übersetzt bedeutet der Begriff „Soldat“, heute umfassen die Askerî aber weit mehr als nur Militärpersonal („Seyfiye“), sondern auch die Gelehrten des Reiches („Ilmiye“), die Angehörigen des Hofes („Mülkiye“) und die Verwaltungsbeamten („Kalemiye“).

Über die Zugehörigkeit zu den Askerî entscheidet nicht Abstammung (obwohl es etliche reiche Familien gibt, die sich den Status als Askerî praktisch kaufen können), sondern Können und Verdienst. Selbst die Religionszugehörigkeit spielt nur eine untergeordnete Rolle. In der nächsten Hierarchie-Ebene finden sich die vielen Millionen „Reâyâ“ (was so viel wie „Herde“ bedeutet), die steuerzahlenden Untertanen des Sultans.

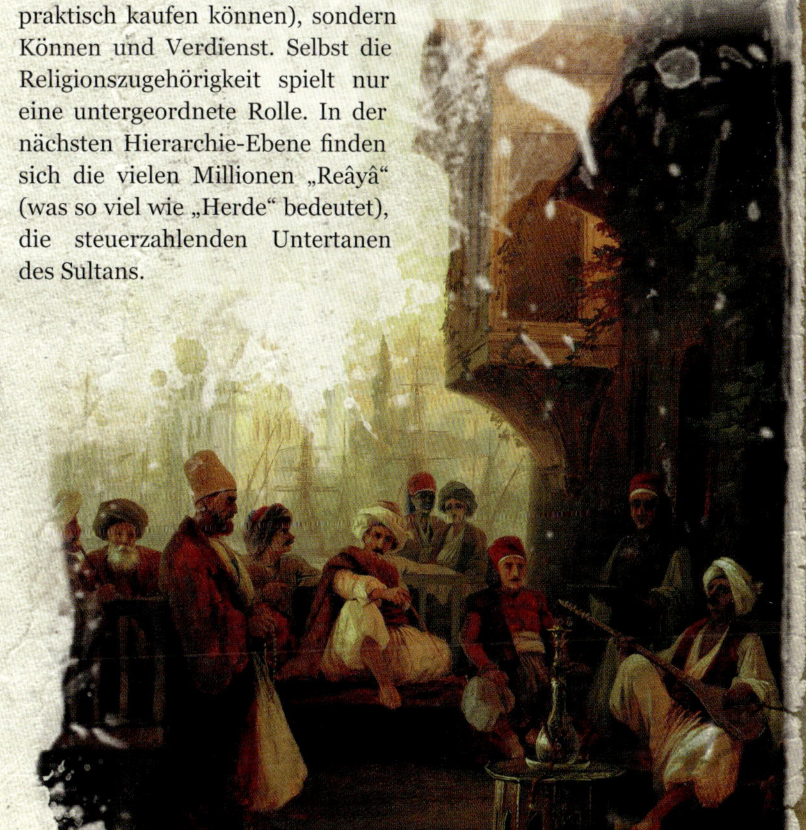

Gesellschaft

Das Osmanische Reich ist im Umgang mit kulturellen und religiösen Minderheiten zwar um einiges toleranter als die Königreiche Europas, allerdings wird nur der toleriert, der die Spielregeln einhält. Wer das nicht tut, lernt die Osmanen von einer weniger verständnisvollen Seite kennen. Denn ihre Toleranz ist nicht aus Aufklärung geboren, sondern aus Notwendigkeit. Die Osmanen beherrschen so viele verschiedene Völker, dass das Reich nicht zusammenhalten könnte, wenn nicht ein gewisses Maß an Toleranz herrschen würde.

Auch darf nicht übersehen werden, dass es mit der Rücksichtnahme schnell vorbei ist, wenn es der Obrigkeit passt. Beispielsweise lässt die Regierung bei Bedarf ganze Völkerschaften von einem Ende des Reiches zum anderen deportieren. So wurden etwa turkmenische und kurdische Nomaden an der syrischen Grenze angesiedelt, um ein Gegengewicht zu den aufsässigen Beduinen zu bilden.

Religionen

In seinen Anfängen war das Osmanische Reich noch ein vorwiegend christliches Imperium mit einer kleinen muslimischen Oberschicht. Da die Osmanen im Laufe der Geschichte aber immer weitere islamische Gebiete eroberten, verschob sich dies, bis sich Islam und Christentum im Jahre 1733 in etwa die Waage halten.

Die Umma ist die Gemeinschaft aller Muslime. Der (sunnitische) Sultan ist gleichzeitig Kalif. Unter den Muslimen wird keinerlei Unterschied zwischen Ethnie oder Staatsangehörigkeit gemacht. Zwar gilt für alle Bewohner des Osmanischen Reiches das übergreifende Gesetzeswerk, die islamische Scharia, in etlichen Rechtsbereichen jedoch dürfen besonders anerkannte Religionen (sogenannte Millets) autonom handeln. Generell gilt, dass Angehörige der drei großen Religionen (Judentum, Christentum, Islam) von den Osmanen nur wenig Einmischung zu befürchten haben.

Übersicht über die Millets

- Die **orthodoxe Gemeinschaft** umfasst alle orthodoxen Christen des Reiches. Fast alle christlichen Griechen und Slawen gehören zu dieser Millet. Die Macht des orthodoxen Millet im Osmanischen Reich ist nicht zu unterschätzen, viele Askerî sind orthodoxe Christen.
- Die **christlichen Armenier**, die der armenisch-apostolischen Kirche angehören, sind ebenfalls als eigene Millet vom Sultan anerkannt. Auch die Armenier bilden innerhalb des Reiches eine wichtige Fraktion, die hinter der Bedeutung der Orthodoxen jedoch zurücksteht.
- Das **Judentum** bildet zwar eine eigene Millet, diese ist jedoch weit weniger geeint als die orthodoxe oder die armenische Millet. Die Juden des Osmanischen Reiches teilen sich auf in die alteingesessenen, Griechisch sprechenden Romanioten, die aus Nordeuropa stammenden Aschkenasim und die aus Südeuropa eingewanderten Sephardim.
- Neben den einigermaßen gut situierten Millets gibt es im osmanischen Vielvölkerstaat noch diverse **andere Glaubensrichtungen**, die zwar nicht verboten sind, aber keinen besonderen rechtlichen Status genießen. Dazu gehören Jesiden, Aleviten und Schiiten, aber auch katholische Christen.

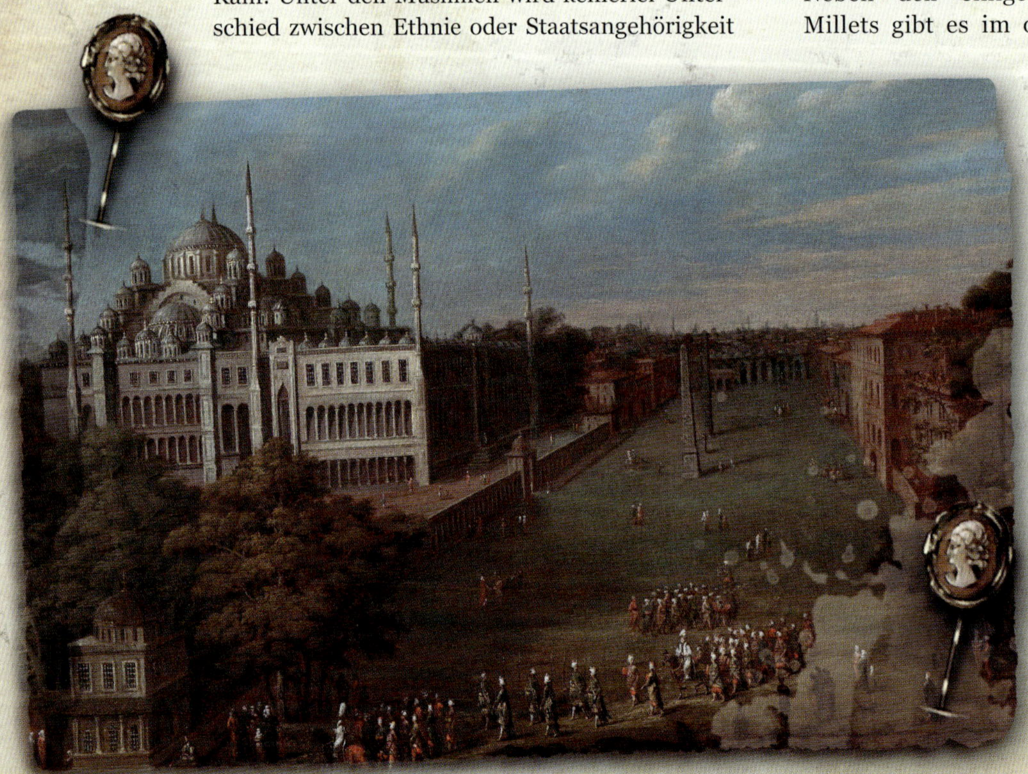

Die Janitscharen

„Janitschar", im Abendland wird dieses Wort zumeist mit Abscheu und Panik ausgesprochen, und auch im Osmanischen Reich bekommt es einen zunehmend bitteren Beiklang. Früher einmal waren die Janitscharen eine militärische Elitetruppe, die sich in den Kriegen gegen die Österreicher und die ägyptischen Mameluken, aber auch bei der Eroberung Konstantinopels 1453 einen beachtlichen Ruf erwarben. Ihre Reihen bestanden aus in den Dienst des Sultans gepressten und zum Islam zwangsbekehrten Sklaven, die im Zölibat lebten. Noch heute spricht man schaudernd von der Knabenlese, mit der ihre Ränge gefüllt wurden.

Doch diese Zeiten sind vorbei. Im Laufe der Jahrhunderte rangen die Janitscharen den Sultanen immer mehr Privilegien ab wie Sold, das Recht auf Heirat und politischen Einfluss. In dem Maße, in dem ihr Reichtum und ihre politische Bedeutung wuchs, schwand ihre militärische Schlagkraft. Die modernen Janitscharen sind so dekadent, wie sie fanatisch sind. Aus den früheren Elitekriegern sind einflussreiche Sippen geworden, die aus Gründen des Machterhalts versuchen, Modernisierungen und Militärreformen, die ihre Machtposition gefährden könnten, zu unterbinden. Unter Süleyman II. konnten sie zwar zivile Neuregelungen nicht verhindern, aber bisher konnten sie jeden Versuch abwenden, das Militär umzustrukturieren. Es ist ein offenes Geheimnis, dass die Janitscharen und der derzeitige Sultan sich gegenseitig verabscheuen.

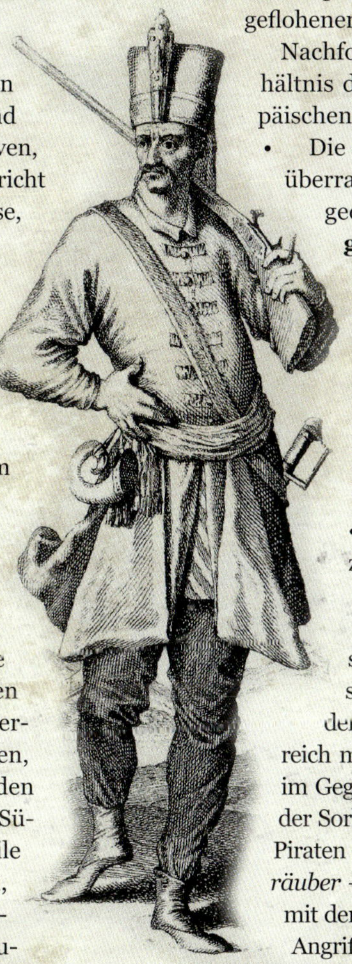

Beziehungen zwischen Ost und West

Über Jahrhunderte hinweg war es um die Beziehungen zwischen dem Osmanischen Reich und den Königreichen des christlichen Europas nicht gerade gut bestellt. Beide Seiten betrachteten sich gegenseitig (nicht unberechtigt) als Erzfeind. Noch immer versucht das Osmanische Reich, sich weiter nach Norden auszudehnen, und noch immer wünschen die meisten Europäer den Osmanen die Pest an den Hals.

Bei genauerem Hinsehen allerdings ist die Situation diffiziler. Während einige Mitteleuropäer ihre Kinder noch immer mit Geschichten vom „kinderfressenden Wolfstürken" erschrecken, sehen andere im gewaltigen Osmanischen Reich eine Chance. Vertrieben von den Mächten der Hölle, durch Krieg, Not und Elend, lassen sich etliche Heimatlose in Konstantinopel nieder, wo es nun eine Minderheit geflohener Handwerker und Gelehrter gibt.

Nachfolgend ein Überblick über das Verhältnis der Osmanen zu den großen europäischen Akteuren:

- Die Osmanen mögen zwar den Balkan überrannt und sich bis Südungarn ausgedehnt haben, mit den **Habsburgern** herrscht jedoch derzeit ein Waffenstillstand.
- Mit den **Spaniern** haben die Osmanen ebenfalls eine Übereinkunft getroffen. Das westeuropäische Königreich hält sich weitgehend aus dem Mittelmeerraum heraus, dafür unternehmen die Osmanen keinerlei Aktionen gegen Spanien.
- Zu **Frankreich** sind die Beziehungen sogar exzellent. Der immer noch amtierende König Ludwig XIV. und Sultan Süleyman II. scheinen sich hervorragend zu verstehen. Die Osmanen unterstützen den Bau der Festung L´Espoir in Frankreich mit großzügigen Materiallieferungen, im Gegenzug arbeiten „technische Berater" der Sorbonne in Konstantinopel. Selbst den Piraten der Barbareskenstaaten (siehe: *Seeräuber – Plage des Mittelmeeres*), seit 1529 mit dem Haus des Sultans verbunden, sind Angriffe auf französische Ziele untersagt.
- **Rom** passt dies verständlicherweise überhaupt nicht, sieht man den Sultan dort doch als fast ebenso große Gefahr wie Asmodäus. Da die Mächte der Hölle jedoch die akutere Bedrohung darstellen und die Ressourcen des Vatikans beschränkt sind, belässt es der Heilige Stuhl bei gezielten Geheimoperationen wider die Osmanen. Unter anderem, so heißt es, würden die Uskoken (siehe: *Seeräuber – Plage des Mittelmeeres*) vom Pontifikat mit finanziellen Unterstützungen bedacht, wenn sie nur weiter osmanische Schiffe kapern.
- **Venedig** zählt zu den ärgsten Feinden des Osmanischen Reiches. Technologische Überlegenheit und Seelenlichtwaffen sind der Grund, warum die kleine Republik dem mächtigen Imperium so

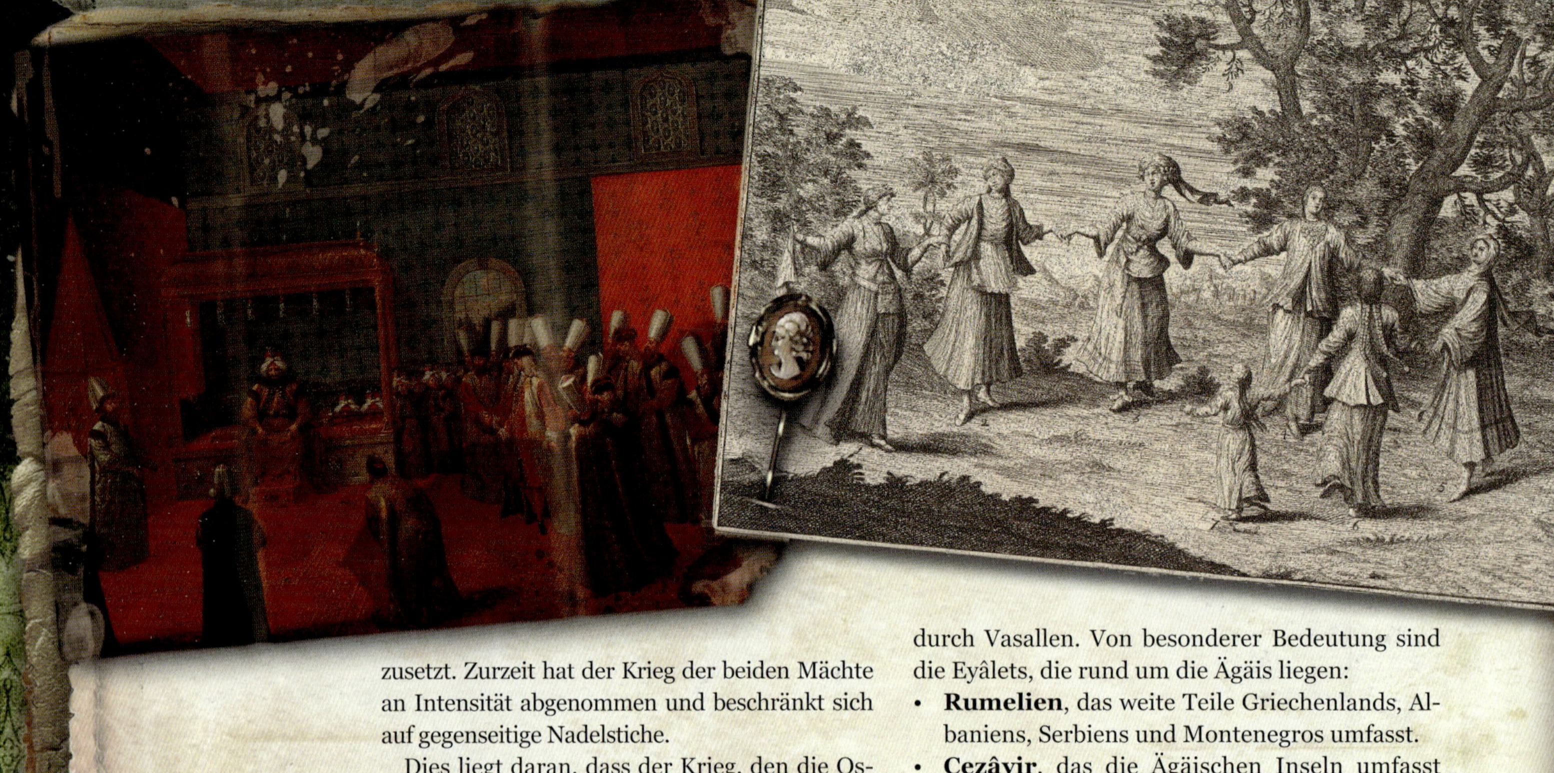

zusetzt. Zurzeit hat der Krieg der beiden Mächte an Intensität abgenommen und beschränkt sich auf gegenseitige Nadelstiche.

Dies liegt daran, dass der Krieg, den die Osmanen zeitgleich gegen **Russland** im Norden führen, die volle Aufmerksamkeit Konstantinopels erfordert. Dass der Zar technologisch massiv aufrüstet, sieht man mit Sorge.

Süleyman, „der Ewige"

Als Süleyman II. im Jahr 1687 den Thron bestieg, sah es zunächst aus, als sei er nur ein weiterer schwacher Herrscher in einer Reihe schwacher Sultane. Niemand hätte geahnt, dass der 25-Jährige den langsamen Niedergang des Osmanischen Reiches aufhalten würde, als er zitternd und zweifelnd aus dem Kafes geführt wurde. Dennoch erwies sich seine Krönung als Glücksfall für das Reich. Unter seiner Ägide blühten Kunst, Kultur und Wirtschaft auf wie seit Jahrhunderten nicht mehr. Trotzdem ist Süleyman II. nicht rückhaltlos beliebt. Einige der Kriege an den Grenzen des Reiches laufen nicht gut. Erschwerend kommt hinzu, dass sich der Sultan schon seit fünf Jahren nicht mehr in der Öffentlichkeit gezeigt hat und nur noch über seine Diener und Wesire mit der Außenwelt kommuniziert. Dies hat, zusammen mit seinem ungewöhnlich hohen Alter von 91 Jahren, zu allerlei Gerüchten geführt.

Regionen

Das Osmanische Reich ist riesig. Gegenwärtig beherrscht es den Balkan, weite Teile Kleinasiens und des Nahen Ostens sowie fast die gesamte nordafrikanische Küstenregion.

Strukturiert ist das Reich in 36 sogenannte Eyâlets oder Großprovinzen. Einige von ihnen werden vom Sultan direkt regiert, andere durch Gouverneure oder, wie beispielsweise das Krim-Khanat, durch Vasallen. Von besonderer Bedeutung sind die Eyâlets, die rund um die Ägäis liegen:

- **Rumelien**, das weite Teile Griechenlands, Albaniens, Serbiens und Montenegros umfasst.
- **Cezâyir**, das die Ägäischen Inseln umfasst und dessen Statthalter stets der Kapudan Pascha ist, der Oberbefehlshaber der Osmanischen Marine.
- Die Insel **Zypern**, die als Eyâlet Kıbrıs eine eigene Großprovinz bildet.

Die Gouverneure und Herrscher vieler Eyâlet genießen weitgehend freie Hand. So entsteht ein uneinheitliches Bild, wenn man darzustellen versucht, wie die Osmanen ihre Untertanen behandeln. Während in einem Eyâlet wie Kıbrıs 1733 fast utopische Zustände herrschen, kann in einer anderen Großprovinz ein übler Tyrann regieren. In einigen Eyâlet gilt das Wort des Sultans viel, wie etwa in Rumelien unter der Ägide der treuen griechisch-orthodoxen Kirche, in anderen wenig, wie in Anatolien, wo die aufsässigen Talfürsten eigene Privatarmeen unterhalten.

Ein Problem jedoch, das alle Eyâlet haben, ist das Steuersystem. Das Reich zieht seine Steuern nicht selbst ein, sondern verpachtet das Recht dazu an Privatpersonen. Diese Steuerpächter häufen viel Macht und Reichtum an – denn solange der Steuerpächter die vom Staat geforderte Summe beschafft, kann er handeln, wie er will.

Dies hat dazu geführt, dass viele Steuerpächter ihre erkauften Privilegien immens ausnutzen. Einige sind tatsächlich so schlimm und korrupt, dass sie eher Räubern mit behördlicher Genehmigung gleichen als Steuereintreibern. Das System bürdet den gemeinen Bauern eine derart große finanzielle Belastung auf, dass Verelendung ein verbreitetes Problem ist. Wenig verwunderlich ist also, dass sich die Unzufriedenheit des einfachen Volkes von Jahr zu Jahr steigert.

Konstantinopel

Die Weltstadt am Bosporus hat etliche Namen. Historiker bezeichnen sie oft noch immer als Byzanz. Die Griechen nennen sie nur „die Stadt". Die Slawen nennen sie Zargrad oder Carigrad („Stadt des Kaisers"), die Muslime Istanbul oder Stambul. Ihr offizieller Name lautet Kostantiniyye, in westlicher Aussprache Konstantinopel. Die Anzahl der Menschen, die in den Mauern der uralten Kaiserstadt auf den sieben Hügeln leben, beläuft sich auf für Mitteleuropäer schwindelerregende 700.000 – das verdankt die Stadt vor allem der explosionsartigen Zuwanderung aus Europa nach 1640. Damit ist Konstantinopel doppelt so groß wie Wien.

Unter den Einwohnern sind nicht nur sämtliche Ethnien des Osmanischen Reiches vertreten, sondern zunehmend auch Angehörige mitteleuropäischer Völker. In den labyrinthartigen Gassen der Metropole herrscht daher ein babylonisches Sprachgewirr – Griechisch und osmanisches Türkisch sind jedoch die Sprachen, mit denen sich hier jeder einigermaßen verständigen kann. Auf dem legendären Kapalı Çarşı („überdachten Markt"), einem riesigen Geschäftsgebäude von den Ausmaßen eines ganzen Stadtviertels, werden Waren aus allen Teilen der Welt gehandelt. Ägyptisches Getreide ebenso wie Teppiche aus Samarkand, Tee aus Ceylon oder Porzellan aus Meißen. Wer genau hinschaut, findet hier auch den Zugang zur berüchtigten „Gasse der Wunder" (siehe: *Der Schatzjägerring – Gräber, Räuber und Gelehrte*), einer Reihe von merkwürdigen Geschäften, in denen neben antikem Plunder angeblich auch echte Zaubergegenstände gehandelt werden sollen.

Neben dem geschäftlichen Leben blühen auch Kultur und Wissenschaft. An den jüdischen Akademien arbeitet man an medizinischen Durchbrüchen – etwa soll ein neues Verfahren namens „Impfung" Krankheiten bereits heilen, bevor sie überhaupt ausbrechen.

Seit der Sultan das Verwenden von Druckerpressen erlaubt hat, quillt Konstantinopel nicht nur über vor Büchern, sondern hat auch gleich drei Zeitungen: die vom Hof finanzierte „Stimme der Wahrheit", der griechischsprachige „Tagesbeobachter" und die aufgrund subtil subversiver Artikel stets kurz vor dem Verbot stehende „Aktuelle Gazette".

Die Stadt ist an architektonischer Opulenz kaum zu überbieten. Perfekt erhaltene Gebäude aus antiker Zeit stehen neben byzantinischen Palästen und osmanischen Villen. Über allem thronen die Moschee Hagia Sophia und der Topkapı-Palast, Sitz des Sultans, der in seinen megalomanischen Ausmaßen beinahe eine eigene Stadt bildet. Neben all diesem Reichtum gibt es jedoch Stadtviertel, die man besser meidet. Die engen Gassen in der Nähe des Hafens zum Beispiel sind die Heimat der Ärmsten und zudem hart umkämpft von kriminellen Syndikaten mehrerer Ethnien. Zudem finden sich überall in der Stadt die Überreste verfluchter Prachtbauten, die mittels schwarzer Magie unter der Schreckensherrschaft von Sultan İbrahim des Verrückten errichtet wurden. Der übelste dieser Orte ist der 350 Meter hohe Perlenpalast auf der Insel Sedef Adası, der vom Volk nur „Turm des Wahnsinns" genannt wird.

Besonders meiden sollte man das Stadtviertel der Armenier, denn hier grassiert eine widerwärtige Seuche, die zur weitgehenden Abriegelung des Viertels geführt hat: der sogenannte Rote Krupp. Die Erkrankung ähnelt der Halsbräune (Diphtherie), war allerdings bislang in jedem Fall tödlich und geht mit Blutarmut und seltsamen Alterungserscheinungen einher. Wie bei der Halsbräune scheinen besonders Kinder betroffen zu sein, aber auch Frauen, solange sie noch Jungfrauen waren, erkranken zunehmend. Die Gelehrten des Sultans stehen vor einem Rätsel, denn keine Arznei scheint Linderung zu verschaffen.

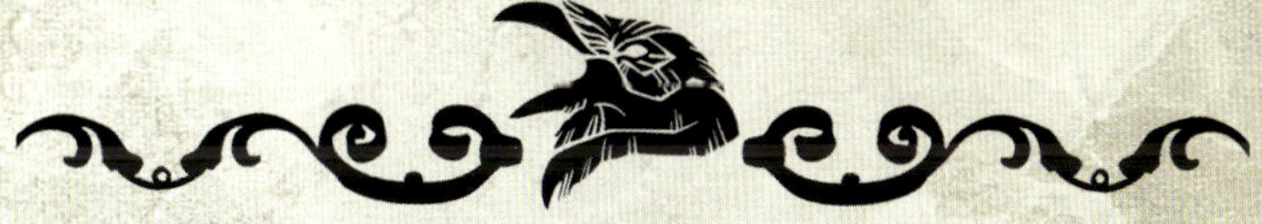

JÄGERWISSEN

Um zu ermitteln, was dein (mitteleuropäischer) Jäger über das Osmanische Reich weiß, lege eine Probe auf Land und Leute ab.

0 Erfolge: Das Türkenland ist ein großes und märchenhaft reiches Königreich im Osten, dessen Einwohner allesamt Heiden sind.

1 Erfolg: Der Sultan täte nichts lieber, als ganz Europa zu erobern. Wie man hört, geht es den Christen unter seiner Herrschaft aber gar nicht so schlecht.

2 Erfolge: Die Türken geben vor, sie wären unbesiegbar. Aber das täuscht. Während sie im Norden gewinnen, verlieren sie die Kriege in Süden und Osten.

3 Erfolge: Die osmanische Obrigkeit versucht nach Kräften zu verschweigen, dass es auf dem gesamten Balkan nur so von verschiedener Vampirbrut wimmelt – und keine ist der anderen grün.

4 Erfolge: Die Osmanen mögen keine Hexerei. Trotzdem gibt es in Konstantinopel, am Rande des großen Basars eine wundersame Gasse, in der man allerlei uraltes Zauberwerk für bare Münze kaufen kann.

5 Erfolge: Der Ökumenische Patriarch von Konstantinopel schreibt dem Patriarchen von Kiew dieser Tage besonders freundliche Briefe, eine Geheimallianz scheint sich anzubahnen.

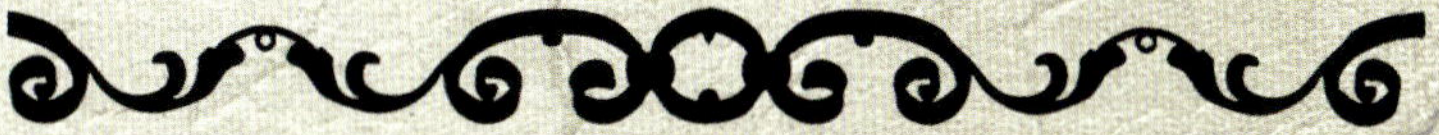

Osmanische Titel

Das Reich des Sultans ist äußerst komplex und kennt eine verwirrende Vielzahl an verschiedenen Ämtern, Posten, Diensträngen und Ehrentiteln. Im Folgenden nur einige wenige Beispiele:

Name	Übersetzung	Bedeutung
Padisha	Großherr	Einer der vielen Titel des Sultans.
Hunkâr	Selbstherrscher	Ein weiterer der vielen Titeln des Sultans.
Wesir	Minister	
Sadr-i a'zam (Großwesir)	Premierminister	
Kâtib	Schreiber	Sekretär in der Verwaltung.
Kahvecibaşı	Oberster Kaffeekoch	Titel des persönlichen Kaffeekochers und Servierers des Sultans.
Qādī	Richter	
Mevlâna	Seine Eminenz	Name für Rechtsgelehrte und Religionswürdenträger.
Kazasker	Heeresrichter	Oberster Richter in Rumelien.
Paşa	General	
Sancakbeği	Bannerherr	Statthalter einer Provinz.
Ser'asker	Oberbefehlshaber	Oberster Kommandant einer Feldarmee.
Serhad kulu	Diener der Grenze	Provinz- und Grenztruppen.
Sürgün	Verbannter	Strafweise Umgesiedelter.
Dragoman	Übersetzer	
Emir	Fürst, Befehlshaber	
Efendi	Herr, Gebieter	Nichtmilitärischer Staatsbeamter.
Kapudan Pascha	Oberster Kapitän	Höchster militärischer Rang der osmanischen Marine.

Kleine Aussprachhilfe

Schreibt man Türkisch in lateinischen Buchstaben (was im Jahre 1733 nur wenige tun, da im Osmanischen Reich die arabische Schrift verwendet wird), tauchen einige Buchstaben auf, die im Deutschen nicht verwendet werden. Hier eine kleine Aussprachhilfe:

Buchstabe	Laut	Beispiel
Ç oder ç	Tsch	wie im Deutschen „Matsch“
Ğ oder ğ		dehnt den vorstehenden Vokal
I oder ı	e	wie das „e“ in „planen“
Ş oder ş	sch	wie das deutsche „sch“ in „Schal“
Â oder ā		Zirkumflex und Überstrich dehnt den Vokal

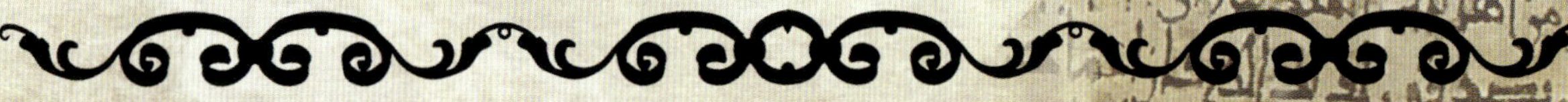

Griechenland: Im Schatten der Jahrtausende

Überblick

Griechenland – ein Name mit magischem Klang. Er weckt Gedanken an Götter, Helden und Gelehrte, an ein vergangenes, goldenes Zeitalter. Schließlich gilt das antike Griechenland als Wiege der westlichen Zivilisation und war die Heimat vieler Größen der Weltgeschichte: Homer, Perikles, Platon, Alexander, um nur einige zu nennen.

Im Jahre 1733 allerdings ist von diesem einstigen Glanz nicht viel übrig. Genau genommen gibt es Griechenland nicht einmal, zumindest nicht als Nation oder Staat. Es gibt nur ein griechisches Volk, das seit fast drei Jahrhunderten von fremden Mächten beherrscht wird. Zwar mögen einige Griechen in Reichtum schwimmen, die uralten Familien der Phanarioten aus Konstantinopel beispielsweise, die meisten jedoch sind bettelarm. Während die Peloponnes lange ein Zentrum der Kultur und des Wissens war, ist die Region heute verödet und verwildert – geknechtet von Besatzern, geplagt von Räubern, verseucht von Vampiren und Schlimmerem. Und doch sind die Griechen nicht gänzlich ohne Hoffnung. Trotz allem regt sich Widerstand.

Unter allen Völkerschaften haben die Griechen den Traum des Lebens am schönsten geträumt.
– Johann Wolfgang von Goethe

Gesellschaft

Im Großen und Ganzen wird das Leben der Griechen von den Osmanen diktiert, denn sie unterliegen denselben Gesetzen wie die anderen Untertanen des Sultans. Zwar ist ein beträchtlicher Teil der osmanischen Oberschicht griechisch, doch der Landbevölkerung nutzt dies wenig. Drei Jahrhunderte Fremdherrschaft haben tiefe Spuren hinterlassen. Das antike Hellas hat sich unter dem Einfluss der Osmanen von einem stark urbanisierten Land zu einer Region zurückentwickelt, die mehr schlecht als recht von Landwirtschaft und Fischfang lebt. Viele Städte und Dörfer sind klein, ärmlich und verwahrlost. Die immer drückender werdende Steuerbelastung lässt den Menschen kaum etwas zum Leben.

Zusätzlich leidet die Bevölkerung unter einer wahren Vampirplage, die sich ab 1644 von den nördlichen Balkanländern nach Süden ausbreitete. Zwar gingen die Großwesire der Köprülü-Familie ab 1650 stärker gegen die Untoten vor, aber noch immer treiben die Blutsauger ihr Unwesen. Die wolfsähnlichen Wrukolakas rauben ungeniert junge Frauen und Männer, um mit ihnen Unzucht zu treiben und sie ebenfalls mit dem Fluch des Vampirismus zu belegen, und auch die seit Jahrtausenden verhassten Gello, die den Lebenden als kreidebleiches Mädchen erscheinen, haben es auf Blut abgesehen. In vielen Teilen des Landes hat es sich daher eingebürgert, die Bestatteten mit Steinen oder Nägeln im Grab festzuhalten und dieses zudem nach vierzig Tage wieder zu öffnen, um den Leichnam erneut zu untersuchen.

In den Bergen der Peloponnes blüht das Räuberunwesen und auf den griechischen Inseln die Piraterie. So mancher Bauer kommt im Laufe seines entbehrungsreichen Lebens zu dem Schluss, dass er lieber als „Klephte" raubt und mordet, statt länger Hunger zu leiden. Außerdem schwelt in vielen Griechen nach den vielen Jahren der Unterdrückung ein gewaltiger unterdrückter Hass auf die Obrigkeit.

Die Bevölkerung vieler Dörfer und Städte kümmert sich nur um ihre eigenen Belange. Der Grund dafür mag nicht nur die Vorliebe der Griechen für Autonomie sein, sondern auch, dass das Land der Graikoi im Jahre 1733 ein wahrer Flickenteppich aus verschiedenen Volksstämmen ist, von denen die einflussreichsten im Folgenden aufgeführt sind.

Phanarioten
Die Probleme, unter denen die meisten ländlich lebenden Griechen leiden, betreffen die Phanarioten nicht, denn sie zählen schon seit den Tagen des oströmischen Imperiums zu den wohlhabenden und mächtigen Bürgern Konstantinopels.

Sarakatsanen
Die Sarakatsanen sind ein uraltes Volk, das im Pindosgebirge im Westen Griechenlands lebt und dort seit den Tagen des Trojanischen Krieges Schafe züchtet.

Muslimische Griechen
Nicht alle Griechen sind Christen. Die griechischsprachigen Einwohner des Epirus, Thessaliens, Kretas oder der Schwarzmeerküste sind vorwiegend Muslime und werden von den Osmanen daher kaum noch als Griechen wahrgenommen.

Pomaken
Die Pomaken sind Nachfahren der antiken Thraker. Sie gehören als Muslime ebenfalls zur islamischen Gesellschaft und leben vor allem in Westthrakien.

Arvaniten
Kaum ein Fremder weiß, dass die christlichen Arvaniten auf der Peloponnes keine Griechen, sondern Albaner sind. Ihre Vorfahren kamen als Söldner in die Region und waren immer Gegner der Osmanen. Daher unterstützten sie die Venezianer bei der Eroberung der griechischen Halbinsel – nur um festzustellen, dass die Kaufleute der Republik als Herrscher ebenso unangenehm sind.

Religion

Der überwiegende Teil aller Griechen gehört der griechisch-orthodoxen Kirche an. Sie ist ein fester Bestandteil des Osmanischen Reiches und beherrscht faktisch die orthodoxe Gemeinschaft – sehr zum Unwillen der kleineren slawisch-orthodoxen Kirchen, die unter der Dominanz leiden.

Der Klerus verfügt über Sonderrechte und stellt in der Großprovinz Rumelien (siehe unten) auch die Verwaltungsstruktur. Jedoch kann der Patriarch der griechisch-orthodoxen Kirche, anders als der Papst, nicht frei vom Klerus gewählt werden. Ein gewählter Patriarch muss vom Sultan als solcher anerkannt werden – was die Zahlung einer speziellen und horrenden Gebühr erfordert. Dies bringt es mit sich, dass man die höheren Ränge des Klerus für korrupt, geldgierig und intrigant hält.

Regionen

Das Eyâlet Rumelien
Die meisten Griechen leben in der Großprovinz Rumelien, die nicht nur Griechenland, sondern auch Teile Albaniens, Serbiens und Montenegros umfasst. Mit den Worten „heruntergewirtschaftet und unübersichtlich" ist die weitgehend ausgeplünderte und ethnisch sehr diverse Provinz treffend beschrieben. Regiert wird Rumelien von der nordmazedonischen Stadt Manastır aus, die im Gegensatz zur übrigen Provinz äußerst reich ist, da alles, was man dem einfachen Volk an Hab und Gut abpresst, seinen Weg dorthin findet. Die türkische Oberschicht der Stadt betrachtet Manastır als Miniaturausgabe von Konstantinopel und hält dementsprechend prunkvoll Hof. Aufstände haben die Mächtigen nicht zu befürchten, denn das Militärkontingent, das die Stadt beschützt, ist ehrfurchtgebietend.

Athen
Früher einmal war Athen eine einflussreiche Polis, eine Metropole aus Licht und Marmor. Heute ist die Geburtsstätte der attischen Demokratie ein Dorf. Wohl kaum eine Stadt verdeutlicht den Niedergang Griechenlands so sehr wie das ehemals prächtige Athen. Dort, wo sich einst das Zentrum eines der mächtigsten Stadtstaaten der antiken Welt erhob, steht nun eine Siedlung mit nicht mehr als 200 Häusern und Hütten. Das verschlafene Nest würde sich kaum von anderen griechischen Dörfern unterscheiden, wäre da nicht die Tatsache, dass es aus historischen Gründen vom Kızlar Ağası, dem obers-

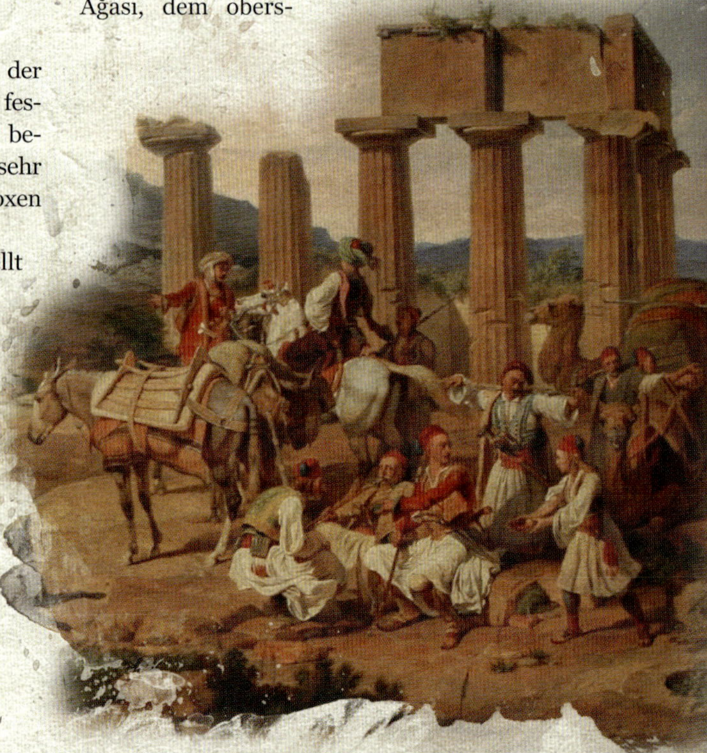

ten dunkelhäutigen Palasteunuchen des Sultans, verwaltet wird und die Steuerlast daher geringer ist als im Umland. Dass die antiken Ruinen, die das Dorf umgeben, eine gut zehnmal größere Fläche bedecken, nehmen die Athener kaum wahr. Für manch einen Freund der Antike ist das Desinteresse, mit dem die Menschen hier mit ihrer Vergangenheit umgehen, erschreckend. Ziegen weiden zwischen Säulen aus Marmor, uralte Tempel werden als Kornspeicher genutzt und so manche Philosophenschule ist heute mehr ein Hort von Vögeln statt des Wissens.

Während des letzten Krieges verwendete die osmanische Armee das Parthenon gar als Munitionslager. Ein verhängnisvoller Fehler, da eine venezianische Granate durch das Dach schlug und aus einem langsam verfallenden Bauwerk eine Ruine machte. Zweimal wurde Athen von den Venezianern überfallen – ein Umstand, der noch heute dafür sorgt, dass man eine blutige Nase riskiert, wenn man im Dorf Italienisch redet. Der Hass auf die Mittelmeerrepublik brennt heiß und wurde jahrzehntelang gepflegt, die Treue zum Sultan ist unumstößlich. Das Interesse, das die Venezianer an Athen zeigten, versteht hier niemand so recht. Gemeinhin glaubt man, die feindlichen Truppen hätten das Dorf besonders attackiert, weil ein hochrangiger Höfling es als sein persönliches Eigentum betrachtete, doch es hält sich auch hartnäckig das Gerücht, die Venezianer hätten bei beiden Plünderungen nach irgendetwas gesucht. Während der zweiten im Jahr 1715 soll ihr Interesse besonders den schwer begehbaren Katakomben unter dem Dorf gegolten haben.

Das Königreich von Morea

Als die Venezianer kamen und die Osmanen vertrieben, waren viele Bewohner der Peloponnes voller Hoffnung. Sie sollten bitter enttäuscht werden. Statt von einer osmanischen Oberschicht werden die einfachen Leute nun von einer italienischen unterdrückt. Dass Venedig der griechischen Halbinsel den erhaben klingenden Namen „Königreich von Morea" gab, ist in Wahrheit nichts als blanker Hohn. Nicht einmal einen König gibt es, sondern nur einen Generalgouverneur: den tyrannische Cosimo Calergi, der sich nur selten in der Öffentlichkeit zeigt. Er umgibt sich mit allerlei Söldnern, Wahrsagern und dubiosen Gelehrten, was Gerüchte über Hexenwerk und Teufelei schürt. Man sollte sich jedoch hüten, diese allzu laut auszusprechen. Die Geheimpolizei hat ihre Ohren überall.

Die griechischen Inseln

Die schier unzählbaren Inseln der Ägäis sind ebenso unterschiedlich wie zahlreich. Regiert werden die meisten als osmanisches Eyâlet Cezâyir mit Ausnahme von Zypern, das eine eigene Großprovinz darstellt. Während Kreta nach langen Kämpfen in der Hand der Venezianer verblieb, konnten kürzlich die Ritter des Hospitaliterordens den vom Sultan unterstützten Korsaren die Insel Rhodos entreißen. Viele der kleineren Inseln sind allerdings noch immer wahre Piratennester, auf einigen – wie Santorin – sollen sogar die legendären Kyklopen wieder erschienen und gewaltige Burgen mit rauchenden Feuerschloten errichtet haben (siehe: *Von Wesen aus Mythen und Sagen*). Auch ein weiteres mysteriöses Phänomen wird mit den Inseln der Ägäis in Verbindung gebracht: die sogenannten verschwindenden Inseln (siehe: *Verschwindende Inseln – Mythos oder Wirklichkeit?*). Auf einigen von ihnen sollen sogar die Piraten des Neuen Attischen Seebundes Zuflucht finden (siehe: *Seeräuber – Plage des Mittelmeeres*).

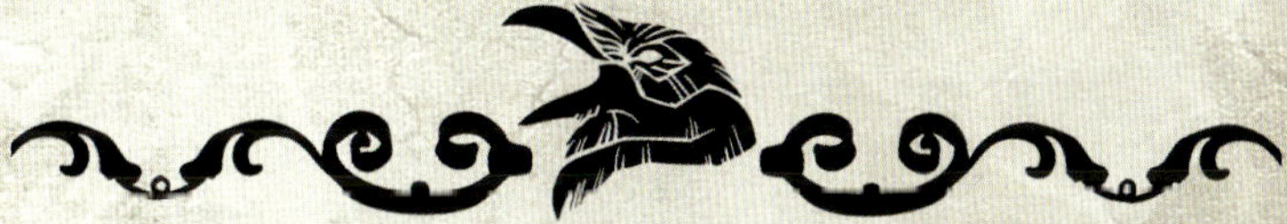

Jägerwissen

Um zu ermitteln, was dein (mitteleuropäischer) Jäger über Griechenland weiß, lege eine Probe auf Land und Leute ab.

0 Erfolge: Das Land der Griechen liegt am Mittelmeer. Neben einer großen Halbinsel und dem griechischen Festland umfasst es unzählige Inseln.

1 Erfolg: Die Griechen werden von den Osmanen unterdrückt. Außer denen, die im Süden und im Westen leben – die werden von den Venezianern unterdrückt. Gleichzeitig leidet die Bevölkerung unter der Vampirplage, die die ganze Balkanhalbinsel befallen hat.

2 Erfolge: Man sollte den Griechen nur nicht mit antiken Göttern wie Zeus, Athene oder Hera kommen. Die Menschen dort sind allesamt Christen oder Muslime.

3 Erfolge: Auf der Peloponnes braut sich schon seit geraumer Zeit etwas zusammen. Viele der Räuber dort sind nicht einfach nur Halsabschneider, sondern Aufständische.

4 Erfolge: Die griechisch-orthodoxe Kirche mag einflussreich sein, aber sie ist auch so gut wie bankrott. Aus diesem Grund sind jüngst die Steuern der Griechen so enorm gestiegen.

5 Erfolge: Zwar glauben die Gelehrten, dass es über den Zeitraum zwischen dem 12. und dem 8. Jahrhundert vor Christi Geburt keine Aufzeichnungen gäbe. Aber das stimmt nicht! Es gibt sie doch, wir aber halten sie für antike Sagen und Legenden.

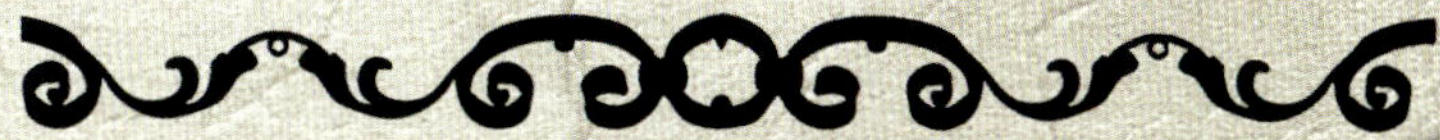

Republik Venedig: See- und Handelsmacht

Überblick

Jahrhundertelang dominierte die Republik Venedig die Adria und den Mittelmeerraum durch Schiffe, Geld und Diplomatie. Wie kein anderer der Stadtstaaten Italiens steht ihr Name allein für politische, militärische und finanzielle Macht, und wie kein anderer ist die Stadt in der Lagune Sehnsuchtsort vieler Künstler, Wissenschaftler und Glücksritter. Doch so schillernd die sogenannte Serenissima auch ist, genauso morbide ist sie. Nirgends riecht die Luft so sehr nach vergangener Größe, nach moralischem und materiellem Verfall.

Historie der Republik Venedig

Als einstige byzantinische Provinz beginnt Venedigs Aufstieg zur Großmacht unter dem Schutz des Oströmischen Reiches. Ausgestattet mit diversen Handelsprivilegien entwickelt sich die Stadt in der Lagune zum finanziellen Herzen Mitteleuropas, das sich immer weiter ausdehnt und letztlich sogar die Hauptstadt seiner ehemaligen Herren besetzt. Der Abstieg der sogenannten Königin der Adria wird durch die Entdeckung Nordamerikas eingeleitet. Der weltweite Handel verlagert sich mehr und mehr in die Neue Welt, und der Handel mit der Levante und dem Orient – Grundlage für Venedigs Reichtum – verliert an Bedeutung. Selbst tiefgreifende Reformen können den schleichenden Untergang nicht aufhalten, und bald finden sich venezianische Kaufleute gefangen zwischen der Sehnsucht nach alter Größe und der Flucht in gedankenvernebelnde Dekadenz.

Hätt' ich Venedigs Macht und Augsburgs Pracht, Nürnberger Witz und Straßburger G'schütz und Ulmer Geld, so wär ich der Reichste in der Welt.

– Deutsches Sprichwort

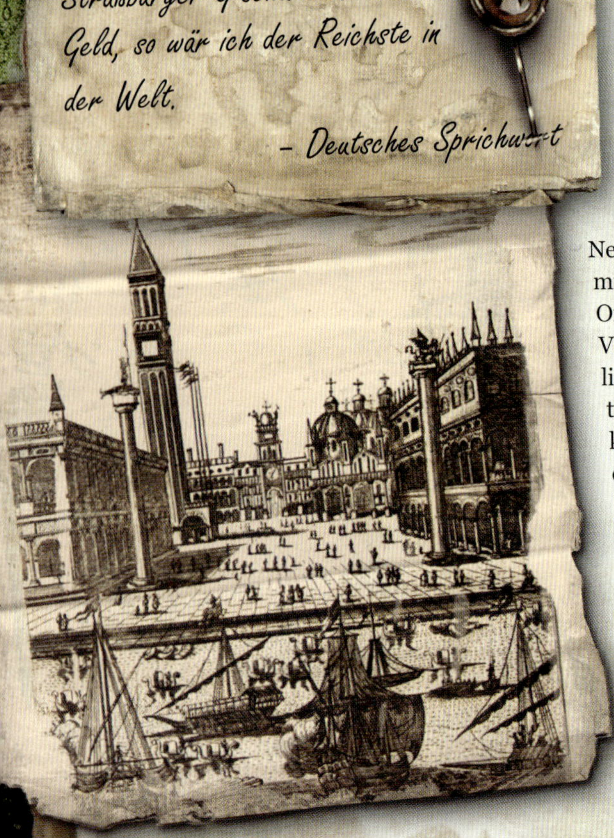

Dann öffnet sich 1640 das Tor zur Hölle und der Schwarze Sturm fegt wie ein böses Omen über die Stadt. Den dämonischen Angriff auf Rom sitzen die Handelsfürsten in der Lagune aus, zumal sie weitgehend verschont bleiben. 1645 befiehlt Sultan İbrahim den Angriff auf die von Venedig besetzte Insel Kreta und deren Hauptstadt Candia. Trotz massivem Einsatz von Truppen und Belagerungsgerät gelingt es den Osmanen in den folgenden Jahren nicht, die Mauern der Stadt zu überwinden. Als sich die Kämpfe am Ende in die Minen unter der Stadt verlagern, können die Angreifer schließlich gänzlich abgewehrt werden. 1687 vertreibt Venedig das Osmanische Reich von der Peloponnes und etabliert dort das Vasallenkönigreich Morea, plündert gleichzeitig Athen und Piräus. Erst 1715 wagt der Sultan wieder einen Angriff auf das Königreich, wird jedoch geschlagen und Athen von den Venezianern ein zweites Mal geplündert.

Nach der Überschwemmung der Niederlande und dem Verschwinden der Britischen Inseln 1695, aber auch durch den immer gefährlicher werdenden Schiffsverkehr von Spanien nach Südamerika wird der Handel über das Mittelmeer wieder lukrativer. Für Venedig beginnt ein zweiter Frühling, zumal nach der Rückeroberung Roms große Mengen Rohstoffe in der Ewigen Stadt benötigt werden. Bis 1733 wird die Stadt in der Lagune ein weiteres Mal zum wichtigsten Handelsknoten Europas, dessen Machthaber voller Ehrgeiz sind, ein neues goldenes Zeitalter herbeizuführen.

Die venezianische Flotte

Venedigs mächtige Flotte ist der Garant für den Reichtum der Stadt und damit auch direkt für deren Vormachtstellung. Ohne ihre Handelsschiffe, die Waren aus dem Orient bringen, und ohne die Kriegsflotte, die als langer Arm des Dogen die Interessen der Republik im Mittelmeer durchsetzt, wäre die Stadt in der Lagune wohl kaum mehr als ein unbedeutender Fischerort. Sollte die venezianische Diplomatie einmal versagen, kommt die Flotte zum Einsatz. Trotz seiner Kolonien und des Arsenals kann Venedig nicht mit der Schiffsproduktion größerer Imperien, wie etwa des Osmanischen Reiches, mithalten. Aus diesem Umstand entstand jedoch ein Innovationsdruck, der die venezianische Flotte zu einer, wenn nicht sogar der modernsten Seemacht in der bekannten Welt formte.

Während die Galeere als bedeutendster Schiffstyp des Mittelmeeres lange Zeit das Bild in den Werften bestimmte, haben die letzten Jahre das Ende dieser Ära eingeläutet. Trotz Venedigs Sieg in der Dardanellenschlacht 1656 zeigte sich die Unterlegenheit von geruderten Galeeren und Galeassen gegenüber den neueren Segelschiffen. Aus diesem Grund besteht die Handelsflotte der Serenissima heutzutage vor allem aus Segelschiffen verschiedener Klassen, in der Kriegsflotte hingegen sind hauptsächlich Fregatten und Linienschiffe zu finden.

Venezianische Marinesoldaten bedienen sich neben klassischer Waffen wie Säbel, Äxte und Entermesser auch Musketen, Büchsen mit gezogenem Lauf und Granaten. Selbst Seelenlichtgewehre und -pistolen wurden schon gesehen, bleiben aber seltene Ausnahmen. Die Bewaffnung der Schiffe besteht ebenfalls zum großen Teil aus herkömmlicher Marineartillerie, doch immer häufiger auch aus Seelenlicht-, Granat- und Schnellfeuerkanonen und sogar Flammenwerfern (die jedoch aus Angst vor einem Brand auf dem eigenen Deck nur vereinzelt angewendet werden). Die meisten dieser neuen Erfindungen erblicken in der Universität von Padua das Licht der Welt. Venedig war schon immer ein Knotenpunkt für den Austausch von Ideen, ein Schmelztiegel von Kulturen. Mit der Eroberung der Stadt Padua im 15. Jahrhundert konnte sich die Republik eine der ältesten Universitäten Europas sichern. Hier werden stets neue technische und alchemistische Wunder entwickelt, und von hier kommen auch die Seelenlichtwaffen, die den Schiffen der Serenissima ihre Schlagkraft verleihen. Den genauen Ursprung dieses Wissens kennt niemand so recht, doch scheint es kaum eine Erfindung zu geben, die sich nicht kurze Zeit später auf dem Campus der Universität oder im Arsenal wiederfindet.

Schiffsklassen

Galeeren sind bereits seit der Antike im Mittelmeer im Einsatz. Venezianische Händler schätzen sie noch immer, da sie vom Wind unabhängig agieren können, auch wenn ihre Größe eingeschränkt ist. Gerudert werden sie von professionellen Ruderern, Kriegsgaleeren hingegen von Freiwilligen, Gefangenen oder verurteilten Kriminellen.

Fregatten und zum Teil die kleineren **Schebecken** und **Polacker** bilden inzwischen das Rückgrat der venezianischen Seestreitkräfte. Die schnellen Schiffe werden zur Aufklärung, für Patrouillen und zum Überbringen von Nachrichten eingesetzt und begleiten Handelsflotten als Bedeckung. Sie sind auch als Blockadebrecher oder Schmugglerschiff beliebt oder um eine wichtige Ladung oder Person sicher von einem Hafen in den anderen zu bringen.

Die meisten venezianischen **Linienschiffe** sind als Schutz in Häfen stationiert. In einer Seeschlacht stellen sie die Hauptkampfkraft dar. Sie werden je nach Zweck in verschiedenen Größen gebaut, allerdings in geringer Stückzahl, da sie teuer sind und viele Mannschaftsmitglieder benötigen. Gegen ein voll besetztes Linienschiff allerdings kann kaum ein anderes Schiff bestehen – abgesehen von einem anderen Linienschiff.

Flottenstützpunkte

Die wichtigsten Stützpunkte der Flotte sind Venedig, Koroni und Modon sowie Napoli di Romania im Königreich Morea und Candia auf Kreta. Vor allem diese beiden sind oft entweder der erste oder der letzte Anlaufpunkt auf den Handelsrouten zwischen Venedig, der Levante, Ägypten und Konstantinopel. Denn trotz der starken Konkurrenz und gelegentlicher „Zwischenfälle" profitieren die Republik und das Osmanische Reich beide vom Handel im Mittelmeer und nach Europa.

Im Vergleich zur Größe des venezianischen Einflussgebiets ist die stehende Kriegsflotte der Serenissima relativ klein. Vor allem aus Kostengründen hält sie die meisten ihrer Schiffe ausgemustert in Reserve, die jedoch zu jeder Zeit einsatzbereit

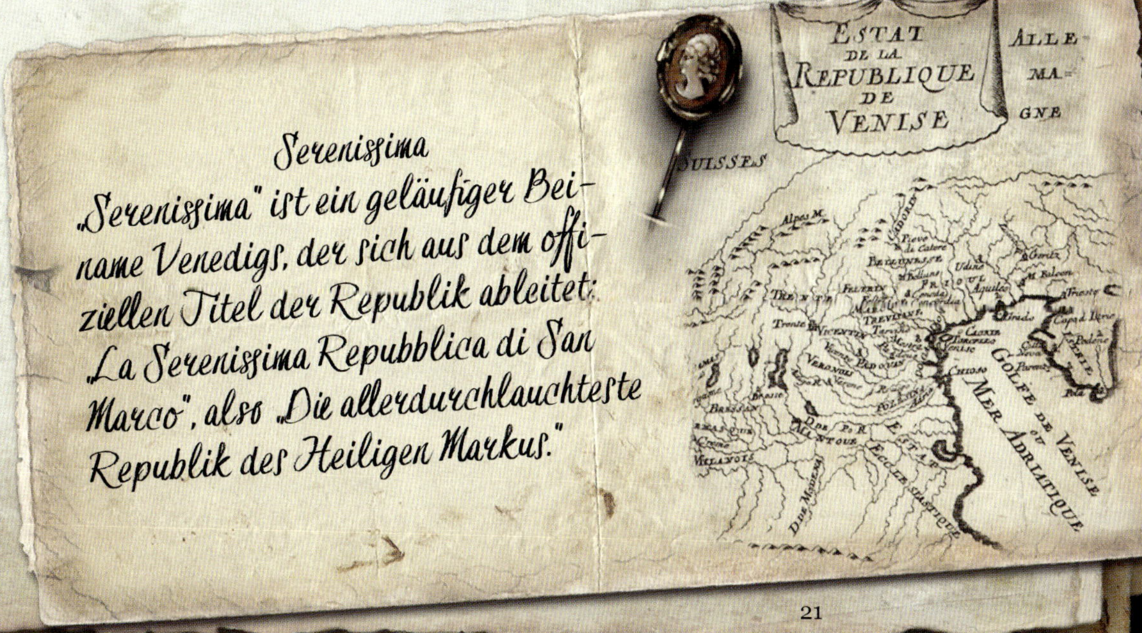

gemacht werden können, sollte ein größerer, offener Konflikt ausbrechen. Ebenso sind die Werften so eingerichtet, dass sie innerhalb kürzester Zeit größere Mengen an Schiffen vom Stapel lassen können. Berühmt dafür ist das Arsenal, in dem pro Tag eine vollständig ausgestattete und kampfbereite Galeere gefertigt werden könnte, sollte es nötig sein. Die Herstellung größerer Segelschiffe dauert natürlich länger, sucht aber noch immer seinesgleichen. Das Arsenal von Venedig gilt zu Recht als größte, effizienteste und modernste Werft Europas. Mehrere Tausend Arbeiter schuften dort tagtäglich als Zimmerleute, Seiler, Segelmacher und in vielen anderen Berufen. Das riesige Gebiet beinhaltet Lagerhäuser, Werkstätten und Docks, verschlingt Unmengen Material und steht als Sperrgebiet unter höchster Geheimhaltung. Da das Hafenbecken Venedigs allerdings nicht tief genug ist, um große Linienschiffe zu Wasser lassen zu können, bedienen sich die Venezianer Schwimmdocks, die auf das Meer hinausgezogen werden können.

Die Goldene Barke

Ein Schiff verdient eine besondere Erwähnung: der „Bucintoro" – die sogenannte Goldene Barke, das Staatsschiff des Dogen von Venedig. Im Laufe der Jahrhunderte gab es verschiedene Ausführungen der massiven Prunkgaleere, die neueste wurde 1727 vom Stapel gelassen. Das Schiff ist ein schwimmender Palast, über und über geschmückt mit goldenen Verzierungen und Juwelen. Nur die besten Ruderer und die hübschesten Jugendlichen aus dem Arsenal dienen auf der Goldenen Barke, die wie kein anderes Schiff Venedig selbst darstellt. Hinzu kommen die vergnüglichsten Errungenschaften der Seelenlichttechnik.

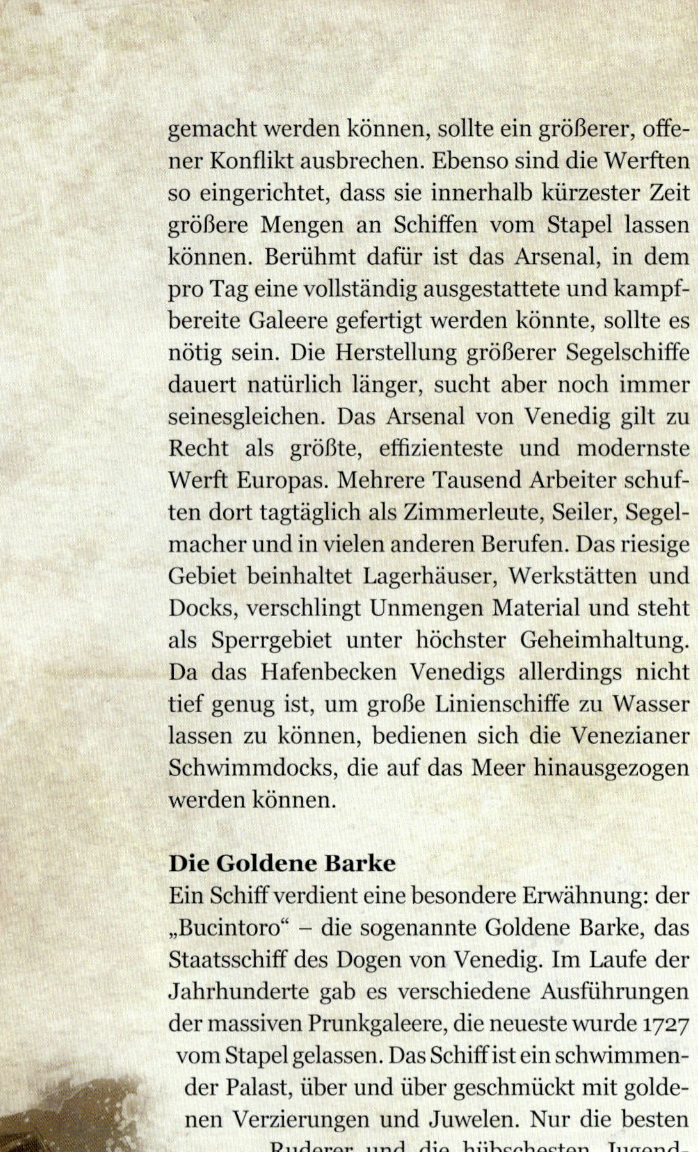

Häufig für Ausfahrten der Mächtigen und für Staatsbesuche verwendet, hat die Goldene Barke ihre Hauptrolle während des jährlichen „Festa della Sensa" zu spielen, mit dem Venedig seit Jahrhunderten die rituelle Vermählung des Dogen (also Symbol für die Stadt) mit dem Meer feiert und so den Herrschaftsanspruch der Serenissima über die Adria und das Mittelmeer unterstreicht.

Regionen

Die Stadt in der Lagune

Die Stadt Venedig erstrahlt heute in neuem Glanz und alter Glorie. Hier ist jeder seines Glückes Schmied und kann mit Geschäftssinn, Fleiß oder Skrupellosigkeit bis zum Dogen aufsteigen – genug Geld vorausgesetzt.

Venedig gilt zu Recht als reichste Stadt Europas, doch das bedeutet nicht, dass es keine Armut geben würde. In den engen Gassen und auf den weiten Plätzen finden sich ebenso viele Bettler wie andernorts. Im Gegensatz zu den meisten Städten allerdings gibt es hier auch eine große Schicht freier Einwohner, die neben dem Handel die Grundlage für den Reichtum der Serenissima bilden. Herausragend ist vor allem der Gemeinschaftssinn der Venezianer, der auch neu Zugezogene bald erfasst und in Eifer für die Flagge mit dem Markuslöwen entbrennen lässt. Man arbeitet nicht nur für das eigene Wohl, sondern auch für das der Republik. Obwohl sich so mancher Neider das Maul darüber zerreißt, das der altruistische Zusammenhalt allein dem Einfluss einer ominösen Geheimpolizei geschuldet ist.

Die Fassaden der Patrizierhäuser präsentieren sich in einem eigenen Baustil, einer Mischung aus Ost und West. Bekannt ist Venedig für seine Kanäle und auf Pfählen errichteten Häuser, auch wenn ein großer Teil der Stadt auf dem Festland steht. Da die Republik große Teile Norditaliens umfasst und viele Kolonien und Stützpunkte im Mittelmeerraum besitzt, ist das Venedig des Jahres 1733 eine Weltstadt und eine der größten in Europa. In ihr finden sich Menschen aus allen Herren Länder, die ebenso vielfältig sind wie die Waren, die hier gehandelt und produziert werden.

Kreta und Candia

Die Stadt Candia auf Kreta ist einer der wichtigsten Stützpunkte Venedigs in der Ägäis und eine der modernsten Festungen Europas, die allerdings während der viel Jahre andauernden Belagerung durch das Osmanische Reich schwere Schäden erlitten hat. Heute ist Candia nach wie vor unter venezianischer Herrschaft, Teile der Insel sind jedoch von Osmanen besetzt oder werden von kretischen Freischärlern gehalten (siehe: *Kreta – Die geteilte Insel*).

Das Königreich Morea
Wer an Griechenland denkt, der denkt häufig an die Peloponnes und damit an das Königreich Morea. Dieses erstreckt sich über die gesamte Halbinsel, seit Venedig sie 1687 von den Osmanen eroberte. Bekannt ist Morea für seine kargen Hochebenen und karstigen Gebirge, seine ausgedehnten Weiden, Olivenhaine und Wälder. Jede der sieben Landschaften des Königreichs hat dabei ihre Eigenarten:

- **Argolis** ist eine bergige Region, in der Landwirtschaft nur in unmittelbarer Nähe der Dörfer möglich ist. Hier befinden sich die bedeutendsten historischen Stätten.
- **Arkadien** ist ein Bergland mit teilweise bewaldeten Hängen. Landwirtschaft ist hier kaum möglich, dafür floriert die Viehzucht (Schafe und Ziegen). Arkadien entspricht dem romantischen Bild Griechenlands vieler Mitteleuropäer und scheint sich seit Jahrtausenden nicht geändert zu haben. Allerdings entstammen dieser Region auch die fürchterlichen Stymphaliden, die seit einiger Zeit die Länder der Ägäis heimsuchen (siehe: *Von Wesen aus Mythen und Sagen*).
- **Lakonien** ist eine weite Flussebene mit weiten Feldern sowie Zitrus- und Olivenhainen.
- **Messenien** ist ein fruchtbares Tiefland mit Wald im Landesinneren. Hier befinden sich die „Augen der Serenissima", die Doppelfestung von Modon und Koroni.
- **Elis** bildet zusammen mit Messenien die Kornkammer Moreas und ist vor allem für den Anbau von Wein und Getreide bekannt. Es finden sich aber auch Viehherden und Olivenhaine.
- **Achaia** ist eine üppige Küstenlandschaft mit einem bergigen Hinterland, das als Rückzugsort für Freischärler und Banditen gilt, der sogenannten Klephten.
- **Korinthia** besteht aus verkarsteten Bergen mit einem weiten Küstenstreifen. Als Durchzugsgebiet zum Isthmus von Korinth hat diese Region in den Kriegen besonders leiden müssen.

Hinzu kommen noch die saronischen und ionischen Inseln. Die Peloponnes ist wie Kreta ein Erdbebengebiet, beinahe täglich erzittert irgendwo der Boden oder brechen mitunter sogar feurige Spalten auf.

Die Bewohner von Morea sind fast ausschließlich Bauern und Handwerker. Die kleine, aber reiche Oberschicht besteht inzwischen nahezu gänzlich aus Venezianern. Die einfachen Leute sind kriegsmüde und unpolitisch, die meisten wollen nur in Ruhe leben. Wem sie die horrenden Abgaben zahlen, ist ihnen gleichgültig. Nur die Jugend, vor allem in Arkadien, beschwört das Bild eines vereinten Griechenlands der Antike, der Weisheit Athens, der Macht Mykenes und des Kampfesmuts Spartas. Auch wenn bis jetzt keine größere Rebellion stattfand, mangelt es nicht an Räuberbanden und Freiheitskämpfern – die Grenzen zwischen beidem sind fließend.

Die Hauptstadt des Königreichs Morea ist Napoli di Romania im Südosten der Halbinsel. Die Hafenstadt wurde in den letzten Jahren zu gleichen Teilen ausgebaut und befestigt, um zusammen mit den sogenannten Augen der Serenissima ein letztes Bollwerk gegen die Osmanen und eventuelle Aufständische zu bilden, sollte dies nötig sein. Durch ihre Bedeutung ist die Stadt stark gewachsen und ist neben Candia auf Kreta einer der wichtigsten Flottenstützpunkte der Serenissima.

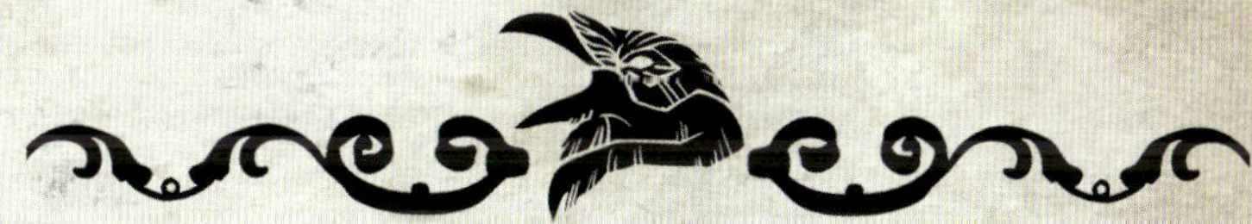

Jägerwissen

Um zu ermitteln, was dein Jäger über die Republik Venedig weiß, lege eine Probe auf Land und Leute ab.

0 Erfolge: Venedig ist eine reiche und mächtige Stadt im Norden Italiens. Hier ist jeder frei und seines Glückes Schmied.

1 Erfolg: Venedig ist eine Republik, die nicht nur den Großteil Norditaliens umfasst, sondern auch Kolonien im ganzen Mittelmeerraum besitzt, so etwa die Peloponnes und Kreta.

2 Erfolge: Der Reichtum Venedigs gründet sich auf den Handel mit dem Orient – und auf seine mächtige und fortschrittliche Kriegsflotte.

3 Erfolge: Das Osmanische Reich ist der größte Konkurrent Venedigs. In den letzten Jahrhunderten kam es immer wieder zu großen Kriegen. Dennoch treiben beide miteinander Handel.

4 Erfolge: In Venedig ist nicht alles Gold, was glänzt. Auch hier gibt es Armut, die Reichen kaufen sich Ämter und werden noch reicher. Es brodelt langsam in der Stadt.

5 Erfolge: Venedig ist voll von Spionen und Spitzeln. Besonders als Auswärtiger kann man niemandem trauen, und wer eine Bedrohung für die Stadt darstellt, verschwindet für immer auf einer Galeere – oder findet ein schlimmeres Ende.

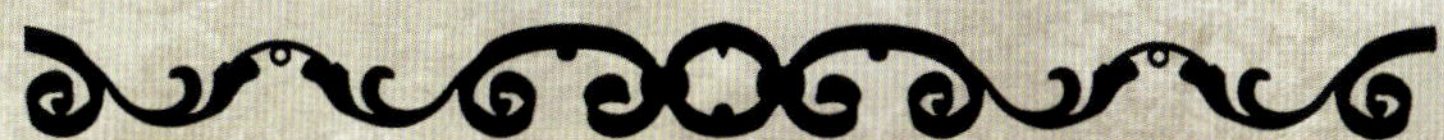

Seeräuber: Plage des Mittelmeeres

Überblick

Piraterie – das ist ein Geschäft mit einer langen Tradition. Die ersten Seeräuber entstanden ungefähr zu jener Zeit, da die ersten Handelsschiffe in See stachen. Und das ist auf dem Mittelmeer bereits viele Jahrtausende her. Es gab wohl keine Epoche seit der Erfindung der Schrift (oder gar davor), da das Meer zwischen Europa und Afrika nicht von Piraten heimgesucht wurde. Als im 12. Jahrhundert vor Christus die bronzezeitlichen Reiche Griechenlands und des Nahen Ostens zusammenbrachen, waren es die mysteriösen Seevölker, die über Häfen und Schiffe herfielen. Später waren es die Bewohners Kretas, die phönizische Geleitzüge ausplünderten. Dann die mächtigen Piratenfürsten Kilikiens, deren epische Seeschlachten mit der Römischen Republik noch heute in Erinnerung geblieben sind. Das Mittelalter sah die ersten muslimischen Korsaren und die Kaperfahrten der Herren von Malta. Heute sind es der Neue Attische Seebund, die dalmatischen Uskoken, die Korsaren der Barbareskenküste und Freibeuter aus allen möglichen Ländern, die die Schifffahrtslinien des Mittelmeeres plagen wie Aaskrähen ein sterbendes Rind.

Seeräuber spielen
Die Profession „Seeräuber" wird ab Seite 120 als Option für Jäger vorgestellt.

„O Fremde, wer seid ihr? Woher kommt ihr auf den nassen Wegen der Gewässer? Seid ihr geschäftlich unterwegs oder fahrt ihr zufällig hin und her, so wie es Seeräuber zu tun pflegen, die herumfahren, dabei ihr Leben riskieren und Unglück über andere bringen?"
– Homer

Eine Frage der Politik

Piraterie ist im Mittelmeer immer auch eine Frage der Politik. Die romantische Vorstellung freier Männer und Frauen, die auf jeden König spucken und nur ihrer eigenen Sache verpflichtet sind, ist hier eine Seltenheit. Die meisten Seeräuber stehen im komplexen Spiel der Großmächte auf irgendeiner Seite, und sei es nur heimlich oder als Zweckbündnis. Selbst diejenigen, die mit keiner Regierung im Bunde sind, verfolgen oft politische Ziele. Sogar mancher schlichter Strandpirat, der eher vor Hunger denn aus Idealismus plündert, sieht sich selbst nicht als Seeräuber, sondern als Widerstandskämpfer.

Womit man Geld verdient

Vor allem Piraten, die von der Küste aus operieren, sind meist bettelarme Dörfler, die die erbeutete Ladung selbst nutzen: Gestohlene Nahrungsmittel werden von den eigenen Familien verzehrt, Werkzeuge und Waffen daheim verwendet.

Profitabler ist es natürlich, die Waren über Mittelsmänner weiterzuverkaufen. Eine weitere gute Zusatzeinkunft bietet der Sklavenhandel (der bei den muslimischen Korsaren sogar die Haupteinnahmequelle ist). Warum nur die Ladung verkaufen, wenn man durch den Verkauf der Besatzung Geld verdienen oder Lösegeld von ihren Angehörigen abpressen kann?

Die Königsdisziplin ist jedoch, sich irgendeinem Herrscher als Freibeuter anzudienen. Auf diese Weise profitiert man nicht nur von der Beute, sondern verfügt auch über einen sicheren Hafen und kommt durch seine Verbrechen sogar zu politischen Ehren. An möglichen Arbeitgebern herrscht im Mittelmeer kein Mangel. Sowohl die Venezianer als auch die vielen osmanischen Lokalpotentaten haben immer Bedarf an Freibeutern, die für sie die Drecksarbeit erledigen.

Methoden der Seeräuberei

- **Der offene Überfall:** Obwohl Seeräuber bisweilen tatsächlich mit donnernden Kanonen längsseits gehen und mit Messern zwischen den Zähnen an Bord springen, birgt dieses Vorgehen viele Risiken. Für gewöhnlich besteht ein Piratenangriff daher nur aus einigen einschüchternden Warnschüssen, gefolgt von der Androhung allerlei Gemeinheiten, damit die Besatzung die Ladung freiwillig herausrückt. Falls dies nicht funktioniert, folgt ein blutiger Enterkampf.

- **Der heimliche Überfall:** Viele Handelslinien führen nahe an Inseln vorbei, oftmals sogar so nahe, dass für einen Überfall einige kleine Boote und eine mondlose Nacht ausreichen – vor allem im östlichen Mittelmeer mit seinen unzähligen Inseln und seinen unübersichtlichen Küsten. Im Schutze der Dunkelheit nähern sich die Piraten von Land aus an und schleichen sich an Bord. Meist ist es schon zu spät, wenn die Besatzung merkt, wie ihr geschieht.
- **Das falsche Leuchtfeuer:** Bei diesem Vorgehen sucht man sich eine gefährliche Küste, tötet oder besticht die Wächter des Leuchtfeuers, löscht dieses und entzündet tiefer im Inland ein eigenes. Dann braucht man nur noch auf das erste Handelsschiff zu warten, das auf die Klippen aufläuft, das Wrack zu plündern. Eine Methode, die ebenso effizient wie ehrlos ist.
- **Überfälle auf unbewegliche Ziele:** Nicht nur Schiffe müssen Überfälle von Piraten fürchten, auch nahe der Küste gelegene Siedlungen. Es findet sich immer ein Dorf, ein Palast oder ein Kloster, das reiche Beute verspricht. Dies gilt umso mehr, wenn man neben Gegenständen auch Menschen raubt.
- **Verrat und Intrige:** Wenige Piratenkapitäne überlassen es dem Zufall, wen sie ausrauben, sondern unterhalten regelrechte Agentennetzwerke in den Hafenstädten des Mittelmeeres, um genauestens darüber informiert zu sein, welche Ziele es zu überfallen lohnt. Dies geht in seltenen Fällen so weit, dass Seeräuber im Vorfeld die Besatzung eines Schiffes infiltrieren – und so mancher reiche Händler musste bei einem Überfall erschreckt feststellen, dass die Loyalität seiner Mannschaft nicht ihm galt.

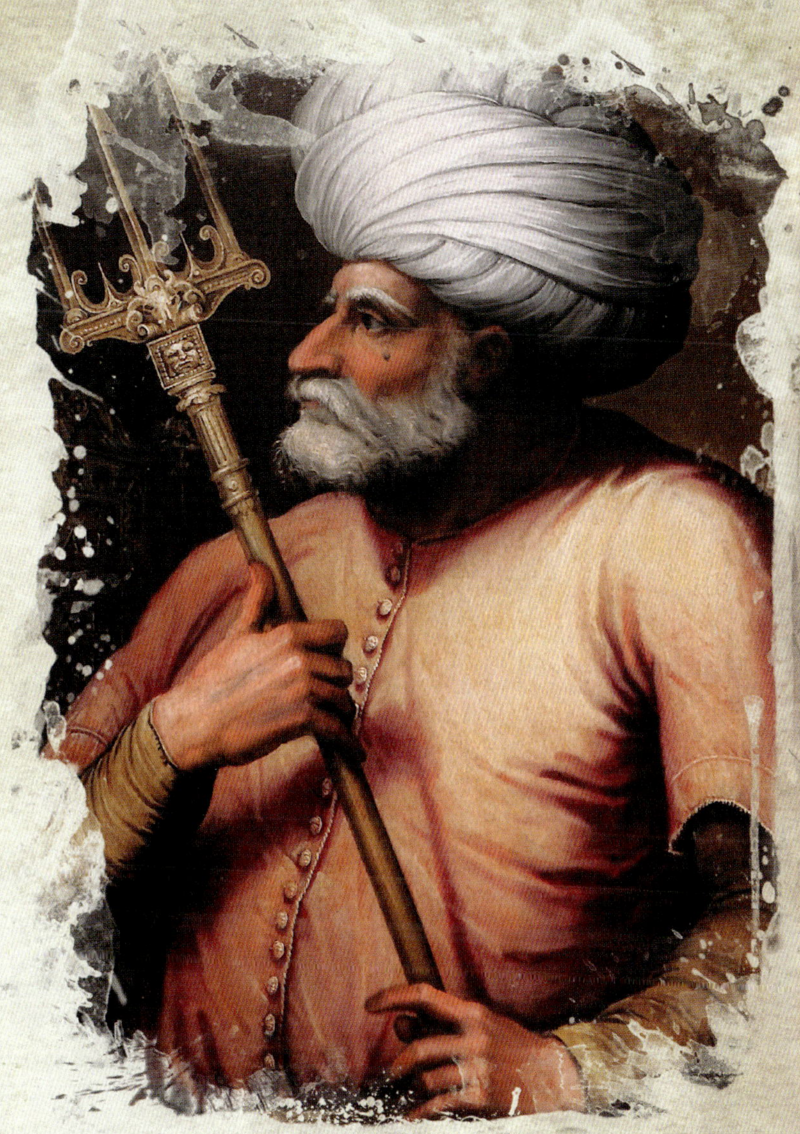

Der Neue Attische Seebund

Die Ägäis war nie frei von Seeräubern. Zu karg sind die dortigen Inseln und zu verlockend die reich beladenen Flotten der Kauffahrer. Seit einigen Jahren jedoch hat sich die Lage verschärft: Handelsschiff um Handelsschiff verschwindet – und das nicht nur aufgrund der Sirenen und Seeschlangen, die in der Ägäis ihr Unwesen treiben (siehe: *Vom Meer und seinen Bewohnern*). Der wirtschaftliche Schaden steigt ins Unermessliche und die osmanische Marine scheint machtlos, obwohl sie bereits einige Piratenschiffe aufbringen konnte. „Neuer Attischer Seebund" nennt sich die schattenhafte Organisation, die laut eigenem Bekunden für diese Welle des Verbrechens verantwortlich ist.

Doch niemand weiß, woher der Seebund kommt oder wer genau dahintersteckt, warum er so hervorragend ausgerüstet ist oder seine Schiffe scheinbar auftauchen und verschwinden können, wie und wo sie wollen. Auch die Ziele der mysteriösen Organisation, deren Symbol ein blaues Kreuz auf weißem Grund ist, bleiben ein Rätsel. Bekannt ist nur, dass sich unter den Piraten weder Türken noch Italiener befinden sollen. Zunächst glaubte die osmanische Obrigkeit, der Seebund wäre eine neue Teufelei Venedigs. Zu häufig hatte sich die Republik zuvor schon gedungener Piraten und Freibeuter bedient. Doch die Venezianer leiden ebenso unter den Überfällen wie ihr östlicher Konkurrent.

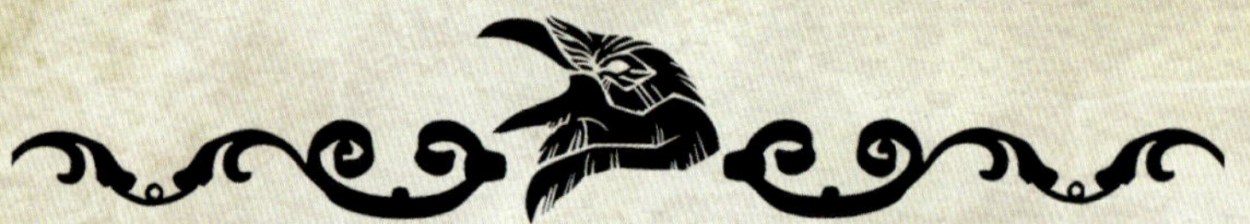

Historie des Neuen Attischen Seebundes

1721: Ein verlassenes genuesisches Handelsschiff strandet an der Küste von Rhodos. Von der Ladung fehlt jede Spur, doch an der Kajütentür findet sich ein blauweißes Kreuz.

1722: Es häufen sich unerklärliche Überfälle auf osmanische Handelsschiffe.

1725: Bei Nacht und Nebel dringen tollkühne Seeräuber in den Marinestützpunkt von Smyrna ein und erbeuten Waffen und Munition. Das erste Mal fällt der Name „Neuer Attischer Seebund".

1727: Einer der Neffen des Generalgouverneurs Cosimo Calergi wird erhängt an der Küste nahe Napoli di Romania gefunden. Auf seine Stirn ist ein blaues Kreuz gemalt, an seiner Brust heftet ein Pergament mit der Aufschrift „Gerichtet für Verbrechen wider das Volk".

1728: Auf Naxos bricht eine Epidemie aus. Nachts erscheinen am Strand unter einer blauweißen Flagge Waren, die offensichtlich von überfallenen Schiffen stammen. Der osmanische Garnisonskommandant ist anständig genug, die Hilfsgüter an die Bevölkerung zu verteilen, wird dafür aber später zum Tode verurteilt. Kurz vor seiner Hinrichtung wird er von Unbekannten aus seiner Zelle befreit.

1729: Osmanische Verbände folgen einem Schiff des Seebundes zu einer bislang unbekannten Insel, die jedoch in einer aufziehenden Nebelbank verschwindet, bevor die Truppen des Sultans anlanden können.

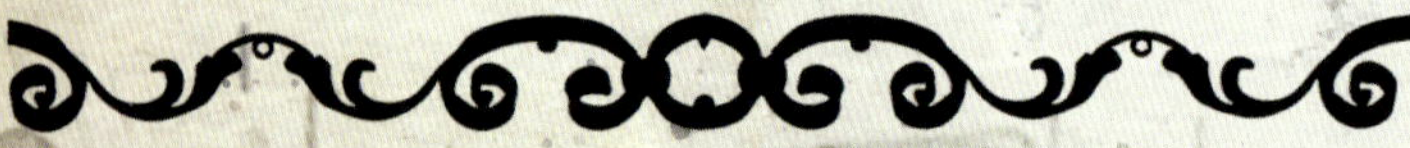

Jägerwissen

Um zu ermitteln, was dein Jäger über den Neuen Attischen Seebund weiß, lege eine Probe auf Land und Leute ab.

0 Erfolge: Natürlich wimmeln die Inseln in der Ägäis von Seeräubern. Die Menschen dort sind arm wie Kirchenmäuse und sehen dauernd reiche Kauffahrer direkt vor ihrer Nase kreuzen.

1 Erfolg: Diese griechischen Piraten sind ein wenig zu erfolgreich. Es muss mehr hinter ihnen stecken. Sind sie letztlich gar keine Menschen?

2 Erfolge: Fragt man die Fischer in der Ägäis, weiß niemand etwas über den Seebund – vermutlich alles Lügen.

3 Erfolge: Den Piraten scheint es weniger um Beute zu gehen als darum, den Venezianern und Osmanen zu schaden. Vielleicht verfolgen sie politische Ziele.

4 Erfolge: Vor Jahrtausenden gab es bereits einen Attischen Seebund. Diesen Namen wählt man nicht zufällig. Vermutlich wollen die Piraten eine eigene Nation von Seeräubern ausrufen oder etwas Ähnliches.

5 Erfolge: Der Seebund besitzt einen geheimen Stützpunkt auf der mysteriösen Chryse, von der man sagt, sie wechsle jede Nacht die Position.

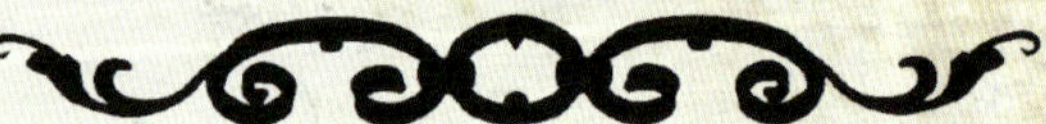

Die Tatsache, dass sich die geheimnisumwitterten Piraten nach einer politischen Allianz aus der Antike benannt haben, in Verbindung mit ihrem fast schon übernatürlich anmutenden strategischen Geschick hat zu einem sonderbaren Gerücht geführt: Einige glauben, dass die Geister uralter Krieger des Peloponnesischen Krieges aus ihren nassen Gräbern in der Ägäis aufgefahren sind und Rache an all jenen üben wollen, die am Niedergang der griechischen Stadtstaaten Schuld sind.

Die geheimnisvolle Insel Chryse

Bei den wenigen Gelegenheiten, bei denen Kämpfer des Seebundes mit einfachen griechischen Inselbewohnern sprachen, offenbarten sie, dass ihr Stützpunkt auf der Insel Chryse läge. Nur gibt es in der Ägäis keine Insel dieses Namens. Zwar wird sie in antiken Texten erwähnt, aber dort steht auch, Chryse sei nach dem Trojanischen Krieg im Meer versunken. Die genaue Lage der Insel bleibt also unbekannt – was bei einem relativ kleinen und gut kartographierten Seegebiet wie der Ägäis eigentlich unmöglich sein sollte.

Das Vorgehen des Seebundes

Nicht wenige Seeleute im Osmanischen Reich und darüber hinaus sind der Meinung, dass hinter dem Seebund eine Kabale leibhaftiger Teufel stecken muss. Denn wo andere Piraten mit roher Gewalt agieren, operiert der Seebund mit List und Tücke. Es scheint, dass er Handelsschiffe nicht aufs Geratewohl aufbringt, sondern stets genau weiß, welche Beute lohnenswert ist und welcher Verlust die Herrschenden besonders empfindlich trifft. All dies spricht dafür, dass der Seebund ein ausgedehntes Spionagenetzwerk in nahezu allen Häfen des östlichen Mittelmeeres und zudem Verbindungen zu den reichen griechischen Phanarioten in Konstantinopel unterhält. Viele glauben allerdings, dass das effiziente Vorgehen des Seebunds übernatürlichen Ursprungs ist.

Selbstverständlich sind die venezianischen und osmanischen Machthaber daran interessiert, derartige Gerüchte zu zerstreuen, da die einfache griechische Bevölkerung hinter vorgehaltener Hand bereits Sympathien für die Angriffe gegen die Unterdrücker bekundet hat. Offiziell vertritt man die Meinung, dass Überfälle des Seebundes nach folgendem Muster ablaufen: Erscheint den Piraten ein bestimmtes Schiff als aussichtsreich, so verschaffen sie sich über Erpressung, Bestechung, Verführung oder Betrug alle Informationen über dessen nächste Fahrt, derer sie habhaft werden können. Anschließend schleusen sie eigene Leute in der Besatzung des Ziels ein: in einigen Fällen nur wenige, die etwa des Nachts die Trinkwasservorräte mit Schlafmittel versetzen und dann ihren wartenden Kameraden Lichtsignale geben, in anderen so viele, dass die Piraten das Schiff ohne Umschweife direkt übernehmen können, sobald es weit genug von der Küste entfernt ist.

Die Uskoken

Gleich jenseits der nordwestlichen Grenzen des Osmanischen Reiches liegt das wilde und unbezähmbare Dalmatien – die Heimat jener tollkühnen Freischärler und Piraten, die sich selbst „Uskoken“ nennen (übersetzt aus dem Slawischen in etwa „Entsprungene“). Seit Jahrhunderten schon sind sie ebenso Erzfeinde der Osmanen wie der Venezianer. Listig spielen sie beide Mächte gegeneinander aus und unternehmen von ihren schwer einnehmbaren Festungen an der unübersichtlichen Küste Kroatiens Kaperfahrten, die sie mitunter sogar bis nach Ägypten führen.

Nachdem sie 1617 mit dem Ende des Friauler Krieges zwischen Venedig und den Habsburgern (der auch Uskokenkrieg genannt wird) aus der Hafenstadt Senj ins Landesinnere vertrieben worden waren, änderte sich ihre Situation nach 1640 grundlegend. In den Wirren des Schwarzen Sturms und der anschließenden Jahre ergriffen die Uskoken ihre Chance und zogen erneut in Senj ein. Seither stapeln sich in der dortigen Festung Nehaj wieder die Reichtümer aus Dutzenden spektakulärer Überfälle. Vollkommen zu Recht gelten die Uskoken als die gefährlichsten Piraten im östlichen Mittelmeer. Einzig die Tatsache, dass sie keine zentrale Führung besitzen, sondern von einer Gruppe untereinander zerstrittener Kapitäne geleitet werden, macht sowohl Venedig als auch Konstantinopel Hoffnung, das Uskoken-Problem irgendwann einmal lösen zu können. Dass sich in letzter Zeit Gerüchte sowohl über Agenten des Heiligen

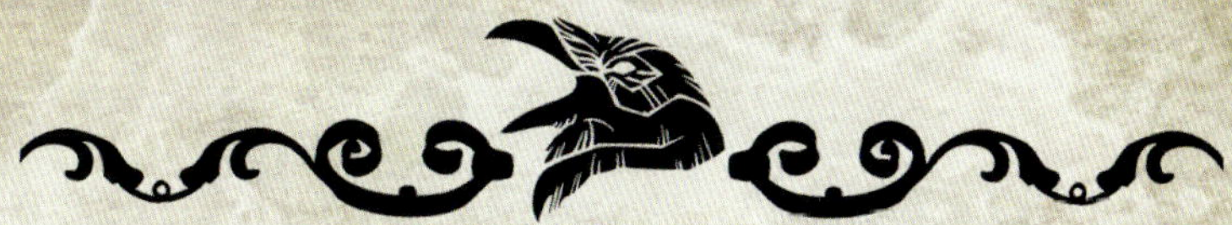

Historie der Uskoken

Um 1530: Zahlreiche Slawen fliehen vor den Eroberungen der Osmanen nach Westen. In der dalmatischen Stadt Klis finden sich viele von ihnen unter dem kroatischen Adeligen Petar Kružić zusammen, die Gegenwehr leisten wollen.

1537: Die Osmanen erobern Klis, und die Uskoken ziehen nach Senj. Von dort aus werden sie im Laufe des Jahrhunderts zum Schrecken der Adria, der sowohl die Osmanen als auch die Venezianer plagt – unter Duldung der Habsburger, zu denen sich eine hervorragende Beziehung entwickelt.

1615–1617: Es kommt zum Friauler Krieg zwischen Venedig und dem österreichischen Erzherzog Ferdinand, in dessen Folge die Uskoken ihre Flotte verlieren und aus Senj vertrieben werden.

Ab 1640: Europa versinkt im Chaos und in Dalmatien bleiben im Zuge diverser politischer Verwicklungen nur die Uskokenführer als lokale Macht übrig. Während sich die Habsburger im Norden gegen die Mächte der Hölle zur Wehr setzen und die Lage zwischen Venedig und Konstantinopel eskaliert, ziehen die Uskoken erneut in Senj ein und bauen ihren Einfluss weiter aus. Allerdings gelingt es ihnen nicht, die internen Streitigkeiten beizulegen: Dalmatien bleibt eine Ansammlung von Stadtstaaten, beherrscht von mehr oder weniger mächtigen Uskokenkapitänen.

Jägerwissen

Um zu ermitteln, was dein Jäger über die Uskoken weiß, lege eine Probe auf Land und Leute ab.

0 Erfolge: Ob sie nun aus Dalmatien oder sonst woher stammen, die Uskoken sind auch nur Räuber- und Piratenpack.

1 Erfolg: Die Uskoken von Senj plagen das Mittelmeer schon seit Jahrhunderten, obwohl die Venezianer und Osmanen um 1620 einige Jahrzehnte Ruhe vor ihnen hatten.

2 Erfolge: Sie mögen Seeräuber sein, aber fromm sind sie über alle Maßen. Priestern krümmen sie kein Haar und wenn man ihnen sagt, man sei gläubiger Christ, sind sie gleich freundlicher.

3 Erfolge: Die Piraterie ist für die Uskoken nur ein Mittel zum Zweck. Ihr eigentliches Ziel ist es, frei zu bleiben – auch vom Einfluss der Habsburger, mit denen sie eine lange Geschichte verbindet.

4 Erfolge: Seit einiger Zeit lassen die Uskoken Schiffe aus Rom nicht nur in Ruhe, sondern auch in ihre Piratennester einlaufen. Der Heilige Stuhl scheint Pläne mit den Piraten zu haben.

5 Erfolge: Das Einzige, was den Uskoken fehlt, um eine gefestigte regionale Macht zu werden, ist eine vereinte Führung. Bislang sind die Piratenkapitäne zerstritten, aber wie lange noch?

Stuhls als auch der Habsburger in Dalmatien mehren, trägt allerdings nicht gerade dazu bei, die Sorgen der beiden Mittelmeermächte zu zerstreuen.

Der Ehrenkodex der Uskoken

Fällt das Wort „Uskoken“, denken viele Menschen an gottlose Piraten, die nichts als Rauben und Morden im Sinn haben. Tatsächlich jedoch sind die Uskoken weit mehr. Sie sind die Nachfahren von im Osmanischen Reich unterdrückten Slawen und erzkatholisch. Aus diesen beiden Umständen leitet sich der Ehrenkodex ab, dem jeder Uskoke folgt, was für ein übler Seeräuber er sonst auch sein mag:

- Ein Uskoke ist ein Verteidiger der Christenheit, der das Kreuz stets in Ehren hält.
- Ein Uskoke ist bedingungslos loyal gegenüber seiner Heimatstadt, seinem Kommandanten und seinen Kameraden.
- Ein Uskoke behandelt christliche Ritter und Geistliche stets mit Respekt (auch wenn sie auf Seiten des Feindes stehen).
- Ein Uskoke zeigt vor einem Gegner nie Feigheit oder scheut im Kampf eigene Verletzungen.
- Ein Uskoke misshandelt keine besiegten Gefangenen.
- Ein Uskoke lässt sich nicht zu grundloser Prahlerei hinreißen.

Das Vorgehen der Uskoken

Uskoken bevorzugen direkte, offene Überfälle, wobei sie als überzeugte Christen ihren Opfern meist die Wahl lassen, ob sie es auf einen Kampf ankommen lassen oder nicht – außer es handelt sich um venezianische oder osmanische Soldaten. Ergibt sich die Mannschaft, kommen die Piraten an Bord und plündern die Laderäume, krümmen aber niemandem ein Haar. Kein aufrechter Uskoke würde seine Ehre beschmutzen, indem er sich an jemandem vergreift, der bereits kapituliert hat. Es kann sogar vorkommen, dass Frauen, Kinder und (christliche) Priester regelrecht ritterlich behandelt werden.

Unter Seefahrern geht das Gerücht, dass es eine weitere Methode geben soll, einen Uskokenüberfall unblutig zu beenden – und sogar unbescholten davonzukommen. Denn scheinbar lieben die Piraten Wettkämpfe über alles und lassen sich mitunter dazu überreden, die Dinge im Duell Mann gegen Mann zu regeln. Kurioserweise soll dies nicht nur Waffengänge umfassen, sondern auch „Kampftechniken“ wie Armdrücken oder Wetttrinken.

Kommt es hingegen zu einem Gefecht, versucht man das gegnerische Schiff mit gezielten Schüssen manövrierunfähig zu machen, um es anschließend zu entern. Einem Wolfsrudel gleich strömen die rot gewandeten Haudegen mit Streitäxten, Krummschwertern und Pistolen an Bord und massakrieren jeden, der Widerstand leistet. Wer den Uskoken mit der Waffe in der Hand entgegentreten möchte, sollte wissen, dass die dalmatischen Piraten hervorragend ausgebildete Kämpfer sind, von denen nicht wenige im Großen Türkenkrieg auf Seiten der Habsburger gefochten haben.

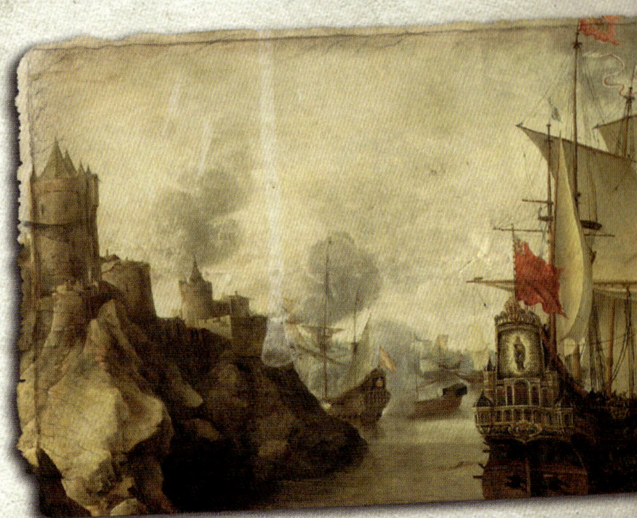

Besonders unter Galeerensträflingen lässt ein Uskokenüberfall im Übrigen meist Jubel ausbrechen, da die Piraten erklärte Feinde dieser Praxis sind und zum Rudern gezwungene Gefangene gekaperter Schiffe stets befreien. Sie selbst verwenden zwar auch Galeeren, doch die Ruderer der Uskoken sind nach antiker Sitte freie Männer.

Die Barbaresken-Korsaren

Früher einmal waren die muslimischen Korsaren der Barbareskenküste der Schrecken des gesamten Mittelmeeres. Von ihren Häfen in den Maghreb-Ländern aus verübten sie Überfall um Überfall. Ihre Ziele waren die Schiffe und Küstenorte der christlichen Länder, und ihre Beute waren Menschen. Abertausende Unschuldiger wurden von ihnen in die Sklaverei verschleppt. Während ihrer Blütezeit unternahmen die Korsaren sogar Kaperfahrten bis nach England. Sie waren wegen ihrer Untaten so berüchtigt, dass sie noch heute als Sinnbild für Brutalität schlechthin gelten.

Lange Jahrhunderte standen die Korsaren unter dem Schutz des Sultans. Die skrupellosen Seeräuber hatten den Osmanen in den Kriegen gegen Spanien gute Dienste geleistet und die Reichtümer, die sie durch Sklavenhandel und Lösegeldforderungen erwirtschafteten, waren schwindelerregend. Doch unter Süleyman II. sind für die Korsaren bittere Zeiten angebrochen. Die Freundschaft zwischen Paris und Konstantinopel bedingt, dass den Korsaren die gesamte französische Küste, einst ein lohnendes Ziel, verschlossen ist. Wer sich an Franzosen vergreift, muss damit rechnen, von den osmanischen Behörden ausgeliefert zu werden. Auch Überfälle auf spanische Ziele werden vom Sultan missbilligt. So bleibt den Korsaren, sofern sie in der Gunst des Sultans bleiben wollen, nur noch Italien als Ziel. Dies schmälert die Einnahmen der Piratenkapitäne in Algerien

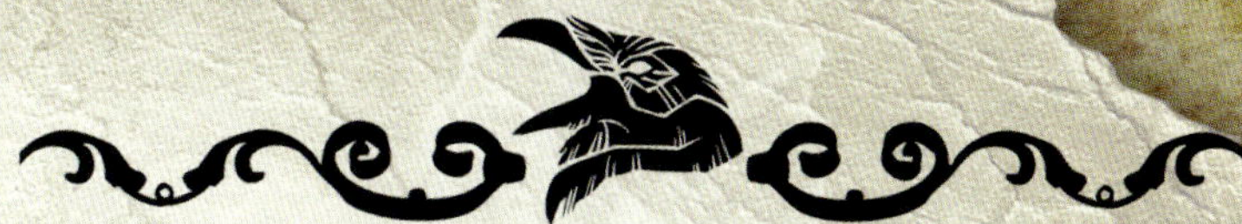

Historie der Barbaresken-Korsaren

Mittelalter: Das Korsarenunwesen nimmt seinen Anfang und führt 1198 sogar zur Gründung des Trinitarierordens, der sich insbesondere dem Rückkauf christlicher Sklaven widmet.

1390: Im Barbareskenkreuzzug schlägt eine französisch-genuesische Allianz die Korsaren bei Mahdia und erobert Teile von Sardinien zurück.

1529: Die Korsaren gehen ein Bündnis mit dem türkischen Sultan ein und die sogenannten Barbareskenstaaten erleben einen ersten Höhepunkt der Macht.

1641–1648: Sultan İbrahim der Verrückte benötigt für seine widernatürlichen Ausschweifungen Hunderte von Sklaven. Die Kapitäne in Tripolis liefern und fahren traumhafte Profite ein.

Ab 1648: Durch ihre Dienste für den wahnsinnigen Sultan sind die Korsaren nach dessen Absetzung in Konstantinopel zunehmend weniger gern gesehen.

1717: Sultan Süleyman II. untersagt offiziell Überfälle auf französische Ziele. Kurz darauf ergeht ein ähnliches Edikt, das auch Spanien als legitimes Ziel ausnimmt. Erwartungsgemäß ignorieren die meisten Korsaren die Erlasse, trotzdem kommt es zu erheblichen Gewinneinbrüchen.

und Tripolitanien empfindlich – und zwar derart stark, dass viele Einwohner der Barbareskenstaaten Hunger leiden, wodurch oft religiös motivierte Gruppen wie beispielsweise die sogenannten Grünroben in Tripolis aus dem Boden sprießen, die Essen für die Armen verteilen oder sich um die Bedürftigen kümmern. Dass mit den Hospitalitern auf Malta im Zentrum des Mittelmeeres eine wachsende Hochburg der Christenheit im Entstehen begriffen ist, macht die Sorgen der Seeräuber nicht gerade geringer.

Grundsätzlich bleiben den Korsaren nur zwei Möglichkeiten: Entweder sie konzentrieren sich im östlichen Mittelmeerraum auf Schiffe und Kolonien Venedigs und leben mit der damit verbundenen Unbill (wie der Einmischung des osmanischen Oberkommandos, der fortschrittlichen Technologie der venezianische Marine, den christlichen Rittern auf Rhodos oder den Uskoken, von denen kein Korsar überhaupt erst anfangen mag) oder sie kümmern sich nicht um das Wohlwollen Konstantinopels und greifen nach wie vor ihre üblichen Ziele an. Da sich viele Korsarenkapitäne vom Sultan und seiner

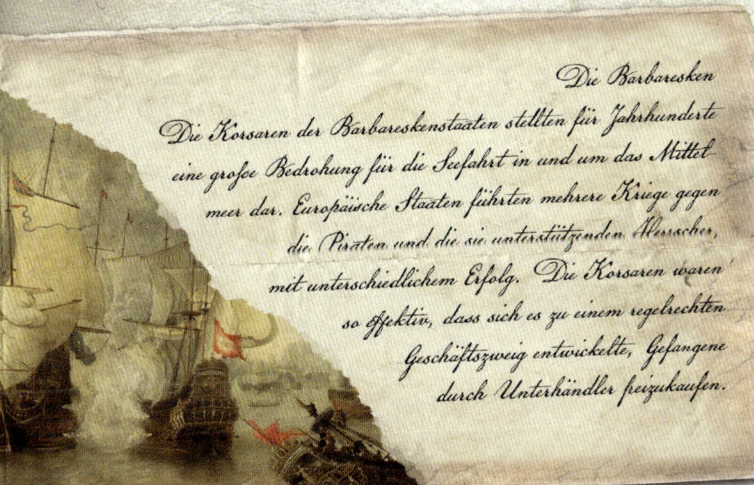

Jägerwissen

Um zu ermitteln, was dein Jäger über die Barbaresken-Korsaren weiß, lege eine Probe auf Land und Leute ab.

0 Erfolge: Die muslimischen Piraten aus den Wüsten Nordafrikas sind die Geißel des Mittelmeeres.

1 Erfolg: Die Barbaresken-Korsaren sind wohl die schlimmsten Sklavenschinder unter der Sonne. Angeblich verschleppen sie mittlerweile sogar Muslime in die Knechtschaft.

2 Erfolge: Die Korsaren schlagen am liebsten im Dunkeln gegen schwache Ziele los. Wenn man sich ordentlich zur Wehr setzt, lassen sie sich mitunter schnell vertreiben.

3 Erfolge: Früher standen die Barbareskenstaaten unter dem Schutz der Osmanen. Doch seit der Sultan und der französische König gut Freund miteinander sind, haben die Korsaren einiges an Spielraum verloren.

4 Erfolge: Auf dem Papier stehen die Korsaren vielleicht noch treu zum Osmanischen Reich, in Wahrheit aber verfolgt jeder Kapitän seine eigenen Ziele. Es bedarf nur eines Funkens, um dieses Pulverfass zu entzünden.

5 Erfolge: Man munkelt, dass einigen Verschleppten ein Schicksal zuteil wird, das grauenhafter ist als die Gefangenschaft oder Sklaverei – schrecklicher noch als der Tod: Sie sollen zu untoten Dienern gemacht werden.

offenen Diplomatie den Christen gegenüber verraten fühlen und das Osmanische Reich weit entfernt ist, wählen die meisten von ihnen letztere Möglichkeit und überfallen zudem nicht mehr nur christliche Schiffe und Ortschaften, sondern auch muslimische. Im Zweifel ist Profit Seeräubern wichtiger als Brüderschaft im Glauben.

Das Vorgehen der Korsaren

Schnelligkeit und das Ausnutzen des Überraschungsmoments sind seit jeher Grundpfeiler der Korsarentaktik. Ein guter Korsar lässt es auf einen verlustreichen Kampf erst gar nicht ankommen, denn er überrumpelt den Gegner, bevor dieser sich wehren kann. Vorzugsweise wird das Ziel, sei es ein Handelsschiff oder ein Dorf in Küstennähe, im Schutze der Nacht blitzartig überfallen. Bevorzugt greifen die Piraten dort an, wo sie wenig Gegenwehr zu erwarten haben.

Ihr Hauptaugenmerk liegt dabei auf dem Verschleppen von Menschen, der Raub von Gold und Waren ist zweitrangig. In erster Linie sind die Barbaresken-Korsaren Sklavenhändler, daher sind sie wahre Meister darin, ihre Opfer unblutig zu überwältigen. Einige wenige verwenden sogar abgefeimte Methoden, wie beispielsweise alchemistische Betäubungsdämpfe. Das Schicksal der Unglückseligen ist entweder ein Leben in der Sklaverei oder Jahre in der Gefangenschaft, wenn sie bedeutend genug sind, um ein Lösegeld fordern zu können.

In europäischen Schreckensgeschichten werden den muslimischen Piraten unzählige Gräueltaten zugeschrieben, wie die Vergewaltigung oder Verstümmelung der Verschleppten. Man sagt ihnen sogar nach, ihre Opfer mit Hexenkräften gefügig zu machen oder mit dunkler Magie selbst über den Tod hinaus schuften zu lassen. Obwohl es vorkommen kann, dass aufsässige Sklaven vereinzelt mit besonderer Brutalität angegangen werden, um die übrigen einzuschüchtern, setzen die meisten Kapitäne allerdings auf Foltermethoden, bei denen der Wert ihrer „Ware" nicht allzu stark gemindert wird – beispielsweise die als „Falaka" bekannten Schläge auf die blanken Fußsohlen.

Unabhängige Freibeuter

Auch abseits der großen Piratenfraktionen gibt es nahezu überall im Mittelmeer Seeräuber. Seien es verarmte Küstenbewohner, die ihr Auskommen mit Überfällen sichern, Flüchtlinge und Deserteure, die sich zu einer Mannschaft zusammenschließen, oder Freibeuter, deren Kaperbrief freimütig von einem der weniger mächtigen Fürstentümer oder Herrscherhäuser ausgestellt wurde. Insbesondere die italienischen Staaten sind berüchtigt dafür, nicht nur zu Land massenweise Söldner anzuwerben. Dabei ist es durchaus die Regel, dass sich Freibeuter und Stadtstaaten permanent gegenseitig hintergehen. Einige dieser offiziellen Piraten wechseln ihre Bündnispartner wie andere Leute die Unterwäsche.

Unter den unabhängigen Freibeutern finden sich Halsabschneider und Glücksritter aus allen Teilen der christlichen und islamischen Welt. Interessant ist, dass die Religionszugehörigkeit, so wichtig sie im Mittelmeer sonst auch ist, im Kreis der freien Männer und Frauen keinerlei Rolle spielt. Gute Beispiele dafür sind der ägyptische Korsar Abu Nasser oder der deutsch-englische Piratenkapitän Jebediah Stamm. Der aufrechte Abu Nasser gilt in der Republik Genua als Volksheld, seit er die Tochter des dortigen Dogen vor einem Komplott spanischer Agenten retten konnte. Captain Stamm hingegen operiert eigentlich in der Karibik, ist aber stark in den transatlantischen Sklavenhandel involviert und ein überaus gern gesehener Gast in Tripolis – trotz des Umstandes, dass er einer sehr puritanischen Ausrichtung des Christentums angehört.

Bedeutsame Städte und Orte des Mare Monstrum

Beyoglu bei Konstantinopel

Konstantinopel ist die multikulturelle Hauptstadt des Osmanischen Reiches und Sitz des Sultans und Kalifen. Über die Jahrhunderte verwuchs die Metropole mit den umliegenden Städten, die ihrerseits selbst oft aus mehreren kleinen Siedlungen hervorgegangen waren. Ein besonderes Viertel, das sich in vielen Belangen eine eigene Seele bewahrt hat, ist das auf der europäischen Seite des Goldenen Horns liegende Beyoğlu. Es besteht aus den historischen Städten Pera und Galata, die auf teils jahrtausendealte Siedlungen zurückgehen. Einst eine unabhängige Handelsenklave der Genuesen, blieb Pera bei der Eroberung Konstantinopels im Jahre 1453 neutral und wurde von Sultan Mehmed II. friedlich ins Staatsgebiet des Reiches integriert. Im südlichen Teil dieses Stadtgebiets, Galata, erhebt sich der berühmte Galataturm, der mit knapp 70 Metern sogar höher ist als die Hagia Sophia.

In den letzten Jahrzehnten ist Beyoğlu, wie ganz Konstantinopel, stark gewachsen. Seit frühesten Zeiten als Handels- und Diplomatenviertel bekannt, haben sich hier verstärkt mitteleuropäische Familien angesiedelt, von denen nicht wenige eine Zuflucht vor den Schrecken des Krieges und der Hölle suchten. Neben zahlreichen christlichen existiert außerdem eine jüdische Gemeinde, die als eine der größten überhaupt gilt.

Obwohl zwischen Beyoğlu und Konstantinopel in steter Regelmäßigkeit unzählige Fähren verkehren, ist die schiere Masse an Menschen, die das Goldene Horn überqueren möchten, kaum zu bewältigen. Daher hat es sich der Sultan zur Aufgabe gemacht, zwischen den beiden, nur knapp 200 Meter voneinander entfernten Kontinenten im wahrsten Sinne des Wortes eine Brücke zu schlagen. Zwar gibt es bereits seit 1502 entsprechende Pläne, entworfen von niemand Geringerem als Leonardo da Vinci, diese schienen aber lange unausführbar zu sein. Zurzeit lässt Süleyman II. für das gewaltige Bauprojekt in aller Welt nach Ingenieuren suchen. Doch das Vorhaben hat nicht nur Befürworter: Im Hafen von Beyoğlu fürchten die Fährschiffer um ihre Existenz und die europäisch geprägte Bevölkerung ahnt, dass ihnen die stärkere Anbindung an die islamisch geprägte Hauptstadt ein weiteres Stück ihrer gefühlten Unabhängigkeit rauben wird.

Gelibolu

Die Halbinsel Gelibolu mit der gleichnamigen antiken Haupt- und Hafenstadt (früher Kallipolis) ist für die Osmanen von besonderer strategischer Bedeutung. Die schlauchförmige Meerenge der Dardanellen verbindet hier die Ägäis zunächst mit dem Marmarameer und dann über den Bosporus mit dem Schwarzen Meer. An der engsten Stelle zwischen der Halbinsel und dem Festland sind die Dardanellen nur einen Kilometer breit. Bewacht wird der wichtige Zugang dort von der Hafenstadt Çanakkale auf dem Festland und der auf Gelibolu gelegenen Festung Kilithbahir, deren Name in etwa „Sperrriegel des Meeres“ bedeutet. Außerdem befindet sich an einem geheimen Ort auf Gelibolu die wichtigste Flottenbasis des Sultans, in der rund die Hälfte aller osmanischen Schiffe stationiert ist.

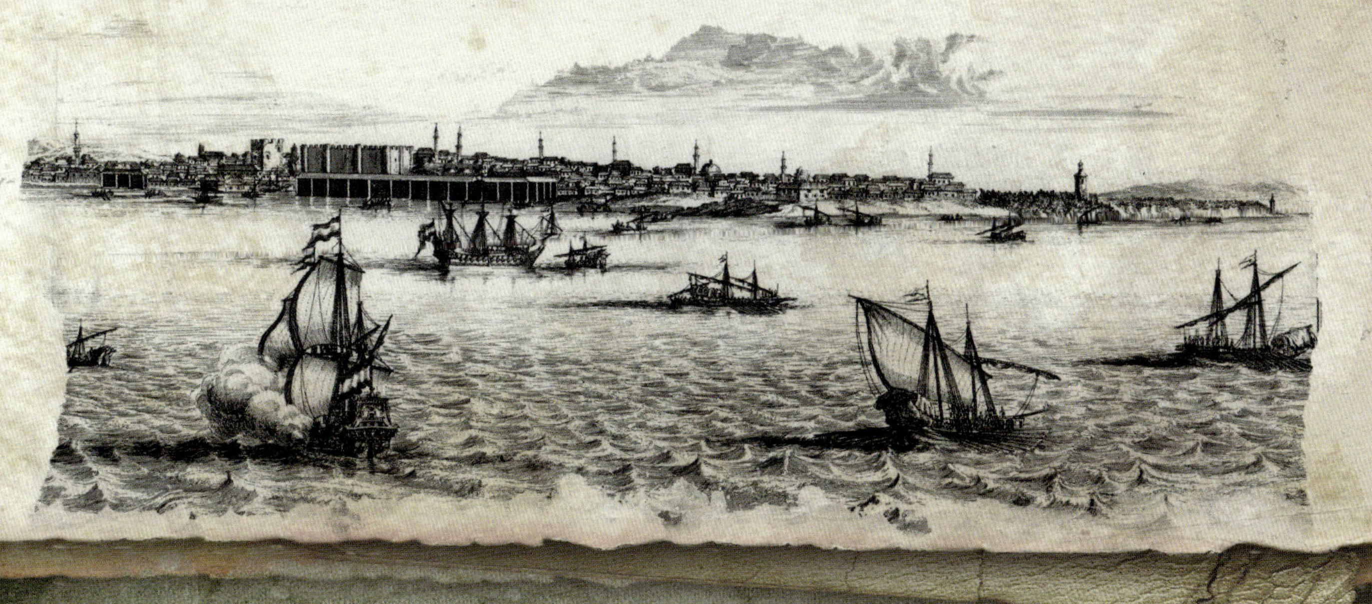

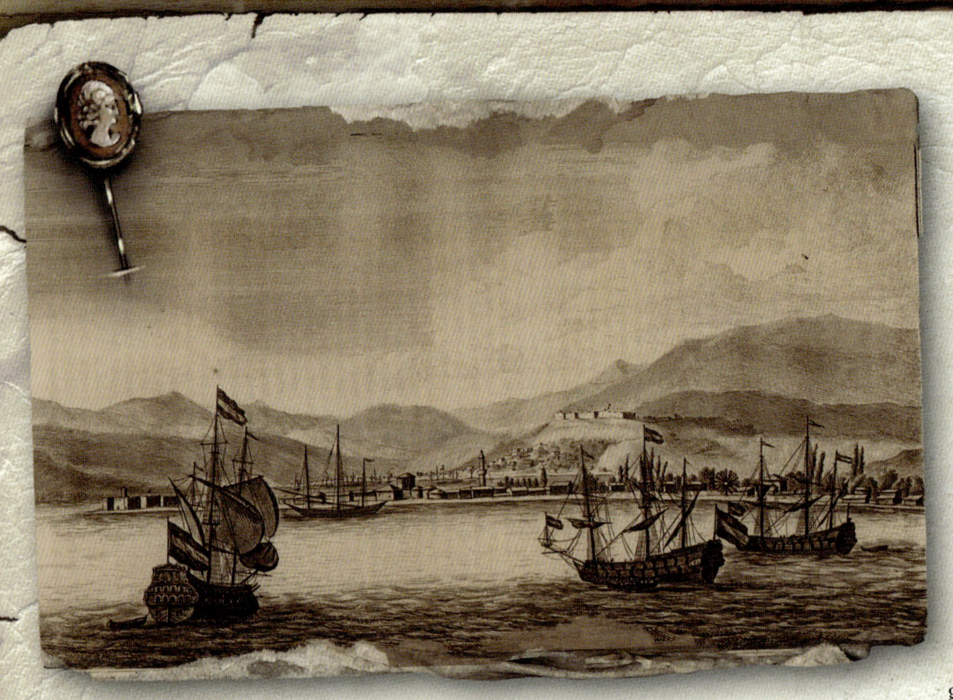

schiedener Kulturen und Religionen geprägt. Nicht nur gibt es eine große jüdische Gemeinde, sondern auch einige fast ausschließlich italienischsprachige Stadtviertel, oftmals bevölkert von Händlern aus Venedig, Florenz und Genua. Auch Spanier und Portugiesen finden sich in Smyrna, ebenso wie britische Exilanten, die hier nach dem Verschwinden ihrer Heimat ein neues Zuhause fanden. Dabei ist „Nebeneinander“ durchaus wörtlich zu verstehen: Türken, Griechen, Juden und Armenier bewohnen jeweils eigene Stadtteile, die dezentral von einem eigenen Rat geleitet werden.

Regiert und verwaltet wird die Stadt von einem direkt dem Sultan unterstehenden Gouverneur. Gegenwärtig bekleidet Akdoğan Alkan dieses Amt; ein gemütlicher älterer Mann, der hier geboren und aufgewachsen ist und den stillschweigenden Wahlspruch Smyrnas „Leben und leben lassen“ wie kein anderer verkörpert. Von besonderem Einfluss sind auch die drei Erzbischöfe der katholischen, griechisch-orthodoxen und armenischen Kirche, die sich untereinander spinnefeind sind und gegeneinander intrigieren. Seit Kurzem zieht es zahlreiche Wissenschaftler und Gelehrte an die neu gegründete „Griechische Schule“, die auf Bemühen des griechisch-orthodoxen Bischofs und des Gouverneurs 1733 eröffnet werden konnte. Die Bildungseinrichtung widmet sich im Besonderen der Erforschung von Wissen zur Abwehr unheiliger Kräfte. Weit über die Grenzen des Osmanischen Reiches ist Smyrna außerdem für den Teppichhandel bekannt. Manche sagen, man könne hier sogar die sagenumwobenen fliegenden Teppiche erstehen, von denen in den Märchen aus Tausendundeiner Nacht die Rede ist.

Bereits vor Jahrzehnten konnte die Heeresführung in Konstantinopel durchsetzen, dass die gesamte Halbinsel unter militärische Kontrolle gestellt und ein absolutes Ansiedelungsverbot ausgesprochen wurde. Lediglich bereits ansässige Bauern und Fischer, die allein für die Versorgung der hier stationierten Truppen zuständig sind, bilden die spärliche und zudem sehr abergläubische Bevölkerung Gelibolus. Fremde betrachtet man mit besonderem Misstrauen und erzählt ihnen von Geistern, die Kinder entführen. Kein Schiff, das die Meerenge passiert, bleibt unkontrolliert. Außer in den beiden Hafenstädten, darf ein Kapitän in den Dardanellen nicht vor Anker gehen, und sollte er sie durchfahren dürfen, muss er von Wachschiffen begleitet auf einem streng vorgegebenen Kurs bleiben. Dennoch gibt es Gerüchte über einen Schmugglerring, der in der Gegend operieren soll.

Smyrna

Die an der Küste Kleinasiens gelegene Stadt Smyrna blickt auf eine fast achttausend Jahre währende Geschichte zurück. Sie gilt als einer der wichtigsten Häfen der Ägäis und ist in mancherlei Hinsicht sogar bedeutsamer als Konstantinopel. Nicht wenige Kriegsschiffe des Sultans liegen hier vor Anker und zudem läuft der Großteil des Gewürz- und Stoffhandels über die große Stadt, in der mittlerweile fast 500.000 Menschen leben. Obwohl sie Teil des Osmanischen Reiches ist, stellen die Türken in Smyrna lediglich eine Minderheit dar, die Mehrzahl der Einwohner ist heute griechischstämmig und pflegt christliche Gebräuche. Doch als Handelsmetropole beherbergt sie Angehörige aller nur denkbaren Nationen. Die Vielvölkerstadt ist von einem zumeist friedlichen Nebeneinander ver-

Antalya

Die große Stadt im Süden Kleinasiens geht auf die griechische Polis Attáleia zurück, die bereits in der Antike von großer Bedeutung war. Die umliegende Region ist äußerst fruchtbar und gilt als Kornkammer des Osmanischen Reiches, besonders was den Obstanbau angeht. Anders als in Konstantinopel und Smyrna findet im rund 100.000 Einwohner zählenden Antalya allerdings kein größerer internationaler Warenhandel statt, vielmehr werden hier vor allem Güter umgeschlagen, die innerhalb des Reiches verteilt werden. Der

Hafen ist daher vergleichsweise klein und der eigentlichen Stadt vorgelagert. Der Großteil Antalyas thront oberhalb einer Steilküste, die die Stadt seeseitig vor Gefahren wie Überfällen und Fluten schützt. Die Bevölkerungsmehrheit stellen Osmanen und Griechen, im Hafengebiet sind aber Angehörige aller Kulturen zu finden.

Eine besondere Sehenswürdigkeit ist das Hadrianstor, das aus antiker Zeit stammt und als Triumphbogen zu Ehren des gleichnamigen römischen Kaisers errichtet wurde. Die Einheimischen meiden das Bauwerk jedoch seit vielen Jahrzehnten, da dem Volksglauben zufolge jeder, der hindurchgeht, wenige Tage später ein schlimmes Schicksal erleidet. Je nachdem, wie man sich als Fremder den Einwohnern gegenüber gibt, wird man auf diesen Umstand hingewiesen oder nicht. Darüber hinaus ist auch die Yivli-Minare-Moschee im Zentrum Antalyas zu erwähnen. Ihr rund 40 Meter hohes Minarett ist von jedem Punkt der Stadt aus zu sehen. Die gesamte Spitze ist in fahlgrünes Seelenlicht getaucht, das Seeleuten zur Orientierung dient. Leider kann die Moschee seit rund einem Jahr nicht mehr genutzt werden, da es im Inneren spuken soll und die Hilfegesuche des örtlichen Gouverneurs Kahraman Baydar in Konstantinopel bislang ungehört blieben.

Thessaloniki

Seit den Tagen des antiken Königreichs Makedonien war Thessaloniki von großer Bedeutung in der Region der Ägäis. Während des Mittelalters erlebte es als Teil des Byzantinischen Reiches eine zweite Blüte und wurde neben Konstantinopel zu einer der beiden wichtigsten Städte der Oströmer. Nachdem es lange ein Zankapfel zwischen Byzanz und Venedig gewesen war, wurde es 1430 von Sultan Murad II. dem Osmanischen Reich einverleibt und erhielt den Namen Selânik. Seitdem gilt die Stadt erneut als wichtiges Handelszentrum auf dem Balkan und einer der bedeutendsten Häfen der Ägäis. Auf dem Besesteni, einem mit Kuppeln überdachten Markt, werden Waren aus dem ganzen Mittelmeerraum gehandelt. Interessant ist hierbei, dass Thessaloniki nicht mehr als 30.000 Einwohner zählt und sich zu manchen Zeiten mehr Reisende und Gäste als Einheimische innerhalb der Stadtmauern aufhalten – und einen unüberschaubaren Schmelztiegel bilden, der den osmanischen Behörden zunehmend Sorgen bereitet.

Zu allem Überfluss ereignete sich erst vor wenigen Jahren ein Erdbeben, bei dem zahlreiche Baracken und Anlagen im Hafenviertel von einer Flutwelle überschwemmt wurden. Damals starben Hunderte Menschen, und das Elend der Ärmsten vergrößerte sich noch mehr. Von den Bewohnern wurde dies als weiteres böses Omen gedeutet, denn seit einigen Jahren brodelt es in der Stadt, die von ihren mehrheitlich griechischen Einwohnern und der hier seit Jahrhunderten ansässigen venezianischen Gemeinde beharrlich mit ihrem alten Namen bezeichnet wird. Der griechischstämmige Gouverneur, Alexios Konstantios, ist vermutlich der einzige Grund, weshalb in der Stadt noch eine Art Ruhe herrscht. Eine Ruhe vor dem Sturm wohlbemerkt, denn Gerüchten zufolge ist Thessaloniki das Zentrum der griechischen Widerstandskämpfer, die sich gegen die Besatzer aus Konstantinopel auflehnen. Immer wieder verschwinden Menschen, vor allem osmanischer Herkunft; ein Umstand, der gemeinhin auf die Rebellen zurückgeführt wird.

Wenig verwunderlich ist also, dass der hier stationierte türkische General Ali mit harter Hand durchgreift. Selbst das Wahrzeichen der Stadt, der Weiße Turm, wurde vor einigen Jahren zu einer Hinrichtungsstätte umgebaut. Man sagt dem gnadenlosen General nach, Verdächtige und Delinquenten höchstpersönlich von den rund 30 Meter hohen Zinnen des Turmes zu werfen. Die wenigen, die den Sturz überleben, soll er wieder hinaufschaffen und ein zweites Mal hinunterstürzen lassen.

Napoli di Romania

Ebenso wie viele Ortschaften auf der Peloponnes befindet sich das ehemalige Nafplio direkt am Meer und ist dennoch etwas Besonderes: Viele Städte haben einen Hafen, doch Napoli di Romania – so sagt man – ist ein Hafen, der eine Stadt hat. Tatsächlich machen die gewaltigen Kaianlagen den Großteil der auf einer Landzunge gelegenen Hauptstadt des venezianischen Königreichs Morea aus, die auf den Trümmern einer antiken Polis errichtet wurde. Seit des brüchigen Friedens mit dem Osmanen baute Venedig sie zu ihrem wichtigsten Flottenstützpunkt in der Ägäis aus und errichtete auch die auf dem Stadtberg gleichen Namens thronende Festung Palamidi, benannt nach dem griechischen Sagenhelden Palamedes. Heute gilt Napoli di Romania aufgrund seiner Lage als uneinnehmbar, da es auf drei Seiten von Wasser umgeben ist und die Landseite von riesigen Festungsmauern begrenzt wird.

Zudem sind die Venezianer seit dem gescheiterten Rückeroberungsversuch der Osmanen im Jahre 1715 äußerst darauf bedacht, keine unbesonnenen Fehler zu begehen. Die Stadt wurde zum Sperrgebiet für sämtliche Schiffe erklärt, die nicht unter der Flagge der Serenissima segeln. Der wichtige Handel mit den zahlreichen Kauffahrern wird über umliegende Hafenstädte abgewickelt. Auch auf dem Festland ist die Stadt von einem 15 Kilometer weiten Sperrgürtel umgeben. Obwohl Napoli di Romania damit eher einer Festung gleicht, ist es in den letzten Jahren stark gewachsen und besitzt einen eigenen Charme. Trotzdem empfinden es nicht wenige venezianische Soldaten als Bestrafung, hier stationiert zu sein.

Die beinahe völlige Abschottung hat zu einer kuriosen Besonderheit geführt: Das nur wenige Kilometer westlich der Stadt gelegene Nonnenkloster Agia Moni hat sich zu einem regelrechten Handelszentrum entwickelt. Die resolute Äbtissin, Mutter Hedwig, konnte eine Sonderregelung erwirken, die es den Menschen des Umlands, Pilgern und Händlern ermöglicht, ihren Anliegen auf den Ländereien des Klosters nachzugehen, da diese nominell nur dem Heiligen Stuhl unterstehen. Auch die freie Passage zum Kloster ist Teil der Regelung, die ein ständiger Quell des Ärgers für den Generalgouverneur Moreas, Cosimo Calergi, ist. Der Venezianer möchte es sich keineswegs mit Rom verscherzen, doch in den letzten Jahren sind die Nonnen in Calergis Augen etwas zu geschäftstüchtig geworden.

Chios

Die Insel und Stadt Chios sind dem Festland Kleinasiens vorgelagert. Das extrem wohlhabende Eiland lebt vom Handel und von der Reisefreudigkeit der osmanischen Oberschicht, die hier ihre Sommertage abseits der Metropolen verbringt. In den malerischen Gassen der Stadt und auf zahlreichen prächtigen Landsitzen vergnügen sich die Mächtigen und Schönen des Reiches und halten Hof. Chios gilt als persönliches Lehen der ersten Hauptfrau des Sultans und wird von ihr bei jeder Gelegenheit inspiziert. Für die gesamte Insel gilt ein allgemeines Betretungsverbot, von dem nur Ortsansässige und Gäste des osmanischen Hochadels ausgenommen sind. Anlandende Schiffe werden von Janitscharen mit höflicher Bestimmtheit aufgefordert, das nicht weit entfernte Smyrna anzulaufen.

Auf der Insel floriert der Wein- und Olivenanbau, die Landschaft ist vor allem von Wildwiesen geprägt, auf der Rinder und Wildziegen grasen. Bekannt ist sie außerdem für den Mastix-Anbau. Dieses gummiartige Material – auch „Tränen von Chios" genannt – wird aus dem Harz der Wilden Pistazie extrahiert und ist wichtiger Bestandteil jüngster technologischer Erfindungen, die bis nach Mitteleuropa reichen. Die Pariser Sorbonne bestellt die Substanz mit dem gleichen Eifer wie der russische Zar. Frühere Versuche, Mastix nicht außerhalb des Osmanischen Reiches zu vertreiben, wurden nach langen diplomatischen Verhandlungen verworfen: Der Sultan sieht einen größeren Nutzen in den Erfindungen der französischen und russischen Experten, die letztlich auch Konstantinopel zu Gute kommen.

Naxos

Umgeben von anderen Inseln der Kykladen und mit einem über tausend Meter hohen Berg in der Mitte gilt das Eiland Naxos mit seiner gleichnamigen Hauptstadt als unattraktiver Fels in der Ägäis und zudem als echtes Piratennest. Einen ähnlich zwielichtigen Ruf haben weitere Orte auf den Kykladen, wie das benachbarte Paros. Unzählige kleinere Häfen säumen die Küste von Naxos, und überall scheinen verschiedene Gruppierungen ihren eigenen Zielen nachzugehen. Auf der Insel selbst gilt ein strikter Ehrenkodex, der jegliche Gewalt untereinander verbietet. Gegen osmanische oder venezianische Aggressoren halten die Dutzenden Schiffsbesatzungen allerdings fest zusammen und verlassen bei größeren Invasionen in Windeseile die Insel, nur um ihr Lager an anderer Stelle neu aufzuschlagen. Die Instanz, die für diese Geschlossenheit sorgt, ist der Kapitänsrat, dem die Anführer aller Mannschaften angehören.

In den Amtsstuben Venedigs, Konstantinopels und sogar von Paris ist die Insel als Protektorat verzeichnet, doch keine der Großmächte hat in jüngster Vergangenheit besonderes Interesse an dem vermeintlich nutzlosen Eiland gezeigt. Dabei hat Naxos wahrlich wertvolle Schätze zu bieten: Völlig unbeeindruckt von den Umtrieben in Küstennähe gehen die hiesigen Steinmetze ihrer Arbeit nach und brechen wertvollen Marmor, um ihn meistbietend zu verkaufen.

Der Kapitänsrat von Naxos fungiert als Zwischenhändler, teilt den Gewinn unter den Beteiligten gerecht auf und versorgt gleichzeitig die Steinmetze mit allem, was sie benötigen.

Limnos

Limnos ist das Musterbeispiel einer ägäischen Insel. Da sie sich im Zentrum dieses Meeres befindet, ist sie ein beliebter Anlaufpunkt für Schiffe aus aller Welt, die hier ihre Waren umschlagen oder die bedeutendste lokale Ressource aufladen: die rötliche „Lemnische Erde", die als Heilmittel Verwendung findet. Als Haupthafen gilt die im Westen gelegene Stadt Myrina, die auch die osmanische Verwaltung und die kleine Garnison beherbergt. Die südliche Bucht ist fest in der Hand der Venezianer, die vom Städtchen Moudros aus das Umland kontrollieren. Der Norden wird von Seeräubern und Schmugglern beherrscht, die in der Bucht von Purnia Fuß gefasst haben. Da diese unmöglich mit größeren Schiffen befahren werden kann, ist das Piratennest Kotsinas vor dem Zugriff der Osmanen und Venezianer geschützt.

Alle drei Städte scheinen mit dem gegenwärtigen Zustand zufrieden zu sein, was durch den Umstand deutlich wird, dass bislang keine der ansässigen Mächte einen regionalen Gouverneur ernannt hat. Limnos ist daher auch als „Insel der drei Kapitäne" bekannt. Weder Konstantinopel noch Venedig kann sich einen Krieg um das strategisch wichtige Eiland leisten und riskieren, dass man den eigenen Hafen verliert. In Myrina regiert Kaptan Uygun Alper, in Moudros Comandante Camillo di Sarra. Die Verantwortung für das schwer zugängliche Piratennest im Norden schiebt man der jeweils anderen Seite zu, weshalb der Rat der Seeräuber – unter dem gebürtigen Preußen Käpt'n Wagner – die Mannschaften immer wieder ermahnt, nicht allzu sehr über die Stränge zu schlagen und womöglich ein Eingreifen zu provozieren.

Irgendwo im Inland soll es einen gefährlichen Kult von Piratinnen geben, die als heimliche Herrscher der Insel gelten. Tatsächlich blickt Limnos auf eine lange Geschichte wehrhafter Frauen zurück: Bereits in der Argonautensage wird berichtet, dass die Frauen der Insel sämtliche Männer umbrachten und die Herrschaft an sich rissen. Eine weitere wichtige Gestalt dient den Griechen der Insel bis heute als Vorbild: 1478 schlossen sich die Menschen von Limnos den Venezianern in ihrem Aufstand gegen die Osmanen an. Als das Mädchen Maroula sah, wie ihr Vater im Kampf erschlagen wurde, ergriff sie sein Schwert und führte die Widerständler an. Obwohl die Osmanen besiegt und vertrieben wurden, landeten sie bereits ein Jahr später erneut an und eroberten Limnos schließlich für den Sultan. In den Häfen der Insel erzählt man sich, dass Maroula dereinst zurückkehren werde, um abermals das Schwert gegen die Besatzer zu erheben.

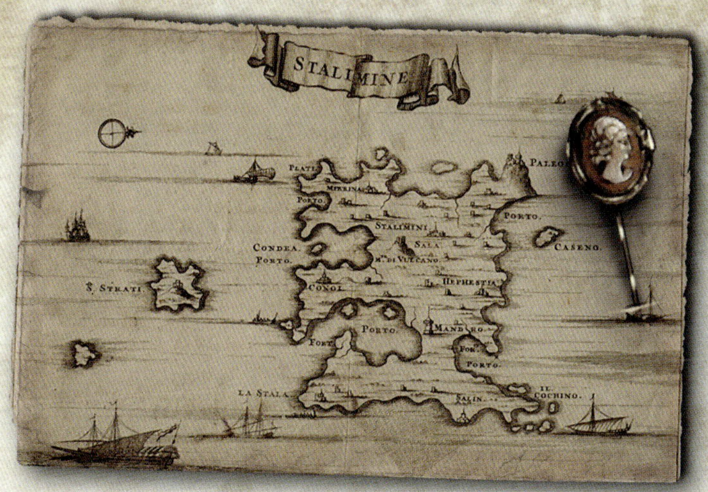

Die Ruinen von Mytilini

Lesbos ist die drittgrößte Insel der Ägäis und war aufgrund ihrer Nähe zum osmanischen Festland lange ein wichtiges Handelszentrum. Vor fünfzehn Jahren jedoch erschütterten seltsame Ereignisse den einst pulsierenden Osten des Eilands. Rund um die dortige Hauptstadt Mytilini kam es in mehreren Novembernächten des Jahres 1717 zunächst zu Geistererscheinungen und dann zum plötzlichen Verschwinden von Kindern. Kurz vor dem Jahreswechsel tauchten angeblich geisterhafte Galeeren vor der Stadt auf, wobei die Berichte zu den nachfolgenden Ereignissen noch weitaus kurioser und zudem höchst widersprüchlich sind. Einige glauben, eine römische Legion aus altvorderer Zeit sei ihren Gräbern entstiegen, um ihre ehemaligen Besitzungen erneut für sich zu beanspruchen – schließlich sei Mytilini übersät mit alten Aquädukten, Tempelanlagen und römischen Bauwerken. Für die überlebenden Osmanen ist klar, dass untote Venezianer angelandet sein mussten, um alle Bewohner niederzumetzeln. Venezianer hingegen wissen zu berichten, dass Geisterjanitscharen die Insel überfallen hätten.

Fest steht, dass die Region um Mytilini völlig entvölkert wurde und spätere Expeditionen nur Leichen vorfanden, die sich scheinbar zu Tode erschreckt hatten, da sie zwar vor Entsetzen weit aufgerissene Augen zeigten, aber keine äußeren Verletzungen. Alles wirkte so, als wären sie bei ihrem Tagewerk tot umgefallen. Bis heute wird der Osten der Insel gemieden. Die Hafenanlagen und die Gebäude Mytilinis zerfallen zusehends und niemand verspürt das Verlangen, sich hier anzusiedeln.

Seit einiger Zeit munkelt man jedoch, dass Schmuggler und Glücksritter in den Ruinen gesehen wurden, die dort nach Schätzen und Geheimnissen suchen. Immer wieder hört man zudem von finanzkräftigen Auftraggebern.

Der Orakelbund: Die Seher von Amorgos

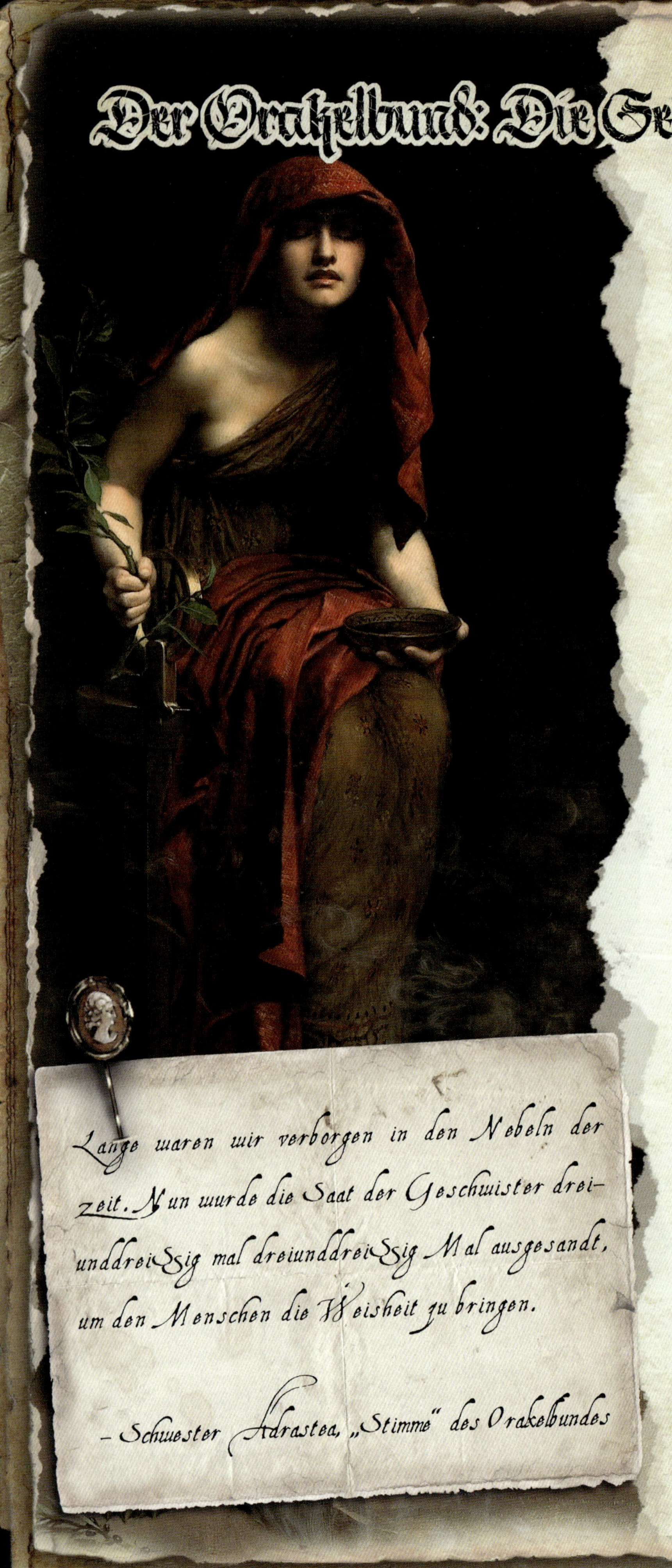

Lange waren wir verborgen in den Nebeln der zeit. Nun wurde die Saat der Geschwister dreiunddreißig mal dreiunddreißig Mal ausgesandt, um den Menschen die Weisheit zu bringen.

– Schwester Adrastea, „Stimme" des Orakelbundes

Überblick

„Die Geschwister des Orakels von Chora", bis vor wenigen Jahren hätte der Name dieses Geheimbundes bei vielen Bewohnern der Ägäis und dem Großteil der Menschen außerhalb dieser Gefilde nicht mehr als ein Stirnrunzeln hervorgerufen. Zwar mögen einige der Gebildeteren und Weltgewandten schon einmal vom sogenannten Orakelbund gehört haben, aber nur die wenigsten hatten bereits Kontakt mit seinen Anhängern, die man als „Orakeljünger" bezeichnet.

Historie des Orakelbundes

Ab 1670 treten an den Höfen von Fürsten und Potentaten – zunächst im Mittelmeerraum, dann aber auch in Zentraleuropa – vermehrt Gelehrte in Erscheinung, die sich selbst als Mitglieder einer jahrtausendealten Geheimorganisation bezeichnen: des Orakelbundes. Etliche Fürsten fühlen sich gut beraten und belohnen die Orakeljünger fürstlich. Andere sehen sich betrogen, weil deren Hinweise allzu doppeldeutig und kryptisch sind. Der französische König verbannt die Jünger schließlich aus seinem Land, der Zar verfährt in gleicher Weise, kann sein Edikt jedoch aufgrund des in Russland herrschenden Auflösungsprozesses nicht überall durchsetzen.

Um 1700 ziehen sich die meisten Orakeljünger aus der Öffentlichkeit zurück, nur wenige verbleiben an ausgesuchten Fürstenhöfen. Erst um 1725 ändert sich das wieder: Abgesandte des Bundes werden wieder häufiger gesehen und werben aktiv für eine Pilgerreise zur Insel Amorgos in der Ägäis. Dort solle sich ihren Angaben zufolge das „Orakel von Chora" befinden, Quell von Weisheit und Wissen für all jene, die sich als geeignet erweisen.

Die Orakeljünger

Die Orakeljünger sind so vielfältig wie der Lebensraum, dem sie entstammen. Unter ihnen gibt es Europäer, Afrikaner, Orientalen und sogar Menschen aus dem fernen Asien. Allen ist gemein, dass sie eine Vielzahl an Sprachen (oft nahezu in Perfektion) beherrschen und mit den kulturellen Gepflogenheiten jener Region, in die sie entsandt werden, bestens vertraut sind und sich ihnen wie ein Chamäleon anzupassen vermögen. Jeder von ihnen trägt einen klassischen Namen, der der griechischen Mythologie entlehnt ist wie Aphrodite, Herakles, Ariadne oder Helios. Ebenfalls verbindet sie, dass sie allesamt Zuversicht und

Weisheit ausstrahlen. Kaum jemand dürfte erlebt haben, dass ein Orakeljünger je die Fassung verlor oder sich ausschweifenden Vergnügungen hingab. Einige gelten sogar als gefühlskalt und emotionslos, wobei sie niemals schroff oder unfreundlich auftreten. Sie sprechen bedächtig und demonstrieren – ohne belehrend oder anmaßend zu wirken – ein enormes Wissen jedweder Art, sodass sie von manchen gar als „wandelnde Enzyklopädien" bezeichnet werden.

Orakeljünger stellen ihr Wissen ausdrücklich nicht in den Dienst für den Kampf gegen das Böse. Die dämonischen Umtriebe auf Erden verfolgen sie mit akademischem Interesse, ohne akuten Handlungsbedarf zu sehen, was nicht wenige an ihren lauteren Absichten zweifeln lässt. Doch nur durch diese absolute Neutralität sind sie nach eigenen Angaben in der Lage, ihr Wissen vorurteilsfrei zu verbreiten. Ihre Weltbetrachtung erinnert Außenstehende mitunter an die der Anhänger der antiken Stoa, die alles durch das Schicksal vorherbestimmt sahen und sich ebenfalls der Erlangung von Weisheit widmeten.

Obwohl sie bei ihrem ersten Auftreten um 1670 wie Bettelmönche gewandet waren, tragen die Orakeljünger heute feinste amorgische Seide und kostbare Geschmeide, vermutlich da ihnen die Reichen und Mächtigen auf diese Weise mehr Gehör schenken. Doch nicht nur das Aussehen, auch die Vorgehensweise der Jünger hat sich verändert: Reisten sie früher noch von Fürst zu Fürst und boten von sich aus ihre Dienste an, verlangen sie inzwischen, dass man als Bittsteller mit prächtigen Geschenken zum Orakel nach Amorgos pilgert und dort die Gunst des Bundes erfleht. Das Orakel werde dann entscheiden, ob der Anwärter geeignet sei, die gewünschte Weisheit zu erlangen und eventuell sogar für einen bestimmten Zeitraum einen Berater zugewiesen zu bekommen.

Seltene Weissager und wo sie zu finden sind

Im Gegensatz zu früher finden sich nur noch an einigen wenigen Fürstenhöfen Mitglieder des Bundes, die dort als Hofastronomen oder Berater dienen. Ihre Präsenz ist an den Küsten der Ägäis stärker ausgeprägt, einige reisen auf venezianischen oder osmanischen Handelsschiffen mit, andere dienen Adelsfamilien in Konstantinopel. Die bekannten Orte, an denen man größere Gruppen des Bundes aufsuchen kann, lassen sich an einer Hand abzählen: Auf Ios, einer kleinen Insel nahe Amorgos, steht ein kleiner antiker Schrein der Artemis, der vom Bund betreut wird. In Alexandria sollen Orakeljünger Hafenbordelle betreiben, was ihren sonstigen Aktivitäten aber eher widerspricht und vermutlich Seemannsgarn ist. Schließlich gibt es noch die Insel Amorgos (siehe unten), die von den Jüngern in den buntesten Farben beschrieben wird und auf der sich das Hauptquartier des Bundes befindet.

Amorgos

Amorgos ist die östlichste der Kykladeninseln. Bereits in grauer Vorzeit war die Insel dicht besiedelt und ein wichtiges Handelszentrum, verlor dann jedoch zunehmend an Bedeutung, bis sie unter osmanischer Herrschaft langsam wieder aufblühte.

Der berühmteste Ort der Insel, das in den Fels geschlagene Kloster Panagia Chozoviotissa, soll auf Mönche aus Palästina zurückgehen, die es hier im 9. Jahrhundert errichteten. Während des Mittelalters wurde es von Piraten zerstört, bevor der byzantinische Kaiser es etwa 200 Jahre später wiederaufbauen ließ. Nachdem das Kloster einige Zeit leer gestanden hatte, beanspruchte es der ab 1670 in Erscheinung tretende Orakelbund für sich. Man sagt, die Jünger hätten es dem Sultan für eine große Summe abgekauft, aber manch einer munkelt auch, es seien unlautere Methoden im Spiel gewesen. In dem gewaltigen Gebäude, das mit seinen weiß getünchten Mauern einen spektakulären Anblick bietet, müssen sich ankommende Pilger heute einer eingehenden Prüfung unterziehen, bevor ihnen gegebenenfalls der Besuch des Orakels gestattet wird. Gerüchten zufolge ist das Kloster unterirdisch

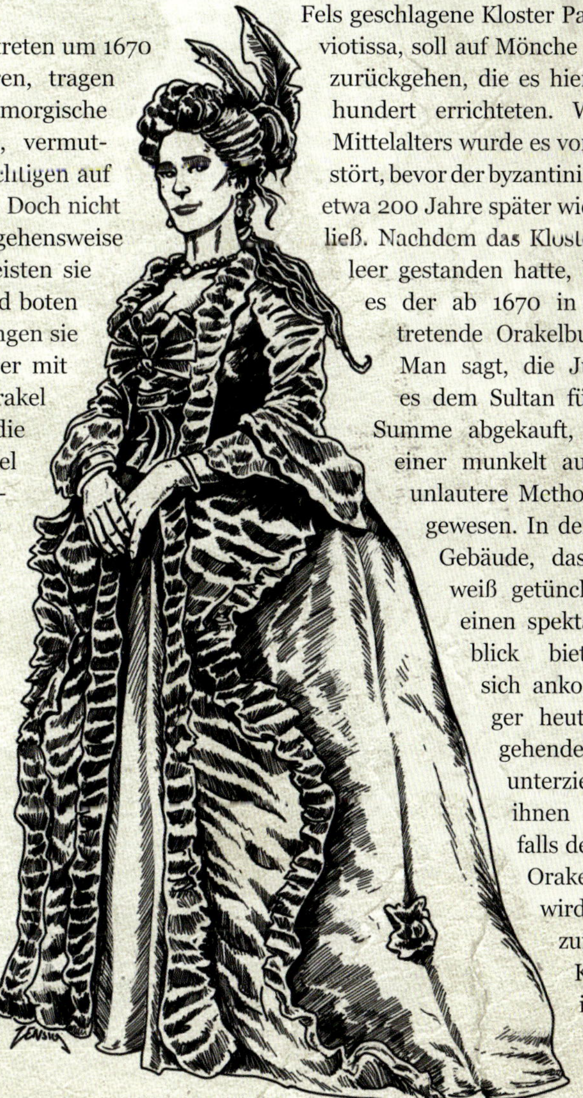

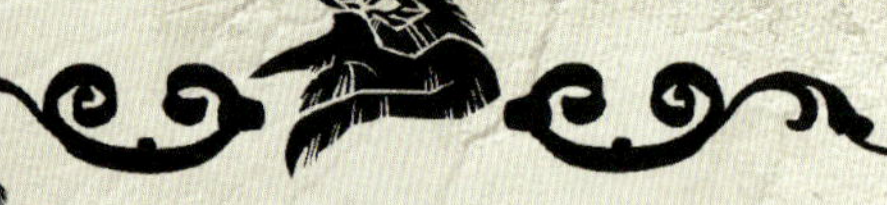

NEUES KLEIDUNGSSET: AMORGISCHES GEWAND

Dieses leichte Gewand, das sich in Schnitt und Form an klassischer griechischer Kleidung orientiert, ist aus der legendären amorgischen Seide hergestellt, die besonders leicht und strapazierfähig ist, aber dennoch warm hält. Man schreibt dem Gewand magische Kräfte zu, und tatsächlich weiß niemand genau, wie es die Orakeljünger auf Amorgos herstellen. **Zusatzregel:** Einmal im Kampf, in INI 0, kann der Träger einen beliebigen anhaltenden Einfluss um 2 Stufen reduzieren. **Anschaffungskosten:** Das Amorgische Gewand kann einzig von den Orakeljüngern auf der Insel Amorgos erworben werden und zudem nur, wenn man von diesen zu einer Pilgerfahrt eingeladen wurde. Es kostet 70 Gulden.

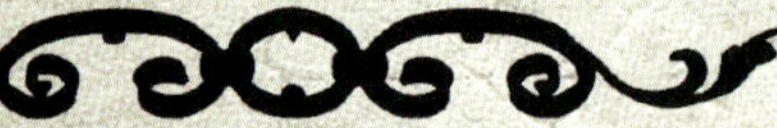

verbunden mit der etwa eine Wegstunde entfernten Orakelstätte, die von den Jüngern am Stadtrand von Chora erbaut wurde und die mittlerweile von einer hohen, mit Wachtürmen bekränzten Mauer umgeben ist. Der Zutritt zum Gelände mit seinem an die Akropolis erinnernden Tempel ist nur ausgewählten Pilgern gestattet. Diese kommen meist in einer der vielen Herbergen unter, die in den kleinen Dörfern der Insel sowie der Hauptstadt Chora wie Pilze aus dem Boden schießen.

Von den Einheimischen, die größtenteils vom Fischfang und der Landwirtschaft leben, wird der Orakelbund teils geschätzt, teils ignoriert. Zwar kommt man durchaus als gute Nachbarn miteinander aus, aber da die meisten Bewohner der Insel griechisch-orthodoxe Christen sind, rufen die der antiken Götterwelt anhängenden Orakeljünger Irritation hervor. Allerdings profitieren viele Insulaner auch von der großen Zahl der meist wohlhabenden Pilger.

Die Stimme des Bundes

Obwohl es viele Halbwahrheiten und Gerüchte über den Orakelbund gibt, ist es ein offenes Geheimnis, dass er von einer Frau namens Schwester Adrastea geleitet wird, die die Jünger auch als „die Stimme" bezeichnen. Zwar würden Mitglieder des Bundes sie niemals so nennen, dennoch halten die meisten Menschen, die mit ihr in Kontakt traten, für eine göttlich inspirierte Prophetin, vielleicht sogar für eine Inkarnation der legendären Priesterinnen des Orakels von Delphi oder einen weiblichen Messias, der die Welt vor der Plage der Höllenkreaturen retten wird – wenn diese Vorstellung auch das Risiko birgt, als Ketzer angeklagt zu werden (ob man nun Muslim, Christ oder Jude ist). Getrieben von Sehnsüchten und Verheißungen, hat sich so in den vergangenen Jahren ein wahrer Personenkult entwickelt.

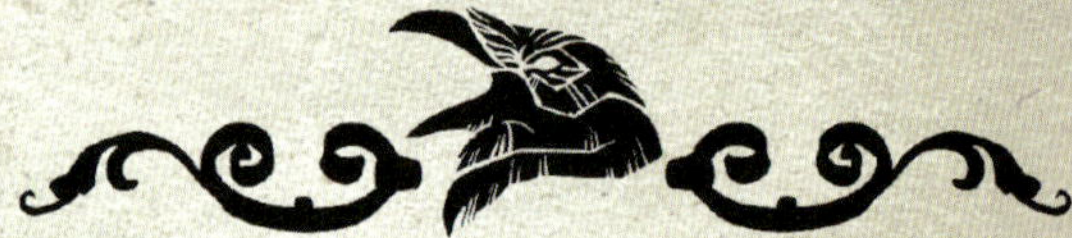

JÄGERWISSEN

Um zu ermitteln, was dein Jäger über den Orakelbund weiß, lege eine Probe auf Land und Leute ab.

0 Erfolge: Weissager gibt es viele. Seien es nun Bauern, die aus den Innereien eines Fisches die Zukunft lesen, oder dahergelaufene Fremde in feiner Seide.

1 Erfolg: Dem Großwesir soll eine Seherin zur Seite stehen, die ihm mannigfaltige Ratschläge erteilt. Sie besitzt den Körper eines Löwen und den Kopf einer Frau, so heißt es.

2 Erfolge: Die Mitglieder des sogenannten Orakelbundes heißen Orakeljünger. Sie sollen sich mit magischen Mitteln unendliches Wissen und Weisheit aneignen.

3 Erfolge: Der Bund nennt sich selbst „Geschwister des Orakels von Chora" und agiert von der Insel Amorgos aus, die angeblich von unzähligen geheimen Gängen durchzogen ist.

4 Erfolge: Der Orakelbund betreibt einige Hafenbordelle in Alexandria und auch in Konstantinopel wurden seine Mitglieder gesehen.

5 Erfolge: Angeführt wird der Orakelbund von einer Frau, die sich Schwester Adrastea nennt. Ihre Ziele liegen völlig im Dunkeln, nur scheinen ihr selbst die mächtigsten Männer und Frauen großen Respekt entgegenzubringen.

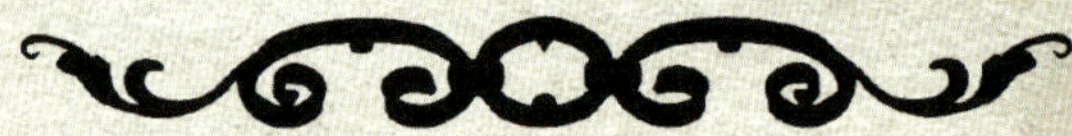

Der Hospitaliterorden: Erben der Kreuzfahrer

Lange ist es her, dass das Mittelmeer von Schiffen der Ordensritter befahren wurde und Krieger des himmlischen Vaters die Ungläubigen und finsteren Wesen ihrer gerechten Strafe zuführten. Nur mein Orden überlebte und stieg zu neuer Größe empor, wie Jesu selbst aus dem Grab auferstand. Und mit allen Mitteln werden wir wie eine Flamme in der Dunkelheit des Mare Monstrum die Feinde Gottes und der Christenheit vernichten ebenso wie wir die Armen speisen und die Kranken heilen.

– Gerhard von Münster, Archivar und Bruder Johanneus der Hospitaliter

Überblick

Viele Ritterorden hinterließen im Morgenland einen bleibenden Eindruck. Doch mit dem Ende der Kreuzzüge bewährte sich im Mittelmeerraum nur eine einzige Gemeinschaft, die bis heute überdauerte: die Brüder der Hospitaliter. Von ihrer Festung auf Malta aus verbreiten die kämpfenden Johannei und die gelehrten Maltei, in die sich der Orden teilt, noch immer den ihrer Meinung nach einzig wahren Glauben – und sind dabei zu einer Macht geworden, mit der man in den Ländern des Mare Monstrum rechnen muss.

Historie der Ritterorden im Mittelmeerraum

Die Geschichte und Ausbreitung der verschiedenen Ritterorden im Mediterraneum beginnt nicht erst mit dem Untergang der Kreuzfahrerstaaten, doch zwingt diese Katastrophe viele Ordensgemeinschaften an verschiedenen Orten des Mittelmeerraumes, sich eine neue Bleibe und eine neue Aufgabe suchen. Nach dem Fall Akkons 1291, und damit auch dem Ende der Kreuzritter in der Levante, versuchen die verschiedenen Orden ihre schwindende Bedeutung zu kompensieren. In Europa hat ihr Ruf erheblich gelitten; man schiebt ihnen die Schuld für den Verlust der Kreuzfahrerstaaten in Übersee zu. Die einst als militärische Elite geltenden Bruderschaften können sich nur schwerlich damit abfinden, dass das Kreuz dem Halbmond im Kampf unterlag. Und so machen Gerüchte die Runde: Mit der Frömmigkeit der Ritter sei es nicht weit her, der Verlust des Heiligen Landes sei die Strafe für ihren Unglauben, sie hätten nicht hart genug für das Königreich Jerusalem gekämpft – um nur einige zu nennen. Einzig der Orden

Hospitaliter

Der Begriff „Hospitaliter" hat mehrere Bedeutungen. Im eigentlichen Sinn beschreibt er Mitglieder von Hospitalorden, religiös motivierter Gemeinschaften, die sich für die Pflege der Armen und Kranken einsetzen. Er wird aber auch als Überbegriff für Orden verwendet, die ein Stift- oder Klosterspital betreiben, wie z. B. die Antoniter, der Heilig-Geist- oder der Lazarus-Orden. Vielfach wird er aber als Synonym für den 1099 in Jerusalem gegründeten Johanniterorden genutzt. Auch in der Welt von HeXXen 1733 ist mit den Hospitalitern in erster Linie dieser Orden gemeint, obwohl er sich hier erneut aus Maltesern und Johannitern zusammensetzt.

M.DE

vom Hospital des Heiligen Johannes zu Jerusalem („Ordo Hospitalis sancti Johannis Ierosolimitani“) übersteht die Wirren dieser Zeit relativ unbeschadet, denn die Expertise der als Hospitaliter bezeichneten Heiler ist nach wie vor gefragt.

Abgesehen von den Deutschherren, die sich nach Mittel- und Osteuropa zurückziehen, versuchen die anderen Ordensgemeinschaften ihren Kampf zumindest in der Nähe des Heiligen Landes fortzusetzen, um in den Augen Gottes und der Gläubigen Vergebung zu finden – woraufhin in den kommenden Jahrzehnten und Jahrhunderten durch die Ritterorden sowohl Geschichten der Torheit als auch des Heldenmuts geschrieben werden. Von besonderer Bedeutung für den Mittelmeerraum waren neben den Hospitalitern, die bis heute bestehen, auch die Templer und die sogenannten Grabesritter.

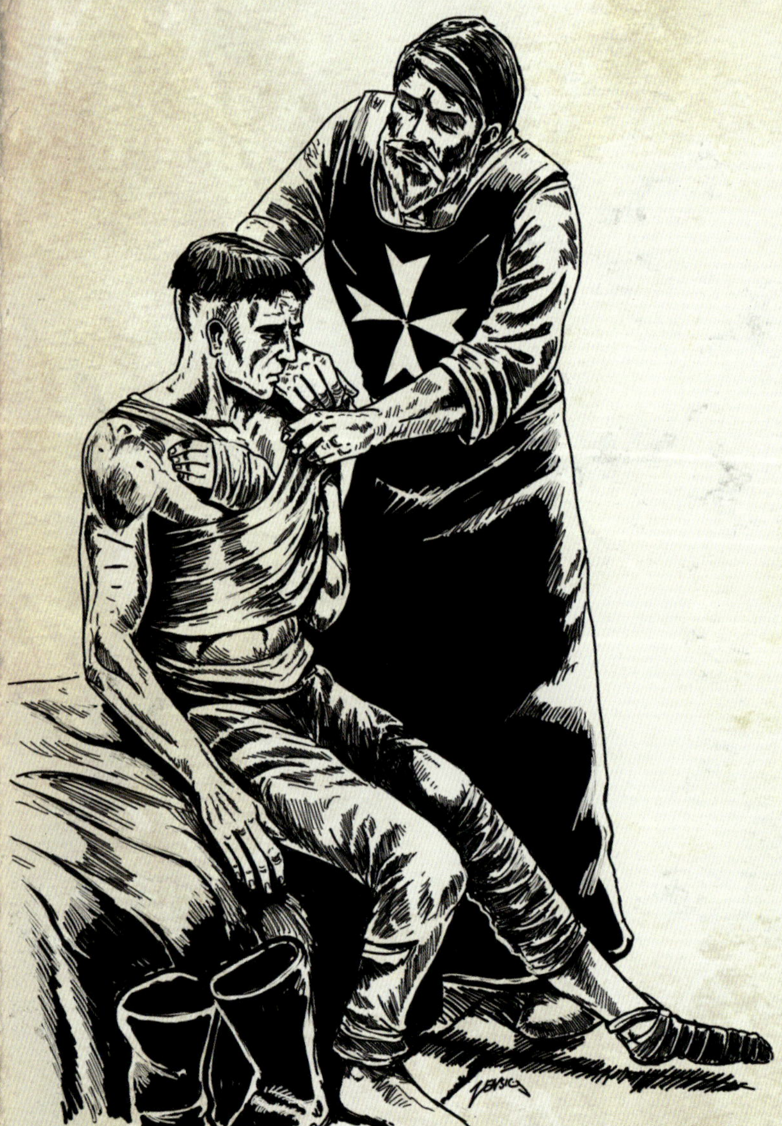

Der Templerorden

Die Geschichte der Templer ist legendär und tragisch zugleich. Der Templerorden oder „die Arme Ritterschaft Christi und des salomonischen Tempels zu Jerusalem“ kämpft noch ein Jahrzehnt nach dem Untergang der Kreuzfahrerstaaten verbissen gegen die Mameluken in der Levante und im östlichen Mittelmeerraum. Dazu verbünden sich die Ordensritter sogar mit den Mongolen und versuchen 1302, die gefallenen Kreuzfahrerstaaten erneut zu gründen. Doch ihr ambitioniertes Vorhaben scheitert binnen eines Jahres, woraufhin sich der Großteil des reichen und mächtigen Ordens nach Europa zurückzieht. Dort wird er 1307 durch eine Intrige des französischen Königs und des Papsts zerschlagen und später vollständig aufgelöst. Teile des Vermögens werden dem Johanniterorden zugesprochen.

Aber nicht alle Ritterbrüder ziehen nach Europa zurück. Es geht das Gerücht, dass eine kleine Zelle, die sich „die Wahren Templer“ nennt, im Mittelmeerraum bleibt und weiter gegen die Herrschaft der Mameluken ankämpft, indem sie deren Schiffe überfallen und plündern. Nach der Öffnung des Höllentors 1640 verschmelzen die mysteriösen Templer in der Vorstellung des einfachen Volkes mit den übernatürlichen Schrecken der Finsternis, und so verbreiten sich Geschichten über dämonische Ritter und stierköpfige Ordensbrüder im ganzen Mittelmeerraum. Im Jahre 1733 sind die Wahren Templer als Kinderschreck und Mythos unter allen gebildeten Menschen der Ägäis und Kleinasiens bekannt. Seeleute und Fischer behaupten immer wieder, sie hätten in nebligen Stunden das Wappen der Templer, ein rotes Tatzenkreuz auf weißem Grund, an der Küste vorbeiziehen sehen. Zudem suchen eifrige Schatzjäger schon lange nach Hinweisen auf den legendären Templerschatz. Die winzige Insel Aruad vor der syrischen Küste ist der Ort, an dem die verwegensten ihre Suche beginnen. Obwohl man in der Regel von den wenigsten dieser wagemutigen Gesellen noch etwas hört, konnte die Existenz der Wahren Templer, die man auch „Teufelstempler“ nennt, nie bewiesen werden.

Die Ritter vom Heiligen Grab

Die Ursprünge der „Ritter vom Grabe Christi zu Jerusalem“, deren Wappen ein goldenes Kreuz auf weißem Grund zeigt, verlieren sich in den Nebeln der Zeit. Der Orden selbst bestimmt seine Ursprünge bis auf die Frühzeit der Kreuzzüge zurück, allerdings ist er vermutlich deutlich jünger. Im 14. Jahrhundert werden die Ritterbrüder das erste Mal öffentlich bekannt, als sie vom Papst

1336 bestätigt und mit erheblichen Geldmitteln ausgestattet werden. Die sogenannten Grabesritter gelten als stolz und arrogant und sehen sich als Elite der Elite, da der Papst sie selbst gesegnet hat. In den folgenden Jahrzehnten organisieren sie Wallfahrten ins Heilige Land, denn obwohl sie als eitle Gockel verschrien sind, hat sich der Orden in diplomatischen Kreisen einen Namen gemacht. So können die Mameluken und ihre Nachfolger davon überzeugt werden, gegen klingende Münze christliche Pilger nach Jerusalem zu lassen. Die Ritter vom Heiligen Grab ergreifen die Gelegenheit, ihre neuen Mitglieder in der Grabeskirche in Jerusalem zu weihen. Ein Zeichen für die Brüder, dass Gott sie ebenfalls als höherstehend ansieht.

Als die Hölle über die Welt hereinbricht, wagen die Ritterbrüder die Flucht nach vorn und überfallen inmitten des Chaos die Insel Zypern. Diese gehört zwar den Osmanen, ist aber in der Zeit des Umbruchs schlecht verteidigt. Dort errichten die Ritter eine despotische Herrschaft und pressen allen Reichtum aus Land und Leuten. Dadurch wird der Orden immens vermögend und kann sich mittels Bestechung und diplomatischer Ränkespiele behaupten. Die Einwohner Zyperns ächzen unter der Knute ihrer Herren und rufen verzweifelt um Hilfe – und werden erhört. Am 12. Juni 1700 wird der Orden vom Heiligen Grab Christi zu Jerusalem in einem Aufstand der Zyprioten vollständig ausgelöscht. Seitdem ist die Insel nominell wieder Teil des Osmanischen Reiches, doch scheint die eigentliche Verwaltung von einer Art Kult oder Sekte auszugehen, über die wenig bekannt ist.

Der Hospitaliterorden

Die Ritter des Hospitaliter- oder Johanniterordens sind Legenden auf den Wassern des Mittelmeeres. Gegründet in Jerusalem während des 11. Jahrhunderts als religiöse Gemeinschaft, die sich hauptsächlich der Kranken und Verwundeten annimmt, wird der Orden zum Zeitpunkt der Kreuzzüge zu einer Bruderschaft von Rittern ausgebaut. Neben ihrer militärischen Stärke können sich die Hospitaliter vor allem durch ihre versierte Heilkunst über die Jahre hinweg behaupten. Sie überleben das Ende der Kreuzzüge und sind in Europa weiterhin überaus geachtet und angesehen. 1534 dann spaltet die Reformation den Orden in einen evangelischen Zweig, die Johanniter, und in einen katholischen, die Malteser (benannt nach ihrer Festungsinsel Malta).

Die Trennung besteht über ein Jahrhundert lang, doch als sich die Streitkräfte der Hölle vom Schwarzwald aus über die Welt ergießen, findet der Orden wieder zusammen. Im Kontrakt von Malta 1660 vereinigen sich beide Zweige zum Hospitaliterorden, allerdings mit einem Unterschied: Fortan sollen beide Traditionen, die der Malteser und die der Johanniter, berücksichtigt werden. Eisernes Bindeglied zwischen den zwei Fraktionen ist der einzige Ritter, der auch offiziell den Titel „Hospitaliter" tragen darf: der Großmeister, dessen Aufgabe die Wahrung des fragilen Gleichgewichts zwischen den Strömungen ist.

Ein Orden, zwei Gesichter

Seit dem Kontrakt von Malta teilt sich der wiedervereinte Hospitaliterorden in zwei Fraktionen auf: die Maltei und die Johannei. Die einzelnen Ritter werden als Malteus bzw. Johanneus bezeichnet. Während die Maltei vorrangig die kämpfenden Streitkräfte des Ordens stellen, kümmern sich die Johannei um die Versorgung der Verwundeten und Kranken. Die Fraktionen sind brüderlich verbunden, konkurrieren allerdings auch um die Deutungshoheit und Ausrichtung des Ordens.

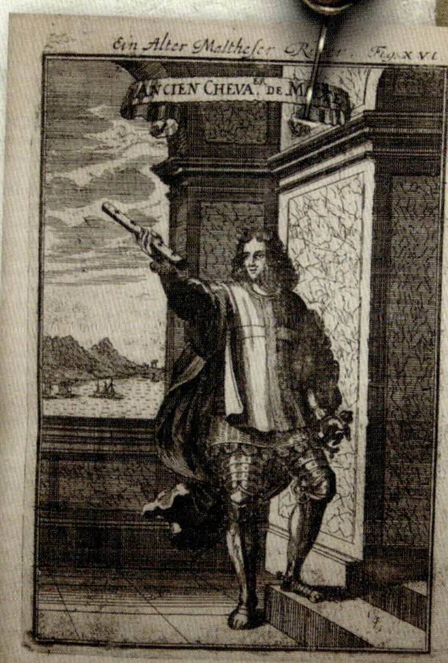

Beiden steht jeweils ein Meister vor, die zusammen als Berater des Großhospitaliters fungieren. Das höchste Amt des Ordens wird seit acht Jahren von Thomas von Klingenberg bekleidet, Spross einer alten badischen Adelsfamilie, die vor der Öffnung der Höllenpforte den Schwarzwald ihr Zuhause nannte. Er stieg schnell in den Rängen der Hospitaliter auf und zeigte großes Geschick in der Seefahrt, dem Führen von Untergebenen, der Heilkunst sowie in den okkulten Studien, die als „Höhere Mysterien" bekannt sind. Der ehemalige Johanneus ist mit 39 Jahren nicht nur der jüngste jemals gewählte Großmeister des Hospitaliterordens, sondern er steht auch in dem Ruf, diesen deutlich aggressiver und expansionistischer zu führen als seine Vorgänger. Trotzdem gilt er unter den meisten Brüdern als gerechter und kluger Anführer.

Obwohl die zwei Fraktionen weiterhin ihr eigenes Wappen führen, vereint der Hospitaliterorden offiziell beide in einem Hoheitszeichen, das jeweils zur Hälfte das maltesische weiße Pfeilkreuz auf rotem Grund und das weiße Pfeilkreuz der Johanniter auf schwarzem Grund zeigt.

Die Maltei

Die Maltei sind als militärischer Arm des Ordens bekannt. Ihre Kampfausbildung mit Schwert, Lanze, Schild und Armbrust gehört zu den umfassendsten und härtesten Schulen, die in den Streitkräften der katholischen Orden gelehrt wird. Jeder Knappe ist einem erfahrenen Ritter zugeordnet und dient ihm als Assistent, Mundschenk und Begleiter, während dieser ihn immer tiefer in die Traditionen und Geheimnisse des Rittertums einführt. Außerdem sind die Maltei gute Seefahrer, die die Gewässer rund um Malta vor Piraten schützen, Expeditionen und Handelsmissionen in anliegende Länder begleiten und auch vor den Ungeheuern des Meeres nicht zurückweichen. Kein Knappe wird zum Ritter geschlagen, bevor er nicht in der Prüfung des Heiligen Nikolas gezeigt hat, dass er sieben Tage mit spärlichem Proviant allein auf See überleben kann.

Jeder Malteus erhält zudem in den johannitischen Hallen der Genesung und in der Halle der Mysterien eine Grundausbildung der Wundversorgung und eine Einweisung in die Höheren Mysterien, ebenso wie jeder Johanneus im Klingengewölbe auf Malta in die Kampfkünste eingeführt wird, um den Austausch zwischen den Fraktionen zu gewährleisten. Die Meisterschaft im Kampf wird allerdings nur ein Malteus nach jahrelangem Training erreichen.

Hospitaliter spielen

Die kämpfenden Brüder der Maltei können entweder durch den „Ordenskrieger" (*Buch der Regeln*) abgebildet werden oder mit den in *Die Deutsche Lande – Regionalia für den Jäger* vorgestellten Professionen des Deutschen Ordens. Die Profession „Johanneus-Bruder" wird ab S. 122 in diesem Buch ausführlich beschrieben.

Gegenwärtig führt Meister Malteus Lothar Hohenhausen die Ordensfraktion an und vertritt deren Interessen als Berater des Großmeisters Thomas von Klingenberg. Der ursprünglich einem geringen Adelshaus aus dem Erzgebirge entstammende Hohenhausen ist durch sein hohes Alter gezeichnet und lehnt sich in letzter Zeit immer häufiger gegen den Großhospitaliter auf, obwohl er diesen zum Teil selbst ausbildete und sogar für das hohe Amt vorschlug. Von den Maltei wird er geschätzt und als Krieger des Glaubens verehrt.

Die Johannei

Wissenschaft und Glaube sind die beiden Pfeiler, auf denen die Gemeinschaft der Johannei ruht. Die Ritterbrüder sind begnadete Heiler und Chirurgen, deren Künste weit über die Ägäis und das Mittelmeer hinaus berühmt sind. In den Hallen der Genesung auf Malta werden in äußerst sauberen Sälen und abgetrennten Separees alle Formen menschlicher Gebrechen behandelt. Von Erkältungen bis zu komplizierten Brüchen und Infektionen, sämtliche Leiden ihrer Patienten werden von den Ordensbrüdern untersucht, analysiert und häufig geheilt. Die meisten Johannei sind erfahrene Alchemisten und kennen sich mit einfachen Salben ebenso aus wie mit komplizierten Tinkturen und sogar gefährlichen Mischungen. Einige werden gar zu den Höfen großer Fürsten als Botschafter und Leibärzte entsandt, selbstverständlich gegen eine großzügige Spende in klingender Münze oder in Form von seltenen Rohstoffen oder Texten.

In den tiefsten Gewölben der Festung auf Malta befasst sich eine kleine Gruppe der Johannei mit der Erforschung der Höheren Mysterien. Okkulte Texte und mystische Glaubenszeugnisse werden archiviert, studiert und zur Anwendung gebracht. Teile der unterirdischen Kammer sind ausschließlich den hochrangigen Johannei und dem Stab des Ordensmeisters zugänglich. Dabei geht es ihnen nicht nur darum, Malta zum Zentrum von Forschung und Entwicklung zu machen, sondern auch alle Stützpunkte und Truppenkontingente der Hospitaliter zur Elite im Mittelmeerraum zu formen. Großhospitaliter Thomas von Klingenberg zeigte in den zurückliegenden Jahren ein starkes Interesse an diesen Forschungen und weitete die Möglichkeiten der Johannei aus. Diese wiederum werden nicht müde zu betonen, dass sie ihren Weg allein als Dienst an Gottes Welt und der Kirche betrachten, der im Einklang mit der frommen Lebensweise eines jeden Christenmenschen steht. Dies wird zunehmend notwendig, da ihre tiefe Einsicht in die Alchemie und die okkulten Mysterien von einigen anderen Orden und sogar Vertretern der Inquisition unter den Verdacht der Ketzerei gestellt wurden. Dass seit einigen Jahren immer wieder Mitglieder des zwielichtigen Schatzjägerrings auf Malta gesehen werden, verstärkt derartige Befürchtungen noch. Bislang aber ließen die Erfolge und die Hingabe des Hospitaliterordens im Kampf gegen die Kreaturen der Nacht und andere Feinde der Kirche die kritischen Stimmen immer wieder verstummen.

Gegenwärtig werden die Gelehrten der Hospitaliter von Meister Johanneus Charles de Bretagne angeführt, einem Mann der Mysterien und jahrelangem Vertrauten und Leibarzt von Ludwig XIV. Der ruhige und verschwiegene Geistliche besitzt die Oberaufsicht über alle Medici der Festung, die ihrerseits die Ausbildung der Knappen und die Versorgung der Patienten überwachen, sowie über die Johannei, die sich der Forschung der okkulten Mysterien widmen und von ihm persönlich ausgesucht werden.

Die Hospitalitergarde

Die Hospitalitergarde bildet im Grunde genommen eine dritte Fraktion innerhalb des Ordens, die aber im Gegensatz zu den jeweils etwa 200 Rittern der Maltei und Johannei nur ein Dutzend Krieger umfasst und allein dem Großmeister untersteht, der die besondere Einheit ein Jahr nach seiner Wahl entgegen aller Proteste in Dienst stellte. Angelehnt an die zwölf Apostel aus den Evangelien der Bibel, weicht die Hospitalitergarde Thomas von Klingenberg nur für spezielle Missionen von der Seite. Die Identität der Krieger, die das offizielle Wappen des Ordens tragen, ist selbst den Meistern der beiden Fraktionen nicht bekannt.

Die vom Großmeister als „unbestechliche und tödliche Waffe“ bezeichneten Ritter tragen vollständig geschlossene Plattenrüstungen, führen Hellebarden und Schwerter, die im Glanz der Heiligkeit Gottes strahlen, und sind ebenso schweigsam wie furchteinflößend. Hinter vorgehaltener Hand flüstert so manch einer, dass die seltsame Aura der Gardisten nicht nur heilige Ehrfurcht, sondern auch dämonischen Schrecken hervorzurufen vermag. Die Hospitalitergarde gehorcht dem Großmeister, ohne zu zögern, wurde aber bislang nur ein einziges Mal gemeinsam im Gefecht beobachtet: als Malta 1731 von der vereinten Piratenflotte der Korsaren von Rhodos und der osmanischen Piratenallianz unter Mohammed bin Fahjid überfallen wurde (siehe auch: *Rhodos – Insel der Sonne*).

Regionen

Malta

Malta ist seit fast einem Jahrhundert Sitz der Hospitaliter, wobei die Wehranlagen des alten Malteserordens seitdem deutlich erweitert und ausgebaut wurden, sodass die beiden Hauptinseln Malta und Gozo heute zu einer gewaltigen Festung verbunden sind. Die kleineren Eilande außerhalb der Mauern dienen hauptsächlich als Ausbildungs-, Straf- und Experimentierstätten.

Die Festung selbst besteht aus zwei Wällen. Der äußere „Neue Wall“ trennt das Zentrum der Anlage von den zahlreichen Schiffsanlegern und Handelsstationen der Inselgruppe, unter denen sich auch der große Hafen „St. Lukas“ befindet, in dem die Hospitaliterflotte vor Anker liegt. Innerhalb der 15 Meter hohen Mauern leben die vielen Olivenbauern Maltas sowie die Handwerker und Familien der Bediensteten des Ordens. Der innere „Malteserwall“ schützt den Bergfried, die Hallen und Hospitäler, Kapellen, Unterkünfte und die Übungsplätze. Die Wälle aus perfekt bearbeitetem Bruchstein mit Applikationen von heiligen Figuren aus Sandstein und Marmor sind bestückt mit wehenden Fahnen und mächtigen Kanonen. Hinter vorgehaltener Hand sprechen Bewohner, Händler und Botschafter anderer Nationen von Malta bereits als dem neuen Rom. Gerede, das Thomas von Klingenberg weder fördert noch unterbindet.

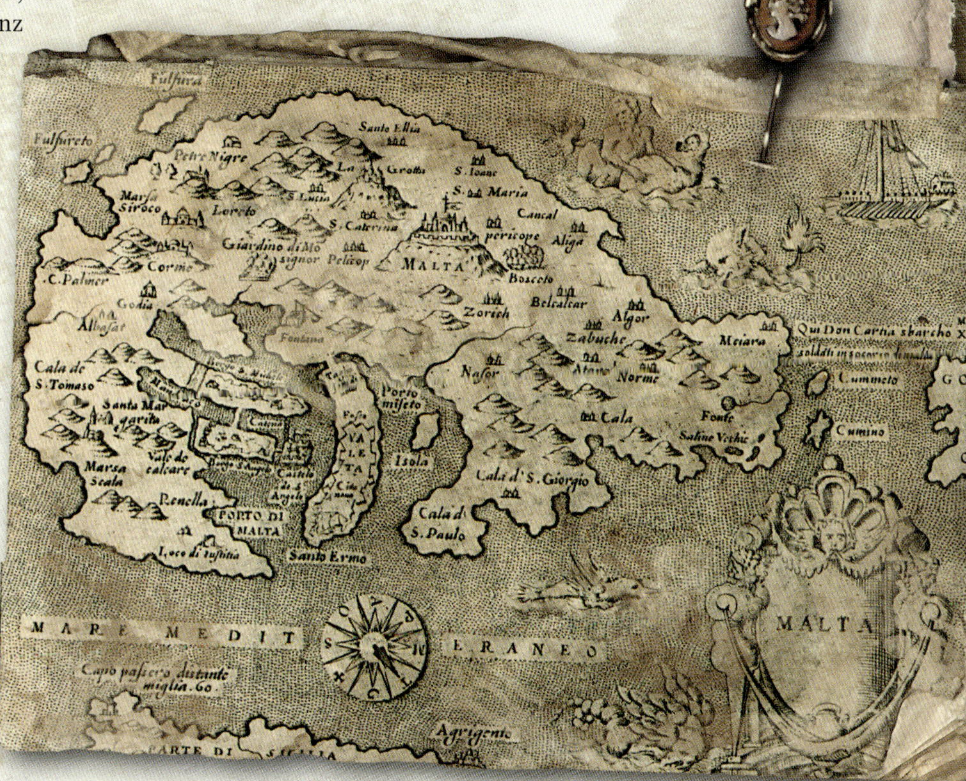

Der Orden bestimmt das Leben der Einwohner mit strenger Hand, versorgt sie aber auch mit allem, was sie benötigen. Dank ihrer Lage inmitten des Mare Monstrum gilt Malta als Tor zum Osten und ist ein Umschlagplatz für viele Handelsgüter, die den Orden in Verbindung mit seinem Ruf, hervorragende Seefahrer und Kämpfer hervorzubringen, sehr reich gemacht hat – was die Rohstoffknappheit der kleinen Inselgruppe mehr als kompensiert.

Die hier ansässigen Bewohner verehren die Hospitaliter dafür, an diesem Wohlstand teilhaben zu dürfen, auch wenn von ihnen dafür im weltlichen und geistlichen Sinne absoluter Gehorsam verlangt wird. Dass die Ritterbrüder ein zunehmendes Gegengewicht zu den nahen Korsaren der Barbareskenstaaten bilden und deren Aktionen immer häufiger mit Erfolg unterbinden, trägt ebenfalls zu ihrem positiven Ruf bei.

Rhodos

Das im östlichen Mittelmeer gelegene Rhodos war schon einmal die Heimat des Ordens: Nach dem Rückzug aus dem Heiligen Land ließen sich die Ritterbrüder auf der Insel nieder und bauten sie zu einer schlagkräftigen Bastion aus. Der Großmeisterpalast war ein monumentales, weithin sichtbares Zeugnis ihrer Macht. In den folgenden Jahrhunderten dirigierte der Orden von Rhodos aus seine Angriffe gegen das Sultanat von Ägypten, Piraten und später das Osmanische Reich und kontrollierte durch die besondere Lage der Insel lange die Seewege der östlichen Ägäis. Ihre stetig wachsende Galeerenflotte war legendär und rief Angst und Ehrfurcht in den Herzen ihrer Feinde hervor.

Erst 1522 mussten die Hospitaliter Rhodos letztlich aufgeben, da der Druck der Osmanen zu groß und die Unterhaltung der Festung zu kostspielig wurde. Nach der Schlacht um Malta 1731 sah Großmeister Thomas von Klingenberg seine Chance, dieses Symbol vergangenen Ruhms wieder für den Orden zu beanspruchen. Die Hospitaliter holten zum Gegenschlag aus und zerstörten die improvisierte Festung der Korsaren auf Rhodos vollständig. Auch wenn dieser Angriff zwei Dutzend Ordensbrüder das Leben kostete, gilt die Rückeroberung schon heute als legendäres Zeichen von Gottes Gnade.

Zwei Jahre intensiver Arbeit sowie kostspielige Investitionen haben die Ruinen der alten Festung in einen wehrhaften Stützpunkt verwandelt, der einen kleinen Hafen, einen Markt, eine Handvoll Gehöfte und eine neugebaute Ordensburg umfasst. Der Bergfried wurde auf den Fundamenten und Kellern des ehemaligen Großmeisterpalastes errichtet. Zwar ist er eher funktional und weniger kunstvoll gestaltet als das alte Bauwerk, dennoch stellt er ein bedeutendes Symbol der Wehrhaftigkeit des Ordens dar und bekräftigt dessen Anspruch, erneut zum Beschützer des gesamten Mittelmeeres zu werden. Eine ausgewählte Truppe der Johannei und wenige Maltei sind seitdem dauerhaft auf Rhodos stationiert. Bruder Johanneus Adriano da Marciano wurde als Kommandant der Festung vom Großmeister persönlich ausgesucht und mit der Koordination von Forschung und Militäraktionen betraut. Gerüchten zufolge wird der Stützpunkt allerdings nicht nur von wiederholten Piratenüberfällen geplagt, sondern auch von weit dunkleren Wesenheiten. Adriano da Marciano bestreitet jedwedes Problem auf Rhodos und bezeichnet derartiges Gerede als Propaganda der Osmanen sowie anderer Feinde des Ordens.

Jägerwissen

Um zu ermitteln, was dein Jäger über den Hospitaliterorden weiß, lege eine Probe auf Land und Leute ab.

0 Erfolge: Die Hospitaliter sind ein alter Orden von Kreuzfahrern, der einst aufgelöst wurde, sich dann aber wieder neu gründete.

1 Erfolg: Der Orden hat seinen Sitz auf der zur Festung ausgebauten Insel Malta, deren Lage ihm großen Reichtum beschert hat.

2 Erfolge: Die Hospitaliter teilen sich in die zwei Fraktionen der Johannei, des kämpfenden Arms des Ordens, und der Maltei, die vor allem Heiler und Gelehrte sind.

3 Erfolge: Angeführt wird der Orden von Großhospitaliter Thomas von Klingenberg, der trotz seiner jungen Jahre großen Einfluss besitzt und etwa die Insel Rhodos für die Ritterbrüder zurückeroberte.

4 Erfolge: Innerhalb des Ordens soll es eine Gruppe von Elitekriegern geben, die allein dem Großmeister Rechenschaft schuldig sind: die Hospitalitergarde.

5 Erfolge: Nicht nur auf Rhodos, aber vor allem dort sollen die Johannei an derartig merkwürdigen und okkulten Dingen forschen, dass es bereits mehr als einmal die Inquisition auf den Plan rief.

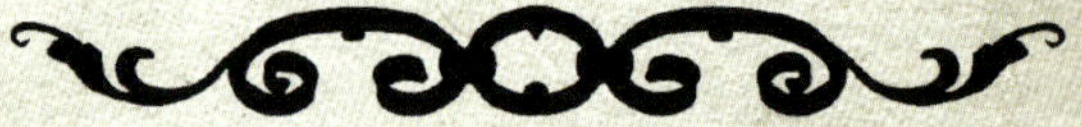

Der Schatzjägerring: Gräber, Räuber und Gelehrte

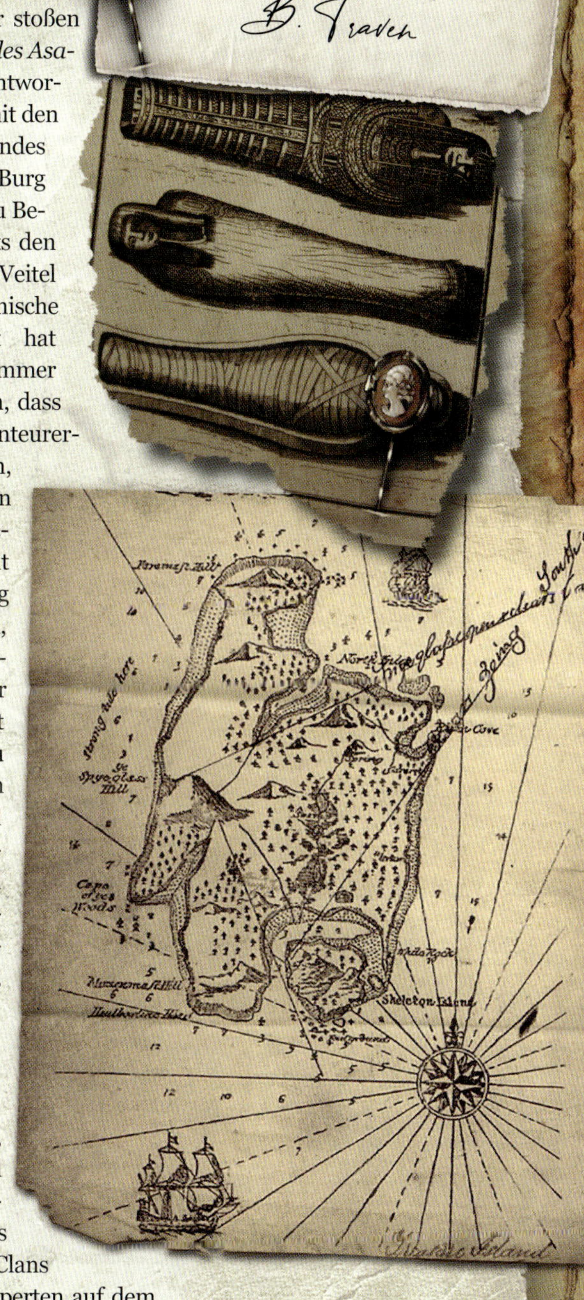

Überblick

Im riesigen Reich des Sultans liegen die Überreste so vieler vergangener Zivilisationen und Imperien vergraben, dass einem schwindelig werden könnte: die Ruinen des klassischen Griechenlands, die mysteriösen Höhlenstädte Kappadokiens, die unzähligen heiligen Stätten des uralten Israel, die verfallenen Tempel der geheimnisvollen Wüste Ägyptens. In all diesen Hinterlassenschaften können sich verborgene Schätze finden. Sei es die verlorene Regimentskasse König Agamemnons, kilikische Piratenbeute aus der Zeit der Römischen Republik, güldene Tempeltafeln der vergessenen Luwier, die Kronjuwelen König Davids oder gar die reichhaltigen Grabbeigaben von Kleopatras Lieblingskatze. All dies und noch mehr wartet nur darauf, von abgefeimten Schatzjägern und Grabräubern gefunden und mit großem Profit an den Mann gebracht zu werden.

Im östlichen Mittelmeerraum gehören die meisten der zwielichtigen Gesellen, die manchmal im legitimen Auftrag eines Gelehrten, viel öfter jedoch gesetzeswidrig und auf eigene Faust nach verborgenen Artefakten suchen, dem sogenannten Schatzjägerring an – einer ominösen Organisation, der sowohl traditionelle Grabräuber und professionelle Diebe als auch wagemutige Gelehrte, Antiquitätenschmuggler und skrupellose Kunstsammler angehören

Historie des Schatzjägerrings

Die Jagd nach Antiquitäten aller Art hat im östlichen Mittelmeerraum eine gewisse Tradition. Schon zu Zeiten der Pharaonen spezialisieren sich ganze Familiendynastien auf die Grabräuberei. Um die Zeit der Kreuzzüge beginnt der christliche Reliquienwahnsinn: Die Kirche giert nach Überresten und Gegenständen der Heiligen und unzählige Abenteurer sind bereit, diese mit allen nur erdenklichen Mitteln zu beschaffen. Seit der Renaissance gesellt sich zu diesem einträglichen Geschäft noch der Handel mit den Relikten der Antike, ebenso der mit verschollenen magischen Gegenständen nach der Öffnung des Höllentors.

Die Geburtsstunde des Schatzjägerrings in seiner jetzigen Form lässt sich auf 1723 datieren und ist eng verbunden mit dem dämonischen Volk der Schaitane, auf die Schatzsucher nach 1640 immer wieder stoßen (siehe: *Von den Dienern des Asasel*). Auf der Suche nach Antworten kommt der Kontakt mit den Gelehrten des Wächterbundes und speziell der Prager Burg zustande, die daraufhin zu Beginn des 18. Jahrhunderts den jüdischen Gelehrten Dr. Veitel Birnbaum in das Osmanische Reich entsenden. Dort hat Birnbaum allerdings immer wieder damit zu kämpfen, dass sich die zahlreichen Abenteurer- und Grabräubergruppen, derer er sich zu bedienen pflegt, allesamt spinnefeind sind. Also beginnt er mit der Unterstützung seiner Prager Kollegen, ein wagemutiges diplomatisches Projekt in der orientalischen Unterwelt Wirklichkeit werden zu lassen. 1723 trifft er sich schließlich in einem übel beleumdeten Kaffeehaus in Konstantinopel mit vier illustren Persönlichkeiten: der „Großmutter des Gerümpels“, die jedweden Handel in der mysteriösen Gasse der Wunder beherrscht; dem „Verrückten Franken“ Michel Fourmont, Altertumsforscher und Abenteurer; Zomhan Aboutreika, Patriarch des ägyptischen Aboutreika-Clans (seit 98 Generationen Experten auf dem Gebiet der Grabschändung); und dem berühmt-berüchtigten osmanischen Kunstsammler Ertugrul Kut, dessen Netz aus Verbindungen von Caracas bis Ceylon reicht.

Schatzjäger spielen
Die Profession „Schatzjäger“ wird ab Seite 116 als Option für Jäger vorgestellt.

Innerhalb einer Nacht arbeiten die fünf die Grundsätze einer Kooperation aus, die man später als Schatzjägerring bezeichnen wird, um sie von verschiedenen freien Abenteuergruppen abzuheben. Die Organisation selbst gibt sich keinen Namen, da sie formell nicht existiert, sondern allein auf mündlichen Vereinbarungen der einzelnen Gruppierungen basiert, zusammengehalten von einem gemeinsamen Kodex.

Die Prager Burg

Die sogenannte Prager Burg ist eine obskure Untergruppierung des Wächterbundes, die sich insbesondere der Bekämpfung von Hexen verschrieben hat und zu diesem Zweck auch dem Auffinden von Wegen in die Anderswelt widmet (siehe: *Verschwindende Inseln – Mythos oder Wirklichkeit?*, und auch: *Hexenjagd – Kompendium für den Hexenjäger*). Die Gelehrten hatten in Gestalt von Dr. Birnbaum einen wesentlichen Anteil an der Gründung des Schatzjägerrings, treten ansonsten aber bestenfalls als Auftraggeber in Erscheinung. Bei ihrer Suche nach antikem okkultem Wissen waren sie in der Ägäis immer wieder auf einheimische Schatzsucher angewiesen, die sich jedoch allzu oft als Aufschneider, Feiglinge oder Diebe entpuppten. Die von Dr. Birnbaum ins Leben gerufene Organisation sollte dem abhelfen. Seit 1723 heuert die Prager Burg ausschließlich Helfer an, die innerhalb des Schatzjägerrings über eine gewisse Erfahrung und Reputation verfügen. Als Gegenleistung für ihre oft stattliche Bezahlung nehmen sich die Gelehrten das besondere Recht heraus, jederzeit alle Artefakte in der Gasse der Wunder zu untersuchen und jede schriftliche Aufzeichnung zu kopieren, die ein Mitglied der zwielichtigen Organisation gefunden hat.

Ehre unter Grabräubern

Verglichen mit anderen Gruppierungen oder Geheimbünden ist der Schatzjägerring äußerst informell organisiert. Es gibt keine offiziellen Hierarchien, Rituale oder anderes schmückende Beiwerk. Vielmehr ist die Organisation nur ein loses Netzwerk von Menschen ähnlicher Gesinnung, die durch einen gemeinsamen Verhaltenskodex verbunden sind. Dieser umfasst folgende Aspekte:

- Täuschungen, Gaunereien und sogar Prügeleien untereinander sind vollkommen legitim und gelten als eine Art sportlicher Wettstreit. Konkurrenz belebt schließlich das Geschäft. Mord hingegen ist streng verboten, wie wertvoll der Schatz auch sein mag.
- Im Angesicht von Not, Todesgefahr oder der Obrigkeit, hilft ein Schatzjäger dem anderen.

Archäologie im 18. Jahrhundert

Die Wissenschaft der Archäologie steckte im 18. Jahrhundert noch in den Kinderschuhen, sogar der Begriff selbst sollte sich erst im 19. Jahrhundert durchsetzen, um 1733 sprach man noch von „Altertumsforschung“. Viel von unserem heutigen Wissen über die Antike war in jenen Tagen noch völlig unbekannt, einen Großteil der Informationen bezog man damals aus der Bibel (die als zuverlässige historische Quelle galt) oder aus den überlieferten Texten römischer und griechischer Autoren. Alles, was sich vor diesen Epochen ereignet hatte, war folglich ein Buch mit sieben Siegeln. Völker wie die Assyrer oder die Hethiter kannte man lediglich durch ihre Erwähnung in der Bibel, was meist nicht mehr als ihren Namen umfasste. Auch die ägyptischen Hieroglyphen oder die antiken Keilschriften sollten erst viel später entziffert werden. Ähnlich dürftig waren natürlich auch die damaligen Grabungstechniken. Kein Altertumsforscher hätte einer Tonscherbe Beachtung geschenkt. Vielmehr galt es, wertvolle Kunstgegenstände zu bergen und abzutransportieren.

- Niemals hintergeht man seinen Auftraggeber – außer natürlich, er hintergeht einen zuerst.
- Ein Schatzjäger zerstört niemals mutwillig Zeugnisse der Vergangenheit. Selbst wenn ein Artefakt eine akute Gefahr darstellt, muss es stattdessen in die Gasse der Wunder gebracht werden, wo es unter Verschluss gehalten wird.
- Die Vergangenheit ist heilig. Ein Schatzjäger fälscht niemals historische Informationen, auch wenn er Gegner irreführen will. In diesem Falle hält er sie lediglich zurück.
- Findet ein Schatzjäger altes Wissen, muss er auf Nachfrage anderer Mitglieder des Rings ein Drittel davon zur Verfügung stellen.

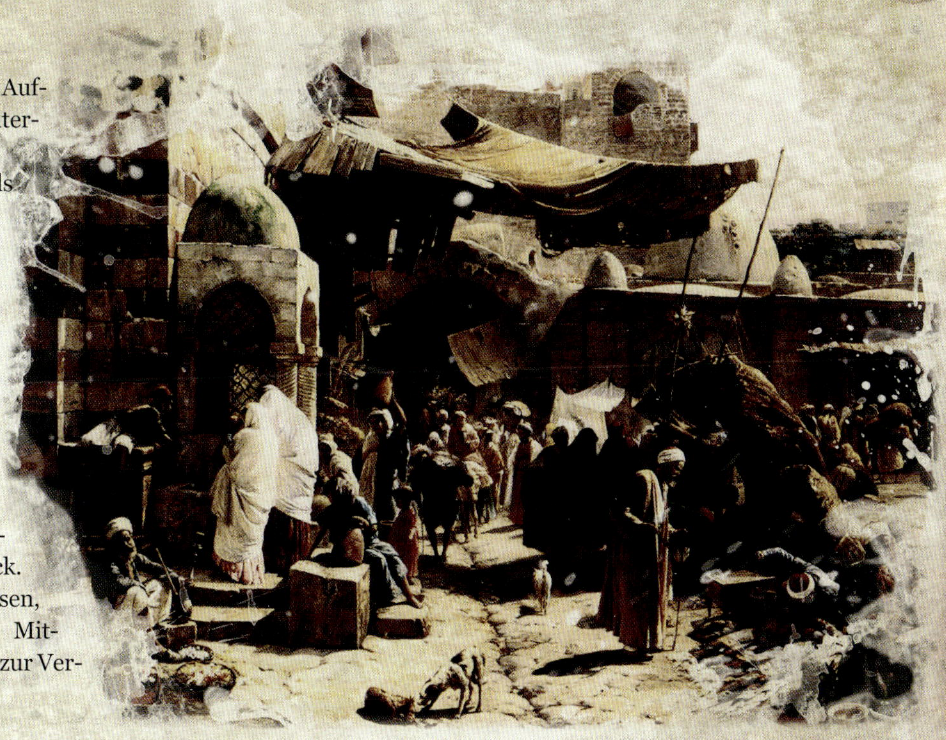

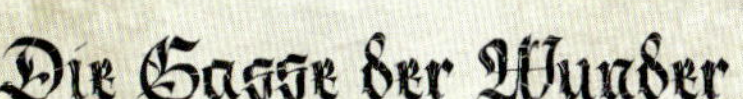

Die Gasse der Wunder

Das informelle Zentrum des Schatzjägerrings ist die sogenannte Gasse der Wunder in Konstantinopel. Die kleine schmuddelige Seitenstraße des legendären Kapalı Çarşı, des Großen Basars, ist zum Bersten gefüllt mit Antiquitätengeschäften aller Art. Zufällige Besucher mögen nur eine überbordende Masse von wertlosem Plunder, zerfledderten Büchern und billigem Tand sehen, doch wer die geheimen Handzeichen kennt, wird von den Händlern in Hinterräume geführt, in denen unermessliche und manchmal sogar magische Schätze auf neue Besitzer warten. Über all dies wacht eine uralte Frau mit blinden Augen, deren wahren Namen niemand mehr zu kennen scheint: die legendäre „Großmutter des Gerümpels", deren merkwürdiges Erscheinungsbild den Einwohner Anlass zu mannigfaltigem Gerede gibt.

Gerüchten zufolge gab es in Konstantinopel schon immer eine Gasse der Wunder, bereits in Schriften aus byzantinischer Zeit wird sie erwähnt. Wiederholt wurde im Laufe der Jahrhunderte versucht, sämtliche Geschäfte dort zu unterbinden. Niemals jedoch mit bleibendem Erfolg. Jüngst versuchten die rebellierenden Janitscharen während des Patrona-Halil-Aufstandes, die Gasse wegen unislamischer Umtriebe vollständig zu räumen, doch auch sie blieben erfolglos. In jener Nacht muss Seltsames geschehen sein, denn die Janitscharen meiden den Ort auch heute noch – was die Bürger der Stadt erneut in ihrer Meinung bekräftigt, dass es in der Gasse der Wunder nicht mit rechten Dingen zugeht.

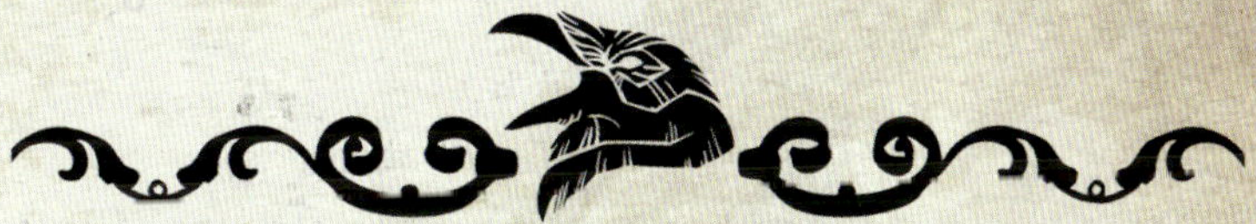

JÄGERWISSEN

Um zu ermitteln, was dein Jäger über den Schatzjägerring weiß, lege eine Probe auf Land und Leute ab.

0 Erfolge: Im Mittelmeerraum sollen sich die Grabräuber zusammengetan und ein Bündnis geschlossen haben.

1 Erfolg: Der sogenannte Schatzjägerring mag größtenteils aus Schlitzohren und Halunken bestehen, aber sie folgen auch einer Art Ehrenkodex.

2 Erfolge: Das Zentrum des Schatzjägerrings befindet sich in Konstantinopel, in der mysteriösen Gasse der Wunder. Ohne die richtigen Handzeichen und Kodeworte kommt man dort aber nicht weiter.

3 Erfolge: Gegründet wurde der Schatzjägerring von einem jüdischen Forscher und vier äußerst zwielichtigen Gestalten der osmanischen Unterwelt, unter denen sich auch ein Europäer befinden soll.

4 Erfolge: Die Schatzjäger sollen Gönner an höchster Stelle haben: merkwürdige Gelehrte aus Prag, die katholische Kirche, die französische Krone und mehr.

5 Erfolge: Herrin über die Gasse der Wunder ist die sogenannte Großmutter des Gerümpels. Man muss vorsichtig sein, wenn man sich mit ihr einlässt, denn schon so manch einer soll in den Katakomben unter der Gasse verschwunden sein.

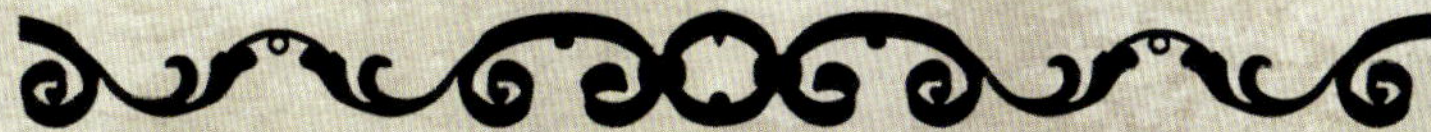

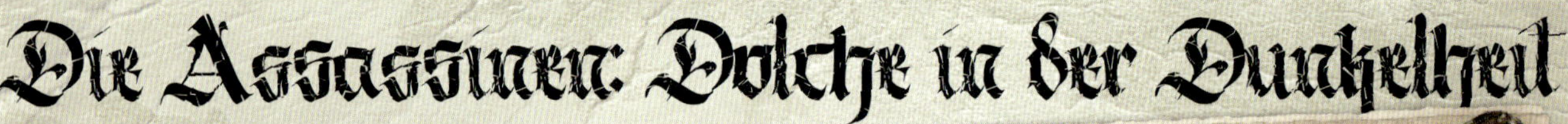

Die Assassinen: Dolche in der Dunkelheit

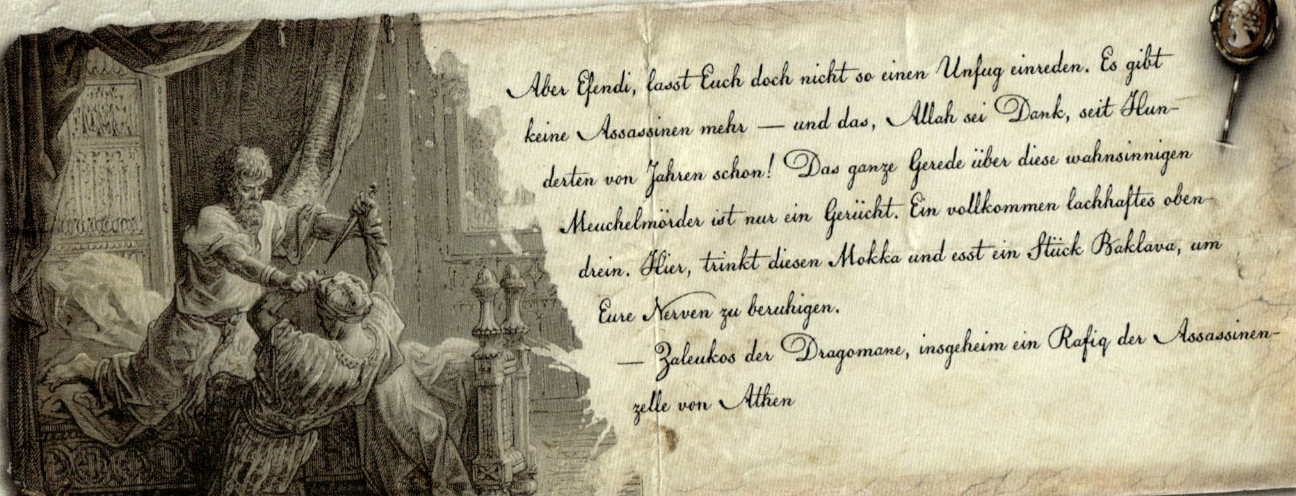

Überblick

„Assassine“ – wohl kaum ein anderes Wort ruft im Morgenland so viel Angst und Schrecken hervor. Allerdings nicht 1733, sondern knapp fünf Jahrhunderten früher. Damals, zur Zeit der Kreuzzüge, waren die Assassinen eine skrupellose nizaritische Sekte und für viele Machthaber, seien sie christlich oder muslimisch, der Grund für unzählige schlaflose Nächte: weiß gekleidete Gestalten, Meister des Meuchelmordes, die dank seltsamer Drogen keinerlei Angst vor dem eigenen Tod zu haben schienen und deren Loyalität ihrem Anführer gegenüber, dem mysteriösen „Alten vom Berge“, grenzenlos war. Von ihrer uneinnehmbaren Bergfestung Alamut brachen sie auf, um Sultanen, Königen und Kalifen das Leben zu nehmen. Heute jedoch ist Alamut leer und verlassen. Die Assassinen scheinen im Dunkel der Geschichte verschwunden zu sein. Und doch gibt es jene, die behaupten, es gäbe sie noch immer.

Wissen der Jäger
In *Mare Monstrum* können Jäger die Profession „Assassine“ annehmen (siehe S. 118). Daher gehen wir an dieser Stelle davon aus, dass die meisten Jäger zu den wenigen Eingeweihten gehören, die wissen, dass es den mysteriösen Orden tatsächlich noch gibt. Die Geheimnisse und wahren Hintergründe dieser Organisation sind aber auch Assassinen-Jägern nicht bekannt; diese werden im Schwesterband *Mare Monstrum Obscura* beschrieben und sind dem HeXXenmeister vorbehalten.

Historie der Assassinen

Seit jeher ist das zentrale Ziel der Assassinen, aus den Schatten heraus die Unschuldigen zu beschützen. Zunächst gilt dieser Schutzgedanke allerdings nur ihren (damaligen) Glaubensbrüdern, den Nizariten. Die kleine muslimische Glaubensgemeinschaft wird vor Jahrhunderten von allen Seiten unterdrückt und hat immer wieder unter Terror und Pogromen zu leiden. Ohne die Möglichkeit, sich militärisch gegen die Übermacht der Unterdrücker zu wehren, entstehen die ersten Assassinen, die mithilfe geschickt ausgeführter Attentate diejenigen töten, die die Schuld am Leid ihrer Familien tragen. Im Laufe der Kreuzzüge werden die Assassinen zu einer lokalen Macht, die sich tatkräftig an den politischen und militärischen Intrigen der Großmächte beteiligt und sich auch für Auftragsmorde nicht zu schade ist – was letztlich jedoch zu ihrem Niedergang führt. Bis 1273 fällt eine ihrer Burgen nach der anderen, schließlich auch ihre letzte Festung al-Kahf in Syrien, und die Geschichte der Assassinen scheint beendet.

Doch einige wenige überleben den Fall von al-Kahf und gehen in den Untergrund. Sie hatten mitansehen müssen, wie durch ihr eigenes Handeln das Leiden ihrer nizaritischen Glaubensbrüder nur noch größer geworden war, und schwören sich daher, von nun an subtiler vorzugehen. Sie entsagen den spektakulären, öffentlichen Attentaten, die die Assassinen einst bevorzugt hatten. Kein Machthaber dürfe überhaupt ahnen, dass es die Assassinen noch gibt. Aus einer mehr oder weniger offen agierenden Gruppe von Partisanen wird im Laufe der Jahrzehnte ein von religiöser Toleranz geprägter Geheimorden, der seitdem vor allem im Osmanischen Reich, aber auch darüber hinaus aktiv ist und dessen Fähigkeiten auf dem Gebiet des Meuchelmords nahezu übernatürlich scheinen – und ab 1640 vielleicht auch tatsächlich sind.

Wissen über die Assassinen

Die grausigen, jahrhundertealten Erzählungen über die Assassinen kennt heute im gemeinen Volk so gut wie niemand mehr. Denn welcher einfache Arbeiter oder Bauer des Jahres 1733 beschäftigt sich schon eingehend mit Geschichte? Gelehrte oder Studenten dieser Wissenschaft hingegen werden den Begriff besser einordnen können: Sie werden wissen, dass die Assassinen während der Kreuzzüge ein religiöser Orden von Meuchelmördern waren, die 1272 beinahe König Eduard I. von England ermordet hätten, und dass sie stets mit Dolchen töteten.

Zudem, dass sie eine besondere Affinität zur Farbe Weiß hatten und sie ihren Opfern stets Warnungen in Form von Messern oder Sesamkuchen zukommen ließen. Einige werden sogar wissen, dass sie eine Sekte der noch heute unterprivilegierten Glaubensrichtung der Nizariten waren. Derartig versierte Gelehrte werden all die Geschichten über das Netz aus Allianzen und Intrigen kennen, in das die Assassinen verstrickt waren. Und die Legenden darüber, wie die Assassinen ihre Rekruten mit Hilfe des Haschischs, von dem sich ihr Name ableitete, bedingungslos gefügig machten – so gefügig, dass sie sich auf ein Wort ihres Anführers von der nächstgelegenen Burgmauer stürzten. Was diesen Wissenden allerdings auch bekannt sein dürfte, ist der Umstand, dass es die Assassinen seit fünf Jahrhunderten nicht mehr gibt.

Die Vielzahl wilder Gerüchte, es habe sich im Osmanischen Reich ein neuer Geheimbund von Meuchelmördern gebildet, dessen Einfluss sich über das gesamte Mare Mediterraneum erstrecken soll, ist ebenso phantastisch wie die Behauptung, die Assassinen wären überhaupt niemals verschwunden. Sicher – es gibt eine ganze Reihe geheimnisvoller Mordfälle und mysteriöser Attentate, die sich niemand erklären kann. Aber wann gibt es die nicht? Noch unglaubwürdiger ist das Gerede über mutmaßliche Attentäter in Europa, die sich ebenso wie die Assassinen zu einem Bund zusammengeschlossen haben und diesen sogar nahestehen sollen.

Die wenigen Eingeweihten (wie die Jäger), die so tief in der Materie sind, dass sie von der Existenz der Assassinen wissen, sind der Überzeugung, dass der Geheimorden mit der Hölle im Bunde stehen muss. Derart perfekte Meuchelmörder müssen sich schwarzer Magie bedienen. Dazu passt, dass die Untaten, die man echten Assassinen zuschreibt, seit 1640 massiv zugenommen haben.

Der Kesselflicker und die Ringparabel

Der Assassine, der den bei Weitem größten Einfluss auf die Reformation der Assassinen hatte und dessen Philosophie den Orden bis zum heutigen Zeitpunkt maßgeblich prägt, war ein geheimnisumwitterter Mann, der nur als „der Kesselflicker“ bekannt ist. In seiner Jugend soll er Augenzeuge jener Ereignisse gewesen sein, die Pate standen für die in mehreren Quellen überlieferte Parabel der drei Ringe. Sie sollen den Kesselflicker davon überzeugt haben, dass – einen gütigen Gott vorausgesetzt – die Trennung zwischen Islam, Christentum und Judentum illusorisch sei. Der weise und charismatische Mann verbreitete seine Lehre der religiösen Toleranz unter den Assassinen, die sich seitdem nicht mehr nur für Schutzbedürftige islamischen Glaubens einsetzten. Der neu entstehende Orden begann es als seine Pflicht anzusehen, gegen religiöse Unterdrückung jeder Art vorzugehen und Unschuldige aller Völker als seine Schützlinge zu betrachten. Die Ringparabel wurde zu einer so zentralen Erzählung der Assassinen, dass das Tragen von drei Ringen bis zum heutigen Tage ihr geheimes Erkennungszeichen ist.

Letztlich streben die Assassinen das Ziel einer humanen Welt an, in der die Angehörigen aller drei Religionen in Frieden und Eintracht miteinander leben. Dass die Assassinen vor allem im Osmanischen Reich operieren, ist ebenfalls diesem Ziel geschuldet und weniger der Tatsache, dass der Sultan mittlerweile ihre alten Stammländer in Syrien kontrolliert.

Nizariten und Assassinen

Bis heute wird debattiert, ob und in welchem Umfang es die Assassinen wirklich gegeben hat, woher sich der Name ableitet, was er mit der schiitischen Glaubensgemeinschaft der Nizariten und den mit ihnen verwandten Ismailiten zu tun hat – und was von alldem nur Legende ist. Fakt ist, dass die Nizariten im 11. Jahrhundert unter Hassan-i Sabbāh zu politischen Morden griffen, um ihre Interessen durchzusetzen, was für die Christen zum prägenden Charakteristikum dieser Gruppe wurde. In einigen Deutungen geht der Begriff „Assassine“ auf den Namen ihres Anführers zurück, ebenso möglich ist, dass sich das Wort von „Haschisch“ ableitet – entweder tatsächlich oder nur aus Gründen der Verleumdung.

Sicherlich verursachen auch die Osmanen aus Sicht der Assassinen noch deutlich zu viel Leid und Unterdrückung, aber im Gegensatz zu den religiös höchst intoleranten Reichen des Abendlandes, sind sie zumindest auf dem richtigen Weg. Daher ist es das Bestreben der Assassinen, das Osmanische Reich gegen alle üblen Einflüsse zu verteidigen.

Interne Organisation

Früher einmal unterhielten die Assassinen Burgen, heute sind sie in geheimen Zellen organisiert, von denen jede eine Stadt oder Insel überwacht und völlig autonom agiert. Der Informationsfluss zwischen den einzelnen Gruppen ist auf das Notwendigste beschränkt, um eine weitere Auslöschung des Ordens zu verhindern.

Viele Zellen bedienen sich für ihre geheimen Operationen ahnungsloser Aspiranten, die über für den Orden nützliche Fähigkeiten verfügen und meist niemals erfahren, dass sie für die Assassinen tätig waren. Manchmal jedoch, wenn ein Mittelsmann als besonders vielversprechend gilt, offenbart man sich ihm und stellt ihn vor die Wahl, ein Assassine zu werden oder zu sterben. Stimmt der Aspirant zu, wird er zum Fidāʿī („Opferbereiten") ausgebildet. Dieser Gruppe gehört der Großteil der Assassinen an, doch auch diese Agenten sind bereits fähige Attentäter und Fassadenkletterer. Über ihnen stehen die Rafiq („Gefolgsleute"), die dienstälteren Agenten, die bereits tiefer in die spirituellen Mysterien der Assassinen eingeweiht sind. Rafiq übernehmen selten selbst Aufträge, sondern organisieren vielmehr Spionagenetzwerke und planen Missionen. In der Regel sind Rafiq auch die ranghöchsten Assassinen innerhalb einer Zelle. Über den Rafiq stehen die Dāʿī („Rufer"), eine Mischung aus Boten, Missionaren und politischen Agitatoren, die bei Bedarf Kontakt zwischen den Zellen herstellen. In ihren Rängen finden sich die fähigsten Assassinen, die in der Lage sein sollen, jede menschlichen Gestalt anzunehmen und jedes Geheimnis auch unter schwerster Folter zu bewahren. Angeführt wird der Orden vom Groß-Dāʿī, den man seit alter Zeit nur „den Alten vom Berge" nennt.

Jägerwissen

Um zu ermitteln, was dein Jäger über die Assassinen weiß, lege eine Probe auf Land und Leute ab.

0 Erfolge: Die Assassinen sind ein Orden von Selbstmordattentätern, der aber seit dem 13. Jahrhundert ausgelöscht ist.

1 Erfolg: Die Assassinen haben den Fall ihrer Burgen im Mittelalter überlebt und gründeten sich als Geheimorden neu.

2 Erfolge: Die meisterhaften Meuchelmörder sind vor allem im Osmanischen Reich aktiv und scheinen es vor schädlichen Einflüssen zu beschützen.

3 Erfolge: Angeführt werden die Assassinen vom sogenannten Alten vom Berge, der ebenso wie viele andere Mitglieder des Ordens über magische Kräfte verfügen soll.

4 Erfolge: Man sagt, der Orden habe sich dem Schutz der Leidenden und Schwachen verschrieben – unabhängig von Religion und Glauben.

5 Erfolge: Die Assassinen sollen in kleinen geheimen Zellen organisiert sein, die völlig unabhängig voneinander sind. Zudem geht das Gerücht, es gäbe auch im Herzen Europas einen Bund von Meuchelmördern, der den Assassinen nahesteht.

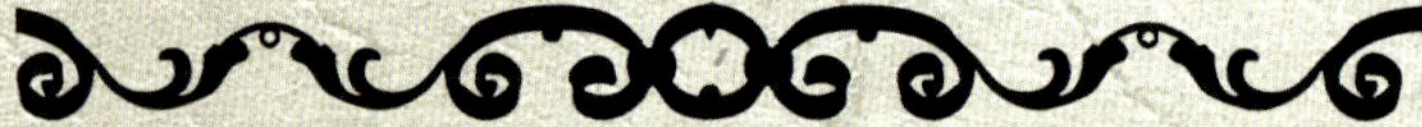

Das Vorgehen der Assassinen

Opfer der Assassinen sind jene, die dem gemeinen Volk Leid zufügen, sich auf Kosten anderer bereichern und am Elend der Unschuldigen ergötzen: korrupte Beamte, verderbte Gelehrte, blutgierige Räuber, religiöse Eiferer. Anders als gemeinhin geglaubt wird, sind Assassinen allerdings keine Selbstmordattentäter. Zwar fürchten sie den eigenen Tod in keiner Weise, doch setzen sie ihr Leben nie unnütz aufs Spiel.

Darüber hinaus sind sie keineswegs nur Mörder. Die Assassinen unterhalten weit verzweigte Spionagenetzwerke und beobachten höhergestellte Persönlichkeiten äußerst genau und bewerten stets neu, ob sie sich schädlich verhalten und eine direkte Aktion notwendig ist. Zumeist lässt man dem Betreffenden zunächst Warnungen zukommen, um ihn dazu zu veranlassen, sein Handeln zu überdenken: Seltsame Unfälle passieren, mysteriöse Botschaften werden zugestellt oder ein Mittelsmann äußert eine subtile Drohungen. Nur wenn das Opfer kein Anzeichen von Reue zeigt, ist sein Schicksal besiegelt und die Assassinen befördern es vom Leben zum Tode. Wie sie dabei vorgehen, variiert stark. Über die Jahrhunderte haben die Assassinen jede nur erdenkliche Art des Meuchelmords bis zur Perfektion gemeistert, seit 1640 sagt man ihnen sogar übermenschliche und magische Kräfte nach. Eines aber haben alle Attentate gemeinsam: Stets finden nur die Zielperson und unter Umständen beteiligte Handlanger den Tod. Niemals würde ein Assassine das Blut von Unschuldigen vergießen, sind sie es doch, deren Schutz er sich verschrieben hat.

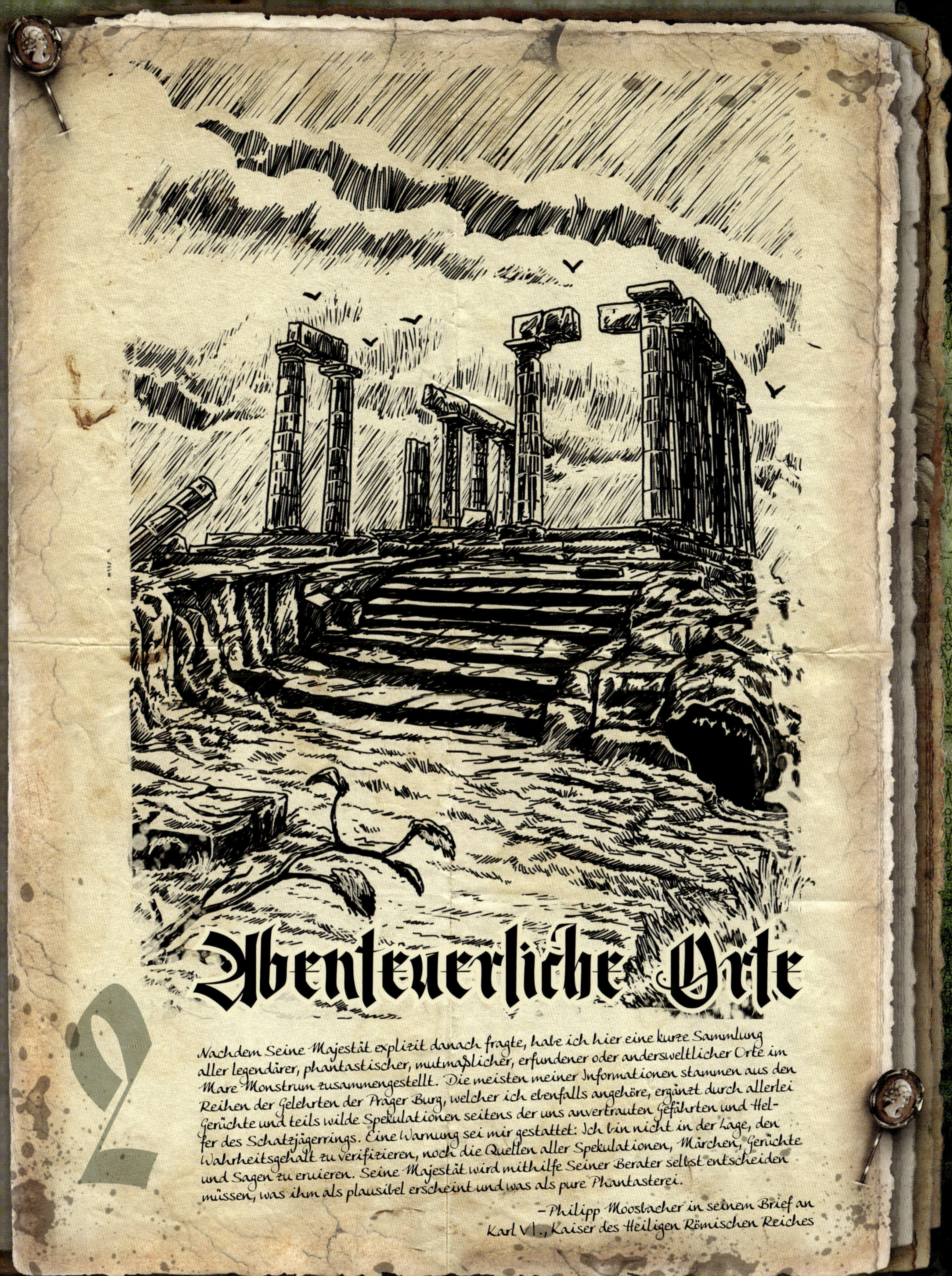

2

Abenteuerliche Orte

Nachdem Seine Majestät explizit danach fragte, habe ich hier eine kurze Sammlung
aller legendärer, phantastischer, mutmaßlicher, erfundener oder andersweltlicher Orte im
Mare Monstrum zusammengestellt. Die meisten meiner Informationen stammen aus den
Reihen der Gelehrten der Prager Burg, welcher ich ebenfalls angehöre, ergänzt durch allerlei
Gerüchte und teils wilde Spekulationen seitens der uns anvertrauten Gefährten und Helfer des Schatzjägerrings. Eine Warnung sei mir gestattet: Ich bin nicht in der Lage, den
Wahrheitsgehalt zu verifizieren, noch die Quellen aller Spekulationen, Märchen, Gerüchte
und Sagen zu eruieren. Seine Majestät wird mithilfe Seiner Berater selbst entscheiden
müssen, was ihm als plausibel erscheint und was als pure Phantasterei.

–Philipp Moosbacher in seinem Brief an
Karl VI., Kaiser des Heiligen Römischen Reiches

Verschwindende Inseln: Mythos oder Wirklichkeit?

Überblick

Wohl mehr als ein Student des Altgriechischen, der die Epen des Homer las, mag sich gefragt haben, wie ausgerechnet der große Odysseus über zehn Jahre lang auf einem Meer umherirren konnte, das selbst zu seiner Zeit schon durchaus bekannt war. Doch Götterwirken hin oder her: Vielleicht ist an der antiken Geschichte mehr wahr, als man glaubt, denn seit 1640 werden die Weltmeere und insbesondere die Ägäis zunehmend von einem seltsamen Phänomen heimgesucht, den sogenannten verschwindenden Inseln. Immer öfter kommt es vor, dass Schiffe auf zuvor nicht kartographierte Eilande stoßen, die sich nachher einfach nicht wiederfinden lassen. Außerdem berichtete schon mehr als ein Kauffahrer, dass eine Seereise bei gutem Wetter aus völlig unerfindlichen Gründen auf einmal doppelt so lange dauerte wie gewohnt – oder er sein Ziel auf genauso unerklärliche Weise deutlich schneller erreichte. Irgendetwas Unnatürliches geht auf den Ozeanen vor, und die Gelehrten vermuten, es lasse sich nur damit erklären, dass sich auf den Gewässern eine Art Zugang zu den Sphären der Anderswelt geöffnet habe.

Historie der verschwindenden Inseln

Auf der Suche nach Antworten

Eine Schlüsselrolle bei der Suche nach den verschwindenden Inseln und der Erforschung der Anderswelt nehmen die Mitglieder der sogenannten Prager Burg ein. Diese Untergruppe des Wächterbundes hat sich auf die Erforschung der „Kontinua" spezialisiert, ein Begriff, mit dem die Gelehrten alle jenseitigen Welten beschreiben. Für bewiesen halten sie die Existenz eines Höllenreichs, denn woher sonst sollen die widernatürlichen Kreaturen kommen, welche die Welt seit nunmehr 93 Jahren heimsuchen? Allerdings fragen sich seit dem verhängnisvollen Jahr 1640 viele Gelehrte, ob dieses Ereignis einmalig war oder sich ähnliche Phänomene bereits früher ereigneten. Und ob es außer der christlichen Hölle noch andere Orte jenseits unseres Vorstellungsvermögens gibt, in denen nicht nur Teufel und Dämonen lauern, sondern auch Heroen und Götter wohnen.

Es ist ein offenes Geheimnis, dass sich die Prager Gelehrten vor allem deshalb mit wahren Hexen beschäftigen, weil diese vermutlich geheimnisvolle

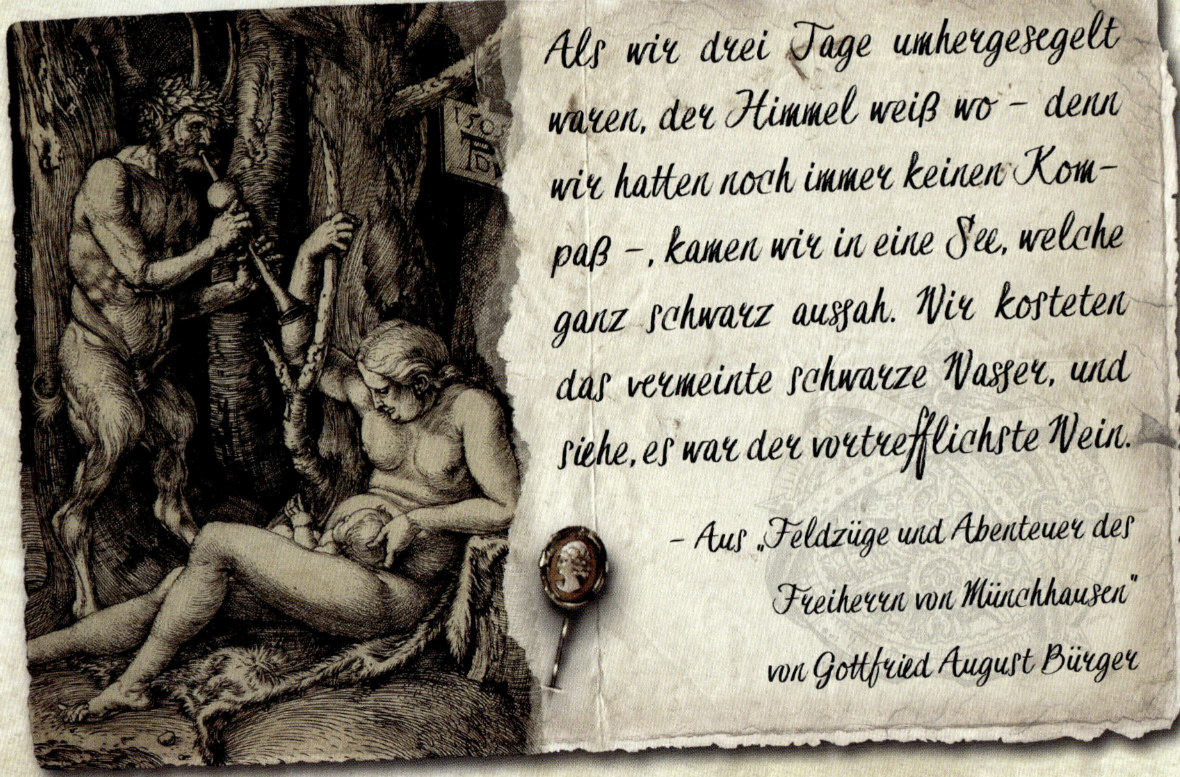

magische Pfade beschreiten können, an deren Ende sich Tore in die sogenannte Anderswelt befinden, das Reich von Mythen und Märchen. Um die geheimnisvollen Wege ausfindig zu machen, nutzen die als äußerst verschroben geltenden Forscher mechanische Geräte, die einer komplizierten Variante der sorbonnischen Seelenfalle ähneln und die Kontinua als maßstabsgetreues Modell abbilden sollen. Da nicht wenige der mutigen Gelehrten seit 1640 spurlos verschwinden, ist unklar, ob sie die Tore tatsächlich fanden und auch durchschreiten konnten oder sie von den Wächtern der Pfade getötet wurden.

Mit der Zeit geraten die Forschungen der Prager Burg innerhalb Europas mehr und mehr ins Stocken; die Hexen scheinen es regelrecht auf sie abgesehen zu haben. Die sich häufenden Berichte über mysteriöse verschwindende Inseln machen sie auf den Raum der Ägäis aufmerksam, wo zudem deutlich weniger Hexensichtungen gemeldet werden. Und so gehen ab 1703 die ersten Prager Forscher nach Griechenland. Viele weitere sollen folgen.

Spuren am Olymp

Die grundlegende Annahme der Gelehrten ist eine spekulative These: Was wäre, wenn die mythischen Erzählungen nicht bloß Geschichten wären, sondern wahr? Was wäre, wenn die Grenze zwischen den Sphären bereits vor Äonen einmal durchlässig war und die Menschen des antiken Griechenlands Kreaturen der Anderswelt begegnet wären, die sich dann im Laufe der Jahrhunderte zum Stoff von Sagen und Legenden verklärten?

Der naheliegendste Ort, um nach möglichen Pfaden in die Anderswelt zu suchen, ist das Olymp-Gebirge, der griechischen Mythologie nach Wohnort der Götter. Doch die Deutungen, denen zufolge der Name in den antiken Texten mehr als „Himmel" übersetzt werden müsse und keinen realen Ort bezeichne, scheinen sich zu bewahrheiten, denn die Forschungen am Olymp sind niederschmetternd. In den Folgejahren erweitern die Prager Gelehrten ihren Aktionsradius auf sämtliche Länder, die an die Ägäis angrenzen und suchen nach Unterstützung. Doch die einheimische Bevölkerung scheint wenig interessiert an der Überprüfung der uralten Mythen. Hinzu kommt, dass die verschiedenen Kirchen die Beschäftigung mit „heidnischer" Literatur nicht gerade fördern. Und so geraten die Prager Gelehrten in den Fokus der osmanischen Behörden. Viele von ihnen werden des Landes verwiesen, einige wenige dürfen bleiben, müssen aber von einem einheimischen Dragomanen (Übersetzer und Reiseführer) begleitet werden, der die Obrigkeit über alle ihre Bewegungen in Kenntnis setzt.

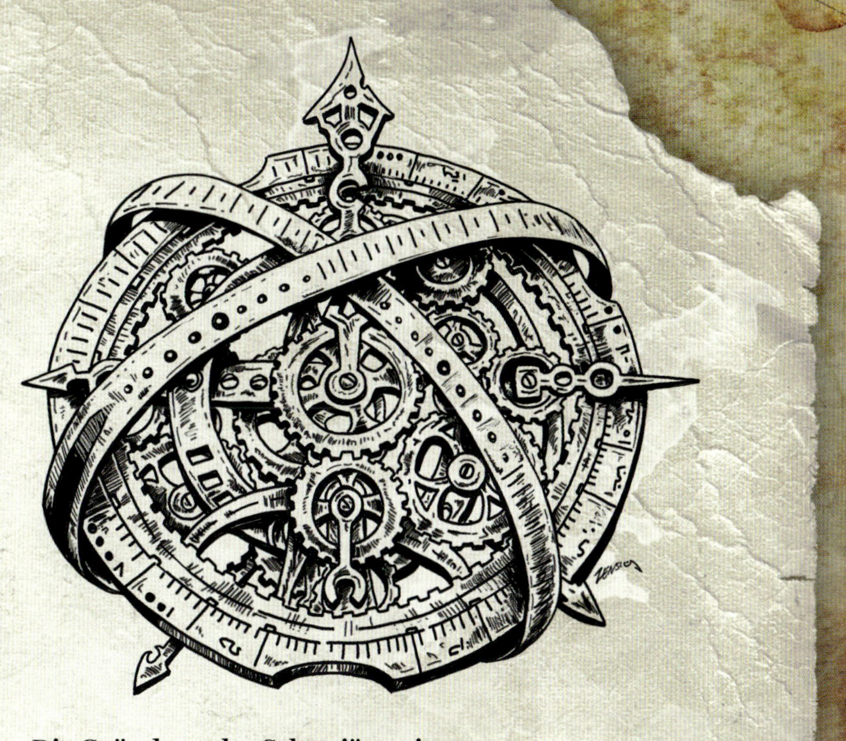

Die Gründung des Schatzjägerrings

Die Prager Burg erkennt die Notwendigkeit, ihren Forschungen in Zukunft möglichst unerkannt nachgehen zu können. Ihr Interesse erregt eine wachsende Zahl abenteuerlustiger Individuen: Schatzjäger. Als der französische Wächterbundangehörige Bernard de Montfaucon 1719 in seinem Hauptwerk „L'Antiquité expliquée" Kunstgegenstände aus dem Mittelmeerraum beschreibt, löst das in Europa eine neue Begeisterung für das im Entstehen begriffene Fach der Altertumskunde aus, mit der auch der Markt für antike Objekte enorm wächst. Durch den Zuzug mitteleuropäischer Flüchtlinge nach Konstantinopel entsteht hier ein neues Zentrum für den Handel mit Artefakten. Nicht zuletzt in der berüchtigten Gasse der Wunder werden Artefakte aus alten Ruinen und staubigen Kellern verkauft.

Und so entsendet die Prager Burg Dr. Veitel Birnbaum mit dem besonderen Auftrag, eine Organisation ins Leben zu rufen, unter deren Deckmantel die Gelehrten ihren Forschung ungestört nachgehen können und die ihnen gleichzeitig neue Möglichkeiten eröffnen soll. 1723 setzt er dieses Vorhaben mit der Gründung des Schatzjägerrings in die Tat um, einer losen Vereinigung durchaus zwielichtiger Gestalten.

Erste Erfolge

Mithilfe der Schatzjäger gelingt es den Prager Gelehrten, vielversprechenden Hinweisen nachzugehen und endlich sogar Pfade in die Anderswelt zu entdecken. Jedoch, und diese Erkenntnis war neu für die europäischen Gelehrten, befinden sich diese oft weder in entlegenen Wäldern noch auf unzugänglichen Bergen. Die meisten sind nicht einmal Wege im eigentlichen Sinne, sondern Seerouten.

Grundlage dieser Erkenntnis sind die Sichtungen der sogenannten Zauberinseln, jener geheimnisvollen Eilande, die in der Ägäis an verschiedenen Orten wie aus dem Nichts aufzutauchen und wieder zu verschwinden scheinen. Zunächst ist es nur eine Theorie: Angenommen, unsere Realität und die Anderswelt hätten sich bereits zu antiken Zeiten einmal angenähert, könnten die Irrfahrten des Odysseus ihn dann tatsächlich zu mythischen Orten geführt haben? Und könnten diese Seerouten mit der Öffnung des Höllentors nun erneut befahrbar sein? Auf dieser Annahme aufbauend, formulieren die Prager Gelehrten die Okeanos-Hypothese. Sie gehen davon aus, dass die merkwürdigen Inseln tatsächlich einer Sphäre der Anderswelt entstammen und dass mancherorts die Mauer zwischen den Kontinua so dünn sein müsse, dass man hindurchschlüpfen könne – sofern man die richtigen Wegpunkte kenne und akkurat ansteuere.

Gleichzeitig verfestigen sich Hinweise der Feldforscher, denen zufolge es tatsächlich einen irgendwie gearteten Durchgang zu den mythischen Orten der Antike geben müsse. Denn auf Basaren und bei Händlern tauchen immer mehr Artefakte auf, die zwar antiken Ursprungs waren, aber keinerlei Alterszeichen oder Abnutzungen aufweisen. Vor allem das legendäre Troja und seine sagenhaften Schätze ziehen die Aufmerksamkeit von Glücksrittern und Abenteurern auf sich.

Aus diesem Grund legt die Prager Burg zwei zentrale Forschungsziele fest: Zum einen soll eine Art magischer Kompass entwickelt werden, mit dessen Hilfe Wegpunkte auf dem Meer entdeckt und angefahren werden können. Zum anderen sollen an bedeutsamen antiken Stätten, in Wandbildern, Schriften und auf Relikten, Hinweise auf solche Routen gefunden werden, wobei sie sich vor allem auf die Beschreibungen in Homers Odyssee und der Ilias stützen. Im Jahre 1733 scheint ein wegweisender Durchbruch immer näher zu rücken, auch durch die tatkräftige Unterstützung der auf Rhodos beheimateten Hospitaliter und ihrer befremdlichen alchemistischen und okkulten Kenntnisse.

An seltsamen Gestaden

Was Seefahrer über die verschwindenden Inseln zu berichten wissen, variiert in hohem Maße. In der Hälfte aller Berichte sind die zauberhaften Eilande verblüffend unspektakulär: Kleine, gottverlassene Felsen, die sich laut der Seekarten an dieser Stelle gar nicht befinden dürften und dies bei der Rückkehr des Schiffes auch nicht mehr tun. Die andere Hälfte jedoch erzählt von bizarren, oft sogar lebensgefährlichen Erlebnissen. Manchmal ist es nur ein winziges, völlig aberwitziges Detail – dass sich etwa der Mond über der Insel in die entgegengesetzte Richtung bewegt. Andere Mannschaften berichten von seltsamen Gebäuden wie aus weißem Marmor gehauene Ruinen antiker Städte, gewaltigen Palästen mit orientalischen Kuppeln oder heidnischen Tempel, in denen noch immer Feuerschalen brennen.

Hand in Hand mit den phantastischen Inseln gehen die Erscheinungen ebenso phantastischer Ungeheuer. Schiffe werden von Kyklopen mit Steinen beworfen, Seeschlangen pflücken Besatzungsmitglieder von Deck, am Himmel kreisen riesenhafte Adler und an Land gehende Seeleute

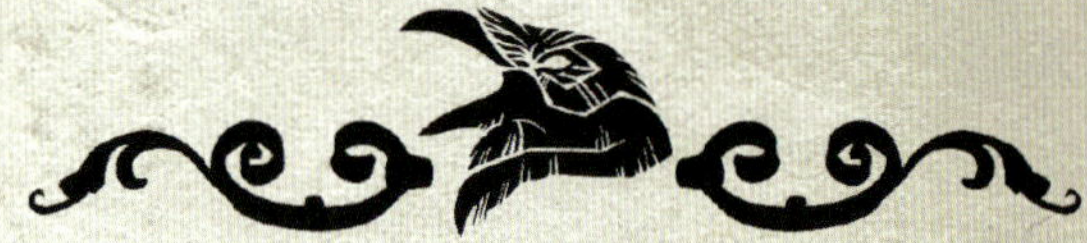

Hilfe, die Insel verschwindet!

So manche Mannschaft hat es bereits auf eine der mysteriösen Zauberinseln verschlagen, doch was passiert eigentlich, wenn man sich noch auf dieser befindet, während sie verschwindet? Laut der Berichte betroffener Seefahrer scheint sich diese Frage nicht allgemein beantworten zu lassen. Die Prager Burg teilt die verschwindenden Inseln in drei Kategorien ein:

- Die erste Art von Zauberinseln bleibt so lange im Diesseits, wie sich Menschen auf ihr befinden oder sie betrachten. Demnach kann sie jederzeit gefahrlos verlassen werden. Sobald alle Seeleute wieder an Deck sind und wegschauen, löst sich die Insel jedoch schlagartig auf.
- Die zweite Art verschwindet mitunter plötzlich und kann dann zu einem bösartigen Gefängnis werden. Bis sie wieder ins Diesseits wechselt, ist sie mit tödlichen Nebeln, Stürmen oder ähnlichen undurchdringlichen Barrieren umgeben, was besonders gefährlich ist, wenn man sich die Insel mit monströsen Kreaturen teilen muss.
- Die dritte Art lässt sich nach ihrem Verschwinden zwar verlassen, aber nicht in die irdische Realität. Scheinbar gleitet die Insel zurück in die Anderswelt, aus der sie kam. Vermutlich widerfuhr genau dies dereinst Helden wie Odysseus, Sindbad oder König Rother.

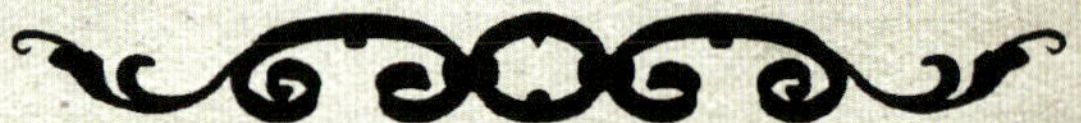

begegnen Kentauren, Satyrn oder anderen Fabelwesen. Vor allem aus diesem Grund hegt die Prager Burg die Vermutung, dass die Grenzen zwischen den Sphären hier äußerst durchlässig sind.

Die Ausdehnung des Phänomens

Die Mehrzahl der dokumentierten Sichtungen zauberhafter Eilande betrifft den östlichen Mittelmeerraum. Ob allerdings auch das Zentrum des Phänomens dort zu finden ist, ist den Gelehrten bislang unklar. Möglicherweise ist der Grund der vielen Berichte allein der Umstand, dass die Ägäis besonders stark befahren ist. In jedem Fall gibt es auch aus anderen Teilen der Welt Berichte über verschwindende Inseln, von denen die bekannteste mit Sicherheit Britannien ist.

Das Arabische Meer scheint ähnlich stark betroffen zu sein wie die Ägäis. Immer wieder wird von Zauberinseln voller Ungeheuer und Geister berichtet. Insbesondere machen Geschichten über sindbad'sche Kreaturen die Runde: gewaltige Walfische, die ganze Inseln auf ihrem Rücken tragen. Auch im Schwarzen Meer tauchen immer wieder Eilande auf und verschwinden spurlos – allen voran das legendäre Leuke, auf dem die Geister von Achilleus und Helena rauschende Feste feiern sollen und das in wiederkehrenden Abstanden bei Vollmond vor der Küste Dobrudschas erscheint.

Expeditionen ins Nordmeer berichteten zudem bei mehr als einer Gelegenheit von altgriechischen Ruinen im Eis, die vor ihren Augen erschienen und verschwanden. Erwähnenswert ist das Seegebiet der Bermudas, in dem zwar keine Inseln erscheinen, dafür jedoch immer wieder Schiffe von einem Augenblick auf den anderen verschwinden.

Die Okeanos-Hypothese

Die sogenannte Okeanos-Hypothese der Prager Burg erfreut sich im Kreise esoterischer Gelehrter wachsender Beliebtheit, wird hingegen von Kirchen aller Art als verstiegener Unfug abgelehnt. Sie beruht auf dem frühen Weltbild der alten Griechen, das die Erde als flache Scheibe betrachtet, die von einem gewaltigen Strom umflossen wird: dem Okeanos. Nun weiß man spätestens seit den großen Gelehrten des späteren klassischen Altertums um die Kugelgestalt der Erde – auch wenn man sich 1733 unter Fachkreisen noch darüber streitet, ob sich nun die Sonne um die Erde dreht oder anders herum. Man sollte also meinen, dass die Annahme eines Meeres, das die Welt umfließt, längst überholt sei. Die Prager Gelehrten verknüpften sie jedoch mit ihren kosmologischen Erkenntnissen über die Kontinua. Ihnen zufolge ist Okeanos eine Art Zwischenebene, die die jenseitigen Sphären von unserer Realität trennt. Ihre oberflächliche Erscheinung ähnele dabei einem Gewässer, weshalb man den Wechsel zwischen den Welten bei Benutzung eines Schiffs womöglich nicht einmal bemerken würde. Mit der Kenntnis der richtigen Wegpunkte, so glauben sie, könne man Okeanos befahren und so die Anderswelt erreichen.

Jägerwissen

Um zu ermitteln, was dein Jäger über die verschwindenden Inseln weiß, lege eine Probe auf Land und Leute ab.

0 Erfolge: Es gibt Gerüchte über zauberhafte Inseln im Mittelmeer, die plötzlich auftauchen und wieder verschwinden sollen und auf denen wundersame Wesen leben.

1 Erfolg: Vor allem in den Epen Homers sind mysteriöse Inseln beschrieben, die teilweise eine verblüffende Ähnlichkeit mit den gesichteten Eilanden in der Ägäis haben. Auf jeden Fall breitet sich das Phänomen aus.

2 Erfolge: Es gibt europäische Gelehrte, die nach einem Weg in andere Welten suchen. Sie gehören dem Wächterbund an, gelten aber als sehr verschwiegen und wundersam.

3 Erfolge: Die Gelehrten der Prager Burg untersuchen die verschwindenden Inseln. Seit einiger Zeit scheinen sie mit Schatzjägern zusammenzuarbeiten und sehr an antiken Relikten interessiert zu sein.

4 Erfolge: In letzter Zeit tauchen immer wieder Kunstgegenstände im Besitz dubioser Händler auf, die offenbar keine Fälschungen sind und aus antiker Zeit stammen, aber kaum Abnutzungserscheinungen haben. Womöglich existieren tatsächlich Zugänge zu legendären Orten der Altvorderen.

5 Erfolge: Die Prager Gelehrten arbeiten seit Kurzem mit den obskuren Ordensrittern der Hospitaliter zusammen. Gemeinsam wollen sie eine Art magischen Kompass erschaffen, um Seerouten in die Anderswelt zu entdecken.

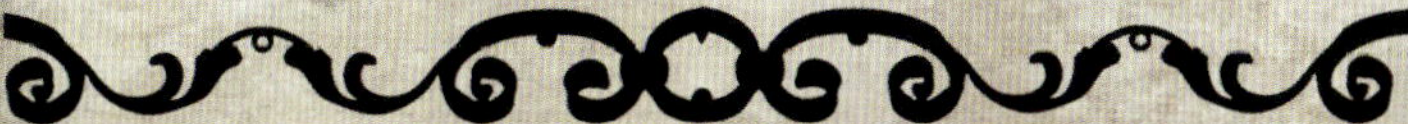

Kreta: Die geteilte Insel

Wenn einst schon der Philosoph Epimenides über die Bewohner Kretas sagte: „Kreter sind immer Lügner, wilde Tiere, faule Bäuche." So wissen wir doch wohl genau, was wir von dieser ungehobelten Bande zu erwarten haben. Wie bitte? Epimenides lebte selbst auf Kreta? Nun ja, dann ist er sicher die Ausnahme von der Regel.

– mit Blindheit geschlagener Adeliger bei einer venezianischen Soiree

Überblick

Kreta ist eine der größten Inseln der Ägäis und aufgrund ihrer zentralen Lage von großer strategischer Bedeutung. Wer auch immer das östliche Mittelmeer kontrollieren will, tut gut daran, einen Stützpunkt auf jener Insel zu errichten, zu dem Zeus in Gestalt eines Stieres einst Europa trug. So verwundert es nicht, dass über Kreta schon Griechen, Römer, Byzantiner und Muslime geboten. Auch nachdem die Venezianer die Herrschaft übernommen haben, bleibt das einstige Reich des legendären König Minos umkämpft. Zudem hat nun die Bevölkerung zu den Waffen gegriffen, um die Ketten der Besatzer endgültig zu sprengen.

Historie Kretas

Im Jahr 1204 kauft die Republik Venedig Kreuzfahrern die Insel Kreta ab und macht sie zu einer ihrer wichtigsten Kolonien. 4000 Venezianer siedeln über, und man setzt alles daran, den vorherrschenden griechisch-orthodoxen Glauben zurückzudrängen, um die römisch-katholische Konfession durchzusetzen. Die Kreter wehren sich und kämpfen in mehreren großen Aufständen gegen die Besatzer, und noch 1733 ist die Zerrissenheit zwischen der von Venezianern abstammenden Oberschicht und der überwiegend byzantinisch-griechischen Bevölkerung nicht überwunden. Dennoch wird die Hauptstadt Candia zu einem der wichtigsten Handelshäfen des östlichen Mittelmeeres und sichert so Venedigs Vormachtstellung in der Region. Der andauernde Konflikt der Serenissima mit dem Osmanischen Reich führt 1645 zur Einnahme der ost-kretischen Stadt Sitia durch den Sultan, von der aus man die Invasion der Insel bis 1669 vorantreibt. Lange Zeit bekommen die Osmanen Hilfe aus den Reihen der orthodoxen Kreter, doch es dauert nicht lange, bis diese erkennen, dass man nur eine Knute gegen die andere austauschen wird. Von heute auf morgen ziehen sich die Kreter in die unzugängliche Wildnis der Insel zurück und beginnen einen Partisanenkrieg gegen Osmanen und Venezianer gleichermaßen, der bis heute anhält. Die Eroberungspläne des Sultans scheitern 1669 an den Mauern Candias, und der Großteil der osmanischen Armee zieht ab. Nur der fanatische Emir Issetzade Ibrahim Ateşli verbleibt auf Kreta, fest entschlossen, die Insel zu erobern.

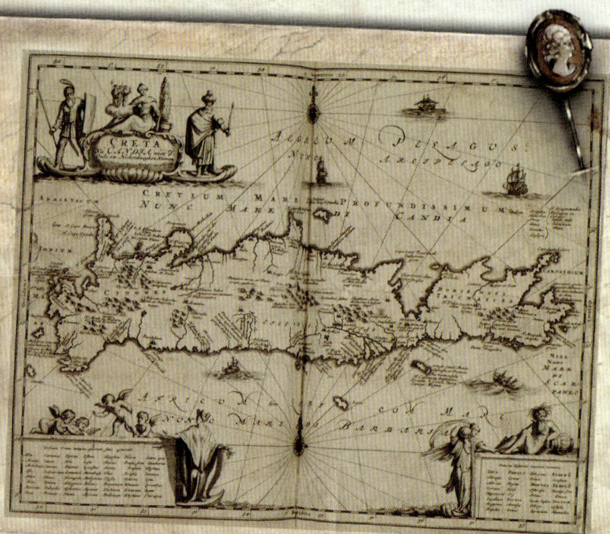

Kreta in der realen Welt

In der realen Welt endet die Herrschaft der Venezianer über Kreta, das sie Candia nennen, mit der Eroberung der gleichnamigen Stadt im Jahr 1669, woraufhin die Osmanen bis 1897 über die Bevölkerung herrschen. Erst im Folgejahr wird Kreta unter der Oberhoheit des Sultans unabhängig, bis es 1913 an Griechenland angegliedert wird.

Kreta heute

Weder Venezianer noch Osmanen herrschen heute gänzlich über Kreta. Zwar halten beide Fraktionen Abschnitte der Insel besetzt, doch jenseits ihres Einzugsgebietes verliert sich ihre Macht schnell. Teile der unbesetzten Regionen hat die Natur wieder zurückerobert. Dort, in kleinen, oft schwer zugänglichen Dörfern leben die griechisch-orthodoxen Kreter. Sie begreifen sich als Freie auf eigenem Boden, mit denen man Handeln treiben, denen man aber nichts befehlen kann. Die Einheimischen kennen jeden Stein, jeden Baum und jeden Pfad auf ihrer Insel, sind Entbehrungen gewohnt und durch schwere Arbeit abgehärtet – auch wenn böse Zungen behaupten, ihre Erfolge würden sie dem Werk von Hexen verdanken.

Der Kampf zwischen Venezianern und Osmanen wird vor allem in Scharmützeln auf dem Wasser ausgetragen: Mehr als einmal wurde das Flottenarsenal von La Canea bereits von osmanischen Korsaren unter Feuer genommen, umgekehrt schießen die venezianischen Landbatterien auf jedes Schiff, das nicht eindeutig christlich beflaggt ist. Was dazu führt, dass selbst kleine Fischerboote mit großen gut sichtbaren Kreuzen bemalt werden.

Das venezianische Kreta

Venedig die Nordküste der Insel, was zum einen den Handelshafen Candia umfasst, das nach venezianischem Vorbild ausgebaute und für seine Ikonenmalerei berühmte Retimo sowie das stark befestigte La Canea. Alle drei Städte waren schon vor der Invasion befestigt worden. Um sie weiter zu verstärken, schickte man Architekten und Gelehrte nach Kreta, von denen viele auf der Insel blieben und sich in der „Gilda dei creatori" (ital. „Gilde der Schöpfer") zusammenschlossen. Diese organisierte nicht nur den Wiederaufbau, sondern sorgte durch technische Neuerungen dafür, dass die venezianische Staatskasse durch die Kolonie nicht völlig ausblutete. Vorstand der Gilde ist Gioseppe de Trani, der inzwischen zum Herzog von Candia aufgestiegen ist.

Die Städte der Venezianer

Candia ist ein Musterbeispiel für den effizienten Einsatz von Seelenlichttechnologie und konnte so ansehnliche Gewinne erwirtschaften, wenn diese auch nicht so hoch sind wie einst, als noch die gesamte Insel unter venezianischer Herrschaft stand.

Retimo ist weniger geschäftig, dafür ungleich schöner. Die Stadt, ganz im Stil der venezianischen Renaissance gehalten, lädt mit seiner Piazza, seinen Kirchen, seinen prächtigen Herrenhäusern und der Loggia, in der der Adel politische und wirtschaftliche Themen bespricht, zum Verweilen ein. Die Gesellschaft ist von einem liberalen Geist geprägt und bietet einen perfekten Nährboden für Künstler, Gelehrte und Poeten.

In **La Canea** befinden sich der größte Flottenstützpunkt der Venezianer im Mittelmeer und die größten Werften außerhalb Venedigs. So werden hier auch Feldversuche mit Seelenlichttechnologie für nautische Zwecke durchgeführt, die oft das Interesse osmanischer Korsaren wecken.

Das osmanische Kreta

Nach der gescheiterten Belagerung von Candia 1669 zogen die meisten Osmanen ab. Doch ein kleiner Teil der Streitkräfte unter dem Kommando von Emir Issetzade Ibrahim Ateşli verschanzte sich im Osten der Insel und konnte diesen bis heute halten. Es heißt, der Emir hätte geschworen, Kreta vom Übel der Venezianer zu befreien, und er soll es auch gewesen sein, der in einem Wutanfall die sinnlose Sprengung der Minen vor Candia befohlen habe. Die Residenz des inzwischen hochbetagten Ateşli befindet sich in der Festung der Hafenstadt Sitia, außerdem halten die Osmanen Agios Nikolaos und Ierapetra, wodurch sie die gesamte östliche Küstenlinie kontrollieren. Dringend benötigte Versorgungsgüter werden nicht nur von der Flotte des Sultans und freien Händlern gebracht, sondern auch von Piraten. Zudem geht das Gerücht, dass sogar der Neue Attische Seebund in Sitia ansässig sei. Scheinbar ist dem Emir gleichgültig, wer in seine Mauern kommt, solange er bezahlt und kein Venezianer ist.

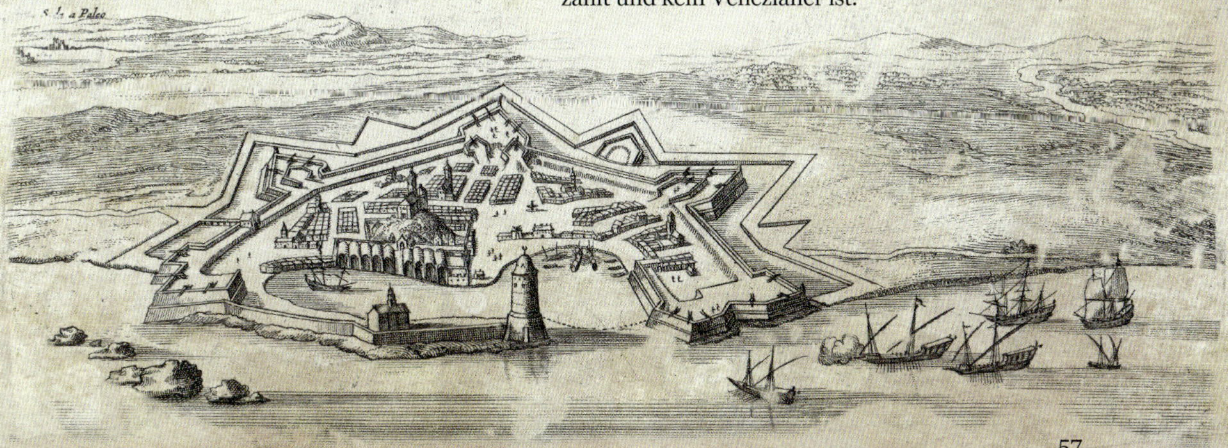

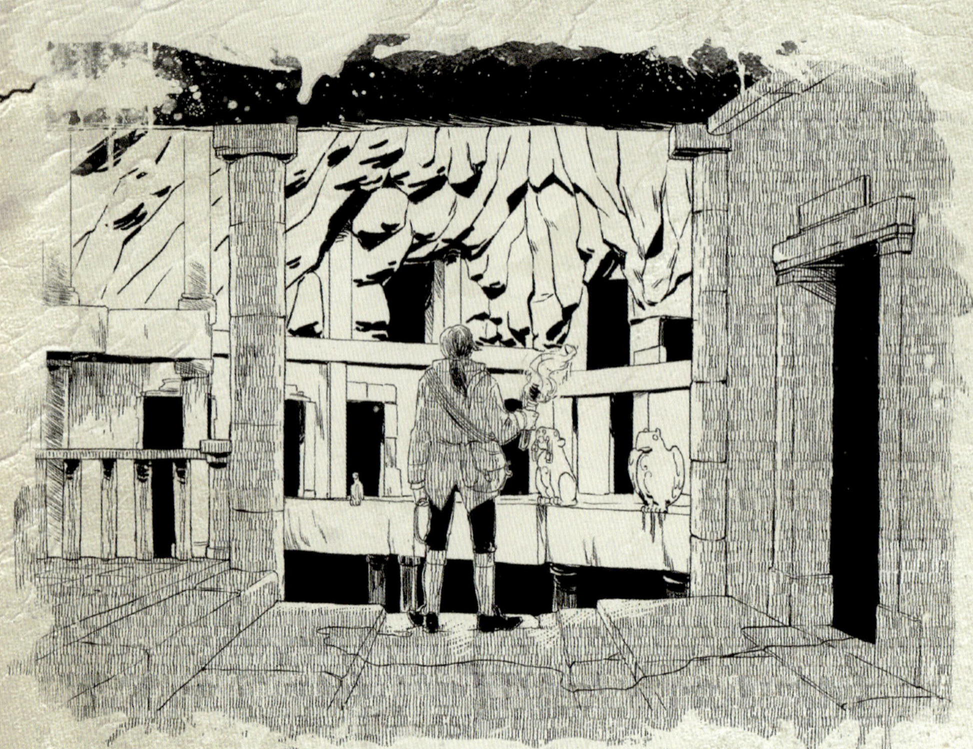

Die Lasithi-Hochebene

Nominell unter venezianischer Herrschaft ist die als Kornkammer der Insel geltende Hochebene heute fest in griechisch-orthodoxer Hand. Nicht nur Korn, auch Holz, Käse und Fleisch werden hier produziert. Die hiesigen Anführer der freien Kreter sind vernünftig genug, um weder die Venezianer noch die Osmanen gegen sich aufzubringen, da ihnen bei einem massiven militärischen Vorstoß nichts anderes übrig bliebe, als die Felder abzubrennen und somit zu hungern. Letzteres müssten allerdings auch die Besatzer, die sich daher ebenfalls zurückhalten und den vereinbarten Betrag für die gelieferten Nahrungsmittel zahlen.

Jägerwissen

Um zu ermitteln, was dein Jäger über Kreta weiß, lege eine Probe auf Land und Leute ab.

0 Erfolge: Kreta ist eine Insel in der Ägäis. Der Legende nach ist sie die Geburtsstätte des Zeus.

1 Erfolg: Viele Sagen handeln von Kreta: Hier führte Zeus Europa an Land, besiegte Herakles den wildgewordenen Stier des Poseidon und ließ König Minos von Daidalos das sagenumwobene Labyrinth errichten, um den Minotauros einzukerkern.

2 Erfolge: Die Insel liegt strategisch äußerst günstig und wechselte oft den Besitzer. Zuletzt verteidigte Venedig die Insel gegen die Osmanen.

3 Erfolge: Die Herrschaft über Kreta ist geteilt: Die Venezianer kontrollieren die nördliche Küste, die Osmanen die östliche. Zudem haben sich die einheimischen Kreter erhoben und wehren sich gegen die Besatzer.

4 Erfolge: Um sich versorgen zu können, macht der Emir der Osmanen gemeinsame Sache mit Piraten. Auch mit den Bauern der Lasithi-Hochebene stellen sich beide Besatzungsmächte gut.

5 Erfolge: Während des Minenkriegs um Candia wurde scheinbar ein altertümliches Labyrinth entdeckt, dass noch immer nicht erforscht ist. Viele Abenteurer verschwanden bereits in der Tiefe oder verloren ihren Verstand.

Das Minenlabyrinth

Als sich die Belagerung Candias Jahr um Jahr hinzog, gruben sich die Verteidiger Candias immer tiefer in die Erde hinein. Ein Labyrinth aus Tunneln und Gängen entstand, das durch riesige Blasebälge mit Sauerstoff versorgt wurde. Beim Sturm auf die Stadt verlagerte sich ein Großteil der Kämpfe in das unterirdische Tunnelnetz. Schon im Vorfeld hatten osmanische Mineure versuchten, mit eigenen Grabungen zu den Gegner durchzubrechen, und oft kam es in den Tiefen zu erbitterten Kämpfen. Bei ihrem Abzug sprengten die Truppen des Sultans einen großen Teil der Stollen. In der Folge entstand das Gerücht, sie hätten dabei einen Zugang zu einem deutlich älteren Tunnelsystem freigelegt, in dem man auf Wunder und Schätze gestoßen sei. Gerade in den vergangenen Jahren, auch infolge der in Mitteleuropa immer populärer werdenden Begeisterung für antike Mythen, ist immer häufiger davon die Rede, man hätte unbeabsichtigt einen Durchbruch zum legendären Labyrinth des Königs Minos geschaffen. Zunehmend treffen Forschern und Schatzsucher auf Kreta ein, wobei der venezianische Herzog nur an ausgesuchte Gruppen Genehmigungen zur Erkundung des Minenlabyrinths erteilt – die Höhe des Bestechungsgeldes mag eine Rolle spielen.

Zypern: Insel der Rebellen

Überblick

Die drittgrößte Insel des Mittelmeeres hat eine lange und wechselvolle Geschichte. Zuletzt geriet sie 1700 zurück unter die Herrschaft der Osmanen. Doch die Herren des Bosporus haben die Macht an eine aufstrebende lokale Regentin verloren, die der Insel zudem großen Reichtum zu bringen scheint.

Historie Zyperns

Richard Löwenherz erobert das vormals byzantinische Zypern im Zuge des Dritten Kreuzzugs, verkauft es aber an den Templerorden, welcher die Insel nach einem Aufstand der Zyprioten im Jahr 1192 zurückgibt. Im Anschluss geht die Insel über Umwege an das Heilige Römische Reich. Im 14. Jahrhundert wird Zypern zum Spielball der konkurrierenden Handelsmächte Genua und Venedig, wobei sich die Serenissima letztlich durchsetzen kann.

1571 fällt die Insel nach vielen Monaten der Belagerung an das Osmanische Reich, doch kurz nach der Öffnung des Höllenportals im Jahre 1640 bricht erneut der Schrecken des Krieges über Zypern herein. Aus heiterem Himmel erscheinen die Ritter vom Heiligen Grab und reißen die Kontrolle an sich. Sie errichten eine Herrschaft der Unterdrückung und horten gewaltige Schätze, die größtenteils aus dem bestehen, was sie der Bevölkerung abpressen. Doch die Tyrannei der Ritter währt nicht ewig: Am 12. Juni 1700 erheben sich die Einwohner Zyperns und vernichten den Orden vollständig.

Zypern heute

Nominell gehört Zypern seit dem Aufstand von 1700 als eigenständiges Eyâlet Kıbrıs wieder zum Osmanischen Reich, allerdings liegt die tatsächliche Macht in den Händen einer lokalen Herrscherin mit Namen Cevri. Die für ihre ausschweifenden Feste bekannte Frau scheint den Rang einer Königin zu haben und über dem vom Sultan eingesetzten Gouverneur zu stehen. Ihr wird zugeschrieben, für den fulminanten wirtschaftlichen Aufschwung der Insel verantwortlich zu sein. Wichtig für Anreisende ist vor allem, dass fremde Schiffe ausschließlich im Hafen Girne an der Nordküste der Insel anlegen dürfen. Das Anfahren einer anderen Stadt ist nur in Begleitung eines behördlich zugewiesenen Dragomanen erlaubt, andernfalls betrachtet man die Mannschaft als Schmuggler und bestraft sie drakonisch.

Auch wenn Zypern nach außen hin als äußerst friedlich, geradezu paradiesisch gilt, häufen sich doch in letzter Zeit beunruhigende Berichte von

Liebste Valentina, auch wenn dich dieser Brief vielleicht nie erreichen wird, will ich dir schreiben, wie sehr sich mein Herz in dieser Stunde des Todes nach dir sehnt. Seit unser Schiff vor Zypern auf Grund gelaufen ist und wir in dieser verfallenen Festung Unterschlupf fanden, scheine ich das Land unseres Herrn verlassen zu haben und in die leibhaftige Hölle eingetreten zu sein. Dämonische Kreaturen bar jeder Vorstellung fielen des Nachts über meine Kameraden her, und obgleich sie menschlich erscheinen, sind sie alles andere al das. Aus einem mir noch unerfindlichem Grund habe sie mich bis jetzt verschont, obwohl mir ihre schauderhaften Gesänge langsam den Verstand rauben.

Bei Antalya an Land gespült verwaschene Flaschenpo

Zypern in der realen Welt

In der realen Welt war Zypern von 1571 bis 1878 Teil des Osmanischen Reichs. Da die Insel nur dünn bevölkert war, siedelte man Menschen aus dem südlichen Anatolien an, darunter auch Christen und Juden, was zu einer Durchmischung der Religionen führte. Auch schwarzafrikanische Sklaven aus Ägypten kamen hierher. Anscheinend herrschte auf der Insel zu dieser Zeit ein toleranter Geist. Laut dem englischen Reisenden Richard Pococke waren sogar Mischehen zwischen Christen und Muslimen geläufig.

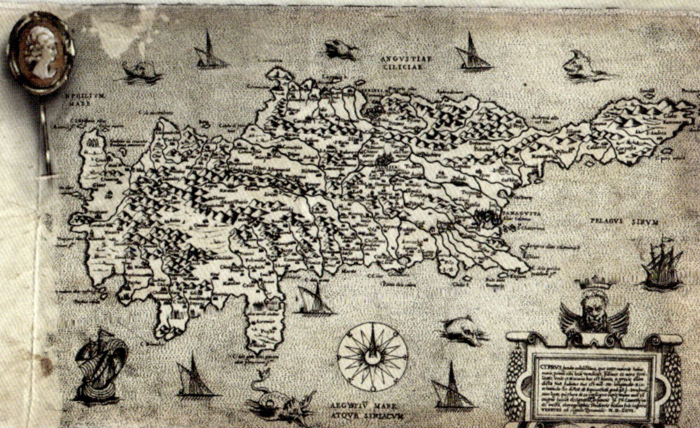

Seefahrern, die unheimliche Phänomene um die Insel gesehen haben wollen. Die Rede ist von schwarzen Wolken, die sich des Nachts allein über ihren Schiffen zusammenbrauten, von raschelndem bis tosendem Flügelschlagen und seltsamen Lichtsignalen entlang der Küste, die plötzlich erloschen. Gerüchten zufolge soll dies vor allem auf das finstere Treiben von Vampiren zurückgehen, weshalb noch heute viele Einheimische ihre Toten mit einem schweren Stein auf Kopf und Brust bestatten, so wie es schon seit Jahrtausenden in Teilen Zyperns Brauch ist.

Landschaft und Vegetation

Neben zerklüfteten Buchten und langen Stränden gibt es größere Wälder im Inland und ein langgestrecktes Gebirgsmassiv, das in den schneebedeckten Olympos gipfelt (nicht zu verwechseln mit dem legendären Olymp zwischen Thessalien und Makedonien auf dem griechischen Festland). Nur wenige Einheimische kennen die verschlungenen Wege durch das Gebirge und seine tiefen Täler.

Zahlreiche weitreichende Höhlen, die größtenteils unerforscht sind, befinden sich an den Steilküsten sowie im Landesinneren, gut verborgen vor neugierigen Augen. Immer wieder zieht Zypern daher Abenteurer und Schatzsucher an, die in den verworrenen Gängen verlorene Reichtümer und verlassenen Tempelanlagen der Ritter vom Heiligen Grab vermuten.

Zypriotisches Dorfleben

ZYPRER ODER ZYPRIOTEN?

Mittlerweile gilt die Wendung „Zypriot" als veraltet, die gängige Form ist „Zyprer". Aufgrund des historischen Settings von HeXXen 1733 verwenden wir jedoch den auf das Griechische zurückgehenden, älteren Begriff, dem auch heute noch keine negative Bedeutung anhaftet. Obwohl teilweise nur die griechische Bevölkerung der Insel als „Zyprioten", die türkische hingegen als „Zyprer" bezeichnet wurde, benutzen wir ihn für beide Bevölkerungsgruppen.

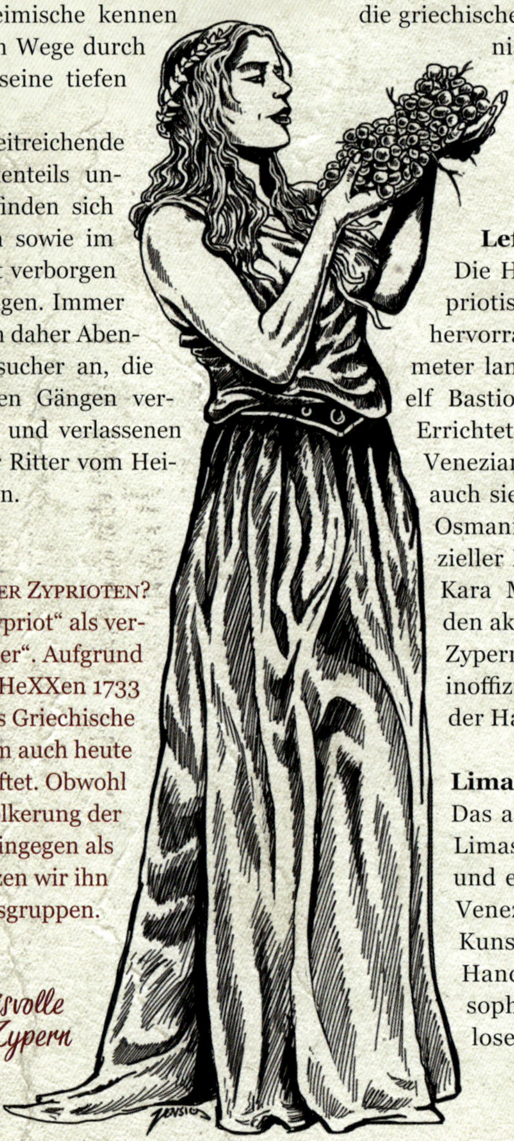

Cevri, geheimnisvolle Königin von Zypern

Gesellschaft

Die Einwohner Zyperns, ob griechisch- oder türkischstämmig, sind meist gastfreundlich und höflich zurückhaltend. Wobei auch ein gewisser Hang zum Aberglauben nicht zu leugnen ist, vor allem die Angst vor bluttrinkenden Wiedergängern ist sehr verbreitet. Die zahlreichen Orangen- und Zitronenhaine sind eine wichtige Einnahmequelle der Bevölkcrung, ebenso wie der Weinanbau an den Berghängen und der Fischfang an der Küste. Die Zyprioten verheimlichen nicht, dass ihre Herrscherin Cevri sie zu einem ansehnlichen Wohlstand geführt hat, obwohl sie diesbezüglich äußerst schweigsam sind und dem Fragenden mitunter sogar die Tür vor der Nase schließen. Blickt man in die Geschichte dieses stolzen Volkes entdeckt man immer wieder, dass es sich gegen ungeliebte Herrscher auflehnte. Auch in diesen Tagen scheint es unter der Oberfläche zu brodeln, vielleicht erheben sich die griechischen Zyprioten bald gegen die osmanischen Besatzer oder gar das ganze Volk gegen die ominöse Königin Cevri.

Bedeutende Orte

Lefkoşa

Die Hauptstadt Lefkoşa ist Sitz der zypriotischen Herrscher. Die Stadt ist hervorragend gesichert: Eine fünf Kilometer lange Festungsmauer mit insgesamt elf Bastionen umschließt sie sternförmig. Errichtet wurde die Befestigung von den Venezianern im 16. Jahrhundert, doch auch sie konnte die Eroberung durch das Osmanische Reich nicht verhindern. Offizieller Machthaber ist Gouverneur Sinan Kara Mustafa Pascha, aber wenn man den aktuellen Berichten trauen kann, die Zypern nur spärlich verlassen, hat die inoffizielle Königin Cevri alle Stränge in der Hand.

Limasol

Das an der Südküste Zyperns gelegene Limasol gilt als Stadt der Gelehrten und erblühte unter der Herrschaft der Venezianer zu einem Zentrum von Kunst und Kultur, in dem sich viele Handwerker, Künstler und Philosophen niederließen. Nach der kampflosen Übernahme der Osmanen

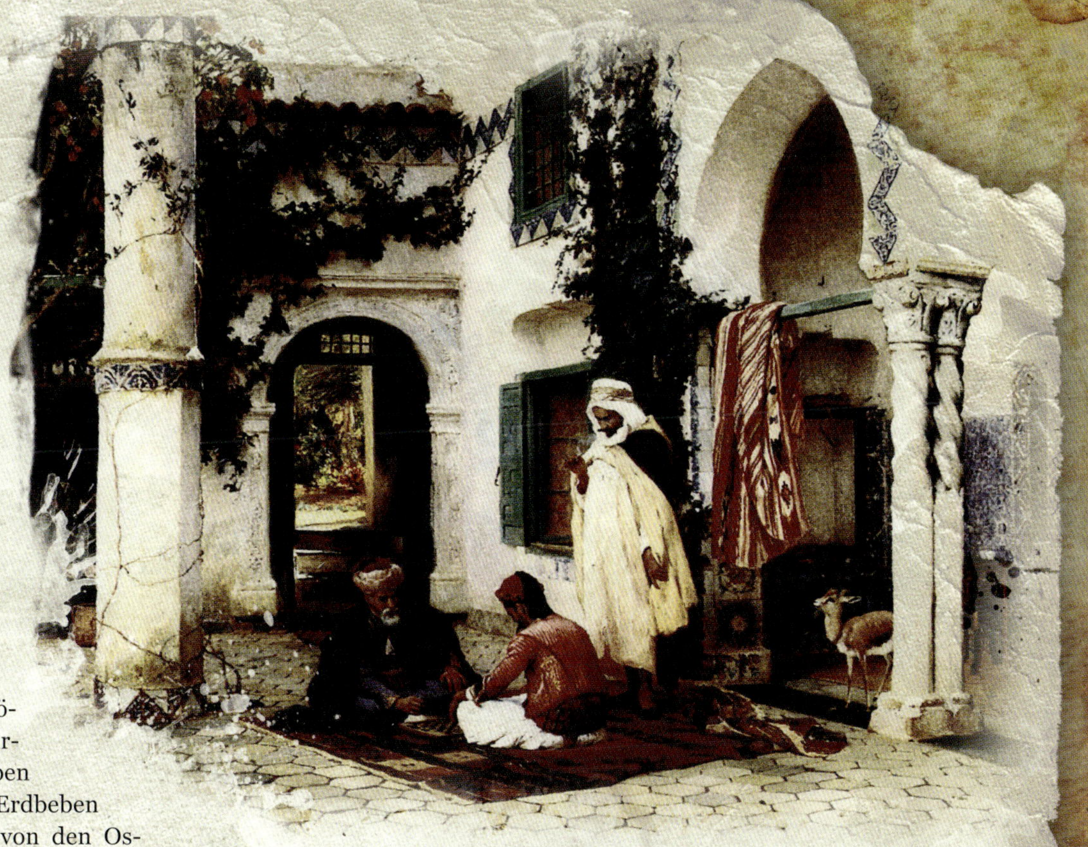

gründeten mehrere griechische Gelehrte zwei große Schulen, an denen Fremdsprachen und Geschichte unterrichtet wurde und aus denen die vor Kurzem gegründete Universität hervorging. Diese hat allerdings bei der Bevölkerung nur wenig Anklang gefunden und ist zwar in aller Munde, jedoch nicht im positiven Sinn.

Besonders hervorzuheben ist die über den Hafen wachende Burg von Limasol, in der Richard Löwenherz seine Königin Berengaria von Navarra zur Frau genommen haben soll. Nach mehreren Erdbeben wurde die Festung 1590 von den Osmanen in ihrer jetzigen Form wiederaufgebaut. Wie lange die Anlage bereits existiert, lässt sich dadurch kaum noch sagen, aber die Wehrmauern scheinen früher zu einer weit größeren Festung gehört zu haben.

Unweit westlich der Stadt befindet sich zudem eine alte Kultstätte in einem dichten Wald, an der die Einheimischen noch immer diverse Feste abhalten. Einige Meter neben dem großen Heiligtum des Apollon Hylates klafft ein großer Riss in der Erde, der nur durchdringende Schwärze zu enthalten scheint. Kaum jemand wagt sich in an den Spalt heran, an dem sich immer wieder schaurigen Dinge ereignen sollen.

Girne

Seit Cevris Machtübernahme ist die Hafenstadt Girne nördlich von Lefkoşa offiziell die einzige Siedlung, die von fremden Schiffen angefahren werden darf. Seitdem erlebte die Stadt, die bereits seit antiker Zeit besteht, einen ungeahnten wirtschaftlichen Aufschwung. Der Hafen wurde bereits mehrfach vergrößert, inzwischen musste man sogar in benachbarten Orten Anlegestellen eingerichtet, um den Andrang zu bewältigen. Für die Sicherheit der Stadt sorgt eine stattliche Hafenfestung, die ursprünglich von den Byzantinern errichtet und im 12. Jahrhundert von den Kreuzfahrern erweitert wurde. Die Venezianer bauten sie im Konflikt mit den Osmanen weiter aus.

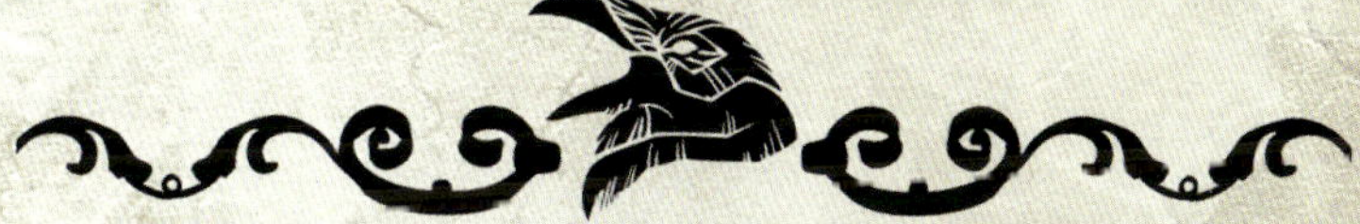

Jägerwissen

Um zu ermitteln, was dein Jäger über Zypern weiß, lege eine Probe auf Land und Leute ab.

0 Erfolge: Zypern ist eine große Insel im östlichen Mittelmeer.

1 Erfolg: Einst eroberte Richard Löwenherz das Eiland, dann fiel es an die Venezianer und jüngst an die Osmanen.

2 Erfolge: Den Menschen auf Zypern scheint es äußerst gut zu gehen. Zwar dringen nicht viele Nachrichten ans Festland, aber ihnen zufolge herrschen auf der Insel geradezu paradiesische Zustände.

3 Erfolge: Eigentlich regiert der vom Sultan eigesetzte Pascha über die Insel, die wahre Macht jedoch soll bei einer mysteriösen Herrscherin namens Cevri liegen, die der Grund für den wirtschaftlichen Aufschwung ist.

4 Erfolge: Nach 1640 eroberte ein Ritterorden Zypern und errichtete eine Schreckensherrschaft, die 60 Jahre später durch einen Aufstand des Volkes beendet wurde. Noch immer sollen unzählige Schätze der Ritter in den natürlichen Höhlen der Insel verborgen sein.

5 Erfolge: In letzter Zeit häufen sich Berichte über gespenstische Phänomene an Zyperns Küste. Glaubt man den Einheimischen ist dies das Werk von Vampiren, die es auf der Insel schon seit Jahrtausenden geben soll.

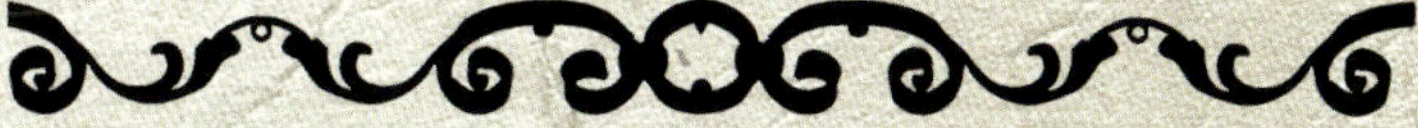

Rhodos: Insel der Sonne

Ich erinnere mich an den Morgen nach der Schlacht. Obwohl der Geruch von Blut über der ganzen Stadt hing, war ich selig, wie nie zuvor in meinem Leben. Wir hatten nach über 200 Jahren unsere alte Heimat zurückgewonnen. Rhodos-Stadt und damit die ganze Insel war unser. Die Sonne spiegelte sich in den Blutlachen der Feinde des Ordens. Gott hatte uns die Insel der Sonne zurückgegeben.

– Henry Tisserand, Bruder Malteus des Hospitaliterordens

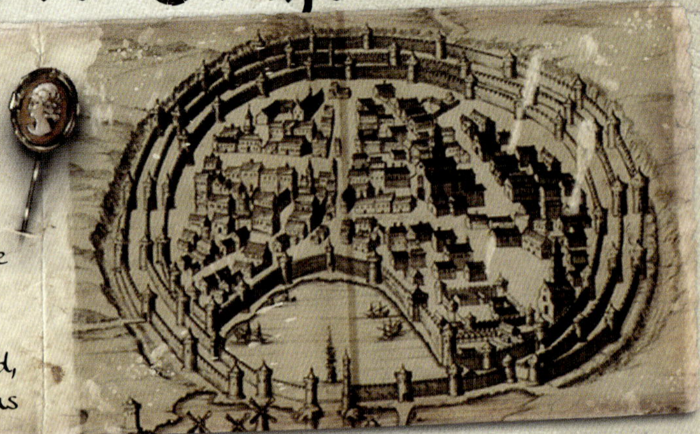

Überblick

Lange war die sogenannte Insel der Sonne Heimat der Hospitaliter. Über 200 Jahre dauerte es, bis der Orden nach seiner Vertreibung Rhodos erneut in Besitz nehmen konnte. Heute herrschen die von der Bevölkerung unterstützten Ritter wieder über die Insel, die von ihnen zunehmend ausgebaut wird. Einziger Wehrmutstropfen sind die ständigen Angriffe der fortgejagten Korsaren. Zum Glück für die einfache Bevölkerung hat sich im Westen der Insel mit den sogenannten Gennadiern jedoch eine weitere Gruppierung gefunden, die die Menschen vor den Übergriffen der Piraten schützt.

Historie der Insel Rhodos

Rhodos gehört als viertgrößte griechische Insel schon seit Beginn der Geschichtsschreibung zu den besonderen Orten im Mare Mediterraneum. „Die Insel, auf der die Sonne immer scheint" wird sie in der Antike von ihren Bewohnern genannt, die zu Ehren des Sonnengottes Helios den berühmten Koloss von Rhodos erbauen. In der Zeit des Hellenismus blüht die Insel auf und gewinnt an Wohlstand. Rhodos wird zu einem Umschlagplatz etlicher Waren aus dem Orient. Nach dem Zusammenschluss der drei lokalen Poleis, die die Planstadt Rhodos an der Nordspitze errichten, ist der Inselstaat lange Zeit selbständig, bis er 43 v. Chr. unter die Herrschaft Roms fällt. Später wird Rhodos abwechselnd von den italienischen Stadtstaaten und dem byzantinischen Reich kontrolliert. Anfang des 14. Jahrhunderts erlangt der Hospitaliterorden per Vertrag ein eigenes Herrschaftsgebiet auf der Insel des Helios, von dem aus er diese bis 1309 vollständig erobert. Die Stadt Rhodos wird zu einer schlagkräftigen Bastion ausgebaut, kleinere Siedlungen befestigt. Über 200 Jahre lang halten die Ordensritter Rhodos gegen Korsaren, den Sultan in Konstantinopel, Venedig und Genua. Erst 1522 wird der Druck durch die andauernden Konflikte zu groß: Die Hospitaliter ziehen geschmäht ab und überlassen Rhodos dem Osmanische Reich, das die Insel zwar zwei Jahrhunderte beherrscht, aber weitgehend sich selbst überlässt. De Facto wird das aus Sicht der Herrscher im Topkapı-Palast unwichtige Rhodos abwechselnd von verschiedenen Korsarengruppen kontrolliert. Auch Kapitäne der Barbaresken und des Neuen Attischen Seebundes beteiligen sich am Rangeln um die Insel. Erst die Rückkehr des Hospitaliterordens 1731 beendet diese chaotische Zeit.

Rhodos in der realen Welt

In der realen Welt ist Rhodos um 1733 ein verschlafenes Nest, dessen wichtigstes Merkmal die Produktion von Granatäpfeln und anderen Lebensmittel ist. Es gehört zum Osmanischen Reich, hat aber seine historische Bedeutung als Handelsplatz weitgehend verloren. Zwar verteidigen die Osmanen die Insel als wichtigen strategischen Punkt, aber die Zeit der großen Aufmerksamkeit ist vorbei, zumal das Sultanat nach der katastrophalen Niederlage bei Wien 1683 sein Augenmerk auf Zentraleuropa richtet und sich um Stabilität in Anatolien bemüht.

Rhodos heute

In den ersten zwei Jahrzehnten des 18. Jahrhunderts war der Wagemut der Korsaren im Mittelmeer bis ins Unermessliche gestiegen und verleitete sie 1731 schließlich zu einem von den Osmanen unterstützten Angriff auf Malta, Heimatinsel der Hospitaliter seit 1524. Doch trotz der vielen Segel, die sich unter dem Korsarenkönig Mohammed bin Fahjid gesammelt hatten, bescherten die herausragende Disziplin der Ritterbrüder sowie das taktische Geschick ihres Großmeisters Thomas von Klingenberg dem Orden einen glanzvollen Sieg. Mehr noch: Die Hospitaliter holten wenige Wochen später zum Gegenschlag aus, stürmten die Stadt Rhodos und weitere Hafenstädte und trieben die Korsaren zurück. Im Blute seiner Feinde kniend schwor von Klingenberg, Rhodos erneut für den Orden aufzubauen. 1733 hat der Großmeister sein Versprechen erfüllt: Die Hospitaliter herrschen ein weiteres Mal von der gleichnamigen Stadt aus über Rhodos. Die Einheimischen empfinden die Regentschaft der Ritter als deutliche Verbesserung gegenüber der Zeit unter den Korsaren, obwohl vor allem das Gebiet um die Stadt und den neuaufgebauten Stützpunkt des Ordens immer wieder Angriffen der rachedürstenden Seeräuber ausgesetzt ist. Auch gibt es Gerede über weit schlimmere Wesenheiten, das der hiesige Anführer des Ordens, Adriano da Marciano, aber osmanischen Agitatoren zuschreibt, die die noch junge Herrschaft der Ritter zu brechen versuchen.

Geographie und Gesellschaft

Rhodos ist mit 1400 Quadratmetern die viertgrößte griechische Insel. Im Sommer sind Temperaturen um die 40 Grad keine Seltenheit, und auch im Winter fallen diese nicht unter 10 Grad. Die Insel wird mittig von einem großen Gebirge beherrscht, wobei der Attavyros als größter Berg weit in den Himmel reicht. Legenden aus alter Zeit berichten, dass er die heiligste Stätte des Helios selbst gewesen sein soll, was ihn mit seinen vielen verzweigten Höhlen zu einem Anziehungspunkt für die Einheimischen macht. Gleichgültig unter welcher Herrschaft die Rhodier standen, besondere Feste wie Hochzeiten, Gedenk- oder Siegesfeiern wurden stets an den Ausläufern des Attavyros abgehalten. Auch einige Kapellen wurden in der Region errichtet, die selbst unter osmanischer Herrschaft und unter der Knute der Korsaren weiterhin genutzt und gepflegt wurden.

Das bewirtschaftbare Land wird von kleinen Dörfern durchgezogen, deren Bewohner unter anderem die schmackhaften Granatäpfel anbauen. Durch die lenkende Hand der fortschrittlichen Hospitaliter verwandeln sich einige Siedlungen in geradezu musterhafte Ortschaften, wobei dieser Prozess noch ganz am Anfang steht.

An der Westküste hat sich eine Gruppe von Menschen etabliert, genannt Gennadier, die Rhodos und seine starke Verbindung zur Natur und zu den alten griechischen Göttern schätzen und die Insel als heilig betrachten. Vor allem bei Übergriffen der Korsaren treten die Gennadier als Beschützer der einfachen Menschen auf, was wohl der Ursprung ihres Rufes ist, mit übernatürlichen Kräften ausgestattet zu sein.

Die Hospitaliter auf Rhodos

Angeführt werden die Hospitaliter auf Rhodos von Bruder Johanneus Adriano da Marciano, der mit den hier stationierten Johannei und Maltei die Insel wieder zu altem Glanz zurückführen und den Orden erneut zur Schutzmacht des gesamten östlichen Mittelmeerraumes ausbauen will. Dazu stattete ihn der Großmeister auf Malta mit der besten Ausrüstung und gewaltigen finanziellen Mitteln aus. So gelang es den Hospitalitern in den vergangenen zwei Jahren, auf den Grundmauern des alten Großmeisterpalastes in Rhodos-Stadt eine wehrhafte Festung zu errichten, von der aus sie die Geschicke der Insel lenken. Der Zutritt zu den tiefen Gewölben der Anlage, in denen die Geheimnisse der Heilkunst ergründet werden, ist allerdings nur Brüdern des Ordens erlaubt. Doch mit dem Geld des Ordens wurde nicht nur die gesamte Stadt befestigt, es floss auch in die Förderung der Wirtschaft und unterstützte die Rhodier beim Ausbau ihrer Siedlungen.

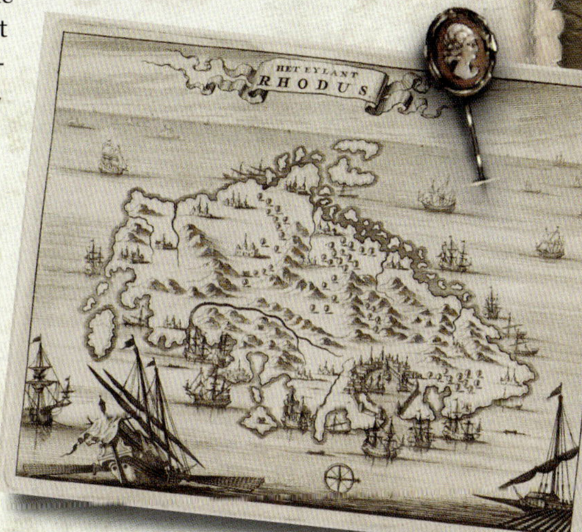

Die eigentümliche Gruppierung, die sich in dem Küstenstädtchen Gennadi niedergelassen hat, wird vor allem wegen ihrer Bemühungen für die Bevölkerung von den Ordensrittern toleriert. Trotzdem ist die Beziehung distanziert und kühl, da man die Gennadier aufgrund ihrer Hingabe für das altgriechische Pantheon als Heiden betrachtet – obwohl diese die Herrschaft der Ritter über Rhodos keinesfalls in Frage stellen.

Auch wenn die Hospitaliter im Großen und Ganzen aufgeschlossen, tolerant und fortschrittlich auftreten, haben sie dennoch Forschungen an den über ganz Rhodos verteilten antiken Ruinen strengstens untersagt. Sie bezeichnen dies als „Götzen- und Heidenforschung". Kein Wunder also, dass Schatzjäger und Forscher entweder der Insel fernbleiben oder nur im Verborgenen agieren.

Die Gennadier

Im Westen der Insel liegt die Küstenstadt Gennadi, die zweitgrößte Siedlung auf Rhodos. Die Bewohner leben im Wesentlichen vom Handel und der Fischerei. Kurz nach der Rückeroberung durch den Orden ließ sich hier eine Gruppierung nieder, die sich dem Glauben an die alten griechischen Götter

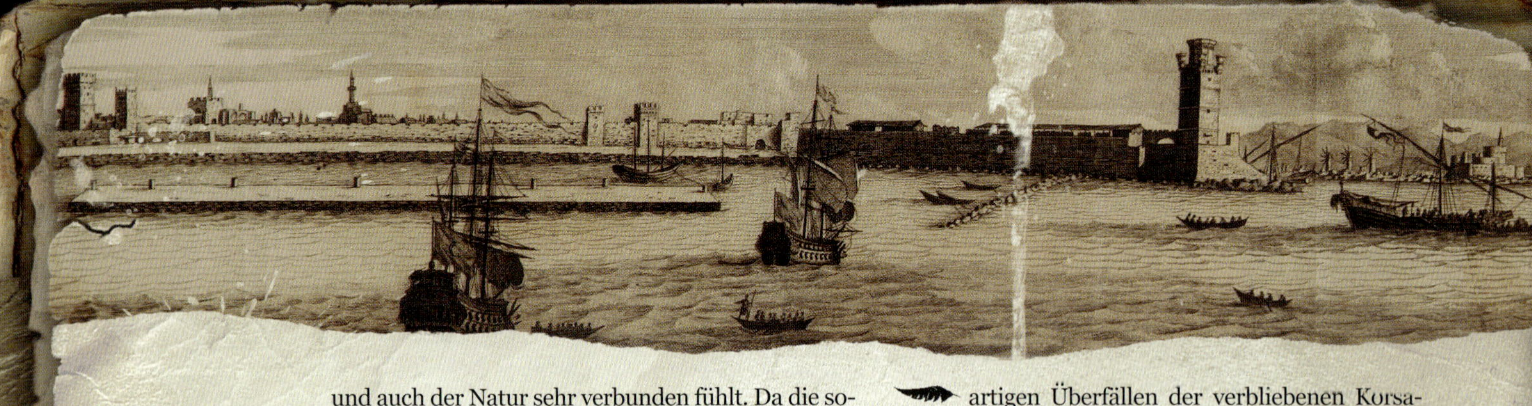

und auch der Natur sehr verbunden fühlt. Da die sogenannten Gennadier angeblich fast übernatürliche Fähigkeiten besitzen sollen, mehren sich die Gerüchte, dass es sich um einige besonders erfahrene Jäger handle, die aus Zentraleuropa hierherkamen, um sich von Rhodos aus dem Kampf gegen die finsteren Kreaturen des Mare Monstrum zu widmen. Zu der Behauptung passt, dass die Gennadier nicht nur die lokale Bevölkerung zu schützen scheinen, sondern auch in andere Region aufbrechen. Bei den einfachen Menschen hat die Gruppierung um den Anführer Attilus, der trotz seiner Jugend als äußerst weise gilt, einen Ruf, der fast dem antiker Helden gleichkommt. Dies ist wenig verwunderlich, bedenkt man den Umstand, dass die Fischer und Dörfler ohne die Hilfe der Gennadier den blitzartigen Überfällen der verbliebenen Korsaren schutzlos ausgeliefert wären. Der Hospitaliterorden, der den Schwerpunkt seiner Bestrebungen auf die östlichen Gebiete der Insel setzt, toleriert die Neuankömmlinge. Angeblich gab es sogar kleinere gemeinsame Aktionen zwischen Mitgliedern der Gennadier und des Ordens, doch scheint eine größere Kooperation beider Gruppen an den unterschiedlichen Glaubensausrichtungen zu scheitern. Trotzdem wandte sich vor Kurzem eine Botschafterin namens Dydossia mit einem Hilfegesuch an die Hospitaliter. Hinter vorgehaltener Hand spricht man davon, dass die Gennadier den Verlust mehrerer Mitglieder zu beklagen hatten, die von Erkundungen ins Gebirge oder von Patrouillen rund um die Insel nicht mehr zurückkehrten.

Jägerwissen

Um zu ermitteln, was dein Jäger über Rhodos weiß, lege eine Probe auf Land und Leute ab.

- **0 Erfolge:** Rhodos ist eine Insel im östlichen Mittelmeerraum, auf der sich in der Antike der sagenumwobene Koloss von Rhodos befunden haben soll.
- **1 Erfolg:** Derzeit wird die Insel von den Rittern des Hospitaliterordens regiert, die sie nach ihrer Vertreibung vor über 200 Jahren kürzlich von Osmanen und Korsaren zurückerobern konnten.
- **2 Erfolge:** Der Orden hat streng verboten, dass auf Rhodos Untersuchungen an den antiken Ruinen durchgeführt werden. Die christlichen Ritter lehnen dies als „Götzen- und Heidenforschung" ab.
- **3 Erfolge:** Im Westen der Insel hat sich im Städtchen Gennadi eine kleine Gruppierung niedergelassen, die den antiken Göttern anhängen soll. Angeblich besitzen die als Beschützer des einfachen Volkes auftretenden Gennadier übernatürliche Kräfte.
- **4 Erfolge:** Das Gebirge des Attavyros beherbergt Schreine und Kapellen aus christlicher und vorchristlicher Zeit, denen eine besondere Aura zugeschrieben wird.
- **5 Erfolge:** Nicht nur wird Rhodos immer wieder von Korsaren unsicher gemacht, die Bevölkerung spricht auch von finsteren Geistererscheinungen, die des Nachts die Straßen und Gehöfte vor allem im Umland der Hauptstadt heimsuchen sollen.

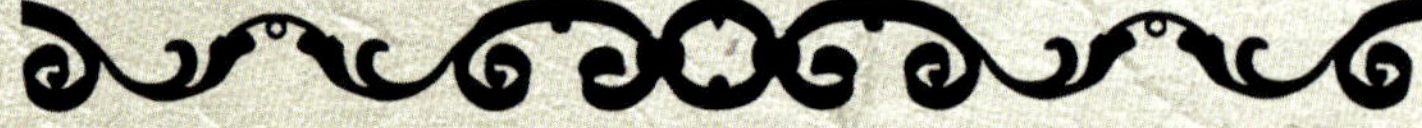

Anhaltende Gefahr

Auch nach der Vertreibung der Korsaren und der Machtübernahme der Hospitaliter finden Rhodos und die angrenzenden Gewässer keine Ruhe. Ein Jahr nach der Eroberung begannen sich in der Nähe der Insel Überfälle auf Handelsschiffe zu häufen, außerdem machten die Ordensritter immer wieder kleine Piratenbuchten und versteckte Anlegestellen nahe der Hauptstadt ausfindig. Größere koordinierte Angriffe der Seeräuber blieben bislang aus, es scheint eher so, als ob die Korsaren die Insel durch eine Politik der Nadelstiche zurückerobern wollen. Wie lästige Mücken plagen die verschiedenen Gruppierungen von Piraten weiterhin Rhodos, wobei ihnen ihre häufig noch bestehenden Verbindungen zu den zwielichtigen Schichten der Gesellschaft nützlich sind. Für die einfachen Menschen stellen diese Übergriffe eine Bürde dar, weshalb sich wohl auch die Gerüchte mehren, dass es sich in Wahrheit um die Machenschaften widernatürlicher Kreaturen handle. Statthalter Adriano da Marciano hat öffentlich verlauten lassen, dass sich hinter den Angriffen lediglich die üblichen Halsabschneider verbergen, die sich während der Machtetablierung des Ordens einen Teil des Reichtums unter den Nagel reißen wollen. Man würde alles daransetzen, das Problem in den Griff zu bekommen. Derweil sorgen sich die wohlhabenden Einwohner weiter um ihre Erträge und Waren und die ärmeren zudem nicht selten um ihre Leben.

Atlantis: Wiege der abendländischen Kultur

Überblick

Neben den Werken von Homer wurden in der Renaissance auch viele andere Werke antiker Autoren wiederentdeckt. So etwa die Dialoge Platons, in denen er der Nachwelt seine Philosophie überlieferte. Doch keine seiner Schriften fesselte die Leser mehr als die Erzählungen über das große Atlantis: ein Reich, das 1000 Jahre vor Platon selbst existiert habe und über das er nur durch uralte ägyptische Zeugnisse Kenntnis besitze. Seither herrschte niemals Einigkeit darüber, ob es sich tatsächlich um historische Begebenheiten oder die Darstellung eines sich in der Praxis bewährenden Idealstaates handelt. In den Jahren nach der Öffnung des Höllentors rückte auch das mythische Atlantis wieder neu in den Fokus und führte gar zur Gründung mehrerer Geheimlogen, die sich der Suche nach dem legendären Inselreich verschrieben haben.

Historie der Suche nach Atlantis

Geht man in der klassischen Antike noch größtenteils davon aus, dass es sich bei Atlantis um eine Fiktion handelt, stellt etwa der im 2. und 3. Jahrhundert lebende Kirchenvater Tertullian die „Insel des Atlas“ als historisches Zeugnis für Gottes Zorn dar. Erst 300 Jahre später verliert der Mythos seine Strahlkraft und gerät in Vergessenheit, bis er in der Renaissance erneut populär wird. Akademiker wie Thomas Morus oder Francis Bacon greifen ihn auf, um eigene sozialkritische Ideen vorzustellen. Im Verlauf des 16. und 17. Jahrhunderts stellen einige Gelehrte gar die These auf, dass Atlantis die Wiege der menschlichen Zivilisation sei. Dies hat zur Folge, dass nationale Mythen erschaffen werden, um sich auf eine möglichst direkte Abstammung von Atlantis berufen zu können, beispielsweise der Schwede Olof Rudbeck in seiner „Atlantica“.

Nach 1640 steht die Frage im Raum, ob vieles Wissen, das man bis dahin als gesichert annahm, nicht völlig falsch sei und man die Schriften der Antike nicht neu bewerten müsse. Was mit verstärkten literarischen Recherchen beginnt, führt die Forscher im Fall von Atlantis schnell zu der Erkenntnis, dass sie ohne handfeste Feldforschung nicht weiterkommen. Aus diesem Grund machen sich ab 1719 viele Gelehrte, unter denen so mancher gelangweilte Adelssprössling ist, auf den Weg

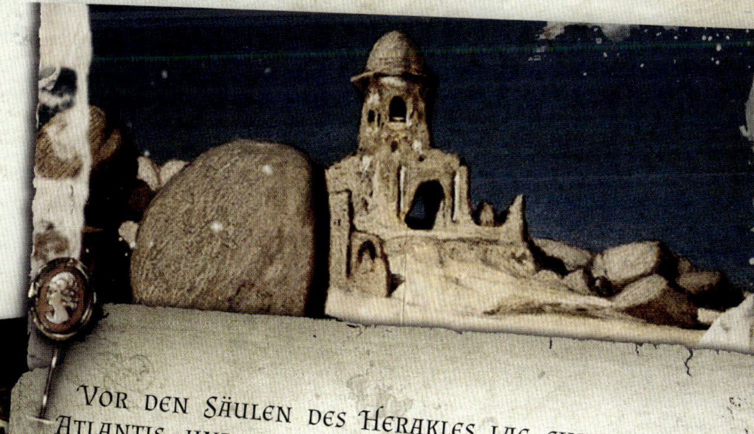

Vor den Säulen des Herakles lag einst die Insel Atlantis, und auf ihr bestand eine grosse und bewundernswürdige Königsherrschaft, welche nicht bloss die ganze Insel, sondern auch viele andere Inseln und Teile des Festlands unter ihrer Gewalt hatte. Späterhin aber entstanden gewaltige Erdbeben und Überschwemmungen, und da versank während eines schlimmen Tages und einer schlimmen Nacht die Insel Atlantis im Meere.

– Altgriechischer Text mit ägyptischen Hieroglyphen, aus dem Nachlass des Universalgelehrten Athanasius Kircher

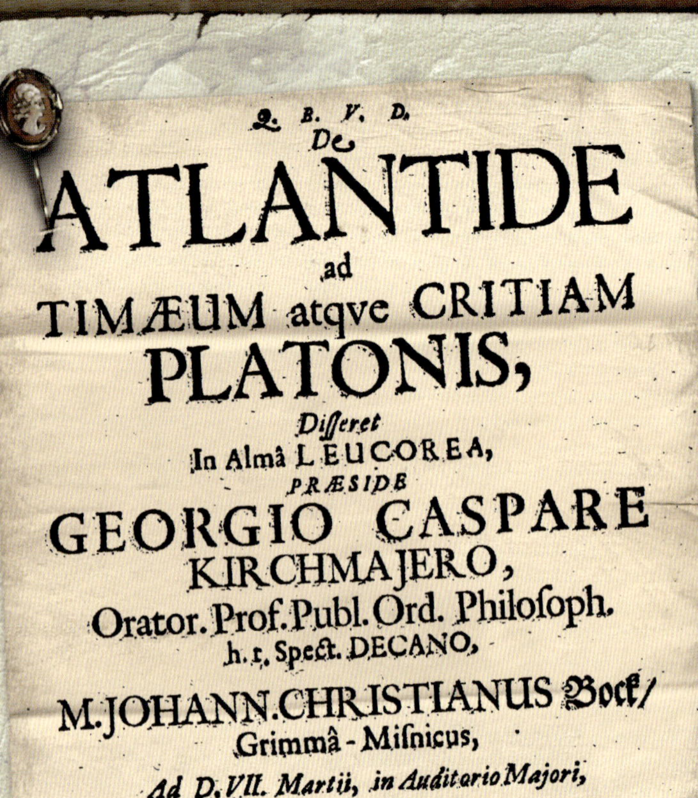
Q. B. V. D.

De

ATLANTIDE

ad

TIMÆUM atqve CRITIAM

PLATONIS,

Disseret

In Almâ LEUCOREA,

PRÆSIDE

GEORGIO CASPARE

KIRCHMAJERO,

Orator. Prof. Publ. Ord. Philosoph.

h. t. Spect. DECANO,

M. JOHANN. CHRISTIANUS Bock/

Grimmâ - Misnicus,

Ad D. VII. Martii, in Auditorio Majori,

horis matutinis,

ANNO cIↄ Iↄc LXXXV.

****

WITENBERGÆ,

Typis CHRISTIANI SCHRÖDTERI, Acad. Typ.

in Richtung Mittelmeer. Doch die Nachforschungen erweisen sich schnell als kostspielig und aufwändig. Dies führt auch dazu, dass man die Suche nach der vermeintlich jenseits der Säulen des Herakles gelegenen Hauptinsel aufschiebt und sich zunächst auf die Ägäis konzentriert, in der man atlantische Kolonien vermutet.

Auch der Konkurrenzdruck unter den Gelehrten ist enorm. Kollegialität oder gar Hilfsbereitschaft erwartet man bei den Atlantisforschern vergeblich, sogar vor Spionage und Sabotage macht man nicht Halt. Die anhaltenden Schwierigkeiten bei der Suche veranlassen schließlich die meisten der Forscher zur Aufgabe, die einzige Ausnahme bilden jene Edelleute, die sich in privaten, oft verschwiegenen und geheimen Logen zu organisieren beginnen. Der Wächterbund, vor allem die in der Region aktive Prager Burg, lehnt eine Zusammenarbeit mit den meisten dieser Gruppierungen strikt ab, werden viele von ihnen doch mit äußerst unseriösen Zielen gegründet. So liegt die Suche nach dem sagenumwobenen Inselreich heute weitestgehend in der Hand privater Gelehrter, deren Organisationen manchmal eher Kulten ähneln als wissenschaftlichen Verbindungen.

Logen der Atlantisforscher

Die Ritter von Atlantis

Diese Loge steht dem Schatzjägerring nahe und soll sich nach dem Vorbild der Artuslegende gegründet haben. Statt des Heiligen Grals suchen die Anhänger nach dem verlorenen Großreich, um der Welt das Licht der Erkenntnis zu bringen, das sie dort vermuten. Heute sind sie ein bunt gemischter Haufen von Glücksrittern, die durch die Entdeckung von Atlantis nach unsterblichem Ruhm und sagenhaftem Reichtum trachten. Wobei es den meisten wohl eher um Letzteres geht und die Loge mehr Ähnlichkeit mit einer Bande von Räubern oder Schmugglern hat als mit den strahlenden Rittern der Tafelrunde. Mitglieder der Organisation finden sich in fast jedem größeren Hafen der Ägäis, meist in schäbigen Spelunken und Matrosenkneipen, die ihnen als Versammlungsort für ihre meist zwielichtigen Nebeneinkünfte dienen. Arbeit finden Jäger hier immer, wenn sie bereit sind, sich die Hände schmutzig zu machen.

Società alla luce della scienza

Die „Gesellschaft im Lichte der Wissenschaft" ging angeblich aus einem intellektuellen Treffen venezianischer Adeliger hervor, bei dem über den Ursprung der europäischen Kultur debattiert wurde. Die Società hat es sich zur Aufgabe gemacht, den Beweis zu erbringen, dass nicht ein Wissens- und Kulturtransfer aus dem Osten in den Westen Grundlage der heutigen Zivilisation sei. Vielmehr sind sie der Überzeugung, dass es im Okzident bereits eine überlegene, alles beherrschende Hochkultur gegeben habe, aus der die Völker Mitteleuropas hervorgingen. Dabei profitiert die Loge von ihrem venezianischen Ursprung, denn sie verfügt über große Geldmittel. Ihre Expeditionen werden oft von namhaften Größen der Wissenschaft geleitet, sind exzellent ausgerüstet und besitzen die neusten technischen Errungenschaften. Eine dieser neuen Erfindungen soll ein Boot sein, dem es möglich ist, unter Wasser zu fahren. Jäger heuert die Società eher selten an. Ressentiments hat man dabei vor allem gegenüber den „Heiden aus dem Osten", denen man nicht zutraut, mit der empfindlichen Ausrüstung umzugehen. Entsprechend haftet den Mitgliedern der Società der Ruf an, in ihrem Auftreten überheblich, arrogant und mitunter sogar grausam zu sein.

Xénos Psarás
Hierbei handelt es sich um eine besonders merkwürdige Loge, die Gerüchten zufolge ursprünglich von der Prager Burg gegründet wurde. Sie konzentriert ihre Suche auf das Meer, und ihre schnellen Segelschiffe mit den vielen Netzen haben ihnen den Namen „Xénos Psarás“ eingebracht, was auf Griechisch „fremder Fischer“ bedeutet. Die Mitglieder und ihre Mannschaften befahren die meiste Zeit das Mare Monstrum und kommen oft nur an Land, um Proviant aufzunehmen. Dafür bevorzugen sie kleine Fischerdörfer oder entlegene Inselsiedlungen, die nur selten von fremden Schiffen angelaufen werden. Man erzählt sich allerhand Wunderliches über diese Loge, so soll sie sich nach ertrunkenen Frauen erkundigen und Metallschrot einkaufen, aber auch Kranke heilen und Fischreichtum bringen. Die Bevölkerung der von ihnen besuchten Orte steht den Xénos Psarás meist sehr positiv gegenüber und behandelt die Forscher wie schrullige Verwandte. Nicht zuletzt deshalb, weil sie, neben einer zusätzlichen Einnahmequelle, auch einen Kontakt zur Außenwelt darstellen. Angeblich nutzen die Anhänger der Xénos Psarás ihre Netze, um mit ihnen Artefakte aus dem Meer zu bergen, und sie heuern Jäger an, die sie dabei vor Seeungeheuern schützen sollen.

Minoische Hochkultur

Tatsächlich entstand auf Kreta die erste europäische Hochkultur. Das Reich der Minoer bestand von ca. 2600–1450 v. Chr. Die Minoer waren vorherrschend auf dem Meer und hinterließen ihre Spuren im ganzen Mittelmeerraum, darunter nicht nur auf Kreta, sondern auch in der Türkei, auf den Kykladen, auf der Peleponnes, in Kalabrien, in Syrien, in Ägypten und in Israel. Was den Untergang der bronzezeitlichen Kultur herbeigeführt hat, ist bis heute ungeklärt. Vermutlich war ein gewaltiger Vulkanausbruch auf der Insel Santorin um 1500 v. Chr. der Grund, in dessen Folge Erdbeben und Flutwellen viele der küstennahen minoischen Städte zerstörten. Theorien, wonach diese Katastrophe der Ursprung des atlantischen Mythos ist, gelten heute als umstritten.

Orte der Suche

Die folgenden Orte scheinen sich als mögliche Spur zu Atlantis herauszukristallisieren:

Kreta
Auf Kreta werden immer wieder Relikte und Ruinen gefunden, die mit Atlantis in Verbindung gebracht werden – besonders begehrt sind dabei Artefakte aus dem legendären Material Oreichalkos (siehe unten). Leider erschwert der noch immer anhaltende Konflikt (siehe: *Kreta – Die geteilte Insel*) die Forschungen erheblich und sorgt mit Grenzkontrollen, Zöllen und bürokratischer Willkür immer wieder dafür, dass die geborgenen Artefakte verschwinden. Besonders interessant ist das Labyrinth, das durch die Sprengung des osmanischen Tunnelsystems am Ende der Belagerung von Candia 1669 entdeckt wurde. Doch gilt die Erkundung als äußerst gefährlich und viele Expeditionen sind nicht aus den unterirdischen Ruinen zurückgekehrt.

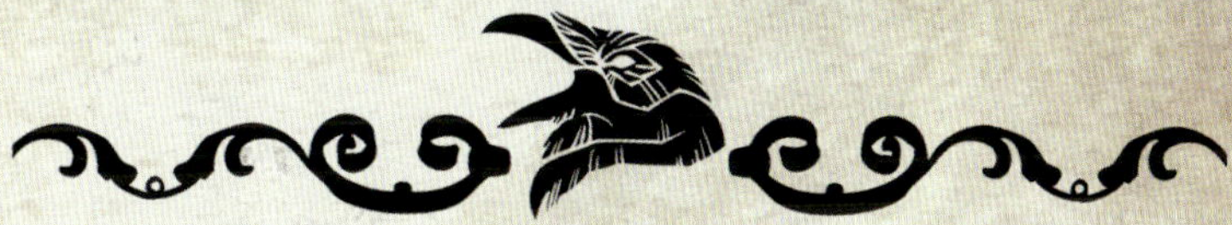

Jägerwissen

Um zu ermitteln, was dein Jäger über Atlantis weiß, lege eine Probe auf Land und Leute ab.

0 Erfolge: Die Geschichte von Atlantis handelt von einer versunkenen Stadt, wie Vineta in der Ostsee oder Rungholt in der Nordsee nur eben im Mittelmeer.

1 Erfolg: Der griechische Philosoph Platon beschrieb das Großreich von Atlantis, das 1000 Jahre vor seiner Geburt im Meer versunken sein soll. In den folgenden Jahrhunderten befassten sich immer wieder Gelehrte mit der sagenhaften „Insel des Atlas“.

2 Erfolge: Bis heute ist man sich nicht einig, ob es sich bei den Atlantern um einen Mythos oder eine historische Tatsache handelt. Zu märchenhaft und zu überlegen scheinen die Darstellungen ihrer Macht und ihres Könnens.

3 Erfolge: Das Reich von Atlantis soll jenseits der Säulen des Herkules gelegen haben, sich aber auch über das gesamte Mittelmeer und Teile des angrenzenden Festlandes erstreckt haben.

4 Erfolge: Heute suchen vor allem mehrere Geheimlogen nach Atlantis, deren Motive von rätselhaft bis unlauter reichen. Sie stehen in harter Konkurrenz zueinander.

5 Erfolge: Tatsächlich gibt es Spuren einer uralten Kultur, die sich im östlichen Mittelmeerraum, vor allem in der Ägäis finden. Diese besitzt sogar eine eigene Schrift, die aber noch nicht entschlüsselt wurde.

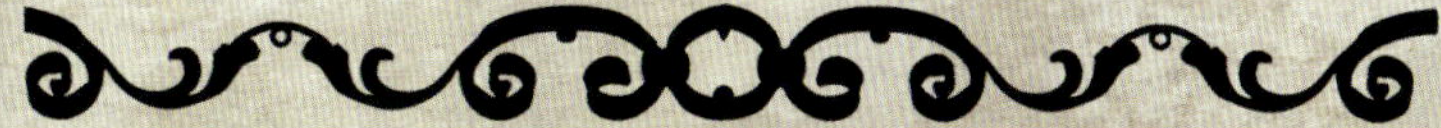

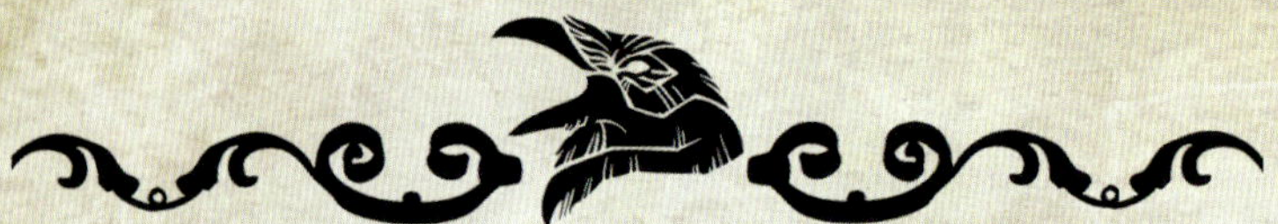

Artefakte aus Oreichalkos

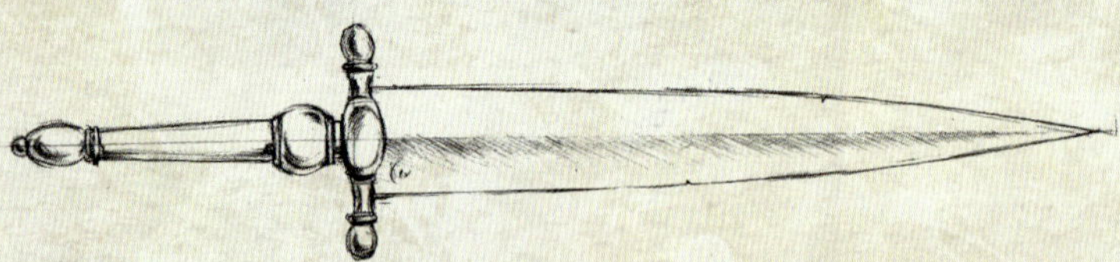

Die meisten Jäger und Schatzsucher im Mare Monstrum werden schon einmal von Oreichalkos gehört haben, einem Metall, das nach Platon feurig glänzend ist und den Atlantern fast so wertvoll war wie Gold. Tatsächlich tauchen immer wieder Gegenstände auf, die aus einer seltsamen Legierung gefertigt sind. Ob es sich dabei wirklich um das legendäre Metall handelt oder eine andere Form von Alchemie, vermag niemand zu sagen.

- **Waffen:** Nur Dolche und Messer, Säbel, Schlagwaffen, Stangenwaffen und Schwerter. Immer wenn ein Jäger einen Angriff oder eine Parade mit einer solchen Waffe fokussiert, darf er +5 als Bonus addieren statt +3. Zudem erhöht sich durch das Fokussieren der Grundschaden der Waffe um 1 für die jeweilige Attacke.
- **Panzerung:** Nur schwere Panzerung (wie antike Brustplatten) und Schilde. Beim Fokussieren eines Schildblocks erhält der Jäger einen Bonus von +5 statt +3. Schwere Panzerung aus Oreichalkos verleiht +3 Puffer-LeP, solange sie getragen wird.

Kosten: Gegenstände aus Oreichalkos kosten den zehnfachen Preis des Originals, sind aber oft Fälschungen. Sollte ein Jäger ein solches Objekt finden oder angeboten bekommen, besteht lediglich eine geringe Chance, dass dieses echt ist (Espritstern auf dem HeXXenwürfel). Ansonsten wurde es nur alchemistisch behandelt. In diesem Fall gelten die oben aufgeführten Vorteile nur für den nächsten relevanten Kampf, anschließend wird der Gegenstand wie eine normale Waffe bzw. Panzerung behandelt.

Kykladen

Auf diese inmitten der Ägäis gelegene Inselgruppe konzentriert sich oft das Interesse der Forscher, was zum einen an tatsächlichen Funden, aber auch an der Abgeschiedenheit und der damit einhergehenden Anonymität liegt. Die Herrschaft über die „Perlen der Hellas“ teilen sich heute Venedig, das Osmanische Reich und die Korsaren des Neuen Attischen Seebunds. Zwar wechseln die Besitzverhältnisse der Inseln immer wieder, dabei geht es jedoch meist nur um die Kontrolle des Verwaltungssitzes, während es den Einwohner gleichgültig ist, wem sie Abgaben zahlen, solange genug für sie selbst übrig bleibt. Das Leben auf den Inseln ist von der Landwirtschaft geprägt. So werden hier Früchte und Baumwolle geerntet, aber auch Wein, Öl und Seide produziert. Gerade in der Fruchtbarkeit der Kykladen sehen viele Forscher einen Hinweis auf die überlegenen atlantischen Anbaumethoden, einige gehen sogar davon aus, dass die Inseln einst ein gewaltiges Hochplateau bildeten, auf dem sich die Hauptstadt des Großreiches befand.

Rhodos

Die Insel vor der Küste Kleinasiens war bis 1731 im Fokus der Atlantisforscher, dann jedoch vertrieb der Hospitaliterorden die Piraten von Rhodos und errichtete dort einen neuen Stützpunkt. Seitdem gehen die heiligen Ritter mit Feuereifer gegen die „Untersuchung von Götzen- und Heidendingen“ vor und machen wissenschaftliches Arbeiten fast unmöglich. Nur mit vatikanischer Rückendeckung darf man hoffen, in Ruhe forschen zu können, doch selbst das ist kein Garant. Dies ist besonders betrüblich, da einige Gelehrte auf Rhodos wichtige Spuren zum untergegangenen Großreich der Atlanter vermuten.

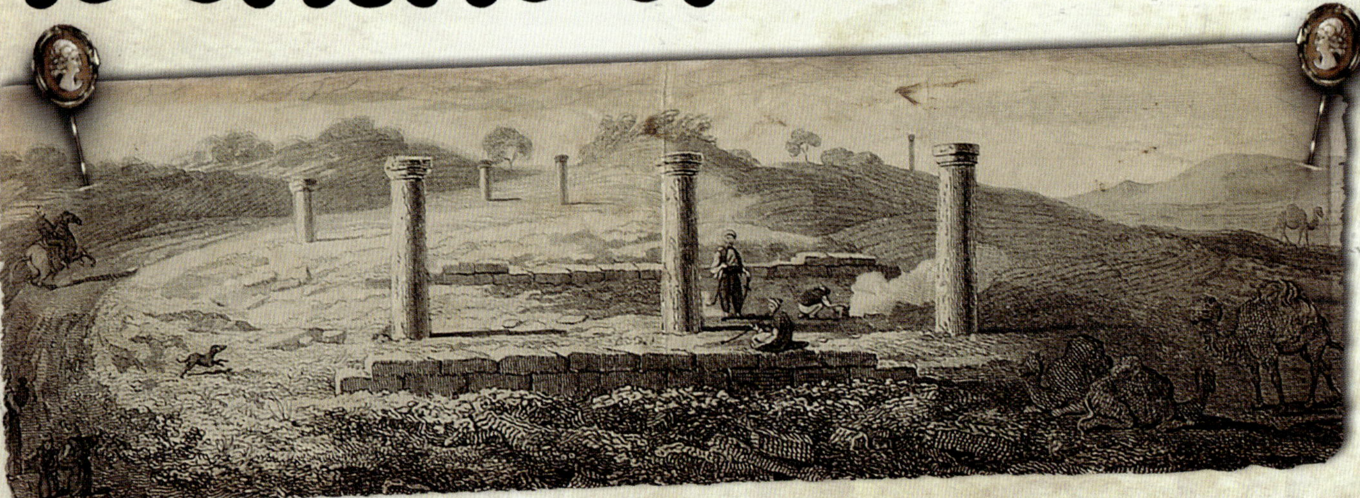

Troja: Rätsel der Ilias

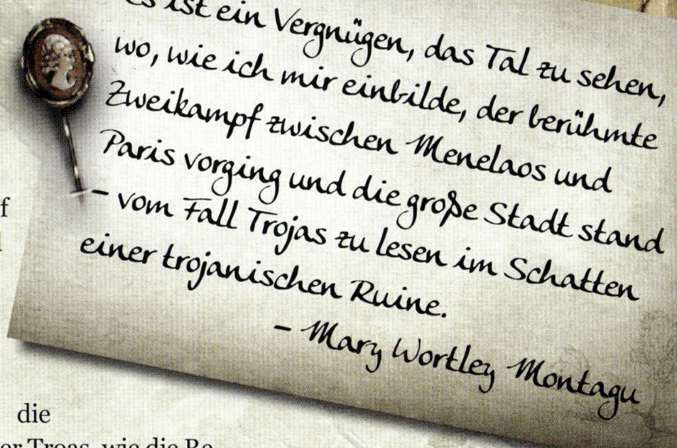

Überblick

Kaum ein anderer literarischer Stoff prägte die frühe Kultur Europas so sehr wie die 24 Gesänge des antiken Autors Homer, die erstmals 1537 ins Deutsche übersetzt wurden. Die Ilias (ebenso wie die Odyssee) ist für viele Leser – auch im 18. Jahrhundert noch – eine Inspiration, eine geistige Zuflucht, ein Ausdruck hoher Bildung oder einfach ein Steckenpferd. Doch nach dem Schicksalsjahr 1640, das den Menschen die Schrecken der Hölle als bittere Realität vor Augen führte, änderte sich der Blickwinkel auf Homers Werk: Wenn es die Mächte des Bösen wirklich gibt, könnten dann nicht auch die Götter und Heroen des antiken Autors existieren? Und hatten nicht bereits griechische und römische Geschichtsschreiber den Trojanischen Krieg als historischen Fakt dargestellt? Die Jagd auf die Geheimnisse des legendären Troja war eröffnet.

Historie des legendären Troja

Zwei Werke sind prägend für die neue Welle der Trojaforschung: de Montfaucons „L'Antiquité expliquée" von 1719, das eine neue Begeisterung für die Altertumskunde auslöst, und die drei Jahre zuvor erschienene Ilias-Übersetzung des Exilbriten Alexander Pope, die auch eine Illustration der Ansicht Trojas umfasst. Beide tragen dazu bei, dass unzählige Abenteurer und Gelehrte in den Mittelmeerraum aufbrechen. Doch die Ortsnamen der Ilias auf aktuelle geographische Merkmale anzuwenden, erweist sich schnell als Herausforderung, da sich viele Begriffe im Lauf der Jahrhunderte und der stätig wechselnden Herrschaftsverhältnisse geändert haben.

Seit 1297 regieren die Osmanen das Gebiet der Troas, wie die Region um die sagenumwobene Stadt Ilios heißt, deren Krieg mit den Griechen Homer beschreibt und die heute in Anlehnung an ihr Umland als „Troja" bezeichnet wird. Sie umfasst die lange Meerenge der Dardanellen, die von mehreren Sultanen durch zwei starke Festungen und einem Flottenstützpunkt gesichert werden. Zwar entbrennt 1656 eine gewaltige Seeschlacht zwischen den Osmanen und den Venezianern in den Dardanellen, die Venedig gewinnt, aber durch den Verlust zweier Admiräle muss die Serenissima die Kontrolle des Gebiets dem Sultan überlassen. Bis heute kommt es immer wieder zu kriegerischen Auseinandersetzungen zwischen den beiden Großmächten, und die meisten werden an der Küste dieses Landstrichs ausgetragen, was die Nachforschungen der Trojasuchenden deutlich erschwert, die ohnehin von ständigen, nahezu rätselhaften Serien von Rückschlägen gebeutelt sind.

Çanakkale

Çanakkale, wie die antike Region der Troas heute heißt, ist zwar schon über vier Jahrhunderte in osmanischer Hand, doch der Konflikt mit Venedig schwelt ebenfalls lange. Überfälle der Venezianer oder von ihnen gedungener Piraten sind bereits seit mehr als 70 Jahren an der Tagesordnung.

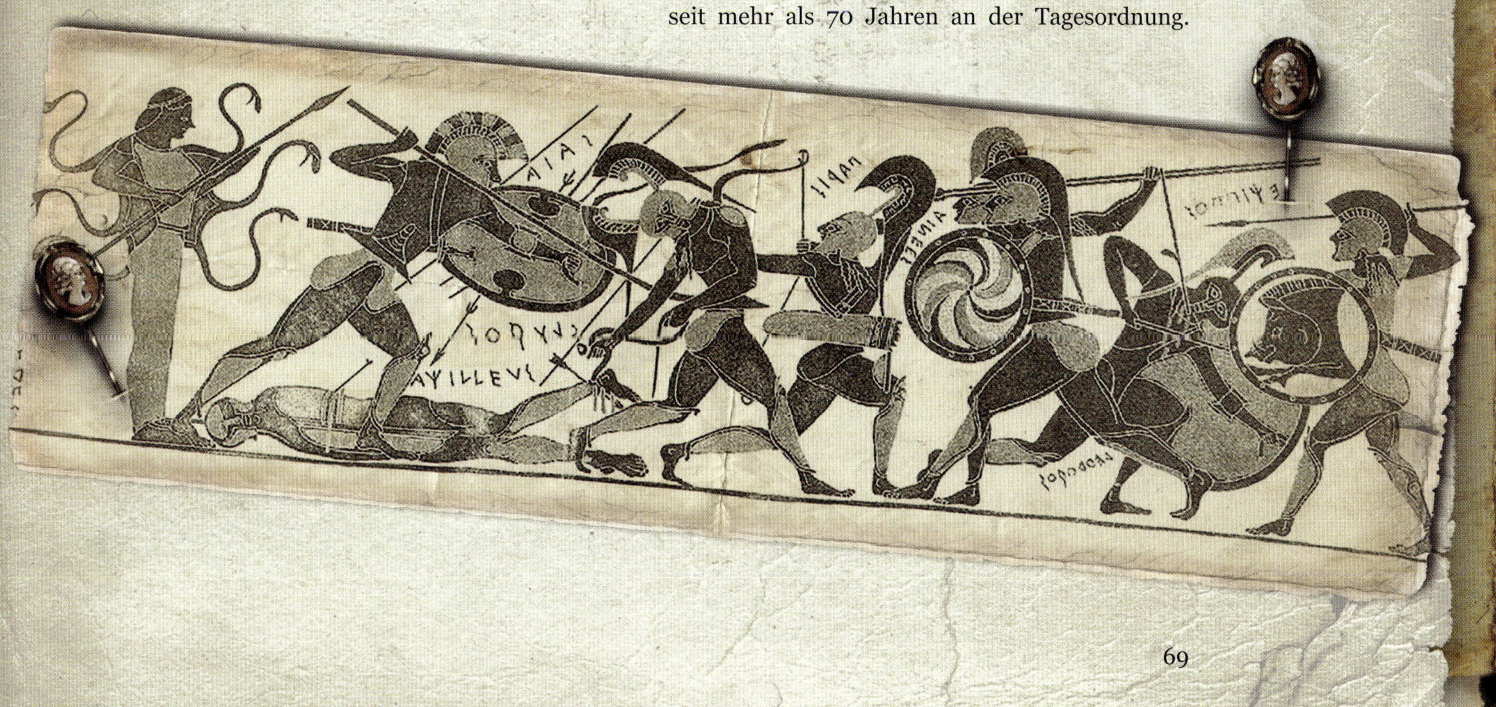

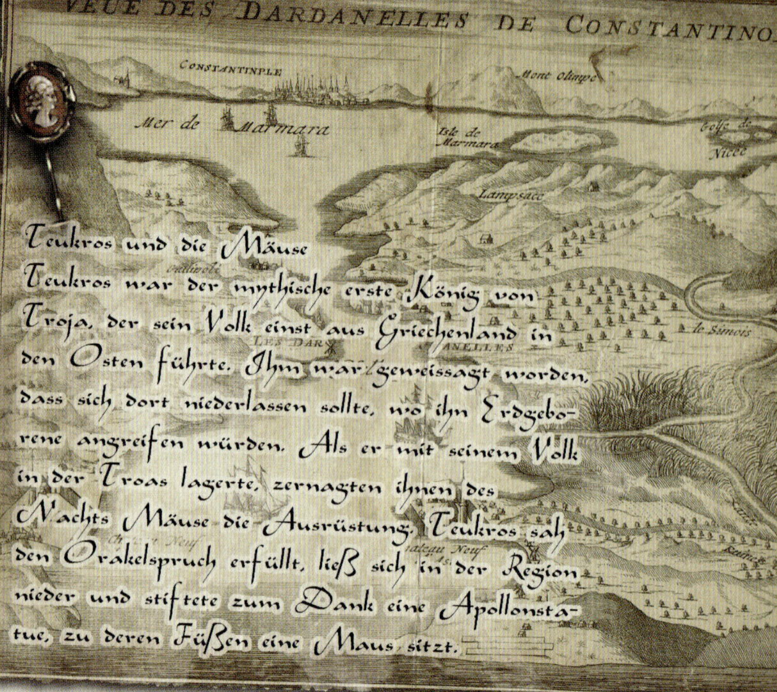

Spricht man nicht Türkisch oder wenigstens Arabisch, gilt man hier bereits als verdächtig, und jedes italienische Wort kommt gar einem öffentlichen Schuldbekenntnis gleich. Viele Abenteurer, die nach Troja suchten, wurden schon für venezianische Freischärler gehalten und verschwanden spurlos, obwohl sie nicht einmal aus Italien stammten. Hinter vorgehaltener Hand spricht man gar von revolutionsähnlichen Zuständen. Vor allem im Süden ist die Bevölkerung kämpferisch und schnell mit der Waffe zur Hand, was besonders jene Gelehrten betrübt, die dort den Tempel von Chryse vermuten, in dem sich Hinweise auf den Standort Trojas befinden sollen. Außerhalb der ebenfalls Çanakkale heißenden Hauptstadt, Sitz des vom Sultan ernannten Paschas, leben die Menschen vor allem vom Fischfang und dem Ackerbau. Die Einheimischen wirken auf Fremde oft rau, abweisen und mürrisch, was daher rühren mag, dass ihr Leben geprägt ist von harter kräftezehrender Arbeit und den Auseinandersetzungen mit Räubern und Piraten.

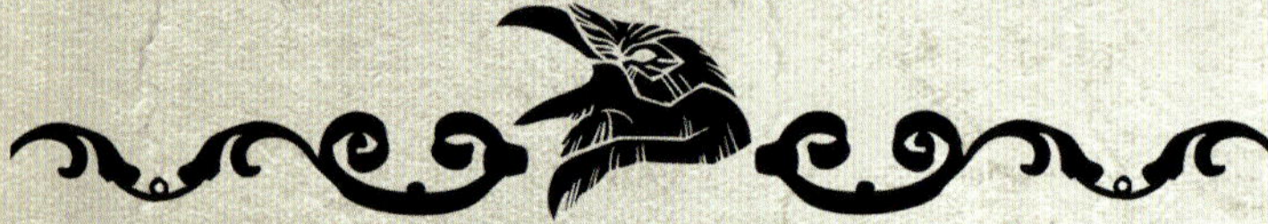

Jägerwissen

Um zu ermitteln, was dein Jäger über Troja weiß, lege eine Probe auf Land und Leute ab.

0 Erfolge: Troja ist eine sagenumwobene Stadt, die in der Ilias Homers beschrieben wird und durch einen langen Krieg zerstört wurde.

1 Erfolg: Troja muss nach gängiger Gelehrtenmeinung an der Küste der Ägäis gelegen haben, auf der asiatischen Seite der Dardanellen.

2 Erfolge: Homers Beschreibungen passen am ehesten zu der heutigen Region Çanakkale, die sich von den Dardanellen im Norden bis zur Festung Babakale im Süden erstreckt.

3 Erfolge: Die Bevölkerung dort wird immer wieder Opfer venezianischer Überfälle, weshalb sie Europäern mit offenem Misstrauen und Feindseligkeit begegnen.

4 Erfolge: Im Süden der Region soll der Tempel von Chryse verborgen sein, der Aufschluss über die Lage von Troja geben könnte. Leider ist die Landbevölkerung dort besonders feindselig.

5 Erfolge: Immer wieder berichten Forscher und Reisende, dass die Region einen so starken Einfluss auf sie ausübe, dass sie schon vom Trojanischen Krieg träumen. So überanstrengen sich viele und man fand so manchen Abenteurer am Morgen tot in seinem Bett.

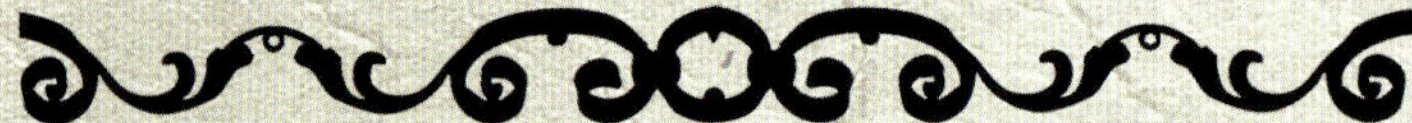

Ein besonderer Brauch ist es, Mäusen Teller mit Speisen aufzustellen, da die Tiere in der Region als Glücksbringer gelten. Es finden sich sogar kleine Bilder an Häusern oder lebensgroße Statuen, die die Einheimischen im Vorbeigehen streicheln. Womöglich ist die Legende um König Teukros der Ursprung dieser Tradition, die man sich hüten sollte zu hinterfragen, da dies leicht den Zorn der Bevölkerung erregt.

Die Hauptstadt der Region, zur Zeit regiert von Açgözlü Hali Pascha, vermag Europäer mit ihren exotischen Gerüchen, Farben, Waren, Bauwerken und Menschen in den Bann zu schlagen. Sie verfügt über eine der Festungen, die die schmalste Stelle der Dardanellen bewachen. Hier sind fremde Sprachen weniger problematisch, da die Stadt vom Handel lebt und dieser oft die italienische Zunge erfordert. Teehäuser, Garküchen, Antiquariate, Buchläden und Gemischtwarenhändler vereinfachen die Nachforschungen und Vorbereitungen für die Suche nach dem untergegangenen Troja. Viele Expeditionen, von denen allerdings jede eine amtliche Genehmigung erfordert, nehmen in Çanakkale ihren Anfang. Die Patrouillen des Paschas tun ihr Bestes, um Frieden und Sicherheit zu gewährleisten und die Bevölkerung vor venezianischen Übergriffen zu schützen. Ein großer Schritt wurde mit dem 1725 fertiggestellten Bau der Festung Babakale getan, die rund 100 Kilometer vor der Stadt liegt und den Süden der Region beschirmt – wodurch das Bereisen der Region wesentlich sicherer, wenn auch nicht gefahrlos geworden ist.

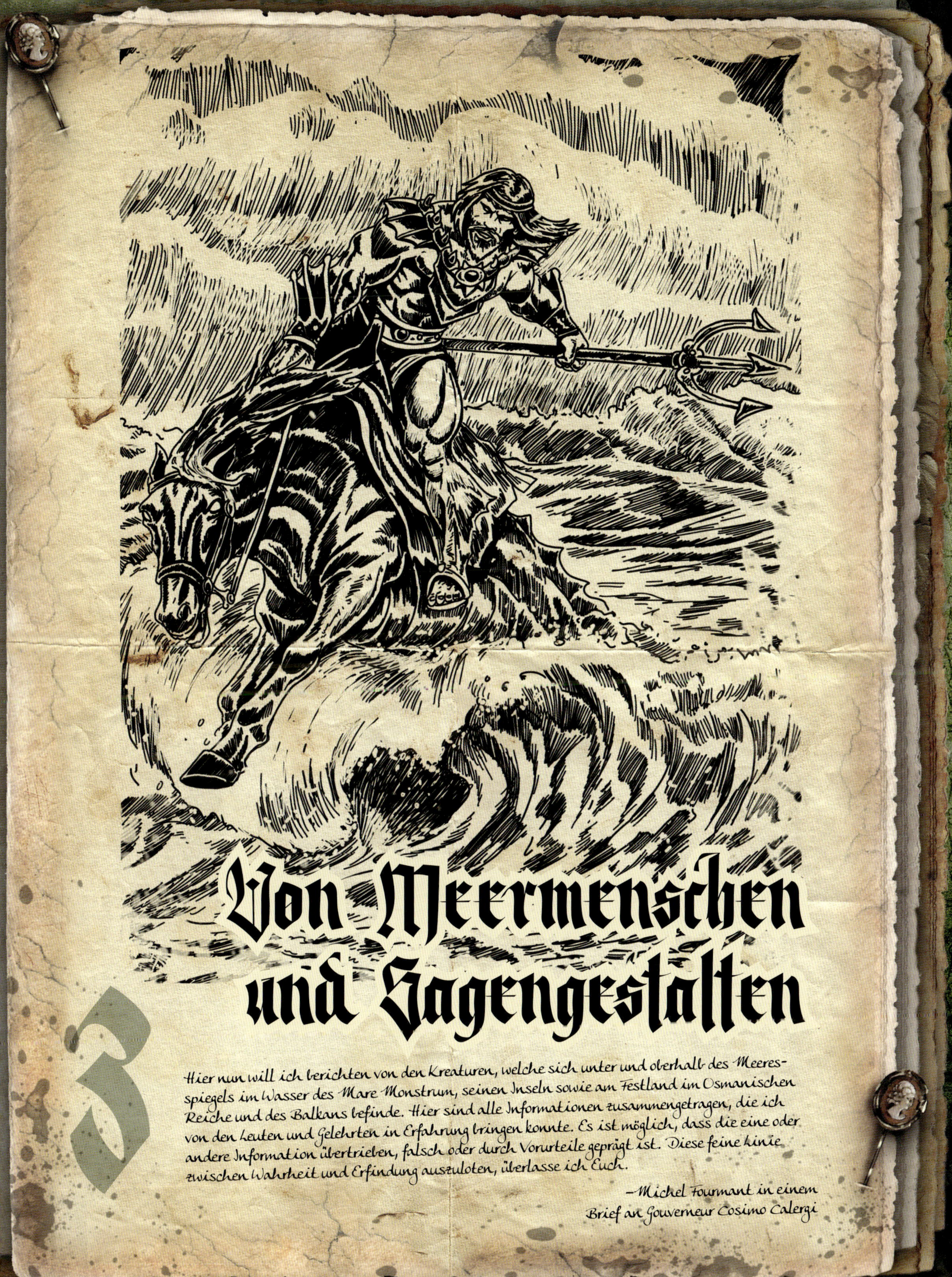

3

Von Meermenschen und Sagengestalten

Hier nun will ich berichten von den Kreaturen, welche sich unter und oberhalb des Meeresspiegels im Wasser des Mare Monstrum, seinen Inseln sowie am Festland im Osmanischen Reiche und des Balkans befinde. Hier sind alle Informationen zusammengetragen, die ich von den Leuten und Gelehrten in Erfahrung bringen konnte. Es ist möglich, dass die eine oder andere Information übertrieben, falsch oder durch Vorurteile geprägt ist. Diese feine Linie zwischen Wahrheit und Erfindung auszuloten, überlasse ich Euch.

—Michel Fourmant in einem Brief an Gouverneur Cosimo Calergi

Vom Meer und seinen Bewohnern

Überblick

Letztlich waren es vor allem die in den Fluten des Mittelmeeres lebenden Kreaturen, die dem heutigen Mare Monstrum seinen Namen gaben. Hinweise darauf, was die Tiefen des Gewässers bevölkert, finden sich in den alten griechischen Heldenepen, besonders in der Geschichte um die Irrfahrten des Odysseus, aber auch in anderen Quellen wie den Erzählungen über Sindbad den Seefahrer. Doch die Mannschaften der Schiffe, die von den Kreaturen des Meeres angefallen wurden, und auch die Gelehrten, die die Vorkommnisse untersuchten, mussten sehr schnell feststellen, dass vieles falsch war, was man aus den alten Sagentexten ableitete. Vor allem die im Mediterraneum aktive Prager Burg entsandte Forscher mit dem Auftrag, sich ein Bild über die zu erwartenden Gefahren des Meeres zu machen, das mit seinen unzugänglichen Tiefen Heimstatt besonders vieler widernatürlicher Wesen zu sein schien.

> *Zunächst waren die Thesen des Herrn van Dahlen zu überprüfen und sehr schnell zeigte sich, dass sie wohl valide sind. Es gelang, mehrere Angehörige des sogenannten Meervolkes zu beobachten. Doch als diese plötzlich verschwanden und ein Ruck durch das Schiff ging, ahnten wir noch nicht, was uns bevorstand.*
>
> *– Aus den Forschungsberichten des Ondrej Novotny an die Prager Burg*

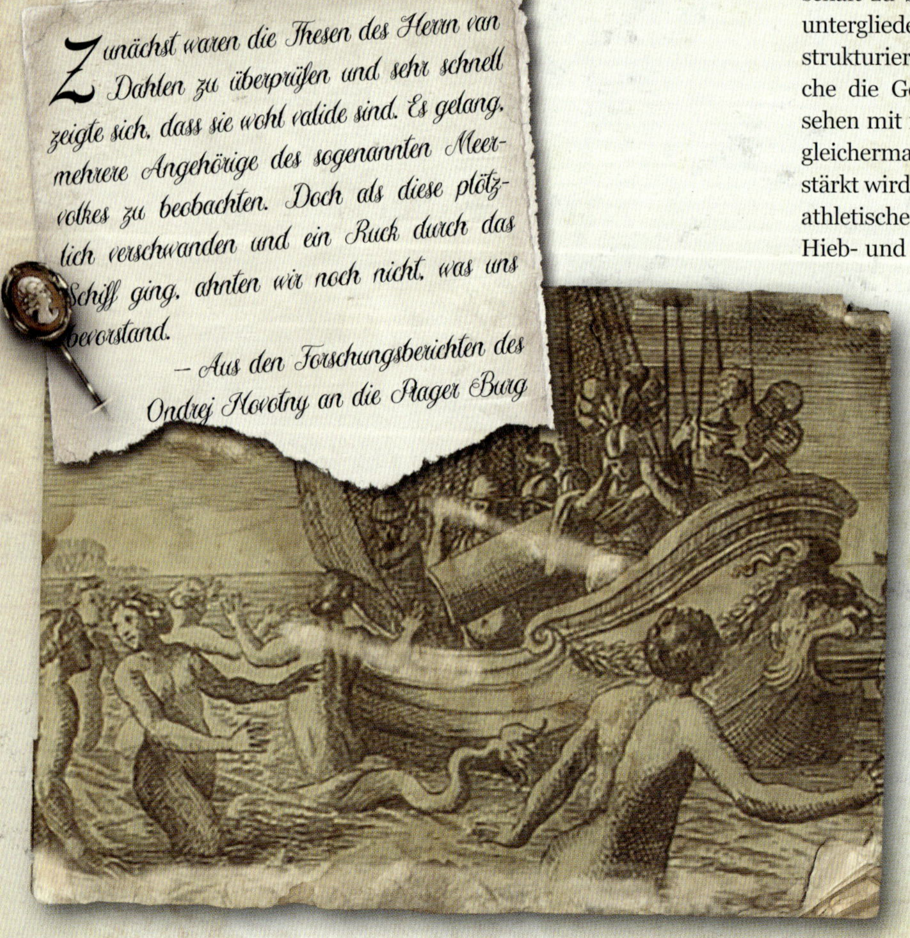

Meervolk – Alben der See

Bei dem sogenannten Meervolk handelt es sich nach gängiger Auffassung der Gelehrten um eine im Meer lebende Unterart von Alben, die zwar keinen offenen Krieg gegen die Menschen führt (wie etwa die Schwarzalben des Erzgebirges), mit der es aber immer wieder zu gewaltsamen Auseinandersetzungen kommt. Alle Angehörige des Meervolks besitzen einen humanoiden Oberkörper, der bei den Anführern jedoch von der Taille abwärts in einen kräftigen Fischschwanz übergeht, während die unteren Schichten ihrer Gesellschaft, die sogenannten Socii, Beine mit an der Außenseite verlaufenden Schwimmflossen aufweisen, die sie ähnlich einer Flunder zur Fortbewegung unter Wasser nutzen können. Ungeachtet dessen sind sämtliche dieser Alben dazu in der Lage, sowohl innerhalb wie auch außerhalb des Wassers zu atmen. Ihre Haare sind oft von grüner oder tiefblauer Farbe und ungewöhnlich lang.

Das Meervolk scheint keine einheitliche Gesellschaft zu bilden, sondern sich in viele Stämme zu untergliedern, die allerdings streng hierarchisch strukturiert sind. Die Herrscher unter ihnen, welche die Gelehrten als „Meermänner" bezeichnen, sehen mit ihren langen Bärten und wilden Mähnen gleichermaßen majestätisch wie bedrohlich aus. Verstärkt wird dieser Eindruck noch durch ihre überaus athletische Gestalt und ihre Vorliebe für schwere Hieb- und Stoßwaffen. Die weiblichen Angehörigen dieses Volks werden gemeinhin „Meerjungfrauen" genannt und treten als Partnerinnen, aber auch als Offizierinnen der Meermänner auf, obwohl sie offenbar die Gesellschaft anderer Meerjungfrauen zu bevorzugen scheinen. Die meisten von ihnen sind von betörender Schönheit, besonders ihre Augen, die scheinbar immer einen gewissen goldenen Schimmer aufweisen.

Die zahlreichen Socii sind weit weniger beeindruckend: Kopf und Gesicht ähneln mehr dem eines Fisches als dem eines Menschen und ihre schuppige Haut sondert einen glitschigen Schleim ab. In der Forschung setzte sich für diese Art des Meervolks der männliche Begriff „Socius" durch, da bislang noch keine weiblichen „Sociae" gesichtet wurden. Als Grund dafür vermutet man, dass Letztere ausschließlich die Hauswirtschaft und die Kindererziehung übernehmen und daher kaum die Tiefen der Ozeane verlassen. Die männlichen Socii dienen als Handlanger, Soldaten und Dienstpersonal für den jeweils herrschenden Meermann und seinen Meerjungfrauen. Es ist aber nicht auszuschließen, dass es auch weibliche Anführer gibt; die Erkenntnisse über dieses Volk sind allenfalls vage.

Begegnungen mit dem Meervolk

Vor allem Meerjungfrauen wurden des Öfteren von Seefahrern, manchmal aber auch von Küstenbewohnern dabei beobachtet, wie sie sich auf Felsen nahe dem Ufer sonnten, miteinander spielten oder sich pflegten. Die Gelehrten der Prager Burg raten dringend davon ab, die Meereskreaturen dabei zu stören, denn sie neigen dazu, sich an dem Störenfried zu rächen. Dies reicht vom harmlosen Nassspritzen bis zum erbarmungslosen Ertränken. Es gibt aber auch Berichte, denen zufolge man mit ihnen Kontakt aufnehmen könne, um zaubermächtige Tränke und Tinkturen im Tausch zu erhalten. Ob es sich bei diesen verhandlungswilligen Geschöpfen allerdings nicht vielmehr um Meer- oder Seehexen handelte, konnte nicht abschließend geklärt werden.

Meermänner hingegen sind seltener an den Küsten zu finden und scheinen das offene Wasser zu bevorzugen. Hier haben besonders die Seefahrer unter ihnen zu leiden, da die Geschöpfe sehr territorial veranlagt sind. Sie neigen dazu, Wegzoll zu verlangen oder eine Entschädigung etwa für gefangenen Fisch oder über Bord geworfenen Unrat. Verweigert man den geforderten Preis, muss man damit rechnen, dass der Meermann das Schiff beschädigt, es gar versenkt oder seine Socii versammelt, um sich mit Gewalt zu nehmen, was ihm seiner Ansicht

Der Untergang der San Marco

Die Geschichte um die venezianische Fregatte *San Marco* mag uns als warnendes Beispiel dienen für den Umgang mit dem Meermanne. Von deren Mannschaft verlangte eine solche Kreatur zwei Bordgeschütze für eine sichere Passage, die der Kapitän, der sich auf seinem schwer bewaffneten Schiff sicher wähnte, jedoch verweigerte. Einige Überlebende des sich anschließenden Zwischenfalls erzählten vom Zorn des Meermannes, dem ausbrechenden Kampf und dem anschließenden Untergang der *San Marco*. Nachdem der Kapitän dem Meermann auf sein erneutes Nachfragen mit einer Musketensalve hatte antworten lassen, war dieser zunächst in den Fluten verschwunden. Doch binnen Stundefrist ging ein gewaltiger Ruck durchs Schiff und trotz guten Windes machte die *San Marco* keine Fahrt mehr. Kurz darauf erschien der Meermann auf dem Rücken eines riesigen Hippokampen an der Spitze einer Truppe von Socii, die ebenfalls auf den gewaltigen Wasserpferden ritten. Jeder führte mehrere Harpunen mit sich, welche die Meereskrieger auf das Schiff schleuderten. Die Wucht und Durchschlagskraft dieser Geschosse waren erschreckend und wer nicht in Deckung ging, wurde aufgespießt. Die Bordgeschütze waren zu unbeweglich, um auf diesen sonderbaren Trupp von Kavalleristen feuern zu können, und so blieb der Mannschaft nur, sich mit Musketen aus den unteren Decks des Angriffs zu erwehren. Doch weitere der seltsam fischhaften Socii, bewaffnet mit teilweise stark rostigen Beilen und Hacken, kletterten unbemerkt die Bordwand empor, enterten das Oberdeck und fielen über die überraschten Seeleute her. Dem nun folgenden Gemetzel konnte sich nur entziehen, wer einen beherzten Sprung in die schäumende See wagte. Die wenigen Überlebenden berichteten, dass, nachdem der Kampfeslärm verstummt war, die *San Marco* von innen leckgeschlagen und dann von Hippokampen an Schiffstauen in die Tiefe gezogen wurde. Bislang ist derartige Kunde selten und die Admiralität in Venedig hält es gar für wahrscheinlicher, dass Korsaren die *San Marco* aufgebrachten und die Überlebenden den Verstand verloren. Doch falls dem nicht so ist und die Seeleute die Wahrheit sprachen, müssen wir uns klar machen, dass das Meervolk zu Taktik und Strategie fähig ist und über eine militärische Schlagkraft verfügt, die nur schwer einzuschätzen ist.

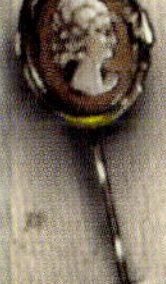

nach rechtmäßig zusteht. Gerüchten zufolge entrichten einige Fischer ihren Tribut in billigem Rotwein, während manche musizierten und wieder andere ihre Schnupftabakdose oder gar den Anker hergaben. Sehr viel seltener sind Berichte über Forderungen von hohem Wert. Insgesamt ist im Umgang mit dem Meervolk äußerste Vorsicht geboten, da die Natur dieser Wesen äußerst wankelmütig zu sein scheint und sich ihre Handlungsweise oft dem menschlichem Denken und Empfinden entzieht.

Wasserpferde

Auch die vom Meervolk genutzten Wasserpferde, genannt Hippokampen, sind alles andere als ungefährlich. Nicht nur dienen sie den Alben der See als Reittiere, mitunter schwimmen sie auch einen Flusslauf hinauf und stoßen so ins Landesinnere vor. Dort verlassen sie das Wasser in Gestalt von prächtigen Pferden und streifen umher. Wehe aber dem Reiter, der sich auf den Rücken eines solchen Tieres schwingt und es in den heimischen Stall zu bringen versucht. Er wird am Rücken der Bestie festkleben und nicht davon wegkommen, bis es ihn mit sich in die Fluten gezogen und ertränkt hat.

Nereiden – Nymphen des Meeres

Ursprünglich bezeichnete man mit „Nýmphe“ im Griechischen oder „Nympha“ im Lateinischen eine Braut oder ein junges heiratsfähiges Mädchen. Dass die in vielen antiken Sagen vorkommenden Naturgeister diesen Namen erhielten, liegt also vermutlich an ihrer strahlend schönen und dadurch oft sehr begehrenswerten Erscheinung. Schon die alten Griechen schrieben sie als niedere Gottheiten unter anderem der Aphrodite zu. Nereiden sind die Nymphen des Meeres, zu denen in letzter Zeit vor allem die Gelehrten der Prager Burg Kontakt aufnehmen konnten. Doch auch von Begegnungen mit Nymphen des Landes wird zuweilen berichtet. Wie es in den antiken Schriften beschrieben ist, scheint es tatsächlich verschiedene Arten von ihnen zu geben. So wurden bereits Baum-, Bach-, Wiesen-, Berg- und noch viele andere Gattungen von Nymphen gesehen. Viele Gelehrte vermuten, dies ließe sich darauf zurückführen, dass sich die Wesen der vorherrschenden Umgebung anpassen, in der sie leben.

Im Grunde sind alle Nymphen freundliche Wesen, die lieber ihre Verwandlungsfähigkeiten nutzen, als sich auf einen Konflikt einzulassen. Sie scheinen weitläufig mit den Alben verwandt zu sein, was ihre übermenschliche Fähigkeit im Schleichen und Verbergen erklären könnte. Vielleicht ging aus ihnen dereinst sogar das Volk der Alben hervor. Äußerlich ähneln diese Kreaturen der Anderswelt jungen, betörenden Frauen, die nicht nur laut antiken Quellen, sondern auch aktuellen Berichten zufolge durchaus Gefallen an menschlichen Männern finden. In der Antike wurden ihnen zu Ehren eigene Tempel errichtet und noch heute zieren ihre Darstellungen Brunnen und Gärten des Adels.

Hippokampos

Als „Hippokampos“ oder „Hippokamp“ werden in der griechischen Mythologie Wesen bezeichnet, die den Kopf, Rumpf und die Vorderbeine eines Pferdes besitzen, aber einen langen, fast schlangenartigen Hinterleib mit einer kräftiger Flosse. Der Sage nach nutzte der Meeresgott Poseidon sie als Zug- und Reittiere. Unzählige Mosaike aus römischen Bädern stellen die Fabelwesen dar, viele venezianische Gondeln sind mit ihnen verziert und einige Küstenstädte führen das mythische Wasserpferd sogar als Wappentier.

Begegnungen mit Nymphen verlaufen üblicherweise friedlich, wobei sie ihre erwähnten Fähigkeiten nutzen, um sich ungewollter Zuwendung zu entziehen. So mancher ungestüme Verehrer, der eines der Wesen fangen oder ihm beim Bade auflauern wollte, fand sich unversehens in einem Dornenbusch oder im Wasser wieder. Doch abgesehen von solch gemütskühlendem Schabernack liegt nicht ein Berichte über sich aggressiv oder gar gewalttätig verhaltende Nymphen vor. Viel eher scheinen sie geradezu die Nähe von Menschen zu suchen. Den Nereiden sagt man nach, Schiffbrüchigen oder Seeleuten in Not beizustehen. Während daher so mancher Matrose auf hohe See kleine Geschenke in die Fluten wirft, ist es auf dem Land sogar Brauch, eine kleine Gabe für die weiblichen Naturgeister bereitzulegen, da eine Gegend mit einer Nymphe stets von Missernten, Trockenheit oder Schädlingsbefall verschont bleibt. Auch kommt es seltener zu Tierangriffen, weshalb man den anderweltlichen Wesen gemeinhin zuschreibt, Glück zu bringen.

Zwischen Skylla und Charybdis

Was oft als Allegorie für eine Situation steht, in der man zwischen zwei gleichgroßen Übeln wählen muss, ist in der heutigen Ägäis bittere Realität. Immer wieder berichten Seeleute von plötzlich auftretenden Strudeln, die ein Boot in die Tiefe zu reißen drohen. Versucht die Besatzung dann, dem tosenden Wasser auszuweichen, erheben sich lange Fangarme aus den Fluten, ergreifen die Matrosen und ziehen sie in den nassen Tod. Oft sind ihre Kameraden nicht in der Lage, ihnen zu helfen, weil sie zu sehr damit beschäftigt sind, gegen den Sog anzukämpfen. Überdies scheint sich das unheimliche Phänomen stets an Stellen zu ereignen, an denen die Bewegungsfreiheit des Bootes ohnehin eingeschränkt ist, etwa zwischen Klippen und Felsen, in Buchten oder engen Durchfahrten, an denen das Ägäische Meer äußerst reich ist. Doch anders als in der Sage von Odysseus scheinen Skylla und Charybdis, wie Seeleute das Phänomen bezeichnen, vor allem eine Gefahr für kleinere Boote zu sein. Es gibt keinerlei Berichte, dass die merkwürdigen Strudel je in der Nähe von größeren Schiffen aufgetreten seien, was aber auch daran liegen mag, dass diese selten so schmale Fahrrinnen befahren.

Ob es sich hierbei um zwei Monster oder möglicherweise nur um eines handelt, ist noch ungeklärt, da man bislang lediglich Fangarme zur Untersuchung sicherstellen konnte. Diese sind denen eines Kraken nicht unähnlich, aber proportional gesehen länger, dünner und besitzen nicht die charakteristischen Saugnäpfe. Dafür weisen sie am Ende ein blattförmiges, konkaves Gebilde auf, das auf seiner Innenseite über und über mit nadelspitzen Stacheln versehen ist. Diese bohren sich in das hilflose Opfer und verankern sich in dessen Fleisch, sodass man sie nur noch unter großen Schmerzen und Blutverlust lösen kann. Als sei dies noch nicht genug, scheinen sie außerdem giftig zu sein, denn wer „Skyllas Zähne" zu spüren bekam und überlebte, berichtete von plötzlicher Schwäche und Müdigkeit. Im Allgemeinen scheinen sich die Fangarme zurückzuziehen, sobald sie ausreichend Beute gemacht haben, einige Boote konnten der Begegnung aber auch entfliehen, indem sie den Rande des Strudels ritten wie ein bockendes Pferd und diesem so entkamen.

Sirenen – Verhängnis der Seeleute

Ebenfalls aus den Epen des Homer sind die Sirenen bekannt, die heute das Mare Monstrum heimsuchen. Seit dem Schwarzen Sturm haben sich diese Wesen in Scharen auf Sandbänken, einsamen Felseninseln oder an unzugänglichen Klippen angesiedelt. Ihr Aussehen ist dem einer jungen Frau in der Blüte ihrer Jahre nicht unähnlich, auch wenn es den Schutz der Dunkelheit bräuchte, um eine Sirene mit einer solchen zu verwechseln. Sie tragen keine Kleidung und sind in ihrem Verhalten den Tieren näher als den Menschen. Der Kopf wird meist von einer schwarzen, manchmal braunen wilden Mähne bedeckt, die ein Gesicht mit großen, annähernd humanoiden Augen einfasst. Doch statt Mund und Nase besitzen Sirenen einen kräftigen und scharfen Schnabel im Gesicht. Ihre Arme sind flacher und erinnern an die Flossen

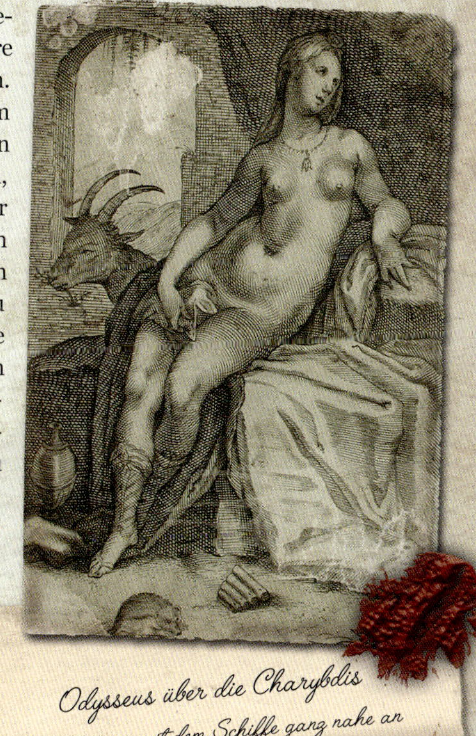

Odysseus über die Charybdis

Indessen waren wir mit dem Schiffe ganz nahe an die Charybdis geraten, die die Meeresflut mit ihrem gierigen Rachen einschlürfte und wieder herausspie, sie brauste wie ein Kessel über dem Feuer, und weißer Schaum flog empor, solange sie die Flut herausbrach, wenn sie dann die Woge wieder hinunterschluckte, senkte sich das trübe Wassergemisch ganz in die Tiefe, der Fels donnerte, und man konnte in einen Abgrund von schwarzem Schlamm hinuntersehen.

eines Delfins, an deren Ende fünf Finger mit langen Klauen sitzen. Der ganze Körper ist mit Federn bedeckt, die vom Gesicht über die Brust bis zum Unterleib von weißer Farbe, auf dem Rücken, über Arme und Beine hinweg aber schwarz sind. Die Beine erinnern an die von Gänsen oder Schwänen.

Auch wenn sie äußerlich viele Eigenschaften mit den Vögeln teilen, fliegen können sie glücklicherweise nicht; sehr wohl aber sich pfeilschnell durch das Wasser bewegen. Zwar scheinen sie in erster Linie Fische zu jagen, doch auch Menschenfleisch sind sie durchaus nicht abgeneigt. Kommt ein Schiff einer ihrer Kolonien zu nahe, schwimmen sie ihm entgegen und umkreisen es. Sobald der Schwarm eine gewisse Größe erreicht hat, beginnen sie zu singen. Doch anders als die Sage es berichtet, ist dieser Klang alles andere als lieblich oder lockend. Viel eher schmerzt der erzeugte Ton so sehr in den Ohren, dass es immer schwerer wird, einen klaren Gedanken zu fassen. Selbst das Verstopfen der Ohren hilft nur, wenn die Zahl der in den Gesang einstimmenden Sirenen noch gering ist. Der peinigende Klang kann dazu führen, dass sich Seeleute aus purer Verzweiflung über die Reling werfen, um dem Ton zu entkommen. Dies ist das eigentliche Ziel der jagenden Sirenen, die sofort über ihre Beute herfallen und sie zerreißen, bis nichts mehr von der armen Seele übrig bleibt als eine rote Wolke im Wasser. Doch so mancher, der diesen schrecklichen Tod starb, rettete seinen Kameraden damit das Leben, da viele Sirenen verstummen, um auch einen Teil der Beute zu erhaschen. So sind die Überlebenden in der Lage, das Schiff aus der Reichweite der Kolonie zu lenken, denn die territorialen Sirenen verfolgen keine Beute.

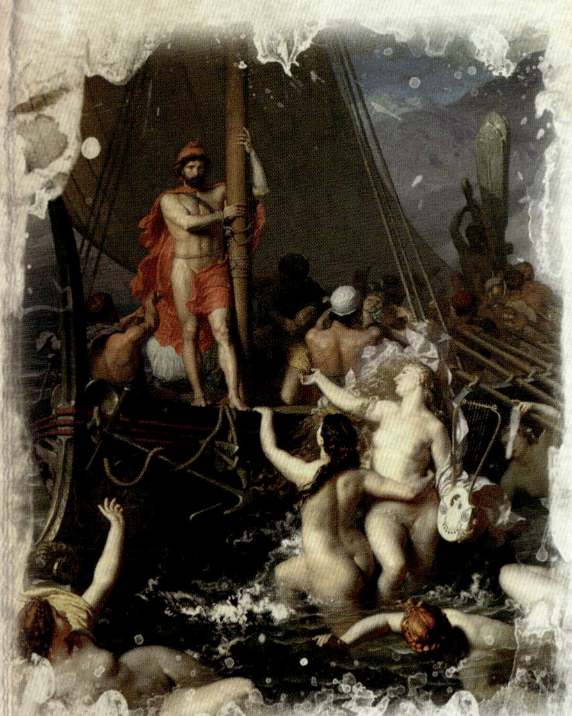

Reicht ihr Gesang allerdings nicht aus, um ein Opfer in ihre Arme zu treiben, schießen die Sirenen aus dem Wasser, um an Bord des Schiffes und somit an frisches Fleisch zu gelangen. Die Wesen mögen grazil und zerbrechlich aussehen, doch ihre Haut ist äußerst fest und ihre Bewegungen sind schnell, selbst an Land. In Verbindung mit ihrem rasiermesserscharfen Schnabel und ihrem Blutdurst macht sie dies zu wahrhaft grausigen Gegnern. Glücklicherweise kommen Sirenen nur äußerst selten auf den gängigen Schiffsrouten vor und niemals in großen Kolonien.

Seeschlangen – Schrecken der See

Für viele der Inbegriff des Seemonsters sind diese mythischen Bestien seit jeher Inhalt von so manchem Seemannsgarn, dem man sich inzwischen aber auch in der Realität stellen muss. Die Gelehrten des Wächterbundes vermuten, dass die ersten Sichtungen von Seeschlangen mit der Beschwörung des Leviathan 1695 zusammenfallen, der als Vater dieser unheiligen Kreaturen gilt. Von der Nordsee aus scheinen sich die widernatürlichen Wesen in den folgenden Jahren auch in andere Meere ausgebreitet zu haben.

Der Angriff einer Seeschlange verläuft meist nach demselben Muster: Die Kreatur steigt aus der Tiefe empor und schlingt ihren Leib um die Unterseite des Schiffes, was mit einem gewaltigen Ruck an Bord einhergeht und es fast unmöglich macht, der Bestie zu entkommen. Erst dann erhebt sich das scheußliche Haupt des Ungetüms aus dem Wasser, das oft so hoch wie der größte Mast des Schiffes ist. Gekrönt von einem stacheligen Flossenkamm der sich über den gesamten Rücken erstreckt, erinnert der Kopf an eine Mischung aus Muräne, Echse und Wolf. Das Schrecklichste aber sind die Augen der Bestie, deren Blick gestandene Veteranen vor Angst erstarren ließ, weil sie in ihrem Innersten spürten, dass sie nun nichts als Beute waren. Die mit dolchartigen Zähnen gespickten Kiefer zermalmen Holz genauso mühelos wie Stahl. Einige Opfer werden zerbissen, andere in Gänze verschlungen. Diejenigen, die dem hypnotischen Blick der Seeschlange widerstehen und den Kampf aufnehmen, merken schnell, dass Schwerter und Musketen nahezu wirkungslos sind. Äxte, Stangenwaffen und Geschütze haben sich im Kampf gegen die Ungeheuer der Tiefe bewährt, obgleich bislang noch kein Fall bekannt ist, in dem eine Seeschlange tatsächlich erlegt werden konnte. Merkt die Kreatur, dass der Widerstand stark ist oder wurde sie gar schwer verletzt, würgt sie einen faulig stinkenden Schleimbatzen auf das Deck, der im nächsten Moment in ein Gewirr kleiner Schlangen zerbirst, welche die Beute ablenken, während das Monster das Schiff zu zerquetschen beginnt.

Von Blutsäufern und Nachtschatten

Überblick

Der Balkan ist die Heimat des Vampirs. Er ist es heute, und er war es immer. Nicht erst seit der Öffnung des Höllentors werden die Länder südlich der Karpaten von den unheiligen Kreaturen heimgesucht. Schon in der Antike erschauderten die Griechen vor der abscheulichen Gello, die sich am Blut unschuldiger Kinder labte, und warnten ihre Sprösslinge vor den tödlichen Streichen des wolfsartigen Kallikántsaros, der in heutigen Tagen als Wrukolakas bezeichnet wird. Selbst die Römer fürchteten die leichenraubenden, eulengestaltigen Strigae und ihre Zauber. Die Thraker sprachen nur im Flüsterton von Toten ohne Knochen, die Lebenden das Blut stahlen. Aber auch die Rumänen, Albaner, Serben, Bulgaren und andere Völker des Balkans kennen unzählige Mythen und Legenden über absonderliche Schattenkreaturen, die nach dem Blut der Lebenden gieren. Heute, fast ein Jahrhundert nach dem Schwarzen Sturm, ist selbst dem vernünftigsten Gelehrten klar, dass nicht alles davon Aberglaube ist – wenn es das auf dem Balkan überhaupt je war.

Vampirdefinition

Darüber, was ein Vampir ist, variieren die Ansichten von Landstrich zu Landstrich, ja sogar von Dorf zu Dorf. Im Grunde ist die einzige Gemeinsamkeit der vielen Geschichten, dass die Kreaturen ihrem Grab entsteigen und Unheil stiften (das nicht einmal im Saugen von Blut bestehen muss). Einige Vampire sind lebende Leichname, andere eher Geister. Während die einen behaupten, man erkenne die grausigen Wesen daran, dass ihnen ein Schwanz wächst, halten andere zusammengewachsene Augenbrauen für ein eindeutiges Erkennungsmerkmal. Die Entstehung eines Vampirs ist ebenso ungeklärt: Ob sich das Opfer durch einen Biss der Kreatur verwandelt, es von Hexen bei der Geburt verflucht wurde oder vor dem Tod die letzte Beichte vergaß, weiß niemand genau. Auch wie sich das unheilige Dasein eines Vampirs beenden lässt, ist umstritten: Ist ein Holzpflock ins Herz das Mittel der Wahl oder muss man den Toten mit Steinen beschwert oder einer Silbermünze im Mund begraben, damit er nicht wiederkehrt? Vor allem auf dem Balkan, in den letzten Jahrzehnten aber auch in Mitteleuropa hat sich der Brauch durchgesetzt, jedes Grab regelmäßig zu überprüfen und vor-

Aber weiche zurück, und wende das Schwert von der Grube, dass ich trinke des Blutes, und dir dein Schicksal verkünde.

– Aus „Die Odyssee" von Homer

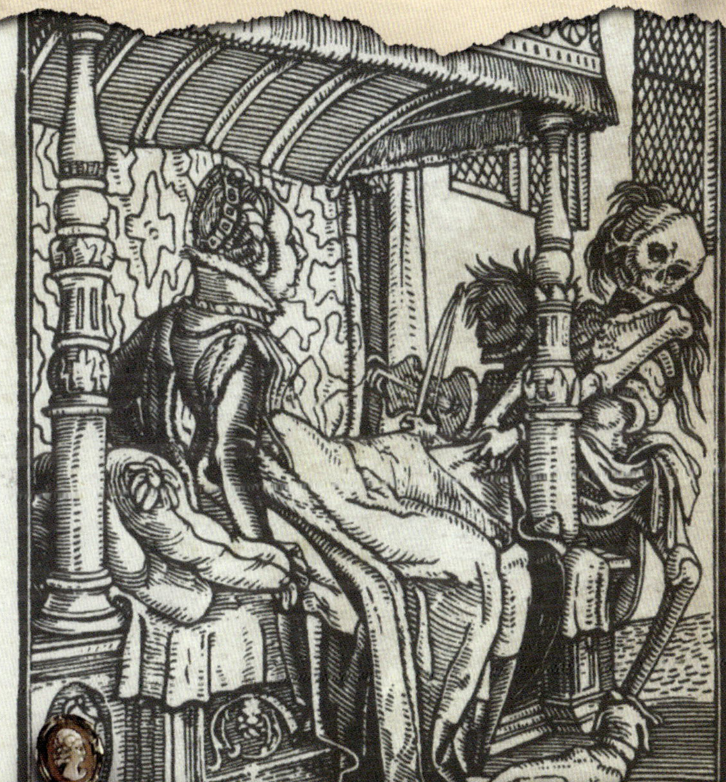

Vampirhysterie

Der Aberglaube, es gäbe blutsaugende Geister, die sich des Nachts an Menschen vergreifen, ist so alt wie die Menschheit. Im beginnenden 18. Jahrhundert jedoch kam es in Südosteuropa zu einer regelrechten Vampirhysterie, bei der alle möglichen Vorfälle lebenden Toten zugeschrieben wurden. Überall wurden Rituale abgehalten, Gräber geöffnet und Pfähle in Leichen gerammt. Das Treiben wurde so bunt, dass man selbst in Mitteleuropa davon hörte und sich das slawische Wort „Vampir" schnell verbreitete. In einigen Teilen Griechenlands wurde es sogar für Jahrzehnte ein Standardvorgehen, Gräber vierzig Tage nach der Bestattung zu öffnen, um sicherzugehen, dass der Verstorbene nicht inzwischen als Untoter wiederauferstanden war.

Legendäre Vampire

Unser modernes Bild des Vampirs ist stark geprägt von Bram Stokers „Dracula", dessen Schauerfigur auf dem im 15. Jahrhundert lebenden Woiwoden-Fürsten Vlad III. Drăculea (rumän. „Sohn des Drachen") basiert, auch genannt „der Pfähler". Die Gräueltaten des Rumänen sind 1733 zwar bereits bekannt und wurden sowohl in russischen als auch deutschen Erzählungen festgehalten, gerieten im Laufe der Jahre aber zunehmend in Vergessenheit. Erst Stokers 1897 erschienener Roman belebte den Mythos auf neue Weise wieder. Eine andere bekannte historische Gestalt, die mit Vampirismus in Verbindung gebracht wird, ist Elisabeth Báthory. Die ungarische „Blutgräfin" wurde 1611 als Serienmörderin hingerichtet, was Anlass zu vielerlei Mythen gab, von denen die bekannteste ist, sie habe im Blut der getöteten Mädchen gebadet und es getrunken.

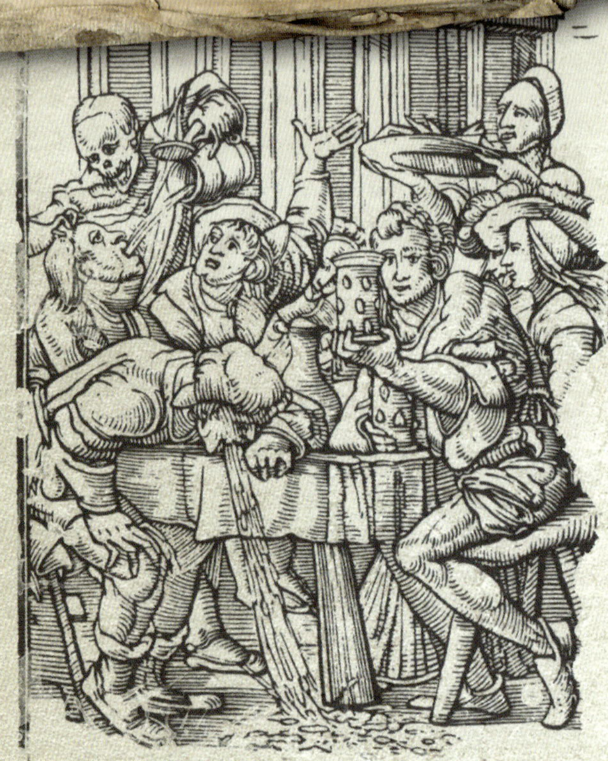

sorglich mehrere Schutzmaßnahmen zu ergreifen. Doch ungeachtet dessen sind Vampire besonders südlich der Karpaten eine reale Gefahr für die Bevölkerung.

Wrukolakas – Wölfische Bluttrinker

Viele Familien geben acht, dass alle Mitglieder nach Einbruch der Dunkelheit brav daheim in der Stube sitzen und die Türen fest verschlossen sind. Denn nachts treibt der Wrukolakas sein Unwesen. Das Tückische ist, dass man die Kreatur nicht sofort als Vampir erkennt. Er mag in Gestalt eines Burschen oder einer Bauernmaid erscheinen. Nicht wie eine gewichtige Persönlichkeit von Rang, sondern wie jemand, dem man alle Tage irgendwo begegnen kann. Die einzigen Zeichen, an denen man einen Wrukolakas erkennen kann, sind der Vampirschwanz, der ihm aus dem Steiß wächst (und den er freilich nicht herumzeigt), und seine Augen, die das Licht bei Vollmond reflektieren wie es die Augen von Wölfen tun. So getarnt, verschafft er sich Zutritt zu Gehöften und nutzt die Gastfreundschaft der Bauern aus. Er tut, als sei er ein freundlicher Geselle, frisst und säuft dem Bauern die Vorratskammer leer und schmeichelt sich alsdann auch noch bei den Heranwachsenden des Gehöfts ein, um ihnen die Unschuld zu nehmen. Zum krönenden Abschluss, wenn er seinen Spaß gehabt hat, beißt er irgendeinem Familienmitglied in die Gurgel, saugt alles Blut heraus und zieht weiter zum nächsten vertrauensseligen Tropf. Deswegen antwortet schlaues Landvolk niemals auf das erste Klopfen, wenn es nachts an die Tür pocht. Denn wenn der Wrukolakas nicht beim ersten Klopfen Antwort bekommt, zieht er weiter und die Familie ist sicher.

Manchmal rotten sich auch mehrere der Kreaturen zusammen wie zu einem Wolfsrudel, denn den Wölfen sind sie anverwandt. Dann schauen sie sich abgelegene Dörfer für ihre „Späße" aus. Nacht für Nacht treiben sie immer übleren Schabernack. In der ersten mag es noch sein, dass nur Eimer laut polternd umgeworfen werden, damit es die Dörfler aus dem Schlaf reißt. Aber spätestens in der siebten Nacht, da schneiden sie die Esel in zwei Hälften oder werfen tote Hühner in die Fenster des Gotteshauses. Wenn die Bewohner dann ordentlich eingeschüchtert sind, kommen die Kreaturen, um sich an dem Blut der Verängstigten zu laben. Nur die Gottesfürchtigsten überleben ein solches Bacchanal des Grauens.

Um einen Wrukolakas zu vertreiben, benötigt man geweihtes Wasser, Kruzifixe und am besten Kirchenglocken, denn deren Geläut erträgt die unheilige Kreatur nur unter Zetern und Schmerzen. Die Osmanen allerdings sagen, man brauche einen Koran, eine Gebetskette und es sei der Ruf des Muezzins, den der Wrukolakas nicht aushalte. Will man den wölfischen Vampir zur Strecke bringen, so sollte man im Gotteshaus ein Schwert weihen lassen und dem Bluttrinker damit den Kopf abhacken. Das ist nicht einfach, denn der Wrukolakas ist stark wie ein Ochse, und wenn es ihm zu viel wird, verwandelt er sich in einen Wolf und rennt schneller fort, als ein Mensch

Na, aber Väterchen, was denkst du denn Garstiges von mir? Ich bin doch kein Strolch. Mit keiner deiner Töchter habe ich Unzucht getrieben. Nur mit jedem deiner Söhne!

– Die spöttischen Worte des riesigen schwarzen Wolfes, der eines Nachts auf dem alten Dorfvorsteher von Kavala lag und diesem durchs Gesicht leckte

hinterherlaufen kann. Sicherer ist es, den Unterschlupf des Wrukolakas ausfindig zu machen, während die Kreatur schläft. Dann ist es ein Leichtes, ihr das Herz herauszuschneiden, in Essig zu kochen und zu verbrennen. Anschließend muss dem Wrukolakas einen Stein zwischen die Fangzähne gesteckt und er auf den Bauch gedreht werden. Nur das bettet den Vampir endgültig zur Ruhe.

Wrukolakas können auf viele Arten entstehen, weshalb es so viele von ihnen gibt. Zum einen erhebt sich jeder, der durch den Biss eines Wrukolakas zu Tode kommt, später selbst als einer. Jedermann tut daher gut daran, stets genug Essig im Hause zu haben, falls doch einmal ein Verwandter durch einen Untoten sterben sollte. Dann sind es freilich oft die Sünder und jene, die falschen Götzen huldigen, denen Gott zur Buße den Weg in die Ewigkeit versperrt und die daher als ruhelose Wrukolakas auf Erden wandeln müssen. Die Christen behaupten, dass sich vor allem Muslime in die unheiligen Kreaturen verwandeln, während die Imame natürlich das genaue Gegenteil kund tun. Als Letztes weiß der Volksmund zu berichten, dass sämtliche Kinder von Hexen, Huren, Werwölfen und Steuerpächtern dazu verflucht sind, schon zu Lebzeiten ein Dasein als Wrukolakas zu fristen. Diese Unglückseligen erkennt man daran, dass sie von Geburt an einen Vampirschwanz besitzen.

Upire – Sünder und Leichenhäute

Es mag mit den Seelen von Sündern sein, wie es will. Ihre Körper jedoch, wenn Fehler bei der Bestattung gemacht werden, sind leichte Beute für die Mächte des Bösen. Riecht ein Höllengeist, dass ein armer Sünder nicht richtig begraben wurde, dann fährt er in den Kadaver. Schon in der nächsten Nacht schält das dämonische Wesen dem Toten die Haut vom Leibe und kriecht darin zum Grab hinaus. Upire, so nennt man diese besessenen Leichenhäute. In den ersten Nächten sind es noch kleine Käfer, denen die Kreatur Blut entzieht. Alsbald sind es Mäuse und Ratten, dann Hasen und Dachse, bis die Kreatur schließlich größeren Tieren das Leben nimmt. Zu diesem Zeitpunkt geht den Leuten in der Umgebung meist auf, dass etwas Böses geschieht. Niemand achtet auf Mäusekadaver, aber ein totes Schaf, so trocken wie Brennholz, bleibt nicht unbemerkt. Nun ist Eile geboten, denn mit jedem Tropfen Blut, den der Upir saugt, wird er stärker. Ist er zu Beginn nur in der Lage, langsam über den Boden zu kriechen, so kann er bald schon springen und sich um seine Beute schlingen wie ein Tintenfisch. Hat die Kreatur erst ein Kind gemordet, ist sie bereits in der Lage, in menschenähnlicher Gestalt aufrecht zu stehen und sogar zu fliegen. Mit einem Menschen verwechseln, kann man das grausige Wesen jedoch nicht. Da es keine Knochen hat, bewegt es sich wie eine Mischung aus Molluske und Marionette. Seine fahle Haut ist durchscheinend, sodass man im Inneren das unheilig leuchtende Blut schwappen sieht.

In dem Maße, in dem der Upir wächst, steigt auch seine Resistenz gegenüber Verwundungen. Würde man die Kreatur erwischen, wenn sie zum ersten Mal aus dem Grab kriecht, es würde reichen, sie zu verbrennen. In jenem Stadium, in dem man zumeist auf sie aufmerksam wird, machen ihr Feuer und Klingen bereits nichts mehr aus. Es mussen geweihte Waffen sein oder solche aus Silber. Doch selbst mit diesen ist der Upir kaum zu verwunden, da er so flink und beweglich ist. Hat die dämonische Leichenhaut erst einen erwachsenen Menschen getötet, so ist sie bei Tag und bei Nacht unverwundbar, außer am geheiligten Sonntag (oder Freitag, wie die Muslime sagen).

Es ließ sich leise wie eine Feder auf eines der Lämmchen sinken und begann dann, sich einem obszönen Handschuh gleich über das Tier zu stülpen. Das Klagen und Schreien des Lamms ließ uns das Blut in den Adern gefrieren, doch noch schlimmer war das abscheuerregende Saugen und Schmatzen, das wir selbst auf diese Entfernung vernehmen konnten!

– Bericht eines osmanischen Offiziers, nach einer Patrouille durch die Lekani-Berge

In jedem Fall ergreift man den Upir am besten, wenn er des Tages in einem Grabe schläft, denn die Kreatur scheut das Licht der Sonne, obgleich dieses sie nicht verbrennt. Die Schwierigkeit allerdings besteht darin, das richtige Grab zu finden, da das unheilige Geschöpf nicht nur in seinem eigenen zu finden ist. Reibt sich der Upir an einem Grabstein, so hat er die Ruhestätte entweiht und kann fortan in ihr schlafen. Um herauszufinden, in welcher Grube der belebte Leichnam liegt, braucht es ein weißes Pferd. Dieses wird auf dem Friedhof über alle Gräber geführt, wobei jenes, vor dem es zurückscheut, der Rückzugsort des Upirs ist. Hat man die schlafende Kreatur vorsichtig aus der Erde gehoben, muss man sie mit gesegneten Nägeln durchbohren, auf dass alles Blut aus ihr hinausläuft. Kocht man die Leichenhaut daraufhin in Essig, lässt sie sich verbrennen und der Upir so besiegen – falls er nicht bereits zu mächtig ist und man den falschen Wochentag für das Vorgehen wählte.

Lässt man den Upir gewähren, mordet er Nacht für Nacht. Er schlüpft durch kleinste Ritzen in Schlafkammern und erdrosselt seine Opfer. Manchmal kriecht er ihnen auch in den offenen Mund, um sie von innen heraus auszusaugen. Ein Upir kann nicht sprechen, ist aber in der Lage, seinen Häschern fürchterlich perfide Fallen zu stellen. Nur zwei Dinge mögen den Menschen ein Trost sein: Die Opfer der unheiligen Kreatur sind nicht dazu verdammt, ebenfalls Upire zu werden. Darüber hinaus sind diese gottlob nicht unsterblich; der Allmächtige duldet ein solches Wesen nur sieben mal sieben Wochen auf Erden. Nach dieser Zeitspanne muss es unweigerlich vergehen.

Gello – Schattenflügel aus dem Grab

„Gello", kaum ein Name ist den Griechen verhasster, und dies bereits seit Jahrtausenden. Diese unreinen Kreaturen laben sich nicht nur an menschlichem Blut, sie vergreifen sich ausschließlich an den Schwächsten, die sie finden können. Vor allem quälen und töten sie Neugeborene und Mütter, die noch kraftlos im Kindbett liegen. Dabei reicht es der Gello nicht, einfach nur das Blut ihres Opfers zu trinken. Sie verbreiten auch noch ansteckende Krankheiten. In der Antike glaubte man, dass Gello die Geister von jungfräulich verstorbenen Frauen seien, die aus dem Grab heraus Müttern ihre Kinder neideten und daher grausige Morde begingen. Dieser Glaube kursiert im gemeinen Volk auch heute noch. Die offizielle Lehrmeinung der griechisch-orthodoxen Kirche (und damit auch des Sultanats) ist jedoch, dass es sich bei den Kreaturen keineswegs um verbitterte Geister handelt, sondern vielmehr um Dämonen. Gemeinhin geht man aber noch immer davon aus, dass die Gello nur in den Leichnam einer Jungfrau zu fahren vermag und zudem gerade von solchen Toten angezogen zu werden scheint, die sich im Leben mannigfaltiger Sünden schuldig gemacht haben. Das Vollziehen des vorehelichen Verkehrs als Schutz vor der Gello zu rechtfertigen, wird allerdings von nahezu allen Vertretern der Kirche streng abgelehnt.

Die wenigen Fälle, in denen Menschen den Kontakt mit einer Gello überlebten, berichten davon, dass sich die Kreatur selbst als Geist der Toten ausgab. Dies scheint jedoch nur der Einschüchterung zu dienen. Man geht davon aus, dass sich die Dämonen ihre späteren Wirtskörper schon zu Lebzeiten auswählen und aus dem Verborgenen beobachten, sodass sie dann die Verstorbene mimen können – mal besser, mal schlechter. An irgendeinem Detail wird für die Angehörigen aber stets augenfällig, dass die Gello nicht die Tote selbst ist. Vermutlich ist der Zweck dieser Scharade, dass sich die verhöhnende Kreatur am Leid der Menschen ebenso labt wie an ihrem Blut.

Äußerlich erscheinen Gello meist als kreidebleiche Mädchen mit kohlenschwarzen toten Augen. Mit Menschen verwechseln, kann man sie nur aus der Ferne, denn ihre Erscheinung ist bei Weitem zu leichenhaft. Sie sind zudem in der Lage, sich in unglaublich hässliche Nachtvögel und in Schmeißfliegen zu verwandeln. Im Gegensatz zu anderen Vampiren besitzen sie keine Fangzähne. Wenn sie Blut trinken wollen, landen sie in Vogelgestalt auf ihren Opfern und hacken ihnen mit ihrem scharfen Schnabel die Brust auf oder reißen ihnen das Fleisch mit den Klauen in Streifen. Nur wenn sie dem Betreffenden eine böse Krankheit anhexen wollen, versuchen sie, das Blut auf schmerzlose Weise zu saugen – denn die langwierige Qual des Opfers ist für die Gello besonders erquickend.

In alten Mythen und Schriften sind zahlreiche Methoden überliefert, die Gello fernzuhalten. Viele davon sind aufwändig und absurd. Mindestens die Hälfte ist wirkungslos. Um eine der Kreaturen zu töten, muss man sie entweder enthaupten, reinigendem Feuer aussetzen, ins Sonnenlicht zerren oder mit einer in einer Kirche (oder Moschee) geschmiedeten Eisenkette in ihrem Sarg fesseln und dann einen Exorzismus durchführen. Es ist wichtig anzumerken, dass der endgültige Erfolg der ersten beiden Methoden umstritten ist, da diese nur die wandelnde Leiche, nicht jedoch den körperlosen Dämon beseitigen. Unter Umständen mag eine geköpfte Gello rasch eine neue Jungfrauenleiche finden, in die sie einfährt.

Strigae – Eulen und Zauber

„Die Eulen sind nicht, was sie scheinen", so sagt ein kryptisches Sprichwort unbekannten Ursprungs. Auf dem Balkan und in gewissen Teilen Italiens bezieht es sich auf die Strigae, eine Unterart von Vampiren, deren Gabe es ist, sich in Eulen verwandeln zu können. Woher die Kreaturen kommen, ist unbekannt. In der orthodoxen Kirche wird weithin angenommen, dass Strigae und Gello im Prinzip das Gleiche seien. Dementsprechend geht man davon aus, dass auch die eulenhaften Vampire Dämonen sind, die in die Leichen von Sündern fahren. Unter gestandenen Jägern wird dies jedoch aufgrund zahlreicher Unterschiede zwischen beiden Vampirarten bezweifelt. Zwar verwandelt sich auch die Striga in einen Nachtvogel, vermag aber im Gegensatz zur Gello unerkannt unter den Menschen zu wandeln. Dann erscheint sie als gutaussehende oder zumindest charismatische Person, die sich stets durch ihre geistreiche Art auszeichnet und sich so leicht bei jedermann einschmeicheln kann.

Man sagt Strigae außerdem nach, dass sie über ein immenses okkultes Wissen und Zauberkräfte verfügen. Daher setzt man die Vampire in manchen Landstrichen auch mit Hexen gleich. Hinter vorgehaltener Hand heißt es, dass sie Menschen mit diesen Kräften bisweilen sogar helfen, dafür aber stets grausige Gegenleistungen fordern – etwa muss der Hilfesuchende der Striga sein gesamtes Blut geben. Junge und wohlgestaltete Menschen, die über außergewöhnliche Begabungen verfügen, sind die liebsten Opfer der Kreaturen. Was das Bluttrinken betrifft, gehen Strigae vorsichtig vor. Ihr Biss schmerzt kaum und sie lullen ihre Beute ein, damit diese sich nicht wehrt. Oft wird der Betreffende über Wochen hinweg immer wieder heimgesucht und siecht dann wie bei einer tödlichen Krankheit langsam dahin. Dabei verfällt er der Striga immer mehr. Im gemeinen Volk geht man davon aus, dass die Kreaturen ihre Opfer zwar nur allmählich aussaugen, aber stets töten – anders als im Falle des Wrukolakas, der seiner Beute zuweilen das Leben lässt. Zudem sagt man, dass Strigae gern menschliches Fleisch fräßen. Schon in antiken Überlieferungen wird erwähnt, dass sie die Leichen schöner Knaben und Mädchen stehlen und an ihrer Stelle verzauberte Strohpuppen in Gestalt der Toten zurücklassen würden, um ihr Verbrechen zu verschleiern.

Will man einer Striga entgegentreten, muss man sich auf einen harten Kampf gefasst machen. Die Kreatur ist überaus geschickt darin, sich zu verbergen, und hetzt ihren Feinden mit Vorliebe Söldner oder Horden verblendeter Dorfbewohner auf den Hals. Gelingt es, sie endlich zu stellen, ist auch die Striga selbst ein formidabler Gegner, die ihren Häschern allerlei tödliches Zauber- und Blendwerk entgegenschleudert. Die orthodoxe Kirche empfiehlt zur dauerhaften Vernichtung einer Striga, dieselben Methoden anzuwenden wie bei einer Gello. Ob die Wirksamkeit dieses Vorgehens allerdings gegeben ist, bleibt fraglich – zumindest Sonnenlicht hat sich bei mehr als einer Gelegenheit als völlig nutzlos erwiesen.

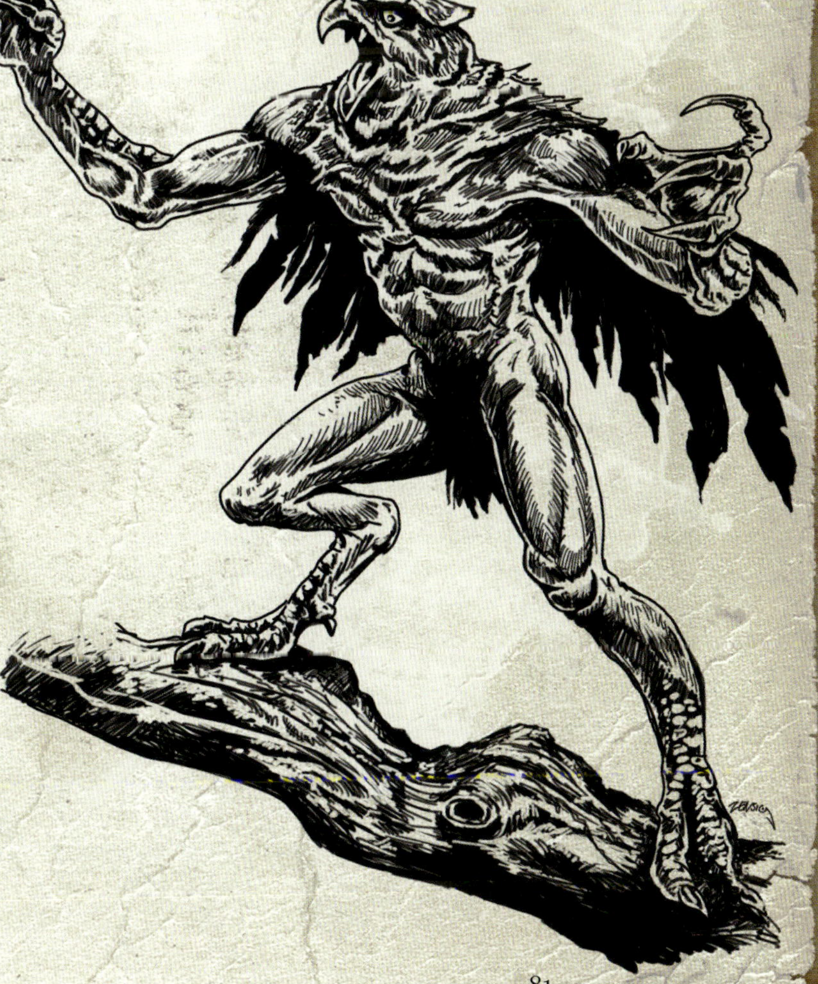

Von Wesen aus Mythen und Sagen

Überblick

Bei ihrer Suche nach den Pfaden in jenseitige Sphären stießen die Gelehrten der Prager Burg auf allerlei Gestalten aus alten Mythen und Sagen, ebenso wie goldhungrige Schatzsucher, allzu neugierige Abenteurer oder mutige Seefahrer. Doch die Rückkehr der legendären Wesen beschränkte sich nicht auf das Meer allein. Auch zu Lande, in Höhlen und vergessenen Ruinen, und sogar in der Luft wurden Kreaturen entdeckt, die allein der Anderswelt entstammen können.

„Nicht weil es schwer ist, wagen wir es nicht, sondern weil wir es nicht wagen, ist es schwer", sagte ich meinen Gefährten. „Und jetzt kommt mit mir: Dieser Steinfigurengarten birgt bestimmt ein großes Geheimnis."

— Aus den Forschungsberichten des Ondrej Hovotny an die Prager Burg

Der Minotauros – Menschenfressendes Ungeheuer

Dieses durch Unzucht mit dem Stier des Poseidon gezeugte mythische Ungeheuer hauste der Legende nach auf Kreta, in einem eigens dafür errichteten Labyrinth. Dort fraß der Minotauros Menschen, bis der tapfere Held Theseus ihn mithilfe der Königstochter Ariadne stellen und erschlagen konnte. Glaubt man der Sage, könnte man also getrost annehmen, dass diese Bestie keine Gefahr mehr darstellt, doch der Prager Burg liegen Berichte vor, die anderes vermuten lassen. 1669 im Minenkrieg um die kretische Hauptstadt Candia soll der Minotauros erneut mordend in den Tunneln erschienen sein und habe für eine solche Panik gesorgt, dass die Osmanen voller Entsetzen die militärisch völlig sinnlose Sprengung ihres Gangsystems befahlen und so den Sieg der Venezianer besiegelten. Doch wer nun denkt, das Mischwesen aus Mensch und Stier sei ein Freund der Christenheit, könnte falscher nicht liegen. In den letzten Jahrzehnten wurden viele Expeditionen in die Tunnel von Candia unternommen, und nur sehr wenige mutige Forscher kamen lebendig zurück, die meisten geistig verwirrt. Panisch berichteten sie von blutrünstigen Monstern mit Klauen und Hörnern, über deren Ursprung die Gelehrten mehrere Thesen aufgestellt haben.

Zum einen könnte es sich durchaus um den legendären Minotauros handeln, der mit finsterer Magie wieder zum Leben erweckt oder durch die Öffnung des Höllenportals aus seinem Äonen währenden Schlummer gerissen wurde. Auch andere Wesen der griechischen Sagenwelt, wie Satyrn oder Sirenen, wurden bereits gesichtet, die den Forschern der Prager Burg zufolge aus einer Sphäre der Anderswelt in unsere Realität gelangten. Eine andere Überlegung beruht ebenfalls auf der Annahme, dass es die mythische Kreatur einst gab, bestreitet aber, sie könne die Jahrtausende überdauert haben. Vielmehr geht sie davon aus, dass der Minotauros die ihm jährlich geopferten athenischen Jungfrauen nicht nur verspeiste, sondern auch seine Lust an ihnen stillte und so eine eigene Sippschaft gründete. In Unkenntnis dieses Umstands wurde der Stier des Minos zwar erschlagen, seine Brut jedoch überlebte in den Tiefen, vermehrte sich mit entführten Menschen und schuf so ein unterirdisches Reich, ähnlich dem der Schwarzalben in den Alpen. Dies würde auch erklären, warum es noch weitere Berichte über stierähnliche Kreaturen im östlichen Mittelmeerraum gab, die alle in Höhlen oder verschütteten Ruinen gesichtet wurden. Dass es allerdings tatsächlich ein Tunnelnetzwerk geben könnte, das die meisten Inseln der Ägäis miteinander verbindet, scheint vielen Gelehrten doch etwas zu abwegig.

Kyklopen – Missbildungen und Feuer

Seit dem Jahr 1640 nahm die vulkanische Aktivität in der Ägäis beständig zu, so wurden Erdbeben häufiger und öffneten sich abseits der bekannten Vulkangebiete (wie Methana auf der Peloponnes sowie der Inseln Santorin und Nisyros in der südlichen Ägäis) weitere Spalten und Schlote, aus denen Rauch, Gase und zuweilen gar Feuer aufsteigt. Was andernorts zum Verlassen oder zumindest dem Meiden der entsprechenden Orte führen würde, scheint den Einheimischen oft nicht mehr als ein Schulterzucken zu entlocken. Viele nutzen sogar die aufsteigende Hitze des Bodens zum Backen oder Waschen, wie erbärmlich es auch nach Schwefel stinken mag. In einigen dieser Region jedoch wurden Menschen zunehmend von einer merkwürdigen Krankheit befallen, die aufgrund ihrer Symptome als Kyklopismus bezeichnet wird: Zunächst befiel sie ein mörderisch hohes Fieber, gefolgt von abscheulichen Miss-

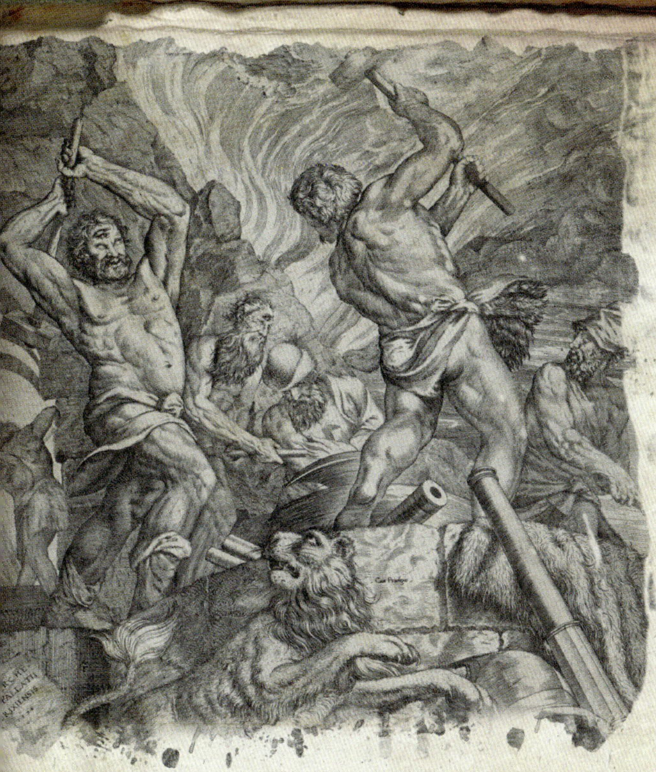

bildungen. Laut einem hiesigen Medicus war es fast, als wären die Patienten unter der Hitze des Fiebers geschmolzen und dann in eine neue Form gebracht worden.

Die meisten von der Krankheit Betroffenen starben, und die Überlebenden waren kaum noch als Menschen zu erkennen. Ihre gesamte Haut war von einer unempfindlichen, rauen und äußerst zähen Schuppenflechte überzogen. Die Gliedmaßen und der Körper wirkten deformiert: stämmiger und kräftiger als zuvor. Die schlimmste Veränderung allerdings war, dass beide Augen miteinander verwuchsen, bis sie nur noch einen einzigen großen, kreisrunden Augapfel in der Mitte der Stirn bildeten. Auch im Geiste veränderten sich die Kranken, die immer trieb- und tierhafter und schließlich allein von Hunger getrieben wurden. In ihrer unheimlichen Gier fraßen sie alles, dessen sie habhaft werden können, sogar vor kannibalistischen Übergriffen auf die gesunde Verwandtschaft schreckten sie nicht zurück. In der letzten Phase der Krankheit entwickelten die Betroffenen eine Art Riesenwuchs und schossen bis auf eine Größe von vier bis sechs Metern in die Höhe. Nun unterschied sie nur noch wenig von den legendären Kyklopen der griechischen Sagen, was der Krankheit ihren Namen einbrachte.

Die einstigen Menschen waren am Ende nicht mehr als monströse Wesen, die eine große Gefahr für ihre Umwelt darstellten. Versuche, die Kreaturen zu töten, gestalteten sich allerdings als äußerst schwierig, da ihre Haut überaus zäh und noch dazu gegen Feuer gänzlich immun zu sein schien. Schlimmer noch, sie kontrollierten Feuer auf übernatürliche Weise und konnten aus dem Nichts ein flammendes Inferno erzeugen, das ihre Feinde zu Asche verbrannte. Viele flohen vor den sogenannten Kyklopen, aber diejenigen, die zurückblieben, wurden zu Sklaven der bestialischen Geschöpfe, die trotz ihrer triebhaften Natur in den vulkanischen Gebieten eigene Königreiche zu erschaffen begannen. Die Grenzen ihres Territoriums befestigten sie mit gewaltigen Mauern aus riesigen Steinquadern, an den feurigen Spalten und Schloten errichteten sie tempelartige Schmieden, in denen sie Waffen herstellten, um besser morden zu können.

Anders als in der Sage jedoch fressen die missgestalteten Wesen Menschen nur, wenn sie nichts anderes zum Verspeisen bekommen. Die menschlichen Sklaven, die von den grauenhaften Kreaturen immer wieder aus dem Umland geraubt werden, sind daher sehr bemüht, ihre neuen Herren satt und bei guter Laune zu halten. Um diesem barbarischen Treiben Einhalt zu gebieten, entsandte so mancher Gouverneur oder Pascha seine Truppen. Einigen wenigen gelang es unter gewaltigem Blutzoll, die Siedlungen der Kyklopen niederzureißen und ihre Bewohner auszulöschen. Doch bis heute gibt es einige Burgen der Kreaturen vor allem in ländlicher Umgebung und auf abgelegenen Inseln. Da der scheinbar intuitive Umgang mit Feuer, das die Kyklopen in religiöser Art anbeten, sie zu ausgezeichneten Schmieden macht, bringen die ruchlosesten Piraten und Räuber ihnen sogar Vorräte und menschliche Sklaven im Austausch gegen ihre Dienste. So wurden einige Kyklopeninseln zu richtigen Piratenwerften, von denen Santorin die bekannteste ist.

Stymphaliden – Eherne Vögel

In Anlehnung an die sechste Aufgabe des antiken Helden Herakles gab man den widernatürlichen Vögeln, die sich mittlerweile zu einer regionalen Plage entwickelt haben, ihren Namen: Stymphaliden. Tatsächlich wurden die ersten dieser Kreaturen in der arkadischen Hochebene bei der Siedlung Stymphalos gesichtet, doch breiteten sie sich seitdem immer mehr aus, sodass sie inzwischen wohl im gesamten Mittelmeerraum zu finden sind. Auf den ersten Blick werden die Geschöpfe oft mit Kranichen verwechselt, allerdings besitzen sie einen längeren, stabileren Schnabel, Greifvogelklauen und ein metallisch-grün schimmerndes Gefieder. Besonders häufig sind die Stymphaliden in Gegenden mit Schilfbewuchs, doch beziehen sie mit Vorliebe auch Kornfelder sowie Obst- und Olivenhaine und verteidigen ihr Revier verbissen. Dabei zerstören ihre scharfkantigen

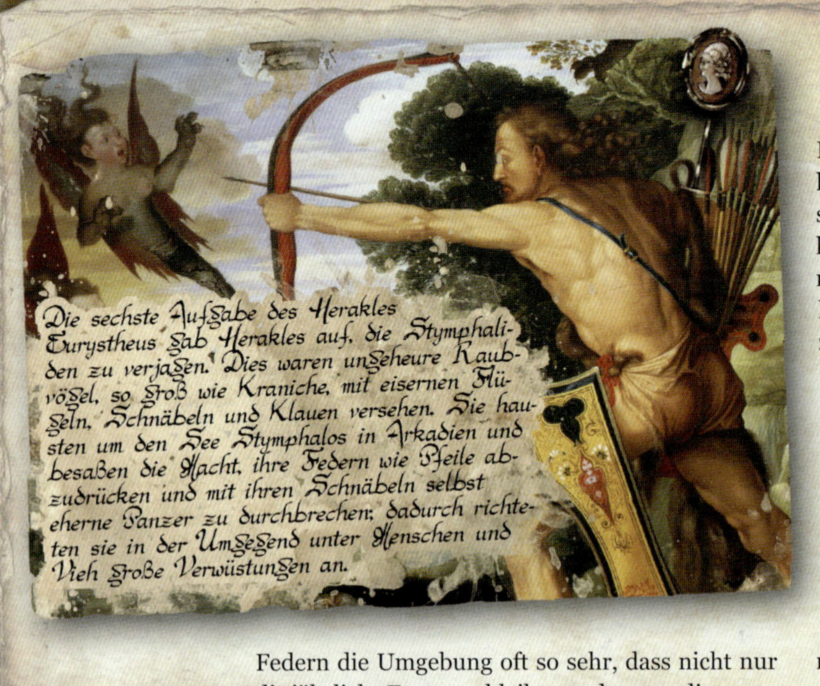

Federn die Umgebung oft so sehr, dass nicht nur die jährliche Ernte ausbleibt, sondern gar die ganze Pflanzung auf Jahre ertraglos wird. Stymphaliden sind Fleischfresser und dabei in keiner Weise wählerisch. Von Fisch, Frosch und Krebs ernähren sie sich genauso wie von Huhn, Schaf, Schwein oder Rind – und wenn ein Mensch kommt, um seine Tiere zu schützen, wird auch dieser nicht verschmäht. Dabei jagen die Kreaturen immer in Schwärmen von mindestens fünf Tieren und nutzen verschiedene Vorgehensweisen, um ihre Beute zu erlegen. Meist schleudern sie ihre scharfen Federn, um ein Opfer aus der Ferne zu durchbohren. Erweist sich dies als nutzlos, greift ein Teil des Schwarms mit seinen grausigen Schnäbeln und Klauen an, die übernatürlich hart sind und selbst einen Kürass zu zerfetzen vermögen. Auch wenn die Geschöpfe grundsätzlich leicht zu töten sind, ist ihre schiere Masse oft kaum zu überwinden.

Ein anderer Weg, der Plage Herr zu werden, ist es, sich an eine sogenannte Büßerin zu wenden, eine Metanoón. Diese überkonfessionellen Eremitenschwestern bereisen bettelnd das Land, um die Menschen zu gemahnen, sich ihrer Sünden bewusst zu werden. Es gibt mehrere Berichte aus zuverlässigen Quellen, denen zufolge es einer solchen Büßerin gelang, Stymphalidenschwärme zu vertreiben, indem sie ins Gebet vertieft lärmende Klappern aneinanderschlug.

Gorgonen – Gärten aus Stein

Kaum ein Schrecken, der in den Sagen der alten Griechen überliefert ist, ist so entsetzlich wie die der Gorgonen. Davon zeugen noch immer die vielen Bildnisse des Medusenhaupts, das sich auf antiken Relikten findet und in alten Tagen als Zeichen des Schutzes und der Abwehr galt. Der Legende nach nahm die Göttin Athene selbst das Haupt der Medusa von Perseus entgegen und befestigte es an ihrer Rüstung Aigis, von wo aus es seitdem Gegner in Stein verwandelte. Allein die Abbildung des abgeschlagenen Kopfes – im Grunde nicht mehr als die Erinnerung an eine Geschichte – reichte in der Antike aus, um jemanden davon abzuhalten, ein Gebäude zu betreten oder eine Truhe zu öffnen.

Doch was für Jahrhunderte als heidnischer Aberglaube und Hirngespinst abgetan wurde, ist inzwischen schreckliche Realität. Es begann mit verlorenem Vieh, dann verschwanden dessen Hirten und schließlich die Angehörigen, die ihre Liebsten suchten. In völliger Unkenntnis und abergläubischer Angst mieden die Klügeren diese Orte, während tollkühne Toren der Sache auf den Grund gehen wollten – und ebenso verschwanden. Nachforschungen der alarmierten Obrigkeit förderten unheimliche Stätten zu Tage, an denen sich große Mengen von teils mit Kleidung behangenen Steinstatuen befanden. Diese aber standen nicht chaotisch herum, sondern waren zu bildhaften Szenen zusammengestellt und vereinten Tiere, Menschen und die Umgebung in Harmonie. Der Grund, derart lebensecht gestaltete und noch dazu bekleidete Steinfiguren mitten in der Wildnis aufzustellen, gab den Ermittlern Rätsel auf, und erst als Menschen aus der Gegend in den Statuen ihre verschwundenen Tiere und Angehörigen erkannten, dämmerte die Erkenntnis von widernatürlichen Machenschaften. Es ist dem Feldforscher und Weltreisenden Ondrej Novotny aus Prag zu verdanken, dass wir heute um die Existenz der Gorgonen wissen. Er erkannte Parallelen in Berichten aus verschiedenen Gegenden der Ägäis und stellte die These auf, es handle sich um widernatürliche Geschöpfe, die einst die Grundlage für die Mythen und Legenden bildeten. Er vermutete, dass die Gorgone ihr Opfer überrascht, es in Stein verwandelt und die so entstandene Statue nutzt, um weitere Beute anzulocken. Um neue Opfer in Sicherheit zu wiegen, inszeniert die Bestie die Versteinerten so, dass sie möglichst einladend und lebensecht wirken. Im Laufe der Zeit entstehen auf diese Weise ganze Figurengruppen. Doch je länger eine Person schon vermisst wird, desto unwahrscheinlicher ist es, dass eine Gorgone die entsprechende Statue noch als Köder benutzt. Somit führt nicht jede Figur zu einer der Kreaturen, wie nicht jedes Spinnennetz eine Spinne beherbergt. Allerdings konnten durchaus einige wenige Opfer aus ihrem Zustand erlöst werden. In sämtlichen dieser Fälle schien die Kreatur noch in der Nähe zu sein. Leider reißen an dieser Stelle die Aufzeichnungen von Novotny ab, die in einer Tasche an einer überwachsenen Steinstatue gefunden wurden, sodass es bis heute keine gesicherten Berichte über das Aussehen der Geschöpfe oder die Art ihrer Kräfte gibt.

Andere mythische Wesen

Die griechischen Sagen der Antike berichten von unzähligen mythischen Geschöpfen und Bestien. Einigen davon sind Menschen bereits begegnet, sie konnten als real existierende Wesen bestätigt werden, viele andere jedoch sind auch 1733 noch das, was sie seit Jahrtausenden waren: Mythen. Obwohl die Gelehrten über den Wahrheitsgehalt der Überlieferungen streiten, haben die Forscher der Prager Burg für ihre Arbeit im Mediterraneum einen Katalog von sagenhaften Kreaturen angelegt, der ihr vermutliches Aussehen ebenso beschreibt wie Fundorte und Stätten möglicher Begegnungen. Dieser umfasst beispielsweise die folgenden Wesen:

- Die **Kentauren**, halb Mensch, halb Pferd, die der Sage nach wilde, streitsüchtige und lüsterne Gesellen sind. Nur einige wenige, wie der legendäre Cheiron, sollen weise und vernünftig gewesen sein. In seltenen Fällen berichteten Seefahrer bereits von mysteriösen verschwindenden Inseln, auf denen sie Kentauren begegnet sein wollen.
- Die **Sphinx**, deren Rätsel erst Ödipus lösen konnte, soll den Kopf einer Frau besitzen und den Körper eines geflügelten Löwen. Meist wird sie als unheilbringende Dämonin dargestellt.
- Die **Chimaira**, die in Hesiods Werken als monströse Kreatur beschrieben wird, mit dem Kopf eines Löwen, einer Ziege und einer Schlange. Nach Homer soll das feuerspeiende Ungeheuer hingegen nur einen Löwenkopf besessen haben, auf dem Körper einer Ziege und mit einer Schlange als Schwanz.
- Die **Hydra**, eine vielköpfige Schlange, die in den Sümpfen von Lerna ihr Unwesen trieb. Für jeden abgeschlagenen Kopf wuchsen ihr zwei neue und der in ihrer Mitte war gar unsterblich. Ihr Blut soll so giftig gewesen sein, dass Herakles Pfeile, die er damit benetzte, fortan unheilbare Wunden schlugen.
- Das geflügelte Pferd **Pegasos**, das der Sage nach Bellerophon in den Kampf gegen die Chimaira trug.
- **Kerberos**, der dreiköpfige Riesenhund, dessen Geifer und Atem tödlich sind. Er soll den Eingang zur Unterwelt bewachen, damit weder Lebende eindringen noch Tote entkommen.
- Der **Nemeische Löwe** mit der undurchdringbaren Haut, der erst in der tödlichen Umklammerung des Herakles sein Leben aushauchte.
- Die nach Menschenfleisch gierenden **Rosse des Diomedes**. Vier Stuten, denen jeder zum Fraß vorgeworfen wurde, der in das Reich des Thrakerkönigs eindrang.
- Der Drache **Python**, monströser Wächter des Orakels von Delphi.
- **Keto**, ein gewaltiges Meeresungeheuer, das unter anderem die Mutter der Gorgonen sein soll und erst von Perseus mit dem Haupt der Medusa besiegt wurde.

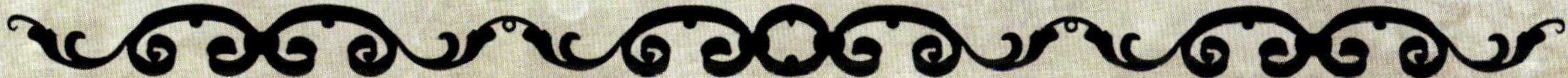

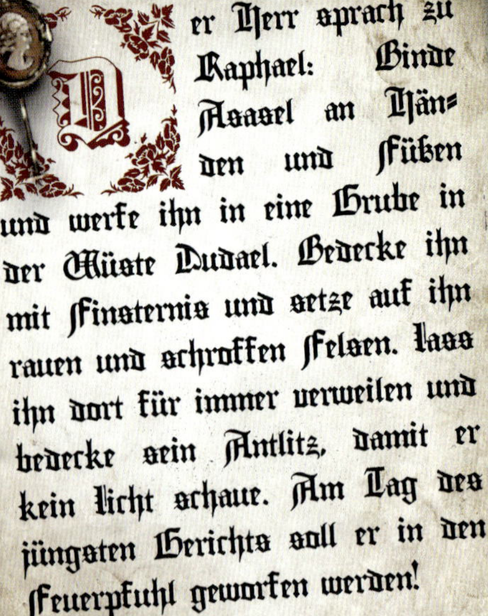

Der Herr sprach zu Raphael: Binde Asasel an Händen und Füßen und werfe ihn in eine Grube in der Wüste Dudael. Bedecke ihn mit Finsternis und setze auf ihn rauen und schroffen Felsen. Lass ihn dort für immer verweilen und bedecke sein Antlitz, damit er kein Licht schaue. Am Tag des jüngsten Gerichts soll er in den Feuerpfuhl geworfen werden!

—Buch Henoch, Kapitel 10, Vers 4–7

Von den Dienern des Asasel

Überblick

Als sich 1640 im Schwarzwald das Höllentor öffnete, blieb der Mittelmeerraum zunächst von den Kreaturen des Bösen verschont. Doch schon in den folgenden Jahren mehrten sich auch hier die Sichtungen widernatürlicher Geschöpfe. Unter ihnen befand sich eine seltsame Art von Dämonen, die bisher unbekannt war und die nur in den Ländern der Ägäis vorzukommen schien. In Anlehnung an das Umm al-kitāb, ein islamisch-gnostisches Werk aus dem 8. Jahrhundert, bezeichneten die Gelehrten sie als Schaitane und ordneten sie einem gefangenen Dämonenfürsten zu: Asasel.

Aus den Schriften

Viele Legenden ranken sich um den Dämon Asasel, sowohl jüdischen, christlichen als auch islamischen Ursprungs. Laut den Apokryphen soll er einst ein hochrangiger Engel gewesen sein, der wie Prometheus sein himmlisches Wissen mit den Menschen teilte. Unter anderem lehrte er sie die Metallbearbeitung, unterwies sie in der Kunst des Färbens und des Schminkens und brachte ihnen das Waffenhandwerk bei. Doch sein Geschenk ließ die Menschen eitel und habgierig werden, sie zerstörten Gottes Schöpfung und begannen, sich gegenseitig zu töten. Auch im Islam wird er mit den gefallenen Engeln in Verbindung gebracht. So soll er durch den siegreichen Kampf gegen das Böse stolz und überheblich geworden sein. Als er sich vor dem neusten Geschöpf des Herrn (dem Menschen) verneigen sollte, verweigert er Allah den Gehorsam: Da er selbst aus Feuer geschaffen war, glaubte er dem aus Lehm erschaffenen Menschen überlegen zu sein.

In beiden Quellen wird Asasel zur Strafe aus den Reihen der Engel an einen wüsten, trostlosen Ort in der Finsternis verstoßen und an diesen gefesselt. Im Umm al-kitāb wird dieser als die niederen Sphären bezeichnet, das Buch Henoch spricht von der mythischen Wüste Dudael. Von dort aus soll er seine Heerscharen befehligen, ohne den Ort allerdings selbst verlassen zu können. Wo dieser Kerker liegt, ist unbekannt. Da im 3. Buch Mose erwähnt wird, dass das Volk Israel einen Ziegenbock als Sündenopfer zu Asasel in die Wüste schickte, glauben einige Gelehrte aber, dass damit die judäische Wüste gemeint sein könnte. Heutzutage geht man hingegen davon aus, dass es sich um einen besonderen Ort in der Hölle handelt.

Der Sündenbock

Der sprichwörtliche „Sündenbock" beruht auf dem im Alten Testament überlieferten hebräischen Brauch, zu Jom Kippur einen per Los entschiedenen Ziegenbock mit den Sünden des Volkes Israel zu beladen. Mit Martin Luthers Bibelübersetzung fand der Sündenbock Eingang in die Alltagssprache.

Ein neues Dämonenvolk

In den Jahrzehnten nach dem Schwarzen Sturm mehrten sich auch im Mittelmeerraum die Sichtungen von widernatürlichen Kreaturen, darunter vor allem unbekannte Dämonen, die man später als Diener Asasels erkannte. Eine Gruppe hatte dabei von Beginn an mit den chaotischen Höllenkreaturen zu tun: Schatzjäger, die bei ihrer Erforschung entlegener Gebiete, uralter Höhlen und vergessener Ruinen immer wieder auf die unheimlichen Wesen trafen. Letztlich ist auch Schatzjägern die Erkenntnis zu verdanken, dass die entstellten Dämonen – so unterschiedlich sie auch erscheinen mögen – ein und demselben Volk der Hölle entspringen. Allerdings dauerte es bis zu dieser Einsicht, da die Kreaturen nicht nur von Grund auf verschiedene Gestalten aufweisen, sondern sich diese auch je nach der Kaste unterscheidet, in die sich das Volk offenbar unterteilt. Einige besitzen ein Fell, manche geschuppte Haut, wiederum andere zusätzliche Gliedmaßen, verdrehte Leiber, Hörner, Flügel oder sonstige körperliche Missbildungen.

Auf der Suche nach Antworten reisten einzelne gebildete Schatzjäger bis nach Italien, um dort Kontakt zum Collegium Romanum aufzunehmen und sich mit den Forschern des Ordo Purgato Libris über ihre Entdeckungen auszutauschen. Auch der Wächterbund und vor allem die Prager Burg zeigte früh Interesse an den neuen Dämonen. Aus diesen Kontakten erwuchs eine anhaltende geschäftsmäßige Freundschaft, die um 1700 darin mündete, dass Dr. Veitel Birnbaum in den Süden entsandt wurde, der später den entscheidenden Impuls zu Gründung des heutigen Schatzjägerrings gab (siehe: *Der Schatzjägerring – Gräber, Räuber und Gelehrte*).

Bereits zuvor waren es die im Mittelmeerraum tätigen Gelehrten der Prager Burg, die wesentlich zur Lösung des Rätsels um die unbekannten Dämonen beitrugen. Zwar waren sie grundsätzlich mehr an mythologischen Kreaturen interessiert, da sie sich von ihnen Hinweise auf die verborgenen Pfade in die Anderswelt erhofften, doch nicht wenige ihrer eher theologisch orientierten Forscher hatten sich dem Studium der Höllenfürsten verschrieben. Das hat einen wichtigen Grund, denn sowohl Dämonen als auch mythische Kreaturen werden aus den Sphären der Anderswelt beschworen. Mit den Erkenntnissen über die teuflischen Wesen glaubten sie, auch einen Durchbruch bezüglich der Natur der zwischenweltlichen Durchgänge erzielen zu können. Den pragmatischen Schatzsuchern, die zu dieser Zeit noch in verfeindeten Gruppen agierten, wurde dadurch etwas ganz anderes bewusst: Die Dämonen, auf die sie immer wieder trafen, waren herbeigerufen worden. Tötete man den Beschwörer, konnte man auch die Gefahr der widernatürlichen Kreaturen bannen.

In den folgenden Jahren konzentrierten sich daher mehr und mehr Schatzjäger darauf, antiken Beschwörungsformeln auf die Spur zu kommen, die unter der Hand kopiert, getauscht und verkauft wurden. Im Austausch mit den Prager Gelehrten und den weisesten Imamen fand man heraus, dass viele dieser Schriftstücke eine Gemeinsamkeit besaßen: Sie bezogen sich auf Asasel und beschrieben dessen Anrufung mit dem Ziel, einen Bund mit dem Dämonenfürsten einzugehen, um fortan seine Diener herbeirufen zu können. Nun war klar, dass es einen Zusammenhang zwischen den verschiedengestaltigen Höllenwesen geben musste, die Gelehrte des Sultans bald darauf als „Schaitane" bezeichneten.

Über Schaitane

Nach allem, was man bis heute über Schaitane herausgefunden hat, sind sie Dämonen des Chaos und der Veränderung. Das Verhalten der Kreaturen ist chaotisch, sie streiten häufig, verfolgen individuelle Ziele und sind auch ihresgleichen gegenüber heimtückisch und verlogen.

Es ist indes rätselhaft, wie es Dämonenbeschwörern gelingt, Schaitane ihrem Willen zu unterwerfen. Die gängige Lehrmeinung ist, dass die Höllenwesen überhaupt nicht ihrem Beschwörer dienen, sondern einzig und allein Asasel. Das würde bedeuten, dass die herbeigerufenen Kreaturen nur dann den Befehlen eines Schwarzmagiers oder dergleichen folgen, wenn diese Asasels Zielen dienlich sind. Immerhin ließe sich so erklären, warum derart viele Anrufungsversuche scheitern. Immer wieder stoßen Mitglieder des Schatzjägerrings auf Überreste von Dämonenbeschwörern, denen es offenbar nicht gelang, ihren Willen durchzusetzen, und die von den chaotischen Schaitanen regelrecht zerfetzt wurden.

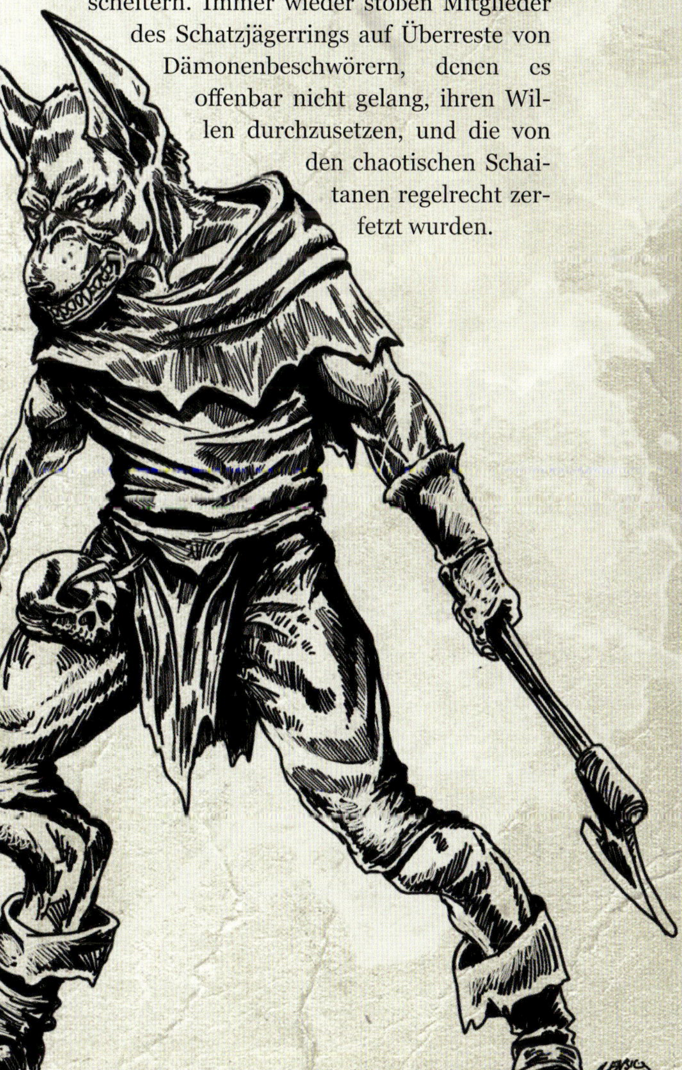

> *Sie gatterte eine alte Hexe aus, welche den Ruf hatte, durch Beschwörungen und Schwarzkünsteleien alles in der Welt ausrichten zu können, und sparte weder Bitten noch Geschenke, dieselbe dahin zu bewegen, ihren Mann entweder wieder gutzumachen und mit ihr auszusöhnen oder, wo sie das nicht könnte, wenigstens ein Gespenst oder sonst einen bösen Geist zu bannen, um denselben tot zu quälen.*
>
> *– Aus „Metamorphosen" von Lucius Apuleius*

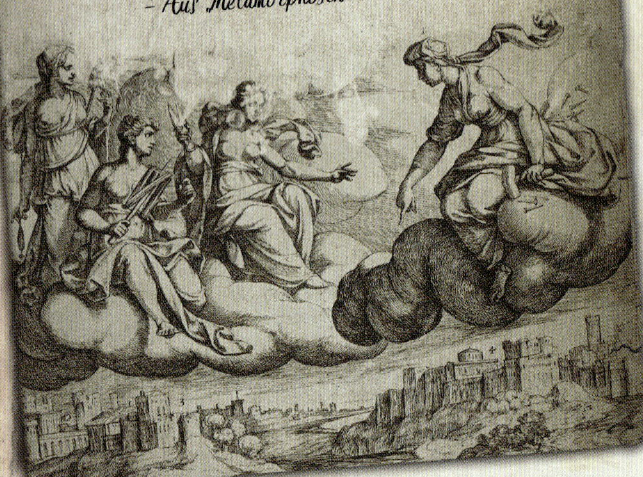

Von der Hexenbrut des Südostens

Überblick

Hexen gibt es überall, der Mittelmeerraum bildet da keine Ausnahme. Auch hier kennt man seit grauer Vorzeit unzählige Mythen über Teufelsweiber und Zauberinnen, auch hier finden sich seit der Öffnung des Höllentors allerlei widernatürliche Schrecken. Im Gegensatz zu Mitteleuropa jedoch sind Berichte über wahre Hexen selten. Sicher, jeder kennt die sieben teuflischen Gemahlinnen des verrückten Sultans İbrahim, die vor knapp neunzig Jahren Unheil über Konstantinopel brachten. Und welcher Seemann, der das Mare Monstrum befährt, würde bestreiten, schon einmal von der sagenumwobenen Zauberin Kirke gehört zu haben, die einst Odysseus umgarnte? Doch obwohl viele Sagen und Legenden von derartigen Frauen erzählen, finden sich wenige aktuelle Geschichten über sie, was erfahrene Jäger natürlich sofort misstrauisch werden lässt: Nicht von Hexen zu hören, bedeutet schließlich nicht, dass es keine gibt. Vielleicht verbergen sie sich nur besonders gut.

Des Sultans Behörde

Kurz nach dem Fiasko mit den Hexengemahlinnen des verrückten Sultans İbrahim wurde ein Experte berufen, der die Vorgänge um diese Buhlen des Teufels untersuchen und dokumentieren sollte. Aus dem einzelnen Ermittler ist inzwischen ein ganzes Amt geworden, das allein dem Sultan untersteht und in den vergangenen Jahrzehnten viele Informationen zusammentragen konnte. Dabei arbeitet die osmanische „Behörde zur Hexenverfolgung" mit verschiedenen Untergruppen des Wächterbundes zusammen, und zwar so eng, dass sie faktisch selbst als weitere Gruppierung des Bundes gelten muss. Trotz ihres Namens pflegt die Behörde keinen Kontakt zur römischen oder spanischen Inquisition (was allein aus religiösen Gründen abwegig ist). Allerdings verwendet sie ähnliche Methoden der Aufspürung und Befragung, weshalb ihre Abgesandten unter der Hand ebenfalls als „Inquisitoren" bezeichnet werden, obwohl sie offiziell den Namen „Hexenermittler" tragen. In der Regel handelt es sich bei ihnen um reine Bürokraten, die weder über eine Ausbildung noch Erfahrungen in der Auseinandersetzung mit widernatürlichen Kreaturen verfügen. Sobald sie eine Person als Hexe identifiziert haben, verständigen sie die örtlichen Dienststellen, damit diese sich um den Fall kümmern – welche sich wiederum nicht scheuen, professionelle Hexenjäger anzuheuern. Die Behörde für Hexenverfolgung differenziert zwischen drei verschiedenen Hexenarten, wobei die Unterscheidung vor allem auf antiken und späteren Quellen basiert und weniger auf handfesten Kriterien: archaischen, göttergleichen und kultischen Hexen.

Die archaische Hexe

Liest man vorchristliche Texte der Griechen und Römer, stellt man sehr schnell fest, dass Hexen schon in der Antike bekannt waren und auch damals als boshaft und heimtückisch galten. Sie machten ihren Mitmenschen das Leben mit Flüchen schwer, fraßen Kindern die Leber aus dem Leib, rissen ihren Opfern das Gesicht ab oder trafen sich bei Vollmond zum Blutsaufen. Mit anderen Worten: Sie verhielten sich nicht anders als die wahren Hexen der heutigen Zeit. Daran, dass Hexerei und jene, die sie betrieben, übel und verwerflich waren, ließen antike Autoren keinerlei Zweifel. Dennoch scheint man in jenen Tagen eine recht ambivalente Einstellung zur schwarzen Kunst gehabt zu haben. Hexenwerk war zwar böse, aber gleichzeitig auch nützlich. Die zahlreichen bleiernen Fluchtafeln, die man noch heute in antiken Ruinen finden kann, belegen, dass die alten Griechen und Römer eher aufgeschlossen mit Verwünschungen und Schadenszaubern umgingen.

Scheinbar war Hexerei in der Antike ein überaus lukratives Geschäft. Immer wieder liest man von Zauberinnen, die in den Seitengassen großer Städte gegen klingende Münze Zaubersprüche und Flüche feilboten. Dabei machten sie sich im Gegensatz etwa zu den heutigen Hexen Galiziens nicht einmal die Mühe, sich unter dem Mantel des gönnerhaften Beschützers zu verbergen. Selbst den Liebeszaubern, die sie verkauften, haftete etwas Bösartiges an: Sie ließen das Opfer nicht in Zuneigung für eine bestimmte Person entbrennen, sondern verursachten ihm unsägliche Qualen, wenn es dieser fernblieb. Die Hexen nutzten die in den antiken Reichen existierende religiöse Toleranz sowie zahlreiche juristische Schlupflöcher und Verbindungen zu einflussreichen Kunden, um immer wieder der Verfolgung durch die Obrigkeit zu entgehen. Sollte es diese Art Hexen noch immer geben, dann betreiben sie ihre Geschäfte nun wahrscheinlich im Untergrund und statten zahlreiche finstere Gestalten mit magischen Hilfsmitteln aus. Eingeweihte glauben, dass dies der Ursprung der besonderen Fähigkeiten der Assassinen sein könnte.

Die göttergleiche Hexe

Auch in den klassischen Sagen des Altertums treiben Hexen ihr Unwesen. Zwar kommen derartige Gestalten dort seltener vor, dafür sind sie umso mächtiger: Die Zauberin Kirke, die Erinnyen, die Graien oder die Moiren etwa sind weniger Hexen in der heutigen Definition des Wächterbundes, sondern fast gottgleiche Wesen. Sollten diese mythologischen Wesenheiten noch heute existieren (sofern es sie jemals gab), ist ihre Machtfülle anhand der alten Legenden allein schwer zu bestimmen. Einerseits zeigen sie in diesen kaum Fähigkeiten, über die wahre Hexen nicht auch verfügen würden,

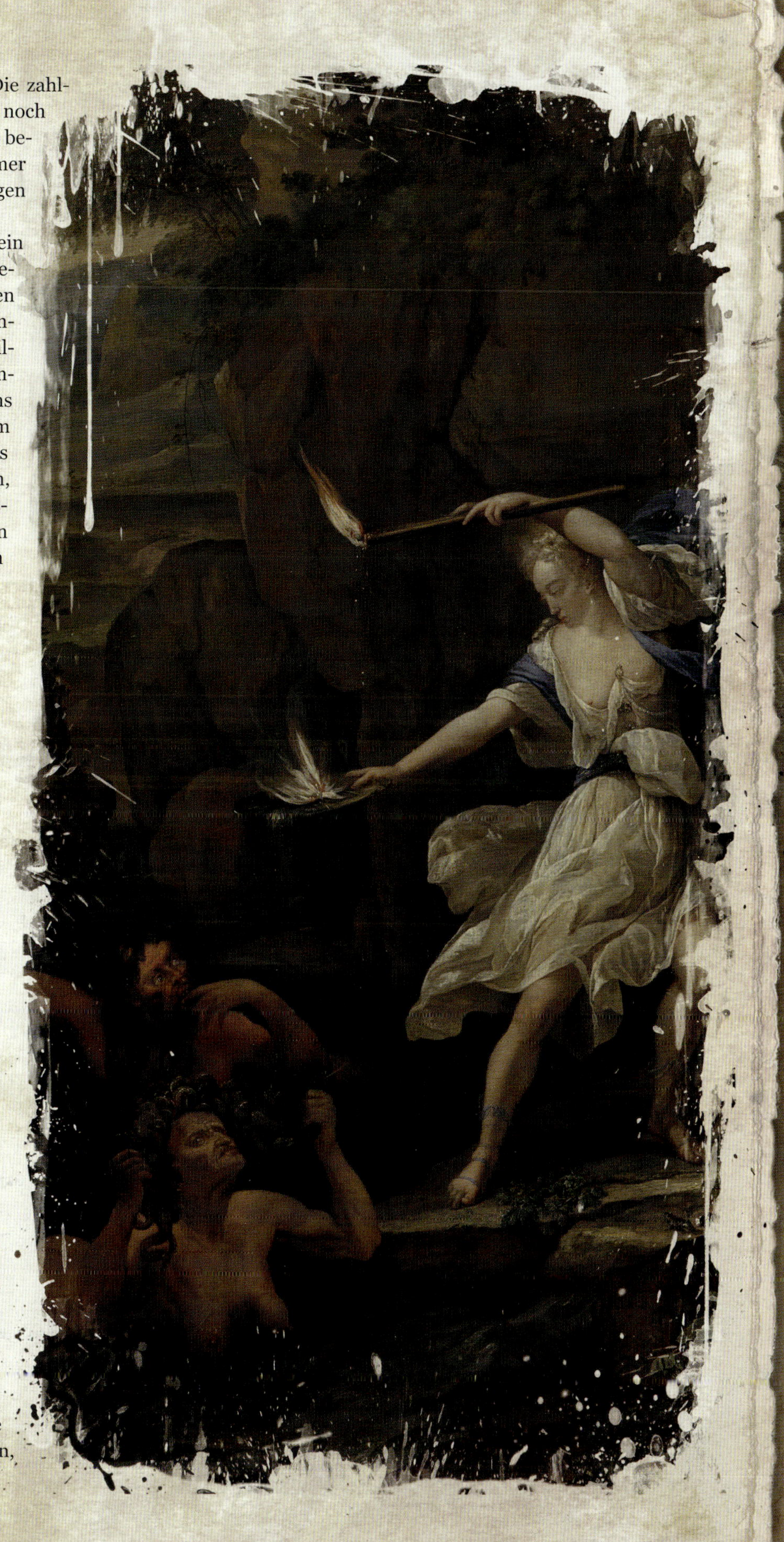

andererseits lässt ihre Abstammung von den olympischen Göttern darauf schließen, dass ihre eigentlichen Kräfte weit über dieses Maß hinausgingen.

Sowohl die Beamten der Behörde für Hexenverfolgung als auch die Gelehrten des Wächterbundes und professionelle Hexenjäger sind sich uneins, wie man diese mythischen Kreaturen einordnen soll. Einige sind überzeugt, dass es sich bei Kirke und ähnlichen Sagengestalten tatsächlich um wahre Hexen gehandelt haben könnte, denen im Laufe der Jahrhunderte immer phantastischere Eigenschaften zugeschrieben wurden. Andere fürchten jedoch, dass es sich bei den Legenden vielmehr um Tatsachenberichte handelt und die mächtigen Hexen der antiken Mythen noch immer existieren könnten. In diesem Fall würden die uralten Kreaturen eine gewaltige und, noch schlimmer, eine völlig unvorhersehbare Gefahr darstellen. Allein die vage Möglichkeit, dass es Hexen geben könnte, die über die Macht antiker Gottheiten gebieten, soll schon manchen am Altertum interessierten Jäger in den Irrsinn getrieben haben.

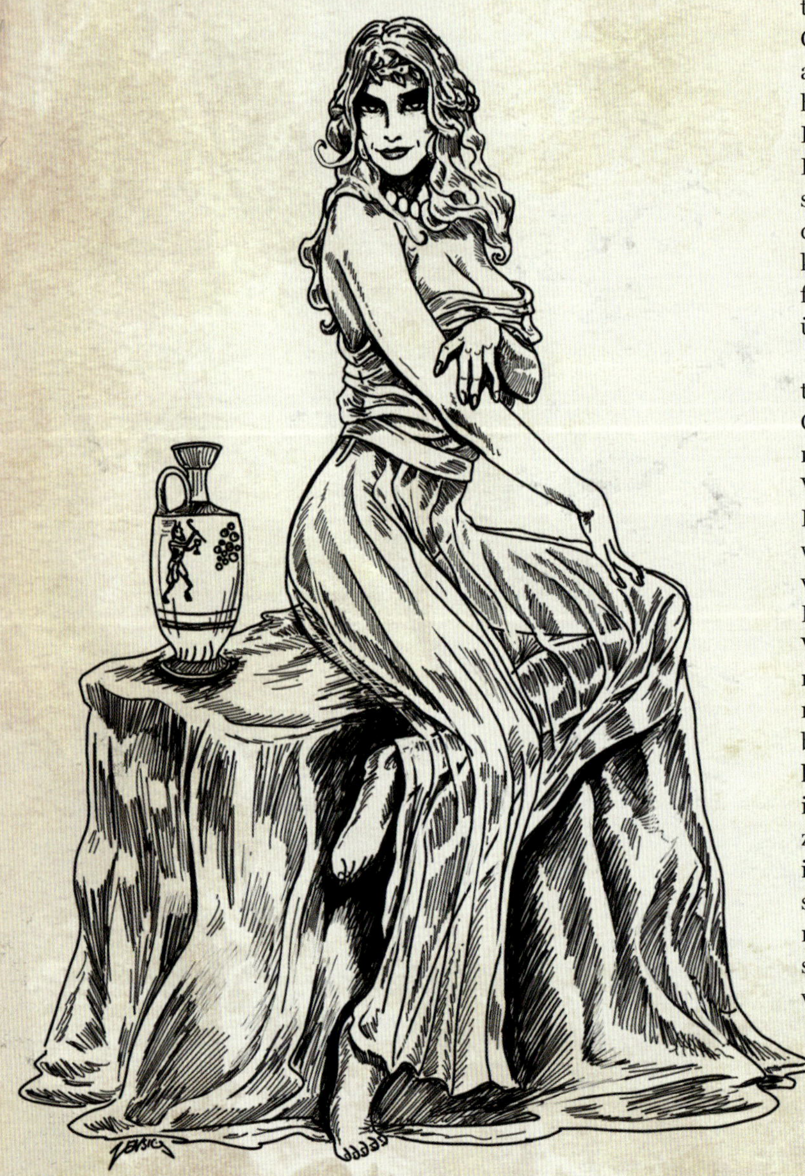

Die kultischen Hexe

Hätte man die dritte Kategorie von Hexen zu Zeiten der Antike als solche bezeichnet, man wäre wohl vom aufgebrachten Mob zerrissen worden. Die Behörde für Hexenverfolgung geht nämlich davon aus, dass es sich bei bestimmten Teilen der Priesterschaft, die sich der Huldigung der frühzeitlichen Götter verschrieben hatte, in Wahrheit um Hexen gehandelt haben muss. Zu mysteriös erscheinen etwa die hellseherischen Kräfte der Pythia von Delphi oder der römischen Vestalinnen. Generell unterstellen christliche Gelehrte den antiken Anhängern heidnischer Religionen nur höchst selten Satanismus, mit Ausnahme einiger Eiferer, die hinter den alten Göttern noch immer Dämonen vermuten. Doch je mehr die osmanischen Ermittler seit Gründung der Behörde über das Treiben wahrer Hexen in Erfahrung bringen konnten (insbesondere solcher, die Kulte anführten), desto stärker wurde ihr Verdacht gegenüber gewissen Teilen der antiken Priesterschaft.

Vor allem die Kulte des Dionysos und der Artemis erregten ihre Aufmerksamkeit: Sektenhafte Geheimbünde, die von mysteriösen Frauen dominiert wurden. Blutige, orgiastische Riten bei Vollmond. Grausame Morde an Außenstehenden. Dekadente Ausschweifungen, die selbst der verwöhnten Oberschicht der Römischen Republik zu viel wurden, wie zum Beispiel beim berüchtigten Bacchanalienskandal von 186 v. Chr, der zum Verbot des Dionysoskultes im Imperium Romanum führte. Im Jahre 1733 klingt all dies zu sehr nach Hexenkulten, als dass sich der Wächterbund oder ein Hexenjäger mit einer rein weltlichen Erklärung abspeisen lassen würde. Fraglich ist nur, ob die antiken Kulte im Mittelmeerraum zusammen mit den Göttern der alten Religionen im Dunkel der Geschichte verschwanden oder ob sie bis heute überdauerten. Niemand kann dies mit Sicherheit sagen. Sicher ist nur, dass in bestimmten verschwiegenen Zirkeln innerhalb der venezianischen wie auch der osmanischen Oberschicht bei abstoßenden Gelagen wohl mehr gehuldigt wurde als nur dem Wein selbst.

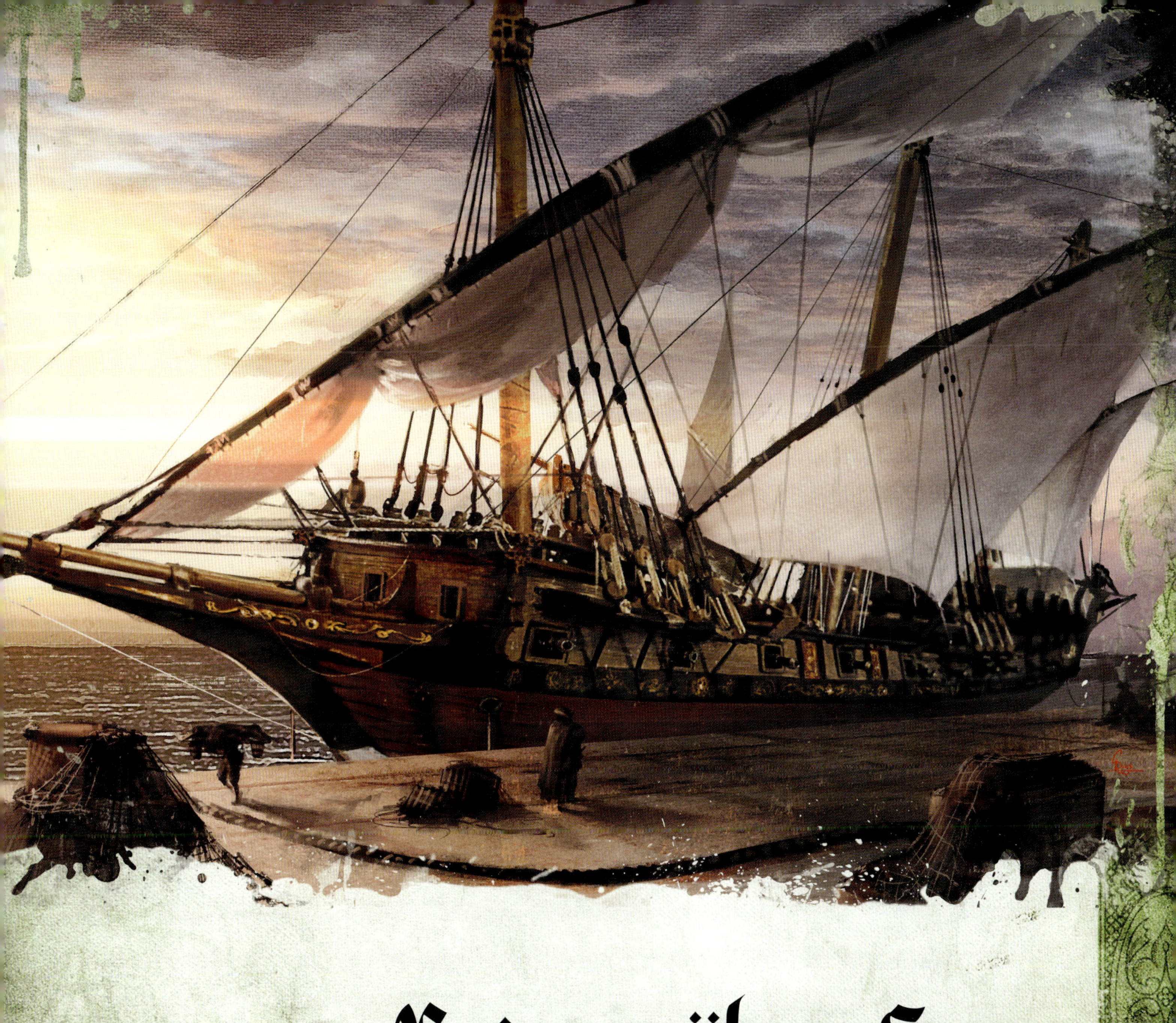

Reisen über See

Seefahrende Jäger sind keine einfachen Matrosen, Kaufleute oder Mannschaftsmitglieder, sondern herausragende Helden mit mal mehr, mal weniger strahlendem Ruf. So brechen sie etwa auf, um eine Insel in der Ägäis vom Fluch eines Vampirs zu befreien, an einer felsigen Küste nach Hinweisen auf einen legendären Schatz zu suchen oder eine Piratenhexe mitsamt ihres verzauberten Schiffs auf den Grund des Meers zu befördern. Dabei sind die Jäger meist nur als Passagiere an Bord, in seltenen Fällen gehört ihnen das Schiff jedoch auch selbst.

Die folgenden Regeln beschäftigen sich mit dem Ausspielen von längeren Seereisen, ob die Jäger nun eine Überfahrt gebucht haben oder die Fahrt auf ihrem eigenen Schiff antreten. Sie basieren auf den Kernelementen für Reisen und Freizeitaktionen, die im *Buch der Regeln* und im Reiseband *Von den Wundern der Welt 1* beschrieben sind, wurden aber angepasst und ergänzt, um den Erfordernissen typischer Schiffsreisen in größeren Gewässern gerecht zu werden.

Grundsätzlich werden Reisen in HeXXen 1733 in kurzer Zeit und abstrakt ausgespielt. Wir halten uns nicht mit konkreten Entfernungsangaben oder dem Verstreichen von Tagen auf, sondern bauen auf dem System der Freizeitaktionen (FzA) auf, um ein schnelles Spiel zu gewährleisten.

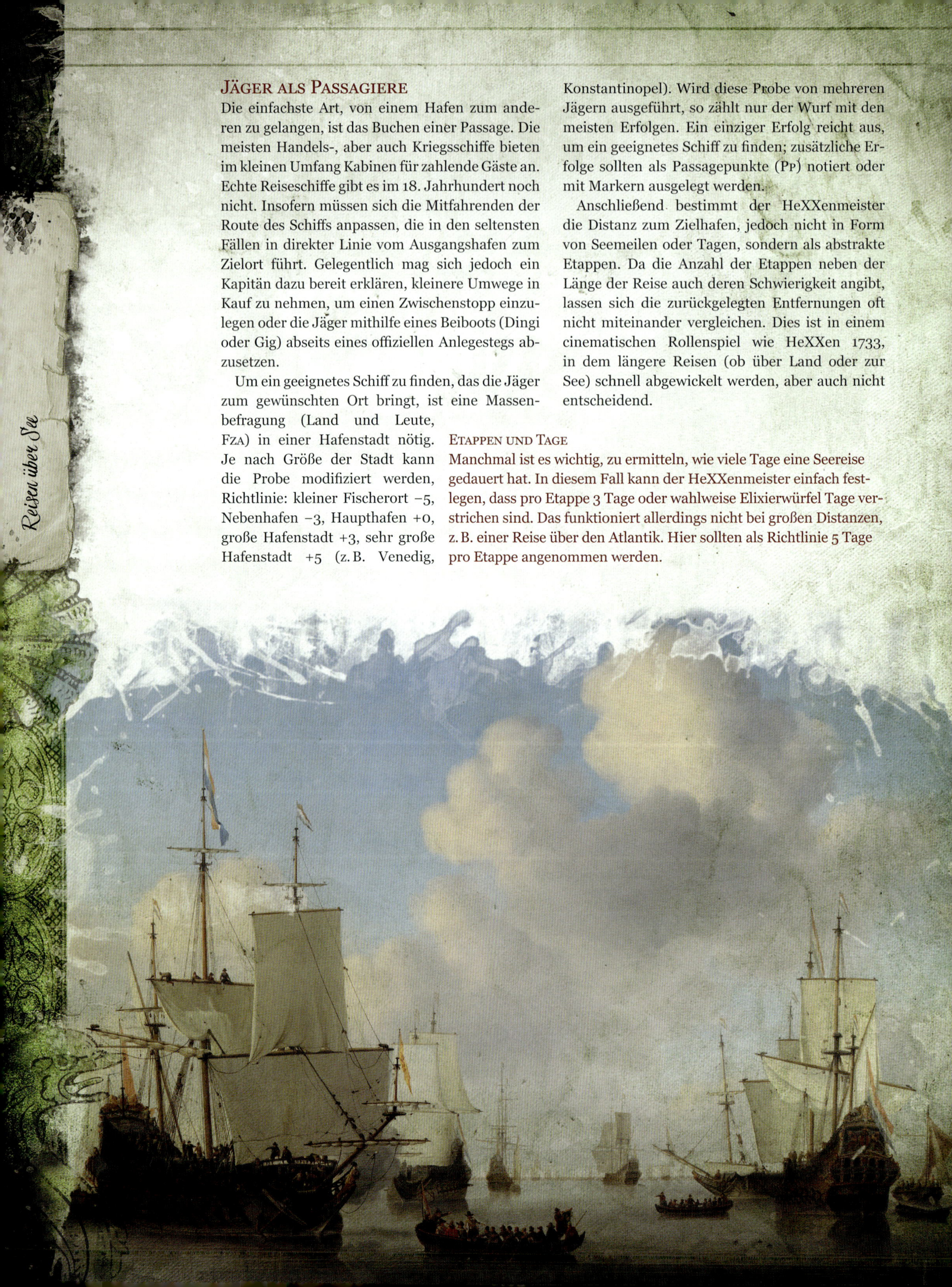

Jäger als Passagiere

Die einfachste Art, von einem Hafen zum anderen zu gelangen, ist das Buchen einer Passage. Die meisten Handels-, aber auch Kriegsschiffe bieten im kleinen Umfang Kabinen für zahlende Gäste an. Echte Reiseschiffe gibt es im 18. Jahrhundert noch nicht. Insofern müssen sich die Mitfahrenden der Route des Schiffs anpassen, die in den seltensten Fällen in direkter Linie vom Ausgangshafen zum Zielort führt. Gelegentlich mag sich jedoch ein Kapitän dazu bereit erklären, kleinere Umwege in Kauf zu nehmen, um einen Zwischenstopp einzulegen oder die Jäger mithilfe eines Beiboots (Dingi oder Gig) abseits eines offiziellen Anlegestegs abzusetzen.

Um ein geeignetes Schiff zu finden, das die Jäger zum gewünschten Ort bringt, ist eine Massenbefragung (Land und Leute, FZA) in einer Hafenstadt nötig. Je nach Größe der Stadt kann die Probe modifiziert werden, Richtlinie: kleiner Fischerort −5, Nebenhafen −3, Haupthafen +0, große Hafenstadt +3, sehr große Hafenstadt +5 (z. B. Venedig, Konstantinopel). Wird diese Probe von mehreren Jägern ausgeführt, so zählt nur der Wurf mit den meisten Erfolgen. Ein einziger Erfolg reicht aus, um ein geeignetes Schiff zu finden; zusätzliche Erfolge sollten als Passagepunkte (PP) notiert oder mit Markern ausgelegt werden.

Anschließend bestimmt der HeXXenmeister die Distanz zum Zielhafen, jedoch nicht in Form von Seemeilen oder Tagen, sondern als abstrakte Etappen. Da die Anzahl der Etappen neben der Länge der Reise auch deren Schwierigkeit angibt, lassen sich die zurückgelegten Entfernungen oft nicht miteinander vergleichen. Dies ist in einem cinematischen Rollenspiel wie HeXXen 1733, in dem längere Reisen (ob über Land oder zur See) schnell abgewickelt werden, aber auch nicht entscheidend.

Etappen und Tage

Manchmal ist es wichtig, zu ermitteln, wie viele Tage eine Seereise gedauert hat. In diesem Fall kann der HeXXenmeister einfach festlegen, dass pro Etappe 3 Tage oder wahlweise Elixierwürfel Tage verstrichen sind. Das funktioniert allerdings nicht bei großen Distanzen, z. B. einer Reise über den Atlantik. Hier sollten als Richtlinie 5 Tage pro Etappe angenommen werden.

Seereise	Etappen
Kurze Distanz entlang der Küste (z. B. Thessaloniki bis Athen)	1
Kure Distanz über ein Gewässer (z. B. Athen bis Konstantinopel)	2
Mittlere Distanz über ein Gewässer (z. B. Venedig bis Alexandria)	3
Lange Distanz über ein Gewässer (z. B. Gibraltar bis Zypern)	4
Über einen Ozean (z. B. Gibraltar bis New York)	5

Flussreise	Etappen
Kurze Distanz flussabwärts (z. B. Köln bis Duisburg)	1
Mittlere Distanz flussabwärts (z. B. Köln bis Unthote Marschen)	2
Lange Distanz flussabwärts (z. B. Freiburg bis Köln)	3
Fahrt über mehrere Flüsse (z. B. Bamberg bis Köln)	4
Länderübergreifende Fahrt (z. B. über die Donau von Ungarn bis ans Schwarze Meer)	5
Flussaufwärts:	+1

Die Angaben in den Tabellen entsprechen jedoch nur der direkten Verbindung. Die meisten Schiffe benötigen länger, da sie zusätzliche Inseln und Häfen anlaufen, um Handel zu treiben, lieber in Küstennähe navigieren statt auf offener See oder schlicht ein anderer Kurs vorgesehen ist. Die Zahl der Etappen wird daher um das Ergebnis eines Blutwürfels erhöht.

Die Jäger können jedoch 1 Passagepunkt ausgeben, um dieses Ergebnisse um jeweils 1 bis auf 0 zu reduzieren. Das simuliert den Umstand, dass die Gruppe bei ihrer Massenbefragung ein Schiff gefunden hat, das sehr genau die gewünschte Route fährt. Die Grundzahl der Etappen lässt sich nicht reduzieren.

Beispiel: *Eine Passage von Venedig bis Alexandria soll 3 Etappen dauern, der Blutwürfel gibt 2 zusätzliche Etappen an. Die Jäger können bis zu 2 Pp opfern, um die Distanz wieder auf 3 Etappen zu verringern.*

Kosten

Die Zahl der Etappen gibt die Gebühr an, die jeder Jäger für die Überfahrt zu entrichten hat. Als Richtlinie gilt: 15 Gulden pro Etappe in einer Gäste- oder Offizierskabine. Die Kosten können bei einem einfachen Fischerboot niedriger ausfallen, bei einer edlen Kriegsgaleone erheblich höher. Mitgenommene Bandenfreunde können in der Regel in einfachen Unterkünften für 3 Gulden pro Person und Etappe einquartiert werden. Diese Option steht auch Jägern offen; falls sie jedoch in den Kojen der Crew übernachten, stehen ihnen weniger FzA zu (siehe unten). Pferde und größere Gefährte wie Kutschen sind auf Schiffen eher selten, dennoch könnte es auch für sie Platz geben. Die Kosten betragen dann 10 Gulden pro Pferd, 50 pro Kutsche. Die Jäger können Passagepunkte ausgeben, um die Gesamtgebühren aller Personen um 5 % pro Pp zu reduzieren.

Sollten noch Pp übrig sein, können die Jäger diese nutzen, um zusätzliche Vereinbarungen auszuhandeln. Sie könnten dem Kapitän das Versprechen abringen, dass er sie an seiner Tafel essen lässt, dass sie Zugang zum Schiffslagerraum bekommen, dass ihnen außergewöhnliche Sichtungen während der Fahrt sofort mitgeteilt werden oder Ähnliches.

Freizeitaktionen

Die Zahl der Etappen entspricht den FzA, die jedem Jäger während der Reise zur Verfügung stehen. Nach einer Reise über 3 Etappen erhält also jeder Jäger 3 FzA. Vor allem handwerkliche Tätigkeiten können an Bord leicht ausgeführt werden. Jedes größere Schiff verfügt über eine Werkstatt und ausreichend Material für eine Vielzahl von Arbeiten, hier vor allem das Flicken und Nähen von Segeln, das Spleißen von Tauen, das Reparieren der Beplankung und einfache Metallbearbeitung. Für exotischere Tätigkeiten wie das Herstellen von Elixieren werden die Jäger ohnehin ein transportables Laboratorium mitführen.

Jäger, die in den Mannschaftsquartieren untergekommen sind, um Geld zu sparen, erhalten allerdings nur die Hälfte (aufgerundet) aller FzA , da die Umstände schlechter sind und sie ggf. sogar als Teil ihrer Bezahlung zu Diensten eingeteilt werden.

Unterhalt für Jäger

Nicht nur die Passage kostet Geld, zusätzlich wird bei längeren Reisen auch der normale Unterhalt der Jäger fällig (der in vielen Fällen sogar höher ist als die Kosten der Überfahrt). Unterhalt wird immer dann fällig, wenn die Gruppe insgesamt 3 Etappen überwunden hat. Diese Zahlung beginnt allerdings wieder bei 0, sollte der HeXXenmeister den Unterhalt aus einem anderen Grund einfordern. Reist eine Gruppe beispielsweise 2 Etappen über See und erlebt dann auf einer Insel ein Abenteuer, an dessen Ende der Spielleiter den üblichen Unterhalt fordert, werden die vorherigen 2 Etappen ignoriert.

Das eigene Schiff

Unter Umständen besitzen die Jäger ein eigenes Schiff, mit dem sie übers Meer reisen. In diesem Fall können die folgenden Regeln und Richtlinien angewendet werden.

Dabei sind die regeltechnischen Vorgaben bewusst abstrakt gehalten. Es ist natürlich schön, wenn die Spielergruppe die Art eines Schiffs, die Stärke seiner Crew, seine fest installierte Bewaffnung, seine Lagerkapazität, die Anzahl seiner Masten, seine Beweglichkeit, seine See- oder Flusstüchtigkeit und viele andere Details genau beschreiben kann. In HeXXen 1733 gehört das meiste davon jedoch in den Bereich des freien Rollenspiels. Wie viel Tonnen Staugut in den Lagerraum des Schiffs passt, wie viele Knoten es in einer Stunde bei leichtem Seitenwind macht und wie die Räume unter Deck angeordnet sind, wird erzählerisch abgehandelt. Die Regeln zum Ausspielen von Schiffskämpfen finden sich im Spielleiterband *Mare Monstrum Obscura*.

Größe

Die Grundlage für viele abgeleitete Werte eines Schiffs ist seine Größe, die einer Zahl zwischen 1 (sehr klein) und 11 (sehr groß) entspricht und grob anhand der Länge des Schiffs in Metern geteilt durch 10 ermittelt werden kann. Ein Schiff mit einer Länge von 50 Metern hat demnach üblicherweise eine Größe von 5.

Jedoch gibt es Ausnahmen: Sehr lange, schneidige Schiffe haben zwar eine enorme Länge, aber keine hohen Aufbauten oder nur einen geringen Stauraum. Ihre Größe kann um −1 oder −2 angepasst werden. Galeonen hingegen sind meist sehr hohe, wuchtige Schiffe und könnten trotz niedriger Länge eine um +1 oder +2 erhöhte Größe aufweisen. Allgemein sind die größten Segler jener Zeit maximal 70 Meter lang, daher reflektieren Größen ab 7 eher die Wuchtigkeit, Breite und Höhe.

Bei der Festlegung der Schiffsgröße kann sich der HeXXenmeister an historischen Vorlagen orientieren oder sie frei definieren. Man muss sich vor Augen halten, dass selbst Schiffe gleicher Bauweise und Takelung unterschiedliche Längen haben können, sodass historische Angaben oft nicht mehr als eine grobe Grundlage darstellen. Eine Richtlinie für die Größe häufig benutzter Schiffe im Mittelmeer ist im nächsten Kapitel angegeben.

Wendigkeit

Kleinere Schiffe sind in der Regel flinker und wendiger als große. Falls erforderlich, hat ein Schiff einen Wendigkeitsbonus von +1 pro Größenwert unter 6 oder einen Wendigkeitsmalus von −1 pro Größenwert über 6.

Schnelligkeit

Ein großes Schiff mit vielen Masten ist schneller als ein kleines Schiff. Der Schnelligkeitsmodifikator eines Schiffs entspricht daher dem Gegenteil des Wendigkeitsmodifikators. Hat ein Schiff einen Wendigkeitsmalus von −3, besitzt es einen Schnelligkeitsbonus von +3.

Übersicht: Typische Modifikatoren

Größe	Wendigkeits-modifikator	Schnelligkeits-modifikator
1	+5	−5
2	+4	−4
3	+3	−3
4	+2	−2
5	+1	−1
6	0	0
7	−1	+1
8	−2	+2
9	−3	+3
10	−4	+4
11	−5	+5

Ein Schiff erwerben

Schiffe sind vor allem eines: teuer. Eine gewöhnliche Jägergruppe wird wahrscheinlich nie in der Lage sein, ein Schiff eigenhändig zu erwerben, sieht man von kleineren Booten ab. Die Kosten betragen Größe² x 100 Gulden. Ein Schiff der Größe 1 kostet demnach 100 Gulden, eines der Größe 5 aber bereits 2500 Gulden. Darin inbegriffen sind die Bewaffnung und die Crew. Größere Schiffe werden die Jäger vermutlich nur bekommen, wenn sie sie während ihrer Abenteuer erbeuten.

Unterhalt für Schiffe

Auch nach der Anschaffung kosten Schiffe Geld. Die Mannschaft will bezahlt werden, Reparaturen müssen ausgeführt, Vorräte an Proviant und Handwerksmaterial aufgefrischt werden. Ein Schiff erhöht den Unterhalt des Besitzers bzw. der Jägergruppe um 100 Gulden x Größe. Eine mächtige Galeone mit Größe 10 würde den Unterhalt um 1000 Gulden erhöhen, eine leichte Gulet mit Größe 2 um 200. Darin enthalten sind sämtliche anfallenden Kosten für Crew, Proviant, Reparaturen und Ausrüstung.

Anders als bei Jägern wird dieser Unterhalt aber nicht nach jedem Abenteuer fällig, denn das könnte dazu führen, dass Schiffe, die im Hafen ausharren, während die Gruppe im Inland Abenteuer besteht, sehr viel häufiger Unterhalt zahlen müssten als solche, die bewegt werden. Stattdessen gilt, dass der Schiffsunterhalt immer erst nach 15 Etappen zu entrichten ist, die mit dem Schiff zurückgelegt werden. Einer der Jäger (der Kapitän, siehe unten) sollte darüber Buch führen.

Schiffsbesatzung

Die Jäger werden evtl. nicht in der Lage sein, alle notwendigen Posten auf ihrem Schiff selbst zu übernehmen. In diesem Fall müssen spezialisierte Nsc bestimmte Aufgaben erfüllen. Nsc werden anhand ihrer wichtigsten Fertigkeit definiert, die gleichzeitig auch ihrer Funktion entspricht.

Erlangen die Jäger ein Schiff inklusive Mannschaft, sind diese wichtigen Posten bereits besetzt, wobei die Schiffsgröße angibt, welche Funktionen überhaupt ausgefüllt werden müssen. Ein Schiff mit Größe 3 hat beispielsweise einen Navigator, einen Kapitän, einen Ausguck und einen Koch, aber keinen Zimmermann und keinen Arzt. Für gewöhnlich ist die Bezahlung der gesamten Mannschaft bereits in den Unterhaltskosten des Schiffs enthalten, nur wenn die Gruppe aktiv bessere Crewmitglieder anwerben will, fällt eine einmalige Heuer an (siehe unten).

Der Fertigkeitswert (entspricht bei Nsc dem Gesamtwürfelvorrat für eine Probe) wird für jeden Posten ausgewürfelt, indem man auf das Ergebnis eines Elixierwürfels 3 addiert. Den meisten spezialisierten Nsc werden somit durchschnittlich 6 Würfel zur Verfügung stehen, die sie bei erforderlichen Proben benutzen können. Bedenke, dass bei Nsc jeder Espritstern als ein Erfolg zählt.

Werte von Nsc verbessern sich für gewöhnlich nicht. Sollte ein Crewmitglied aber während eines Abenteuers durch besondere Heldentaten oder sehr erfolgreiche Würfe in Erscheinung getreten sein, kann der HeXXenmeister den Fertigkeitswert des Nsc um +1 bis auf ein Maximum von 10 erhöhen. Um eine bessere Mannschaft zu bekommen, können die Jäger auch aktiv neue Leute anheuern. Das kann in jeder größeren Hafenstadt geschehen und erfordert eine Probe auf Land und Leute (Fza); sollten mehrere Jäger die Probe ausführen, zählt nur der Wurf mit den meisten Erfolgen. Für jeden Erfolg dürfen die Jäger einen Nsc auswürfeln, indem sie den Fertigkeitswert mit einem Elixierwürfel + 3 bestimmen. Möchte die Gruppe eines dieser Crewmitglieder anwerben, muss sie basierend auf seinem Fertigkeitswert einmalig die Heuer bezahlen (siehe Tabelle), spätere Unterhaltskosten fallen nicht an.

Der Navigator

Der Navigator ist der zentrale Posten an Bord. Er legt nicht nur Proben auf Schiffsnavigation ab, um die Etappen der Seereise zu überstehen (siehe unten), sondern auch, wenn die Wendigkeit oder Schnelligkeit des Gefährts geprüft werden:

- Er würfelt immer dann auf Schiffsnavigation, modifiziert durch den Wendigkeitsmodifikator, wenn er versucht, durch schmale Fahrrinnen zu navigieren, einem Strudel zu entgehen

Funktion	Fertigkeit	Heuer	ab Schiffsgröße
Navigator	Schiffsnavigation	50 Gulden pro Fw	3
Kapitän	Schiffsnavigation	100 Gulden pro Fw	1
Schiffszimmermann	Handwerken	20 Gulden pro Fw	4
Schiffskoch	Land und Leute	10 Gulden pro Fw	3
Ausguck	Erkennen	5 Gulden pro Fw	3
Schiffsarzt	Erste Hilfe	50 Gulden pro Fw	4

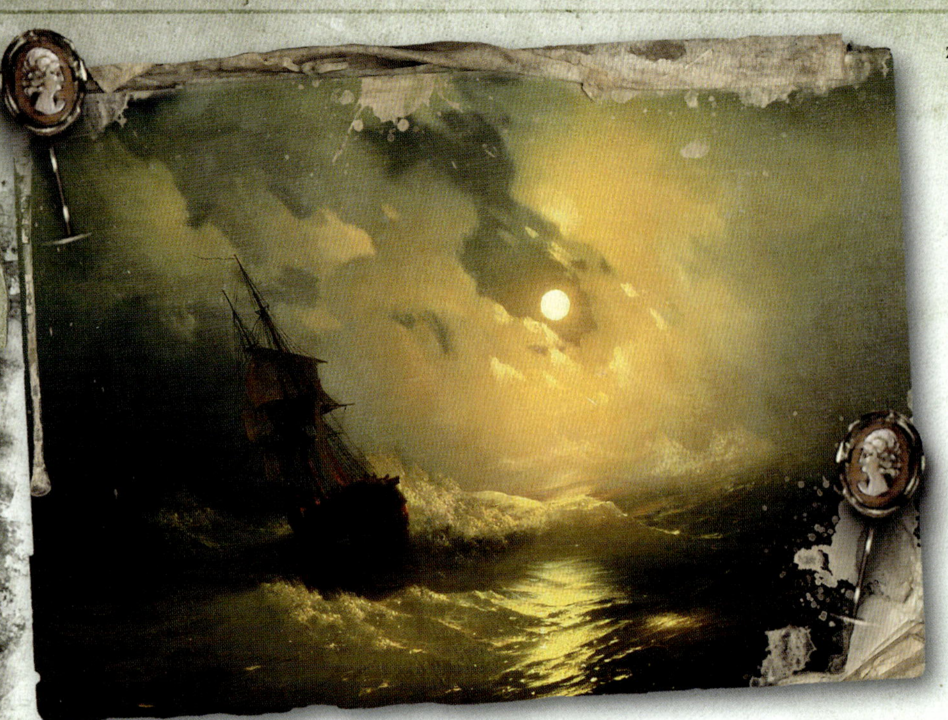

oder das Schiff hinter kleinen Inseln oder Felsformationen zu verstecken.

- Er würfelt immer dann auf Schiffsnavigation, modifiziert durch den Schnelligkeitsmodifikator, wenn er versucht, andere Schiffe abzuhängen oder zu ihnen aufzuschließen, außer Reichweite von Kanonen einer Hafenfestung zu kommen oder einem Seemonster zu entfliehen.

Andere Crewmitglieder

Die übrige Crew wird eher als Bestandteil des Schiffs behandelt denn als eigenständige Personen. Die einzige Ausnahme bildet das Mitnehmen der Besatzung an Land. Sollen Teile der Mannschaft die Jäger als Unterstützung begleiten, entspricht die Zahl der verfügbaren Crewmitglieder der Größe des Schiffs x 2. Ein Schiff mit Größe 5 kann daher 10 Crewmitglieder bereitstellen. Bei diesen handelt es sich in der Regel um Bandenfreunde der Stufe 1 (normale Matrosen). Ist das Schiff mit erfahrenen Kämpfern besetzt (z. B. Korsaren oder Seesoldaten), können stattdessen Größe x 1 Bandenfreunde der Stufe 2 mitgenommen werden. Das gilt nur für die reguläre Crew. Marinesoldaten auf einem Kriegsschiff müssen getrennt davon behandelt werden; sie sind natürlich in höherer Zahl verfügbar.

Für diesen Teil der Mannschaft fällt nie Heuer an. Sollte die Crew dezimiert worden sein, z. B. durch Krankheiten oder Seegefechte, wird sie automatisch wieder aufgestockt, sobald die Gruppe im nächsten Hafen anlegt. In der Regel ist es nicht nötig, die Zahl der Crewmitglieder zu notieren. Natürlich kann es jedoch zu Situationen kommen, in denen die Besatzung so stark dezimiert ist, dass dies negative Auswirkungen auf die Seetauglichkeit des Schiffs hat. In diesem Fall kann der HeXXenmeister einen Malus von –1 (leichte Verluste) bis –3 (nur noch wenige Matrosen übrig) auf alle Würfe des Navigators veranschlagen, gleichgültig ob nun ein Jäger oder ein NSC diesen Posten ausfüllt. Außerdem können die Jäger dann keine Crewmitglieder mehr mit auf Landgang nehmen.

Jäger an Bord

Jäger können an Bord jede Funktion der Schiffsbesatzung übernehmen (siehe Tabelle oben). Einer könnte sich beispielsweise als Ausguck betätigen, ein anderer als Schiffsarzt etc. In diesem Fall gelten die Beschränkungen durch die Schiffsgröße nicht. Auch auf einem Schiff der Größe 1 kann ein Jäger somit die Aufgabe des Arztes oder Zimmermanns übernehmen.

Gehört das Schiff der Gruppe, wird mit hoher Wahrscheinlichkeit einer der Charaktere den Posten des Kapitäns besetzen wollen. Auch wenn die Jäger untereinander alle Entscheidungen demokratisch treffen, muss einer von ihnen der Mannschaft gegenüber als Kapitän auftreten, was vor allem rollenspielerische Auswirkungen hat. Gelegentlich wird der Kapitän jedoch Verhandlungen mit der Crew führen müssen, daher ist es ratsam, wenn der entsprechende Jäger einen hohen Wert in Redekunst oder WIL besitzt.

Aus regeltechnischer Sicht ist der Posten des Navigators am bedeutsamsten, da er anfallende Proben auf Schiffsnavigation ablegt. Möchte ein Jäger diesen Posten übernehmen, muss er zwingend die Rolle „Seefahrer" besitzen, da er ohne sie nicht auf die entsprechende Fertigkeit zugreifen kann (ansonsten muss ein NSC diese Funktion erfüllen). Die Posten des Kapitäns und des Navigators können gleichzeitig von einem Jäger übernommen werden.

Seereisen selbst ausführen

Sobald die Jägergruppe mit dem eigenen Schiff reisen möchte, hängt vieles vom Geschick des Navigators ab. Wie beim Buchen einer Passage legt der HeXXenmeister zunächst die Zahl der Etappen fest. Diese Etappen werden jedoch nicht mit einem Blutwürfel erhöht, da man davon ausgehen kann, dass die Jäger die kürzeste und schnellste Route wählen.

Findige Spieler könnten allerdings versuchen, mehr FZA zu generieren, indem sie die Seereise in mehrere kleine Abschnitte unterteilen. Hierzu sollte der HeXXenmeister auf die Regel der Frustration zurückgreifen (siehe Kasten), die zwar Zwischenstopps durchaus ermöglicht, zusätzliche FZA ab einer bestimmten Schwelle jedoch nicht mehr.

Der Navigator legt nun für jede Etappe eine Probe auf Schiffsnavigation ab, bei der ihn andere Spielercharaktere unterstützen können, die über diese Fertigkeit verfügen (Bonus +1 pro Jäger mit Schiffsnavigation, auch FW 0). Modifiziert wird die Probe durch die Wetterbedingungen, die der HeXXenmeister entweder aufgrund des Abenteuers selbst festlegt oder mithilfe der Tabelle zufällig bestimmt.

W6	Wetterbedingung	Auswirkung
1	Rückenwind	+2
2–3	Normale Windgeschwindigkeit	+0
4–5	Gegenwind	−2
6	Sturm, Flaute	−5

Wie üblich kann die Probe fokussiert werden, wobei ausgegebene Ideen wie üblich erst nach dem nächsten relevanten Konflikt regenerieren.

Erzielt der Navigator mindestens 1 Erfolg bei seiner Probe, gilt die Etappe als erfolgreich bestanden und alle Jäger erhalten für diese 1 FZA. Misslingt die Probe, sind Jäger und Crew so sehr mit dem Steuern des Schiffs beschäftigt, dass keine Freizeitaktionen möglich sind; die Etappe gilt aber nichtsdestotrotz als bestanden.

Warentransport und Seehandel

Viele Schiffe transportieren Waren jeglicher Art, um sie im Zielhafen profitabel zu verkaufen. Zwar ist HeXXen 1733 nicht darauf ausgelegt, Handel und kaufmännische Tätigkeiten abzubilden, aber der Reiz von Gewinn (oder Verlust) kann eine auf die Seefahrt ausgerichtete Kampagne bereichern und nebenbei auch zu manchen interessanten Begegnungen und Entwicklungen führen. Außerdem lassen sich mit Handel die horrenden Kosten für den Unterhalt eines Schiffs aufbringen.

Schiffsladungen

Um mit Waren zu handeln, müssen sie zunächst eingekauft oder beschafft werden. Als Einheit für solche Güter verwenden wir die „Schiffsladung“, die nach ähnlichen Regeln funktioniert wie das Beutegut-Paket. Entsprechend wird nicht unterschieden, um welche Fracht es sich genau handelt (obgleich die Gruppe natürlich aus rollenspielerischen

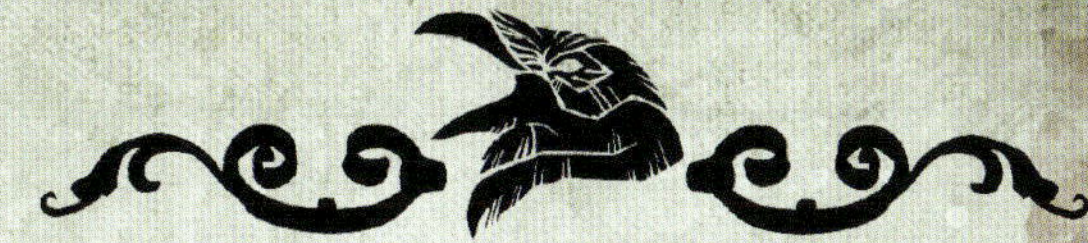

Regel der Frustration

Immer wenn ein Aufenthalt an einem Ort erstens nicht zu einem Abenteuer führt *und* zweitens die maximale Zahl an FZA ausgegeben wurde, die die Reise insgesamt verbraucht, erhalten die Jäger den Zustand „Frustration“. Ein unter diesem Zustand leidender Jäger generiert keine FZA mehr, weder durch tägliches Abwarten noch durch Reisen oder durch Jägerkräfte, bis wieder ein Abenteuer beginnt. Dies kann entweder durch einen Konflikt oder einen Kampf eintreten, aber auch durch soziales Rollenspiel mit wichtigen NSC.

Beispiel: *Die Gruppe will von Venedig nach Alexandria reisen, was im Normalfall 3 Etappen dauert und 3 Fza einbringt. Die Jäger beschließen jedoch, von Insel zu Insel zu fahren, wodurch sie pro Teilstrecke jeweils 1 Fza bekämen und somit insgesamt deutlich mehr als 3 Fza. Da nach der dritten besuchten Insel noch immer kein Abenteuer beginnt, greift der HeXXenmeister auf die Regel der Frustration zurück: Die Jäger können nun beliebig viele weitere Inseln ansteuern, erhalten jedoch keine Fza mehr, solange das Szenario pausiert.*

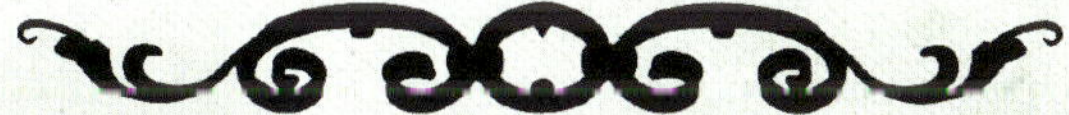

Gründen durchaus Glas aus Venedig, Wolle von Kreta oder Mastix von Chios kaufen bzw. verkaufen kann). Vielmehr umfasst 1 Schiffsladung eine Menge von Waren, die einen gemeinsamen Gesamtwert besitzen, der jedoch im Gegensatz zu Beutegut-Paketen nicht 100 sondern 1000 Gulden beträgt. Dabei können die Jäger jederzeit 10 Beutegut-Pakete in 1 Schiffsladung umtauschen und umgekehrt (um diese beispielsweise an Land weiterzutransportieren). Ein Schiff kann eine Zahl von Schiffsladungen in Höhe seiner Größe aufnehmen. Eine Feluke mit Größe 2 etwa hat eine maximale Ladekapazität von 2 Schiffsladungen bzw. 20 Beutegut-Pakete.

Fracht kaufen

Immer wenn die Jäger einen Hafen erreichen, kann einer von ihnen (entweder der Kapitän oder ein vorher bestimmter Fracht- oder Quartiermeister) Waren einkaufen. Das erfordert jeweils 1 FZA und eine Probe auf Land und Leute, modifiziert durch die Größe der Stadt (entsprechend der Richtlinie für die Massenbefragung beim Suchen einer Passage, siehe oben). Pro Aufenthalt ist nur eine solche Probe möglich. Die Erfolge geben an, wie viele Einheiten Schiffsladungen zu je 1000 Gulden der Jäger maximal erwerben kann. Die Kosten können wie üblich mittels Feilschen heruntergehandelt werden (siehe: *Buch der Regeln*), wobei nur eine Redekunst-Probe für die gesamte Menge abgelegt wird.

Sobald das Schiff einen anderen Hafen erreicht, kann die Ware verkauft werden. Auch in diesem Fall führt ein Jäger im Rahmen einer FzA eine Probe auf Land und Leute aus, modifiziert durch die Zahl der zurückgelegten Etappen (je weiter der Zielort entfernt ist, desto größer die Nachfrage). Dabei sollte der HeXXenmeister darauf achten, dass nur die direkte Distanz zählt, ungeachtet der Zwischenstopps und Umwege, die die Jäger möglicherweise eingelegt haben. Die Erfolge geben an, für wie viele Schiffsladungen man Abnehmer findet. Auch der Grundverkaufspreis von 1000 Gulden kann durch Feilschen in die Höhe getrieben werden.

Schiffe ausbauen

Jäger können ihr eigenes Schiff beliebig ausbauen, das diesbezüglich als mobiles Quartier gilt. Alle optionalen Regeln zum Ausbau von Quartieren werden in der *Fibel des Jägerhandwerks* beschrieben.

Typische Schiffe im Mittelmeer

In diesem Abschnitt findet sich eine Übersicht verschiedener Arten von Schiffen, denen Jäger im Mare Monstrum begegnen können. Ein Wort vorweg: Diese Auflistung ist weder vollständig noch exakt. Es gibt viele weitere Schiffstypen, die sich zum Teil jeder Klassifizierung entziehen, und auch die hier vorgestellten kommen in verschiedenen Formen vor, die häufig ineinander übergehen. Selbst die angegebenen Größen sind eher Richtwerte als feste Einteilungen. Sie orientieren sich nicht nur an der tatsächlichen Länge der Schiffe, sondern auch an Faktoren wie dem Freibord, der Bewaffnung und der Mannschaftsstärke. Auch diese kann allerdings stark schwanken: Während eine Handelsgaleone mit 15 bis 20 Seeleuten auskommt, kann dasselbe Schiff im Kriegseinsatz eine kleine Armee beherbergen. Die verschiedenen Schiffsarten (oder ihnen ähnliche) werden von allen seefahrenden Staaten im Mittelmeerraum genutzt und unterscheiden sich zwischen diesen nur in Details.

Feluken

Oder: Felouque

Feluken sind kleine, ein- oder zweimastige Segelschiffe mit dreieckigen Segeln. Sie gelten als „Arbeitstiere" der arabischen Welt und werden für jede nur denkbare Aufgabe eingesetzt: als Fischerboote, zum Transport von Waren und Menschen und sogar als Kriegsschiffe. Man findet sie im gesamten östlichen Mittelmeer und entlang der Küsten Ägyptens und Ostafrikas. Zusätzlich zu den Segeln können sie mit Ruderbänken ausgestattet werden, was sie noch vielseitiger macht. Feluken haben einen kleinen Tiefgang und können auch auf Flüssen und direkt an der Küste gefahren werden. Je nach Größe und Einsatz besteht die Besatzung aus ein bis zehn Personen.

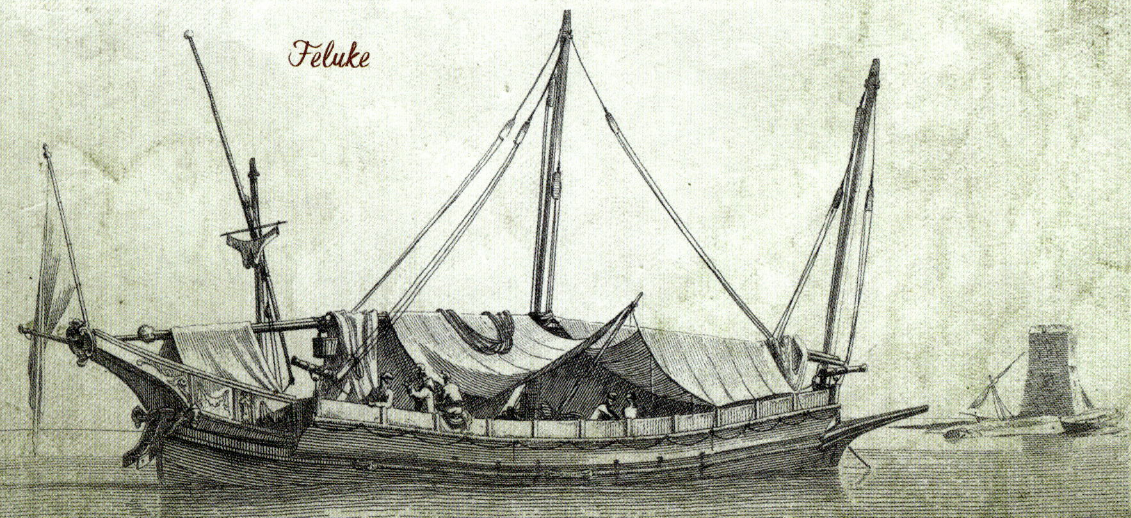
Feluke

Fustas

Fustas (ital. auch „Galiota") sind eine Mischung aus Segelschiff und Galeere. Die kleinen und wenigen Boote mit einem Lateinersegel und mehreren Ruderbänken besitzen einen geringen Tiefgang. Fustas haben kein Deck und sind nach oben hin offen. Sie können bis zu 300 Tonnen Ladung aufnehmen, abhängig von ihrer Größe, und sind bei den Piraten der Barbareskenstaaten für Angriffe in Küstennähe sehr beliebt. Man findet Fustas aber auch als Handels- und Passagierschiffe und kleinere Varianten als Beiboote von größeren Schiffen sowie als Personenfähren in Häfen.

Galeeren

Seit der Antike sind Galeeren der bestimmende Schiffstyp des Mittelmeeres. Gebaut in allen Größen und zu jedem Zweck eingesetzt, kann man diese langen und schlanken Schiffe noch heute auf dem Mare Monstrum sehen. Auch wenn sie auf längeren Strecken gesegelt werden, liegt ihre Stärke in den Rudern: Durch die Kraft von teilweise mehreren Ruderern pro Riemen können sie auf kurze Strecken hohe Geschwindigkeiten erreichen und sogar gegen den Wind fahren. Selbst wenn die Ruderer diese enorme Belastung nicht lange durchhalten können, reicht dies oft, um einen Gegner einzuholen – oder ihm bis zum Einbruch der Dunkelheit zu entkommen.

Briggs und Schoner

„Brigg" und „Schoner" sind eigentlich Sammelbegriffe für Schiffe, die auf eine bestimmte Weise getakelt sind. Beides bezeichnet meist kleine bis mittelgroße Segelschiffe mit mindestens zwei Masten, für die nur eine vergleichsweise kleine Besatzung notwendig ist. Schoner werden mit Schratsegeln, Briggs mit Rahsegeln getakelt. Erstere sind dabei eine neue Entwicklung aus Amerika und im Mittelmeer eher selten. Als Brigantine wird ein Schiff bezeichnet, das wie eine Brigg am Vormast ein Rahsegel trägt, aber am hinteren Mast ein Schratsegel führt. Sie sehen daher aus wie eine Mischung aus Schoner und Brigg. Alle diese Arten von Schiffen sind leichte und gute Segler und werden zum Beispiel als Kurier- und Handelsschiffe oder als Freizeitboote verwendet, außerdem sind sie hochseetauglich.

Polacker und Schebecken

Polacker und Schebecke verhalten sich ähnlich zueinander wie Brigg und Schoner und können als größere Varianten von diesen betrachtet werden, auch wenn sie unabhängige Entwicklungen darstellen. Beides sind mittelgroße bis große Segler mit drei Masten, die im Mittelmeerraum weit verbreitet sind. Schebecken haben üblicherweise eine reine Lateinertakelung, Polacker eine Mischung aus Rah- und Lateinersegeln. Auch hier kommen Vermischungen der beiden Schiffsarten vor. Sie weisen ein hohes Heck und einen schlanken Bug auf, was ihnen gute Segeleigenschaften verleiht.

Galeassen

Die Galeasse ist eine Weiterentwicklung der Galeere mit mehreren Decks. Die große Variante des mediterranen Ruderschiffs verfügt über drei oder vier Masten, üblicherweise bestückt mit Lateinersegeln. Die zusätzlichen Decks sind mit Geschützen ausgestattet, was Galeassen die Fähigkeit verleiht, im Kampf Breitseiten abzufeuern. Allerdings sind sie durch ihre Größe sehr langsam und ähneln eher schwimmenden Festungen als Schiffen. Später entfernte man bei einigen die Riemen und baute sie zu reinen Segelschiffen um. Generell sind sie neueren Seglern aber unterlegen.

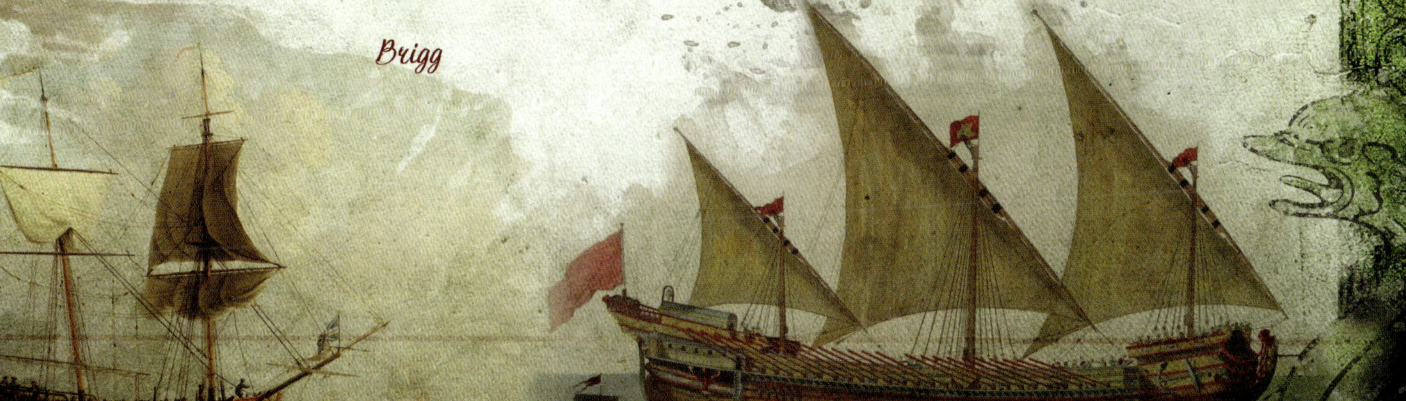

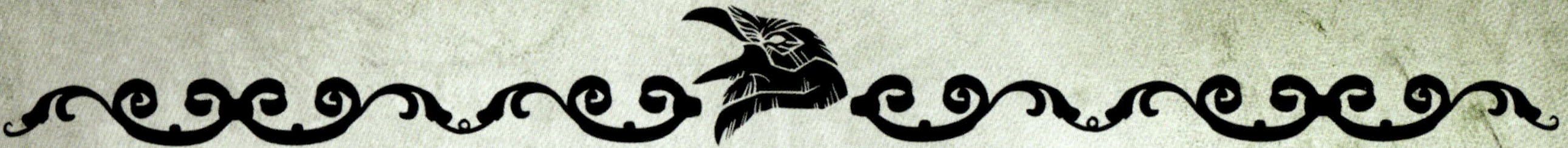

Angepasste Schiffswerte

Spielergruppen, die mehr Wert auf historische Authentizität legen, können die im Abschnitt „Reisen über See“ ab S. 91 vorgestellten allgemeinen Spielwerte für Schiffe durch folgende ersetzen.

Schiffstyp	Durchschnittsgröße	Wendigkeit	Schnelligkeit	Besonderheit
Feluke	2	+5	−3	Erlaubt das Befahren von größeren Flüssen.
Fusta	3	+3	−3	Erlaubt das Befahren von größeren Flüssen.
Galeere	4	+3	−1	Wegen der gewaltigen Mannschaft zählt die Schiffsgröße beim Berechnen des Unterhalts als um 1 höher.
Schoner/Brigg	5	+1	−1	Keine
Polacker/Schebecke	6	0	0	Keine
Galeasse	7	0	−1	Wegen der großen Mannschaft zählt die Schiffsgröße beim Berechnen des Unterhalts als um 1 höher.
Fregatte	8	0	+2	Keine
Galeone	9	−2	+2	Wegen der starken Bewaffnung zählt die Schiffsgröße beim Berechnen des Unterhalts als um 1 höher./Bonus von +1 auf Schiffsnavigation beim Abfeuern der Bordkanonen.
Linienschiff	10	−3	+3	Wegen der starken Bewaffnung zählt die Schiffsgröße beim Berechnen des Unterhalts als um 1 höher./Bonus von +2 auf Schiffsnavigation beim Abfeuern der Bordkanonen.

Schiffe nach Größe

Die folgende Tabelle gibt eine Übersicht darüber, welche Größen die hier vorgestellten Schiffstypen üblicherweise haben.

Schiffstyp/Größe	1	2	3	4	5	6	7	8	9	10	11
Feluke	⛵	⛵									
Fusta		⛵	⛵	⛵							
Galeere			⛵	⛵	⛵	⛵					
Schoner/Brigg				⛵	⛵	⛵					
Polacker/Schebecke					⛵	⛵	⛵				
Galeasse						⛵	⛵	⛵			
Fregatte							⛵	⛵	⛵		
Galeone								⛵	⛵	⛵	
Linienschiff									⛵	⛵	⛵

Grössenvergleich typischer Mittelmeerschiffe

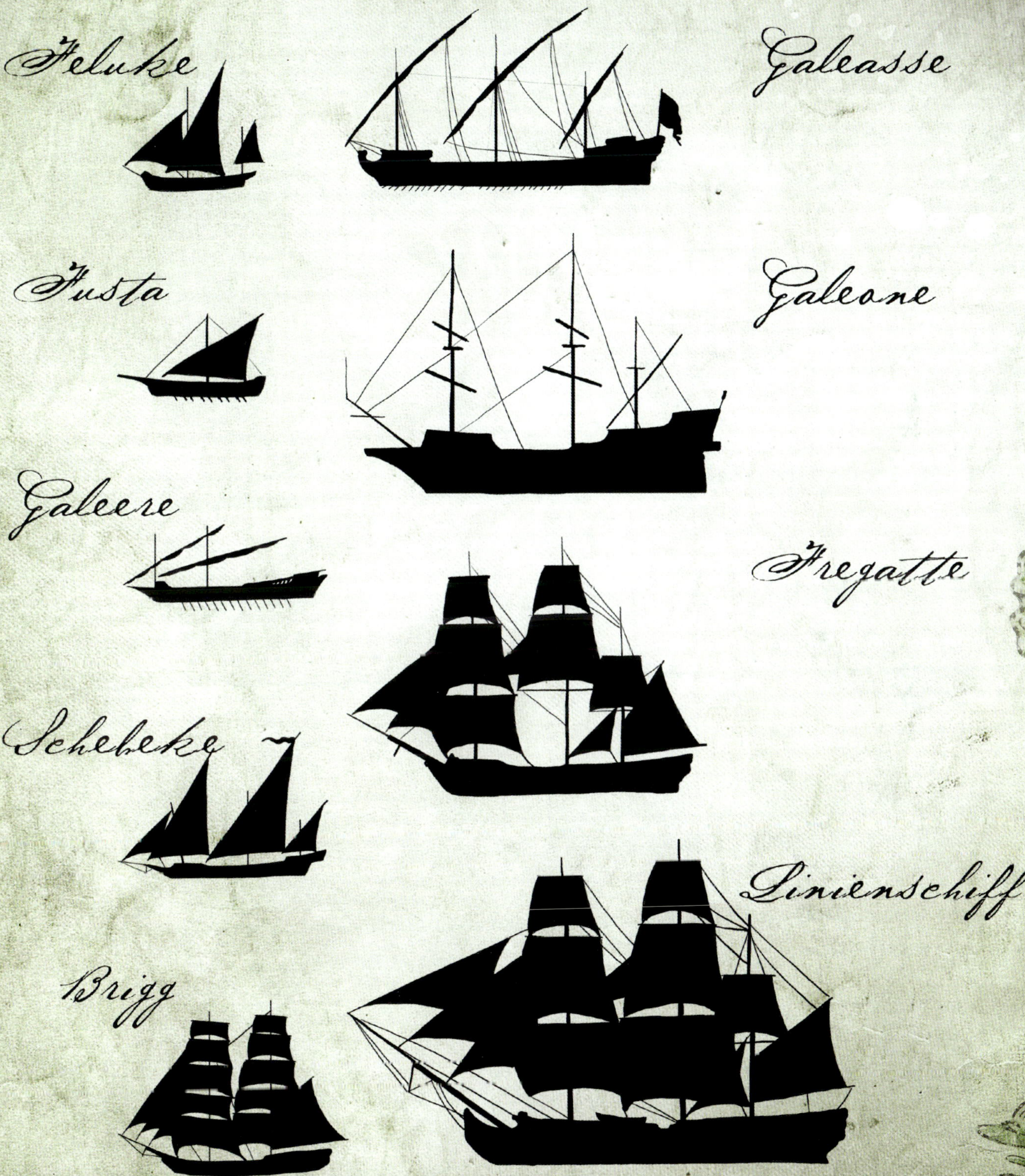

Feluke

Galeasse

Fusta

Galeone

Galeere

Fregatte

Schebeke

Linienschiff

Brigg

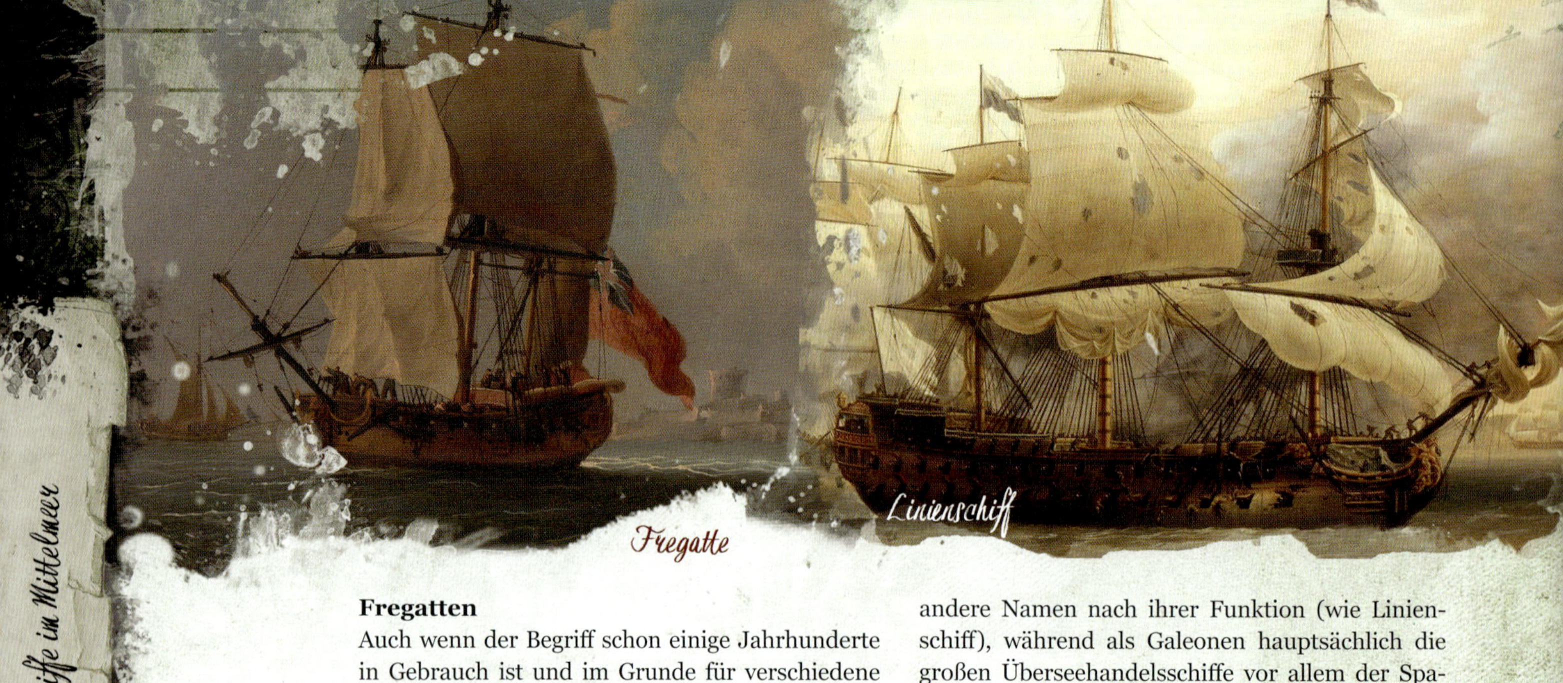

Fregatte

Fregatten

Auch wenn der Begriff schon einige Jahrhunderte in Gebrauch ist und im Grunde für verschiedene Arten von Schiffen verwendet wurde, sind die 1733 als Fregatten bezeichneten Schiffe eine Neuentwicklung. Schnell, wendig und hochseetauglich, verbreiten sie sich zunehmend bei den Seemächten der Welt. Ihre vielfältigen Einsatzmöglichkeiten und die vergleichsweise starke Bewaffnung machen sie zu effizienten Kriegsschiffen, die lange Zeit auf sich allein gestellt oder im Verband operieren können und vor allem als Aufklärer für größere Linienschiffverbände, als Konvoibegleitung oder zum Angriff auf gegnerische Händler und Versorgungslinien verwendet werden. Auch bei den Händlern des Mittelmeerraums erfreuen sie sich großer Beliebtheit, da sie den meisten Piratenschiffen einfach davonfahren können, ohne dass man sich auf ein Gefecht einlassen muss, und sie selbst den Atlantik zu überqueren vermögen.

Galeonen

Entgegen dem gängigen Bild sind Galeonen keine schwerfälligen Pötte, sondern durchaus robuste Hochseeschiffe, die lange Zeit der Gipfel der Seefahrt waren – vor allem seit fortschrittliche Geschütze die hohen Bug- und Heckaufbauten überflüssig machten und ihre Segeleigenschaften noch besser wurden. Mit drei oder vier Masten sind diese großen Kolosse ein imposanter Anblick und auch heute noch bei vielen Händlern beliebt, da sie eine gewaltige Menge an Ladung fassen können. Viele der neuen Segelschiffe haben sich aus diesem Typ entwickelt oder bauen auf Erfahrungen auf, die man mit ihm gesammelt hat. Mittlerweile tragen Schiffsarten andere Namen nach ihrer Funktion (wie Linienschiff), während als Galeonen hauptsächlich die großen Überseehandelsschiffe vor allem der Spanier bezeichnet werden.

Linienschiffe

Linienschiffe sind im Barock die unangefochtenen Herrscher der Meere. Ihre schwere Bewaffnung und ihr dicker Rumpf machen sie jedem kleineren Schiff im direkten Kampf überlegen, ihre hohen Bordwände und die große Besatzung machen sie im Enterkampf so gut wie uneinnehmbar. In einer Schlacht ist es ihre Aufgabe, in Linienformation die Schiffe des Gegners zu bombardieren und deren Durchbrechen zu verhindern (woher sie ihren Namen haben). Oft reicht allein der Anblick eines einsatzbereiten Linienschiffs, um einen Gegner zur Aufgabe und Flucht zu verleiten. Die enormen Herstellungs- und Unterhaltskosten dieser Giganten sorgen allerdings dafür, dass sich nur die reichsten und größten Seemächte sie leisten können.

Galeone

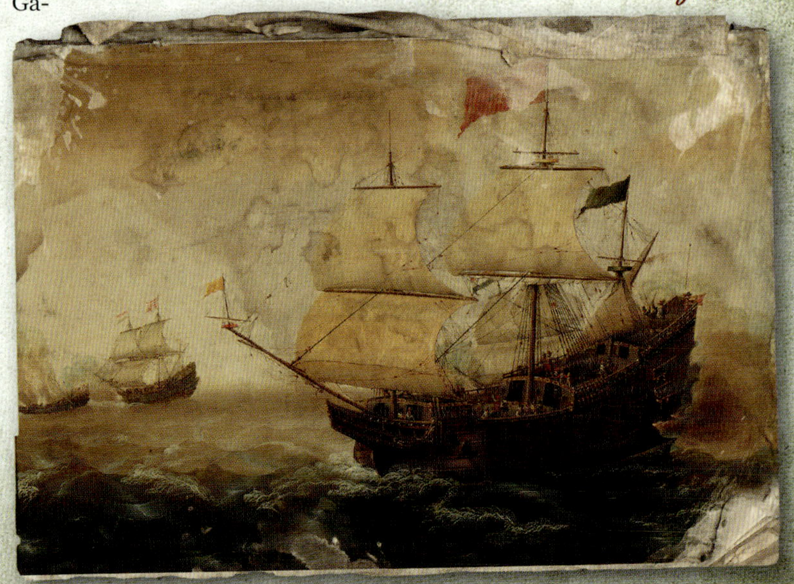

Beispielschiffe des Mare Monstrum

Im Folgenden sind sechs beispielhafte Schiffe detailliert beschrieben, denen die Jäger entweder im Laufe eines Abenteuers begegnen oder die sie vielleicht selbst erbeuten und als Transportmittel nutzen können.

Hospitalitergaleere „Sacra Claritas“

Die *Sacra Claritas* (lat. „heilige Klarheit“) ist eine relativ alte, aber noch mehr als einsatztüchtige Galeere des Hospitaliterordens. Ihr Rumpf ist 42 Meter lang, inklusive des knapp über der Wasseroberfläche angebrachten Rammsporns, und mit den Auslegern 6,70 Meter breit. Die Galeere besitzt zwei Masten, die mit dreieckigen Lateinersegeln getakelt werden können. An den jeweils 27 Rudern pro Seite sitzen insgesamt 270 Mann, also fünf an jedem der 15 Meter langen Riemen. An Steuerbordseite über den Köpfen der Ruderer wird ein kleines Beiboot mitgeführt. Die *Sacra Claritas* ist wie andere Galeeren schlank und starr, um die enormen Kräfte beim Rudern und Rammen auszuhalten, was sie aber zu einem mäßigen Segler macht.

Das Schiff besitzt ein offenes Deck, die Ruderer sitzen an tiefergelegenen Bänken. Unter ihnen befindet sich ein halbhoher Stauraum, der durch die Schiffsform teilweise unter der Wasseroberfläche liegt. Die Bordwand, auf der auch die Ruder aufliegen, ist nur einen halben Meter hoch und wird von einer Reling umrandet. An dieser ist ein Schanzkleid in den Farben und mit dem Wappen des Hospitaliterordens angebracht. Am Heck befindet sich eine Kajüte, mehr ein überdachter Verschlag, die dem Kapitän zur Verfügung steht. Dahinter reicht ein kleiner Balkon über das Wasser hinaus, auf dem vier Kanonen stehen und auf dem sich in einer Schlacht auch Schützen drängen. Etwa auf Kopfhöhe der Ruderer führt ein Steg quer durch die Galeere zum Bug. Dort befindet sich eine weitere Plattform, auf der ebenfalls zwei Kanonen angebracht sind.

Die Ruderer setzen sich hauptsächlich aus Gefangenen und Sklaven zusammen, oft Osmanen, manchmal aber auch aus christlichen Pilgern und Laienbrüdern, welche die harte körperliche Arbeit als Dienst an Gott oder Buße betrachten. Die Offiziere und Aufseher sind dagegen alle Malteus-Brüder. Auch werden gern Söldner angeheuert, unter denen die schwer gerüsteten Ritter wie ein Relikt aus alter Zeit wirken. Wenn die *Sacra Claritas* für den Kampfeinsatz bemannt und ausgerüstet wird, können sich zusätzlich bis zu 400 Mann auf dem Schiff befinden. Bei reinen Handels- oder Patrouillenfahrten sind es jedoch weit weniger.

Das Leben an Bord ist hart und entbehrungsreich, für Ruderer, Aufseher und Krieger gleichermaßen, auch wenn die *Sacra Claritas* nicht für längere Seefahrten gemacht ist. Geschlafen wird an Deck oder an den Ruderbänken, die Verpflegung ist karg und besteht zu großen Teilen aus gekochtem Getreidebrei. Das Essen der Ordensmitglieder ist wenig besser. Das Wasser, das so häufig frisch an Bord genommen wird wie möglich, ist oft schal und kurz davor, ungenießbar zu sein. Tagsüber brennt die Sonne unerbittlich, und bei Wind findet Gischt und öfters auch eine Welle den Weg in die Galeere.

Die Bewaffnung des Schiffs besteht aus sechs Kanonen, vier vorne, zwei achtern. Da durch die Riemen keine Breitseiten abgegeben werden können, verlässt man sich auf massierte Handfeuerwaffen und den Enterkampf. Dazu werden wie in der Antike gegnerische Schiffe frontal gerammt und dann gestürmt. Schon im Anlauf beschießt man den Gegner, während die Ruderer die Galeere auf maximale Geschwindigkeit bringen. Sobald der Rammsporn im gegnerischen Rumpf feststeckt, springen die Ritter des Ordens an Bord und bringen Gottes Zorn unter dem anhaltenden Feuer der Fernkampfwaffen über ihre Feinde. Nur selten wird eine Enterrampe eingesetzt, da die Maltei auf die Schockwirkung des Rammangriffs setzen. Gegen kleinere Schiffe ist diese Taktik sehr effektiv. Fortschrittlichen hochbordigen Segelschiffen jedoch ist die *Sacra Claritas* deutlich unterlegen.

Korsarenfregatte „Riah Qawia“

Die *Riah Qawia* (arab. „starker Wind“) steht beispielhaft für die Schiffe der Barbareskenkorsaren, die oft weder einem einheitlichen Baustil folgen noch eine einheitliche Größe besitzen. Trotz großen Unterschieden in der Zahl der Masten oder der Bewaffnung ist allen eine besondere Schnellig- und Wendigkeit gemein. Eine weitere Gemeinsamkeit sind ihre Rahsegel, meist unterstützt durch Riemen. Die *Riah Qawia* ist 26 Meter lang und verfügt über drei Masten, von denen der höchste 15 Meter aufragt. Auf jeder Seite des Decks befinden sich sechs Kanonen sowie vier auf dem niedriger gelegenen Hauptdeck und zwei auf dem höheren Heckaufbau. Hinzu kommen eine Reihe von Drehbassen.

Auch wenn die Korsarenfregatte durchaus hochseetüchtig ist und sehr gute Segeleigenschaften besitzt, ist sie nicht für lange Reisen ausgelegt. Vielmehr fahren die Seeräuber von ihren Stützpunkten an der nordafrikanischen Küste hinaus aufs Mittelmeer und kreuzen dort, bis sie ein lohnendes Ziel ausmachen. Dazu führen sie genug Wasser und Vorräte für etwa zwei Wochen mit sich. Spätestens nach dieser Zeit hat auch die Moral der vielen Piraten an Bord einen solchen Tiefpunkt erreicht, dass eine Heimfahrt unabdingbar ist.

Bei ihren Streifzügen agieren die Korsaren überwiegend in Gruppen von zwei oder drei Schiffen. Während eines Angriffs versucht eins der Boote, die Aufmerksamkeit des gegnerischen Schiffs auf sich zu ziehen und es im besten Fall in eine günstige Richtung zu treiben, derweil sich die übrigen Mitglieder des Verbands in Stellung bringen. Im richtigen Moment stürzen sich dann alle wie Raubvögel auf das Opfer. Auch wenn ihre Schiffe so schwer wie möglich bewaffnet sind, versuchen die muslimischen Piraten, Feuergefechte kurz zu halten, um ihre Beute nicht zu sehr zu beschädigen. Stattdessen vertrauen sie auf schnelle Entermanöver und die Überzahl ihrer Kämpfer. Dies ist besonders effektiv, da die Handelsschiffe des 18. Jahrhunderts ihre Besatzung bis auf wenige Ausnahmen auf ein Mindestmaß reduzieren, während die Korsarenboote bis in die Mastspitzen mit Piraten vollgestopft sind. So können auf 10 bis 30 Handelsfahrer gut 200 bis 300 Korsaren pro Schiff kommen. Allerdings dient ihre große Zahl, wie auch die schwere Bewaffnung, vor allem der Einschüchterung – der beste Kampf ist der, den man nicht führen muss.

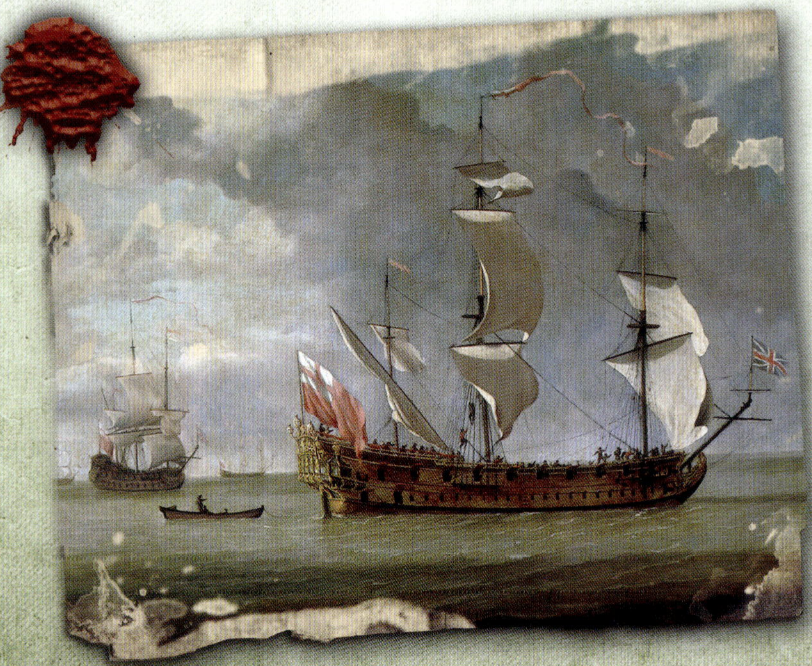

Wurde ein Schiff erobert, wird es von einigen Korsaren in den heimatlichen Stützpunkt gefahren, während *die Riah Qawia* weiter auf See und auf der Jagd bleibt, sofern es die Vorräte (zusammen mit denen der Beute) zulassen. Im Hafen wird die Ladung des eroberten Schiffs verteilt oder zum Weiterverkauf umgeladen, die Besatzung dagegen als Sklaven gehandelt oder festgesetzt, bis Lösegeld für sie bezahlt wird.

Venezianische Fregatte „Valpolicella“

Eine der bedeutendsten Entwicklungen der Seefahrtkunst stellen die neuen Fregatten dar: schlanke und schnelle Schiffe, die überraschend vielseitig und besonders im Mittelmeer geeignet für den Kampf gegen Piraten sind. Auch wenn Größe und Form der einzelnen Schiffe teils sehr unterschiedlich sind, fehlen allen die großen Bug- und Heckaufbauten früherer Schiffstypen. Die *Valpolicella* (benannt nach dem Weinanbaugebiet in Venetien) ist eine Fregatte neuer Bauart, die sich an französischen Schiffen der gleichen Größe orientiert. Sie ist 35 Meter lang und in der Mitte 9,50 Meter breit. Sie besitzt drei Masten mit Rahsegeln, die ebenfalls typisch für diesen Schiffstyp sind. Obwohl sie mit bis zu 24 Kanonen bestückt werden könnte, führt sie nur 12 mit sich. Ihre Besatzung besteht aus insgesamt 50 Personen.

Das Schiff ist in Besitz einer „Societas“, einer venezianischen Handelsgesellschaft, und transportiert Waren von den östlichen Küsten des Mittelmeers nach Venedig, von wo aus sie ihren Weg nach ganz Europa antreten. Besonders begehrt sind jede Art von Gewürzen, vor allem Muskatnüsse und -blüten erzielen hohe Preise, ebenso aber auch Seide, Gold und Edelsteine. Auf dem Rückweg transportiert das Schiff Glaswaren, für die Venedig weltweit bekannt ist, von Geschirr und Fenstern bis hin zu Schmuck und Lampenschirmen. Auch Felle und Pelze sind im Orient beliebt, halten sie doch selbst in den kältesten Wüstennächten warm.

Die übliche Route führt von Venedig durch die Adria nach Süden und von dort an der Küste der Peloponnes entlang. Obwohl die *Valpolicella* durchaus in der Lage ist, mehrere Wochen, wenn nicht gar Monate auf See zu bleiben und zu navigieren, fährt man möglichst in Küstennähe, um bei einem Piratenangriff schnell Schutz suchen zu können. Die erste Anlaufstelle stellt meist Napoli di Romania im Königreich Morea dar, gefolgt von Candia auf Kreta. Oft genug sind hier sämtliche Waren verkauft und ist der Laderaum erneut gefüllt, denn die Stadt auf der geteilten Insel zahlt gutes Geld für die Versorgung mit Lebensmitteln und anderen notwendigen Gütern. Andernfalls bricht das Schiff von hier in Richtung der Levante auf. Auch Alexandria in Ägypten steuert man des Öfteren an, wobei in diesen Gewässern die Gefahr eines Piratenüberfalls deutlich höher ist.

Sollte es einmal zu einem Angriff kommen, lässt sich die Besatzung der *Valpolicella* nicht auf einen Kampf ein, sondern sucht ihr Heil in der Flucht. Hierbei kommen ihr die hohe Geschwindig- und Wendigkeit der Fregatte zugute. Meist genügt es, bis zum Sonnenuntergang durchzuhalten, da man die Verfolger in der Dunkelheit leicht abschütteln kann. In den seltenen Fällen, in denen ein Feuergefecht unausweichlich ist, versucht die Mannschaft, die große Manövrierbarkeit des Schiffs auszunutzen und die Angreifer mit Breitseiten auf Abstand zu halten.

Venezianisches Linienschiff „Serenissima“

Während der sogenannte Bucintoro, die goldene Staatsgaleere der Dogen, das nominelle Flaggschiff der venezianischen Flotte ist, so ist die *Serenissima* die eigentliche Anführerin. Das Linienschiff ersten Ranges ist das mächtigste und das am besten ausgestattete Schiff der Seestreitkräfte Venedigs und einer der beeindruckendsten Anblicke im Mittelmeer. Während sie die meiste Zeit als Ausliegerschiff die Hafeneinfahrt der Stadt in der Lagune bewacht, ist sie jederzeit bereit, den Willen ihrer Namenspatronin in das Mittelmeer zu tragen.

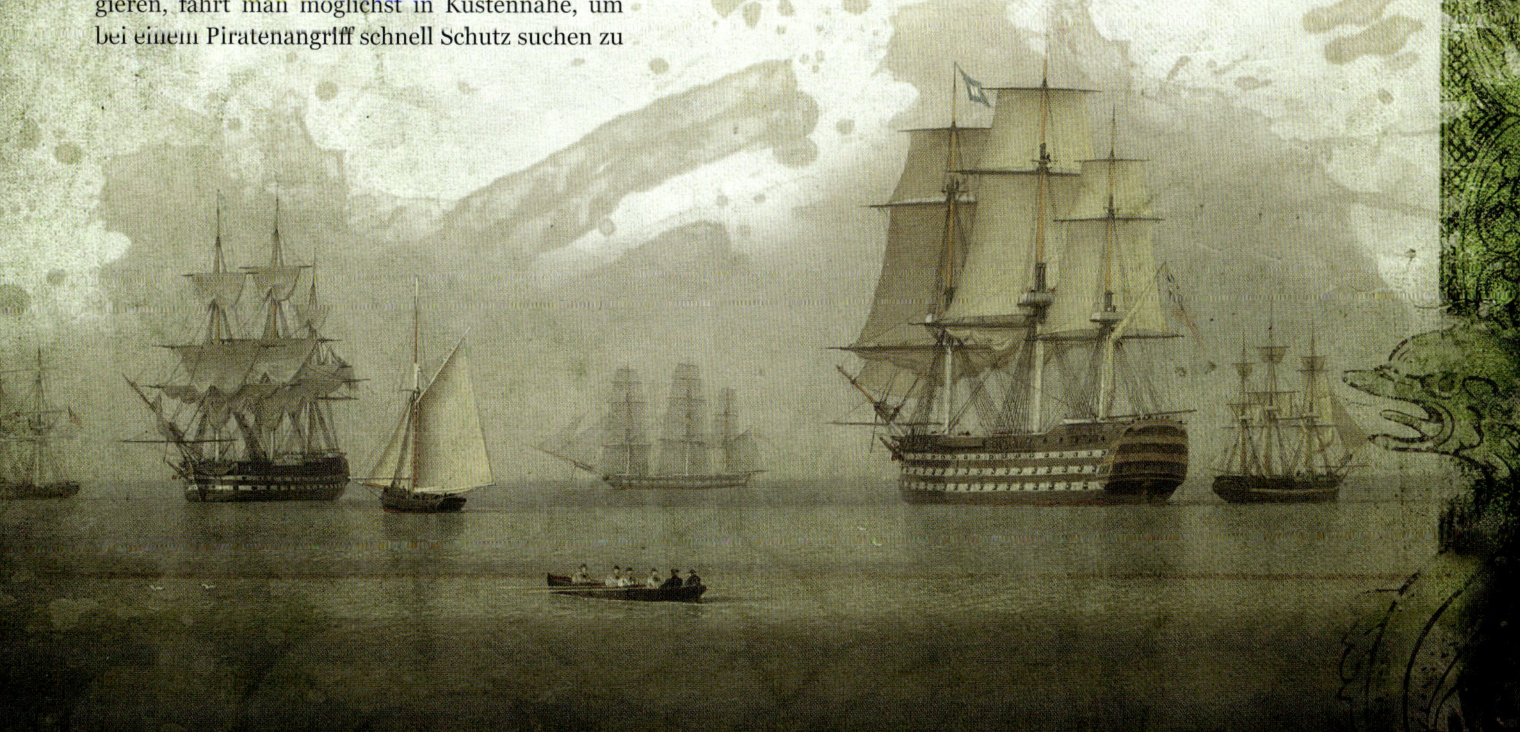

Das Schiff weist neben dem großen Laderaum insgesamt fünf Decks auf, einschließlich des Oberdecks, von denen drei mit Kanonen ausgestattet sind. Zusammen mit den Geschützen auf Vor- und Achterdeck kommt die *Serenissima* auf eine furchteinflößende Anzahl von insgesamt 100 Kanonen. Doch damit nicht genug: Aus ihrem Vorsteven ragt, wie die Klinge einer Lanze, die Spitze einer mächtigen Seelenlichtkanone hervor, mit der sie selbst die größten feindlichen Linienschiffe vernichten kann. Hinzu kommen weitere tödliche und oft experimentelle Gerätschaften am Oberdeck, wie Flammen- und Granatwerfer.

Als Schutz vor feindlichen Angriffen, aber vor allem auch vor dem Salzwasser des Mittelmeers und gegen den Bewuchs durch Muscheln und Algen, wurde die Außenwand der *Serenissima* vollständig mit Kupferplatten verkleidet. Das auf Hochglanz polierte Metall und die flammend roten Segel mit dem goldenen Markuslöwen verkünden den Stolz und den Herrschaftsanspruch der Handelsrepublik.

Während ihres Einsatzes als Wachposten befindet sich eine vergleichsweise kleine Mannschaft von etwa 450 Personen auf dem Schiff – gerade genug, um es bei einem Gefecht auszurichten und die Geschütze zu bemannen, aber viel zu wenig, um es richtig zu segeln. Tatsächlich gilt der Dienst auf der *Serenissima* unter Offizieren und Seesoldaten eher als Urlaub mit vollem Sold, da die Freuden Venedigs nah und Feinde fern sind. Das gewaltige Schiff dient vor allem der Abschreckung, auch wenn es im Ernstfall ein verheerender Gegner ist. Zieht es jedoch in die Schlacht, quillt das Schiff über vor Leben: Bis zu 850 Menschen können auf ihm unterkommen und sind nötig, um die volle Kampfkraft des Linienschiffs zu entfesseln.

Der größte Nachteil der *Serenissima* ist ihre geringe Geschwindig- und Wendigkeit. Sie ist nicht dafür gemacht, Gegner einzuholen, auch wenn die hohen Bordwände und die enorme Besatzungsstärke ihr im Enterkampf einen großen Vorteil verschaffen. Würde es einem Feind allerdings gelingen, sich durch Breitseite um Breitseite an den Koloss heranzukämpfen, fiele ihm eine weitere Schwachstelle auf: Denn die *Serenissima* (ebenso wie andere Linienschiffe) kann ihre Kanonen nicht steil nach unten richten, um auf Angreifer direkt am Rumpf zu feuern. Allerdings müssten die enternden Gegner erst das glattpolierte Kupfer erklimmen, und selbst dann stünden sie einer kleinen Armee an Matrosen und Seesoldaten gegenüber.

Trotz ihrer enormen Größe ist das Leben an Bord nicht angenehmer, wenn die *Serenissima* auf See ist. Besonders mit voller Besatzung ist das Schiff eng und persönlicher Platz rar, auch die Versorgung ist nicht besser als auf kleineren Booten. Allerdings ist die *Serenissima* deutlich sturmsicherer, was besonders auf dem Mittelmeer ein Vorteil ist, wo viele Seefahrer bei Gewitter in Häfen und Buchten Schutz suchen.

Osmanische Karavelle „Şehbaz-ı Bahri“

Trotz der Namensgleichheit haben osmanische Schiffe, die als „Karavele“ bezeichnet werden, nichts mit den mittelalterlichen Karavellen gemeinsam, welche die Neue Welt entdeckten. Vielmehr stammen beide Begriffe vom griechischen Wort „kara-bia/karavia“ ab, das im Mittelalter zwar einen bestimmten Schiffstyp bezeichnete, aber bald zu einem Überbegriff für große Schiffe mit drei Rahsegelmasten wurde.

Die knapp 30 Meter lange *Şehbaz-ı Bahri* (türk. „Seefalke“) verfügt über zwei Geschützdecks mit insgesamt 48 Stückpforten. Allerdings befinden sich nur hinter 38 von ihnen auch Kanonen. Diese Praxis ist bei der osmanischen Marine durchaus üblich, deren Schiffe so gut wie nie die nominelle Anzahl an Geschützen tragen und daher im Vergleich etwa zu den venezianischen Seestreitkräften leichter bewaffnet sind. Zum einen liegt das an dem generell weniger robusten Rumpfaufbau osmanischer Kriegsschiffe, zum anderen an dem verwendeten Material, aus dem die Kanonen gegossen sind: Bronze. Zwar ist die Legierung dem starren Eisen eigentlich überlegen, allerdings ist sie auch wesentlich teurer. Eine Besonderheit sind die sogenannten Kantar-Geschütze. Diese kurzen Bronzekanonen verschießen schwere Marmorkugeln, die auf kurze Distanz eine verheerende Kraft entfalten.

Obwohl ihre leichte Bauweise und Bewaffnung im Kampf von Nachteil sein mag, macht beides die Karavellen der Osmanen zu erstaunlich schnellen Seglern. Im Vergleich mit westlichen Schiffen sind vor allem die hohen Bug- und Heckaufbauten auffällig sowie der überraschend breite Rumpf, der die *Şehbaz-ı Bahri* sehr geräumig macht, was sich in ihrer hohen Besatzung von bis zu 350 Personen widerspiegelt. Damit ist sie ein ernstzunehmender Gegner für Schiffe ähnlicher Größe. Osmanische Karavellen dieser Art können sowohl in Schlachtreihen verwendet werden als auch als unabhängige Kreuzer agieren. Besonders in Küstennähe glänzen sie, da sie einen geringen Tiefgang haben und entsprechen nahe ans Ufer heranfahren können. Dies entspricht auch der osmanischen Art der Kriegsführung, die Schiffe in erster Linie als Truppentransporter und Unterstützung für amphibische Landungsoperationen verwendet. Schiffe wie die

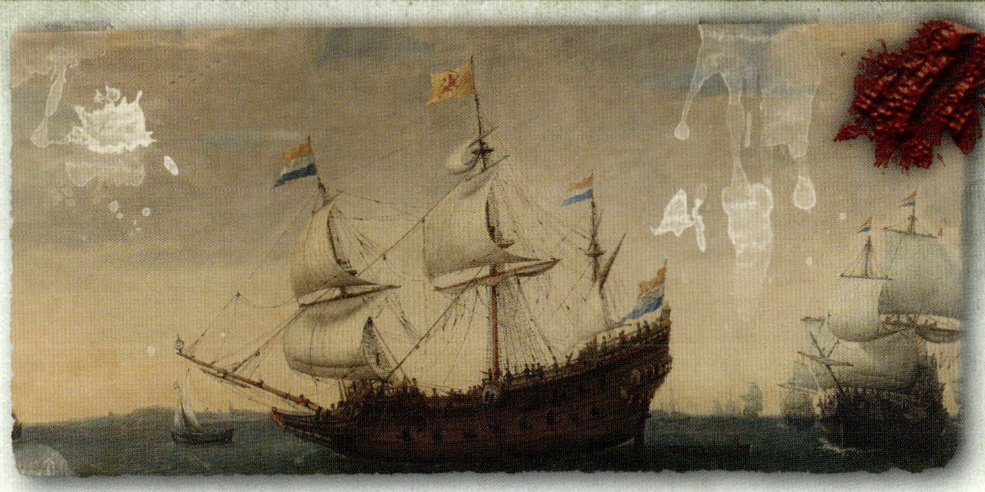

Şehbaz-ı Bahri müssen in der Lage sein, die vielen flachen und inselreichen Gewässer des Osmanischen Reiches sicher zu durchfahren, um Feuerkraft und Truppen an den Feind heranzubringen. Auch in Seeschlachten kämpft man bevorzugt in Nahdistanz.

Die Mannschaft der *Şehbaz-ı Bahri* besteht zu großen Teilen aus Freiwilligen und beruflichen Seeleuten. Allerdings finden sich auch immer wieder Zwangsverpflichtete, vor allem wenn die Besatzung schnell auf Kampfstärke gebracht werden musste. Die räumliche Trennung zwischen Offizieren und Crew ist auf osmanischen Schiffen noch strikter als bei westlichen Seemächten und bildet damit die Gesellschaftsordnung des Sultanats ab. Während die Offiziere in einem für maritime Verhältnisse außerordentlichen Luxus leben und nur im äußersten Notfall direkt Befehle an die einfache Mannschaft geben, muss sich diese mit einer spartanischen Unterbringung und mäßigem Essen begnügen. Der einzige Lichtblick sind die vielen Häfen des Osmanischen Reiches und mit ihnen die vergleichsweise häufige Möglichkeit eines Landgangs.

Osmanische Feluke „Ilayda"

Schiffe wie die *Ilayda* (türk. „Wasserfee") finden sich an allen Küsten des Mittelmeeres, wahrscheinlich auf der ganzen Welt: klein, aber seegängig, mit geringem Tiefgang und einem oder zwei Segeln ausgestattet, einfach zu fahren und mit ausreichend Platz für Fischereiausstattung, einige Passagiere oder eine gewisse Menge Handelsware.

Die als Fischerboot genutzte *Ilayda* gehört dabei zu den größeren Vertretern ihrer Art, da sie zwei Segel aufweist. Die Feluke ist stabil genug, um auch leichtere Stürme zu überstehen, und bietet ausreichend Stauraum für Wasser und Proviant, die einige Tage auf See ermöglichen, sowie einen guten Fang. Meist jedoch laufen die fünf Fischer, die die Besatzung der *Ilayda* bilden, morgens aus dem Hafen aus und kehren abends wieder heim. Trotz seiner recht robusten Bauweise besteht das Schiff aus eher dünnen Planken und so kommt es oft vor, dass eine oder zwei davon Leck schlagen, wenn es mit Treibgut oder versteckten Felsen kollidiert – was durch den geringen Tiefgang allerdings selten geschieht. Zwar sind die Löcher auf See schnell gestopft, an Land jedoch müssen die Bretter schließlich erneuert werden.

Auch wenn man es bei ihrer geringen Größe nicht vermuten würde, besitzt die *Ilayda* (wie viele andere Feluken auch) ein geschlossenes Deck und damit ein Unterdeck. Hier werden nicht nur Vorräte und Ausrüstung gelagert, es ist auch der Ort, an dem die Fischer schlafen oder Schutz vor Hitze und Stürmen suchen. Für einen dauerhaften Aufenthalt ist das Unterdeck aber nicht ausgelegt, dafür ist es zu stickig und eng. Das eigentliche Leben an Bord spielt sich auf dem Oberdeck ab, wo gearbeitet, gekocht und gegessen wird.

Obwohl Feluken durchaus seetüchtig sind, bleibt die *Ilayda* bei einem heranziehenden Gewitter oder zu unruhiger See stets im heimatlichen Hafen. Sollte die Mannschaft einmal von einem plötzlichen Sturm überrascht werden, versucht sie, sich in einen nahen Hafen, eine Bucht oder auch nur auf einen Strand zu retten. Da die *Ilayda* relativ leicht ist, falls sie nicht gerade voll beladen ist, kann die Besatzung sie ein Stück das Ufer hochziehen und so vor den Wellen schützen. Die leichte Bauweise eröffnet ihr auch die Möglichkeit, vor einem Sturm herzufahren, indem man die Winde am Rand einer Gewitterfront ausnutzt. In diesen seltenen Fällen wechseln sich die Besatzungsmitglieder an Deck ab, während die übrigen unter Deck Schutz suchen.

Neben den vielen verschiedenen Arten von Fischen, die das Mittelmeer zu bieten hat, fängt die Besatzung der *Ilayda* auch andere Meeresfrüchte wie Krabben und Muscheln, je nachdem, was gerade die besten Fangquoten gibt. Sollte es sich anbieten, treibt sie auch etwas Handel. Allerdings hat die Mannschaft des kleinen Schiffs noch eine weitere Einkommensquelle für sich entdeckt: den Schmuggel. Bei dem Transport von Waren vorbei an osmanischen Steuereintreibern macht sich die geringe Größe der Feluke bezahlt, die zudem des Nachts ohne Beleuchtung so gut wie unsichtbar ist.

Die Lucrezia – Beispielschiff für Jäger

Die *Lucrezia* ist ein Schiff vom Typ einer Schebecke, das den Jägern als fahrbarer Stützpunkt dienen kann. Sie besitzt eine reiche Vorgeschichte, die einerseits widerspiegelt, dass es sich hier – wie bei den meisten Schiffen – um ein individuell umgestaltetes Gefährt handelt, und die es andererseits ermöglicht, sie nahtlos in die Kampagne *Das Geheimnis der Inseln* einzufügen. Natürlich kann der HeXXenmeister die Vorgeschichte ebenso wie den Aufbau der *Lucrezia* entsprechend seiner persönlichen Vorstellungen anpassen.

Wenn die Jäger die *Lucrezia* nicht im Laufe ihrer Abenteuer in einem beliebigen Hafen erwerben oder sogar von einem reichen Gönner geschenkt bekommen, könnten sie das Schiff auch verlassen vorfinden, etwa stark beschädigt in einer Bucht dümpelnd. Die folgende Beschreibung geht allerdings davon aus, dass die *Lucrezia* voll einsatzbereit und ausgestattet ist. Andernfalls muss insbesondere die Beschreibung der Kapitänskajüte angepasst werden.

Hintergrund

Die Schebecke *Lucrezia* wurde vor ungefähr acht Jahren als *St. Nicholas* in Venedig gebaut und in Dienst gestellt. Sie diente daraufhin einige Jahre als bewaffnetes Handelsschiff im Mittelmeer, bevor sie vor etwa drei Jahren bei einem Piratenangriff schwer beschädigt wurde, dem auch ein Großteil der Besatzung zum Opfer fiel. Eine venezianische Familie erwarb das Schiff daraufhin und ließ umfassende Reparatur- und Umbauarbeiten durchführen. Anschließend taufte sie es in Anlehnung an Fürstin Lucrezia Borgia um und nutzte es lange Zeit als Prestigeobjekt, bis es bei einem neuerlichen Angriff von Seeräubern ein zweites Mal stark beschädigt wurde.

Der Schiffsrumpf

Das schlanke und relativ lange dreimastige Schiff ist ein typisches Beispiel der älteren Schebecken-Bauweise: Es weist einen relativ runden, geschlossenen Rumpf auf, der an den Breitseiten mit Gerüsten vergrößert wurde und nicht besonders weit über die Wasseroberfläche hinausreicht. Die *Lucrezia* besitzt eine Gesamtlänge von 40 Metern, ist an der breitesten Stelle knapp 9 Meter dick und hat unbeladen einen Tiefgang von 2,50 Metern. Mittschiffs ist der Rumpf von Kiel bis Oberdeck 3,50 Meter hoch und wurde unterhalb der Wasserlinie mit Bleiweiß gestrichen, um das Holz zu schützen – die fortschrittlichere Verkleidung mit Kupferplatten wurde nicht vorgenommen. Der übrige Rumpf trägt die Farben Venedigs: der Schiffskörper sattes Rot, die Aufbauten an Bug und Heck ein helles Gelb. Hinzu kommen die üblichen Prunkverzierungen wie echtgoldene Borten und Schmuckaufbauten sowie Schnitzereien, die historische und religiöse Szenen

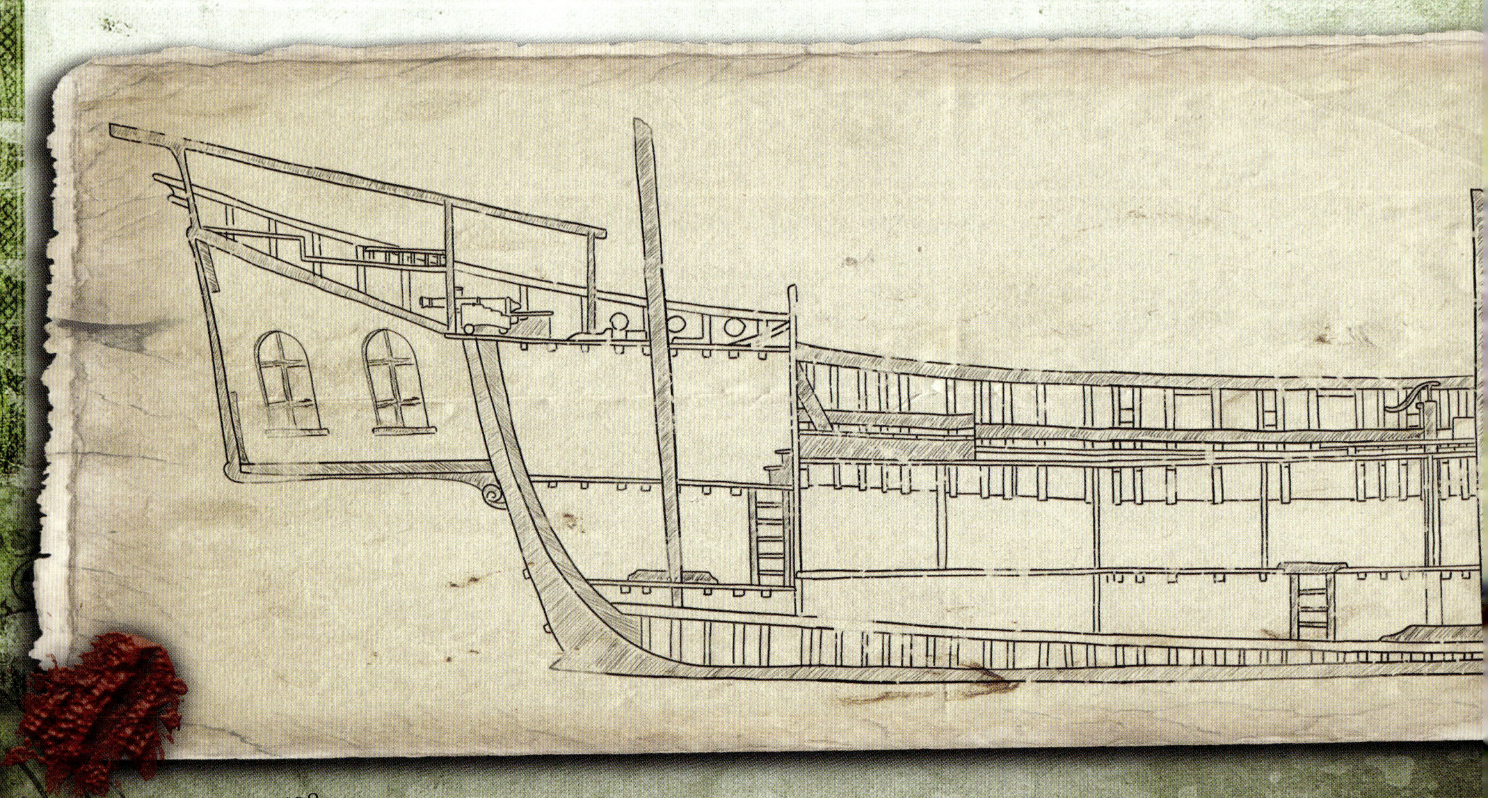

zeigen, vom Sieg Venedigs in der Seeschlacht von Lepanto bis zur Leidensgeschichte Jesu. Als Beiboot verfügt die *Lucrezia* über ein kleines, einmastiges Ruderboot, das mitgeschleppt wird.

Masten und Segel

Die *Lucrezia* besitzt insgesamt drei Masten: einen Fock-, Groß- und Besanmast. Jeder weist ein sogenanntes Lateinersegel auf, ein großes dreieckiges Tuch, das an einer langen, einzelnen Stange (einer „Rah") befestigt ist. Die Rahen lassen sich dabei um den Mast bewegen, um sie in den Wind zu drehen, ohne den Kurs ändern zu müssen. Dies sorgt zusammen mit dem schlanken Rumpf der Schebecke dafür, dass sich das Schiff wendig und schnell segeln lässt. Das Segeltuch wurde reinweiß gefärbt, während die Masten und das stehende und laufende Gut (also die Taue und Umlenkrollen, mit denen Segel und Masten festgemacht sind) tiefschwarz sind. Der höchste Punkt des Schiffs, die Spitze des Großmastes, befindet sich rund 18 Meter über dem Deck. Ein Krähennest gibt es nicht, wer Ausschau halten will, muss sich gut festhalten.

Das Vordeck

Der vorderste Teil des Hauptdecks läuft bei der *Lucrezia* in einen Galion über, eine mit einer Reling versehene Plattform, die über den Schiffskörper hinausragt. Zwar besitzen Schebecken dieser Bauart für gewöhnlich keinen Bugspriet, dennoch verfügt das Schiff über diesen fast dornartigen Ausläufer – ein Überbleibsel der Galeeren, aus denen die Schebecke wahrscheinlich entstanden ist, und der einst als Rampe zum Entern diente. Noch im Schiffskörper und am Ende des Vordecks ist der Fockmast angebracht. Vor diesem finden sich zwei Löcher in der Bordkante, aus denen dicke Trossen zu den beiden Ankern führen, die bei der *Lucrezia* außenbords am Galion hängen.

Das Oberdeck

Hinter dem Fockmast beginnt das Oberdeck. Hier spielt sich für gewöhnlich das tägliche Leben ab, sofern es das Wetter zulässt. Das Deck selbst wird von einer schwarzen, reich mit Schnitzereien verzierten Reling eingegrenzt, die einen deutlichen Kontrast zu den hellen Holzplanken bildet. Schlussendlich würde dieses Deck auch zum hauptsächlichen Kampfschauplatz werden, sollte man die *Lucrezia* einmal entern.

Zwischen Fock- und Großmast steht ein Gangspill, eine Art Trommel, mit der unter anderem der Anker eingeholt oder die Segel gehisst werden. Ebenso dient das Spill als Tisch, wenn sich nichts anderes auftreiben lässt. Etwas weiter backbords befindet sich hier auch eine Luke, durch die man über einen Niedergang (eine steile Treppe) auf das Hauptdeck gelangt. Hinter dem Großmast ist eine Lenzpumpe angebracht, mit der eingedrungenes Wasser aus dem Schiff befördert werden kann. Dahinter wird das Deck von einem Gräting unterbrochen (einem begehbaren hölzernen Gitter), das sich öffnen lässt, um Ladung in das Schiff zu befördern, und als Licht- und Luftschacht für das Deck darunter dient.

Auf dem Oberdeck stehen insgesamt 16 Sechspfünder auf roten Lafetten. Die eisernen Kanonen

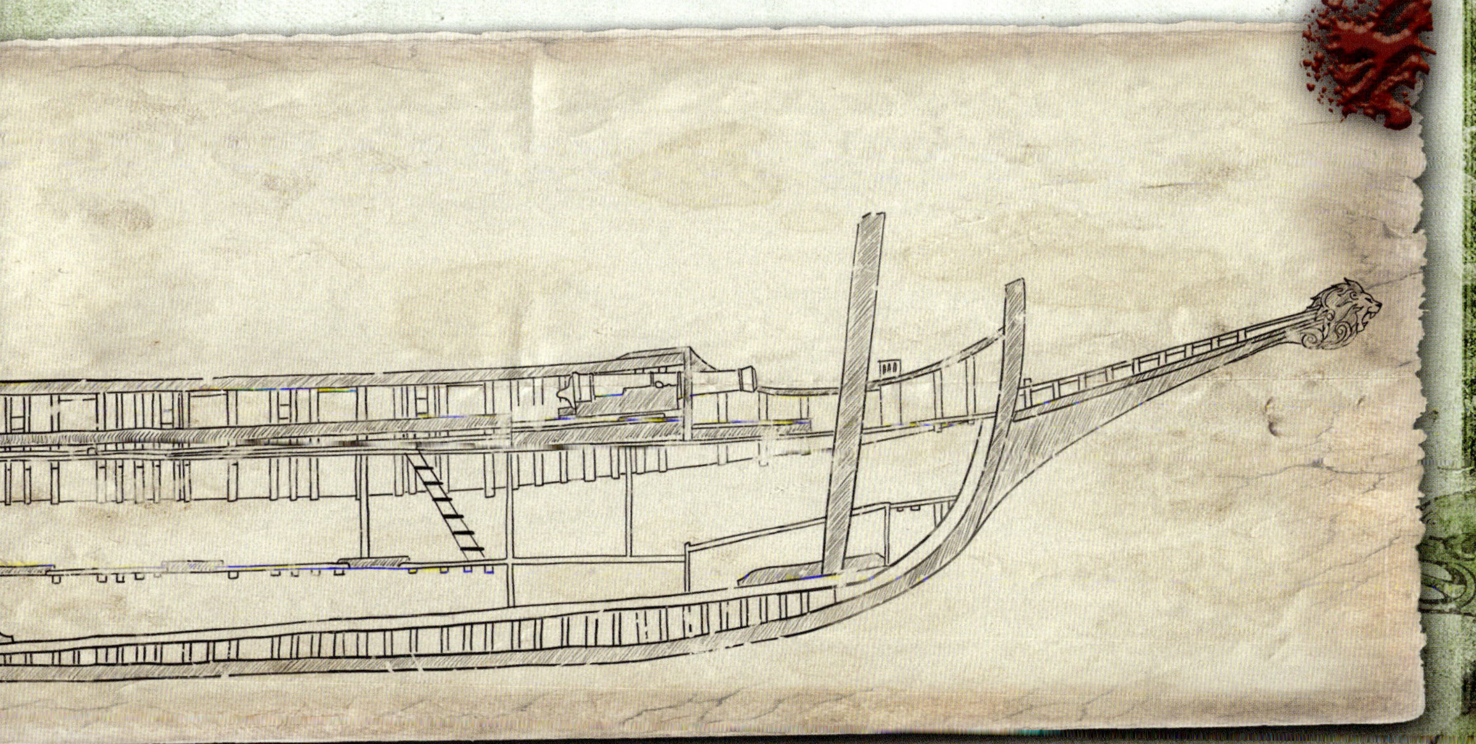

werden jeden Tag poliert und dienten dem Vorbesitzer mehr der Zierde als dem Kampf, sind aber voll einsatzbereit. Neben jedem Geschütz liegen, in einer Dreieckspyramide gestapelt, 20 Kanonenkugeln. Das Pulver dazu ist in einer vor Feuchtigkeit gut geschützten Pulverkammer untergebracht. In der Reling befinden sich neben den Aussparungen für die Kanonen auch Rundlöcher für die insgesamt neun Paar Hilfsriemen, mit denen das Schiff bei Flaute gerudert werden kann und die unter Deck lagern.

Am hinteren Ende gelangt man über eine kleine Treppe nach oben zum erhöhten Puppdeck oder durch eine Tür und kurze Rampe in die Kapitänskajüte.

Das Achterschiff

Das Heck, oder besser gesagt der dortige Puppaufbau, ist wohl die auffälligste Änderung, die an der *Lucrezia* vorgenommen wurde. Während eine gewöhnliche Schebecke nur eine recht kleine Kapitänskajüte aufweist und das Puppdeck aus Grätings besteht, zeigt das Schiff nun ein veritables Spiegelheck. Auf dem Puppdeck selbst befindet sich der Kapitänstisch, an der die Navigation durchgeführt wird, sowie das Steuerrad, mit dem das Schiff gelenkt wird. An den Ecken des Hecks hängen zwei Positionslampen, über denen zwei Einpfünder-Drehbassen zur Enterabwehr und als Signalkanonen angebracht sind. Im vorderen Teil des Achterschiffs reckt sich der Besanmast in die Höhe. Neben der Rampe in einer kleinen Nische führt ein weiterer Niedergang in das Schiff hinab.

Die umgebaute Kapitänskajüte ist prunkvoll eingerichtet. An einem großen Tisch kann der Schiffsführer mit seinen Offizieren oder geladenen Gästen die Mahlzeiten einnehmen. Im hinteren Teil findet sich ein ungewöhnlich breites Bett mit bester Wäsche, an den Wänden sieht man verzierte Regale mit teurem Alkohol, Büchern und sonstigem Tand, der eventuelle Gäste beeindrucken oder einschüchtern soll. Die wahrscheinlich imposanteste Änderung (jedenfalls für Seeleute) ist jedoch das Plumpsklo, das der Vorbesitzer in einem hinteren Eck hat einbauen lassen.

Das Hauptdeck

Steigt man den Niedergang von der Kapitänskajüte herunter, findet man sich direkt in der Kombüse wieder. Die normalerweise enge Schiffsküche wurde stark erweitert und besser ausgestattet, damit der Koch und sein Gehilfe genug Platz und Gerätschaften zur Verfügung haben, um alle ausgefallenen Wünsche des Kapitäns bzw. Besitzers erfüllen zu können. Trotzdem ist die Kombüse vollgestopft und eng, denn hier wird nicht nur gekocht, hier schlafen auch der Smutje und sein Küchenjunge. Zudem führt der Besanmast mitten durch den Raum und schränkt die Bewegungen ein, ganz davon abgesehen, dass hier so oder so nur kleine Personen aufrecht stehen können, ohne sich an der niedrigen Decke den Kopf zu stoßen.

Tritt man aus der Kombüse heraus, steht man in einem langen, geraden und kaum höheren Gang, dem Mittelgang, der durch das gesamte Schiff führt. Üblicherweise würde sich hier die Offizierslogis anschließen, bevor man in das offene Hauptdeck treten würde. Beides jedoch fiel Umbaumaßnahmen zum Opfer. Anstatt eines großen Lagerraums wurde das Deck mit dünnen Wänden in Kabinen getrennt, in denen Passagiere relativ luxuriös schlafen können. Der Gang ist knapp 22 Meter lang und wird von schummrigen Laternen erhellt, an der Decke hängen die Riemen zum Rudern der Schebecke. Im Boden, knapp mittschiffs und noch vor dem Hauptmast, führt eine Luke in die als Lagerraum verwendete Wasserlast. Um den Mast herum wurde Platz gelassen und man findet dort keine Räume. Diese beginnen dahinter erneut, auf der Backbordseite mit einem Baderaum einschließlich einer großen Zinnwanne, auf Steuerbordseite mit einem Gesellschafts- und Raucherzimmer, gefolgt von der Kapitänskammer, dem Aufgang aufs Oberdeck sowie zwei Kabinen.

Schließlich endet der Gang im Vorschiff in einem etwa 5 Meter langen und 4 Meter breiten Raum, der nach vorn hin spitz zuläuft und immer schmaler wird. Hier findet sich alles, was dem Luxus hat weichen müssen: Werkzeug zur Schiffsreparatur, Taue, Farbe, Teile des Proviants der Seeleute – und ihre Schlafplätze. Bis auf den Kapitän nächtigt hier die Besatzung, zum Teil in Hängematten, aber auch auf Seilrollen und Proviantsäcken, falls sie nicht auf dem Oberdeck schlafen können.

Das unterste Deck

Öffnet man die Luke im Mittelgang und steigt in den Bauch des Schiffs hinab, findet man sich im derzeitigen Hauptlagerraum wieder. Dicht gedrängt stehen hier Fässer, Kisten und Säcke mit Nahrungsmitteln und vor allem Trinkwasser für insgesamt knapp einen Monat. Da der Raum kaum mehr als einen Meter hoch ist, muss man sich sehr stark bücken, wenn nicht sogar kriechen, um sich hier bewegen zu können. Der Boden besteht aus Grätings, unter denen sich der tiefste Raum des Schiffs befindet: die Bilge mit einem Ballast aus Steinen und Wasser – Leckwasser wohlbemerkt, das beständig durch die Bewegung der *Lucrezia* hineingedrückt wird und regelmäßig hinausgepumpt werden muss. Hier ist es stockdunkel, riecht es immer muffig und hört man dumpf die Wellen an die Schiffswand schlagen und leise Ratten quieken.

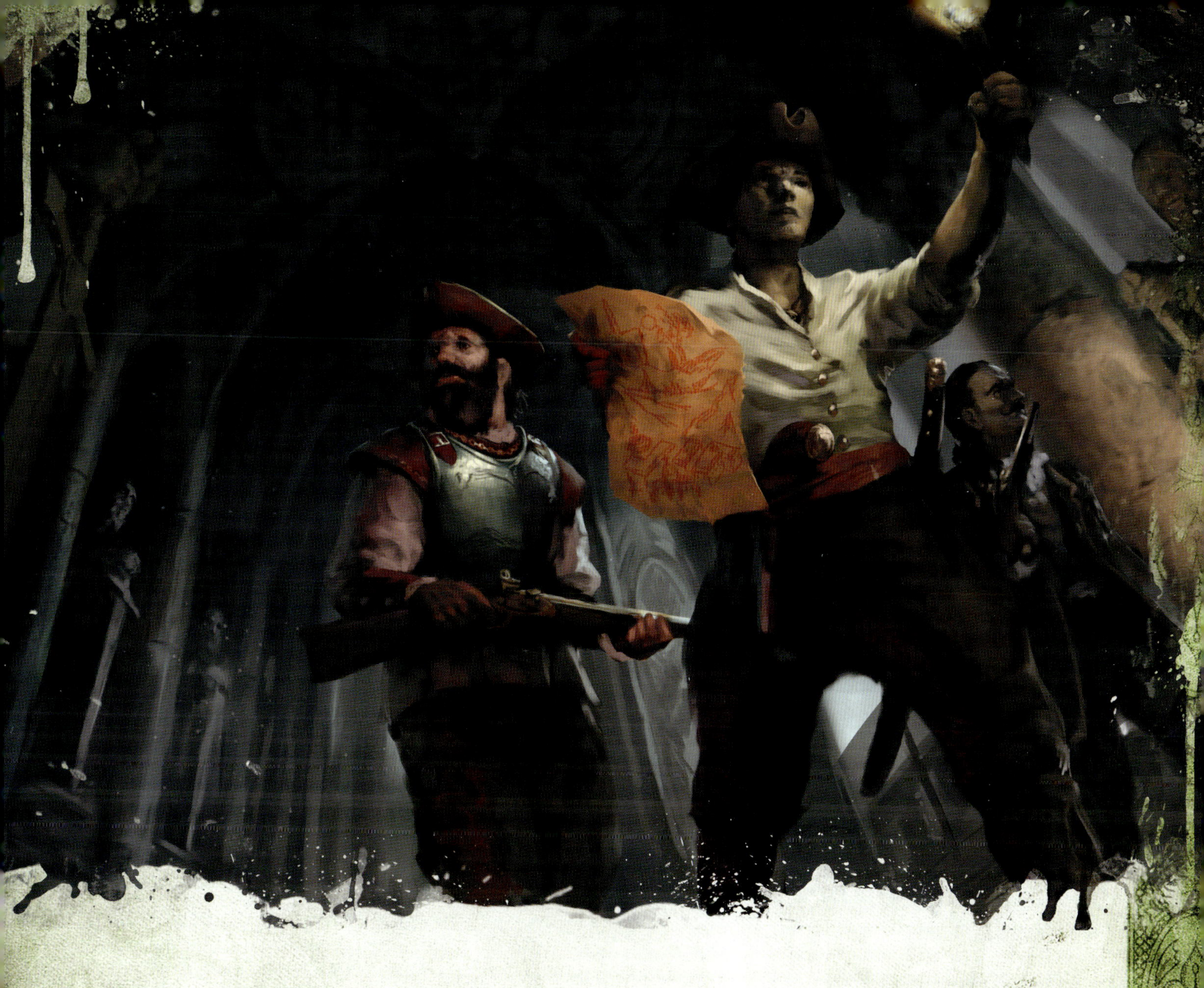

Schatzsucher & Glücksritter

5

Das Mare Monstrum lockt vielerley bunthe Gestalthen an, vom Sucher nach Atlanthischen Gestaaden, über den Graeber in uralthen Ruinen, bis zum abentheuerlichen Seefahrer, der es einem Odysseus oder Sindbad gleichmachen will und auf diesem vielbefahrenen Meer, darob der Duft antiker Heroen die Nase umwinket, sein Glücke versuchet. Jedoch ist all diesen verwegenen Gestallten eines gemein: Sie sind der Phaszination fremder Kulturen vor einer jahrtausendealten Geschichte verfallen.

– Gustav van Emmerdingk, Botschafter Kaiser Karls VI. am Hofe des Sultans

Neue Rolle: Seefahrer

Der Seefahrer repräsentiert jeden Jäger, der sich auf den Planken eines Schiffs, ob bei ruhiger See oder schäumender Gischt, wohler fühlt als auf dem Land. Die Rolle verbindet eine Affinität zum Element Wasser mit dem Wissen um das Steuern eines Schiffs bis hin zum Kampf an Bord. Jäger, die sie gewählt haben, erhalten die neue Fertigkeit „Schiffsnavigation (Wis), beginnend mit Fw 0.

Kleidungsset beim Start: Söldnerkleidung oder Seefahrerkleidung (suche dir ein Set aus).

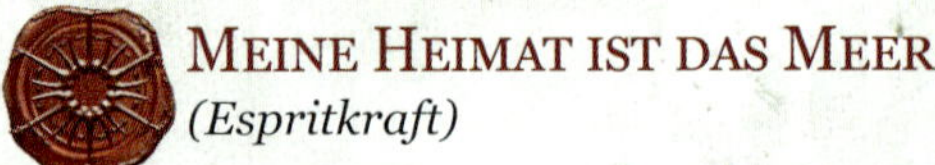

Meine Heimat ist das Meer
(Espritkraft)

Das Wasser ist dein Element, das Meer deine wahre Heimat. Du bist auf der See aufgewachsen und hast gelernt, dich mit ihren mannigfaltigen Widrigkeiten zu arrangieren. Bei jeder Probe, die du auf einem Schiff oder schwimmend/tauchend ablegst und die auf einem körperlichen Attribut basiert, zählt jeder gewürfelte Espritstern als Erfolg.

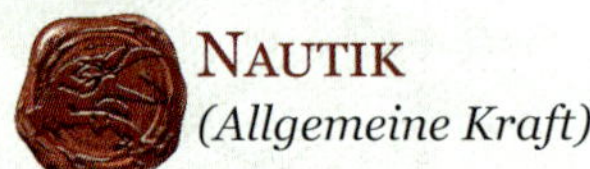

Nautik
(Allgemeine Kraft)

Du bist darin ausgebildet, ein Schiff und dessen Mannschaft zu führen, kennst dich mit Meeresströmungen und Winden aus, hast dich mit Taktik und Strategie eines Seegefechts befasst und vielleicht schon selbst an einem teilgenommen. Für gewöhnlich ist Nautik ein Studienfach und impliziert die Ausbildung an einer Universität oder nautischen Akademie, vielleicht hast du dir diese Fähigkeiten aber auch durch langjährige Erfahrung auf See und überliefertes Wissen deiner Familie angeeignet. Du erhältst einen Bonus von +3 bei allen Proben, die auf einem geistigen Attribut basieren und etwas mit der Steuerung von Schiffen (Schiffsnavigation), Mannschaftsführung (Redekunst), dem Einschätzen von Wetter und Meeresströmungen (Erkennen), aber auch historischen Seeschlachten (Wissensgebiete) und Ähnlichem zu tun haben.

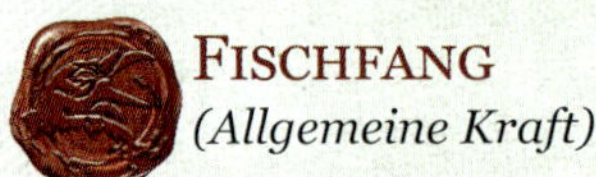

Fischfang
(Allgemeine Kraft)

Durch deine Zeit auf dem Meer bist du geübt darin, Fische zu fangen, entweder um die eigenen Vorräte aufzustocken oder um sie gewinnbringend zu verkaufen. Du kannst in oder an jedem Gewässer fischen und passt die jeweiligen Methoden der Umgebung und den verfügbaren Materialien an, sodass du keine zusätzliche Ausrüstung benötigst. Fischfang erfordert 1 Fza und eine Probe auf Land und Leute. Pro Erfolg fängst du Meeresfrüchte (Beutegut) im Wert von 10 Gulden. Außerdem erhältst du einen Bonus von +3 bei allen Handlungen, die etwas mit dem Bestimmen von Wasserqualität und mit Wasserlebewesen zu tun haben, z. B. um mittels Erkennen die Sauberkeit einer Quelle einzuschätzen oder die Art eines gefangenen Fischs zu ermitteln.

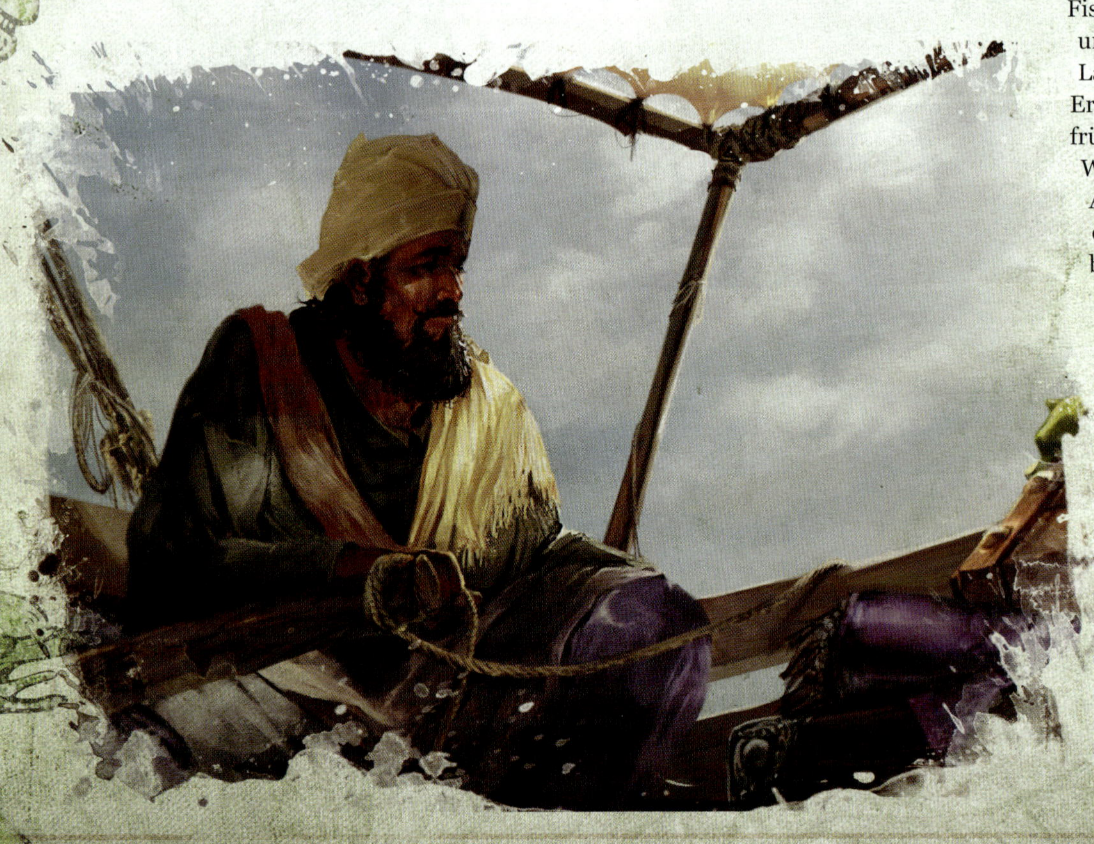

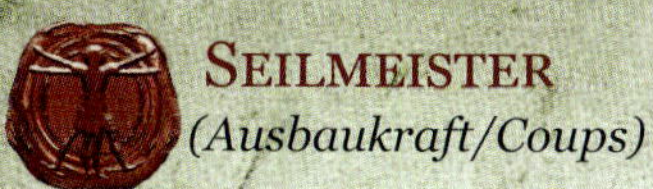

Seilmeister
(Ausbaukraft/Coups)

(Stamm) Seile und Knoten		
G Seile durchschlagen	G Seilschwinger	G In die Takelage
E Seilschutz	E Netzangriff	E Seilkunde I
M Löse die Taue	M Lehrmeister der Seile	M Seilkunde II

An Bord eines Schiffs ist der gekonnte Umgang mit Leinen, Tauen und Netzen unerlässlich. Nicht nur beherrscht du blind Seemannsknoten wie den Palstek oder Schotstek, du weiß auch genau, wie man Seile am besten durchtrennt und sogar zum eigenen Schutz einsetzt.

Als Startkraft: Du verfügst über ein Netz sowie ein 5 Meter langes Seil.

- **Seile und Knoten (Stammeffekt/Gestik):** Du bist gut darin, feste Knoten zu binden und zu lösen, Taue zu werfen, dich an ihnen hinaufzuhangeln und vieles mehr. Du erhältst einen Bonus von +1 beim Umgang mit Seilen und Knoten, z.B. wenn du mithilfe eines Stricks eine Mauer erklimmst (Akrobatik) oder dich von Fesseln lösen möchtest (Fingerfertigkeit). Dieser Bonus gilt für alle passenden Effekte dieser Ausbaukraft.
- **Seile durchschlagen (Gesellenеffekt/Bewegung, Gestik):** Mithilfe einer scharfen Klinge (Dolche und Messer, Schwerter, Säbel, scharfe Schlagwaffen, Fechtwaffen) kannst du Seile blitzartig durchtrennen. Sobald dein Schiff geentert wird, darfst du vor Beginn des Bordgefechts, aber nach dem Aufstellen der Gegner, eine Probe auf die entsprechende Waffenfertigkeit ausführen. Für jeden Erfolg darfst du 1 Bandenstufe des Feindes entfernen. Dieser Effekt kann auch angewendet werden, wenn du einem Mitstreiter hilfst, aus einer Fixierung zu entkommen, oder selbst Opfer einer solchen wurdest. Um den Zustand „Fixierung" mit Waffeneinsatz zu lösen (siehe: *Buch der Regeln*), musst du nur 1 statt 2 Ar aufwenden.
- **Seilschwinger (Gesellenеffekt/Bewegung, Gestik, Sicht):** Behände bist du in der Lage, dich mit einem Seil auf deine Gegner zu schwingen und sie dabei im Nahkampf zu attackieren. Das ist in erster Linie bei Entermanövern zur See wichtig, kann aber auch auf dem Land genutzt werden, sofern ein herabhängender Strick oder eine Liane (oder ein Kronleuchter) zur Hand ist. Wenn sich in deiner Nähe ein seilähnlicher Gegenstand befindet und du einen Nahkampfangriff fokussierst, erhältst du den vollen Bonus von +5 statt +3. Solltest du den Effekt anwenden, während du an einen Gegner gebunden bist, löst du dich dadurch nicht von ihm.
- **In die Takelage! (Gesellenеffekt/Bewegung, Gestik):** Du kannst die Takelage eines Schiffs ebenso rasch erklimmen wie jede erhöhte Position an Land, sofern du ein Seil oder Ähnliches (wie Lianen) zur Ver-

Neues Kleidungsset: Seefahrerkleidung

Seefahrerkleidung umfasst leichte und meist legere Kleidung, die sich viele Matrosen aus dünnem Segeltuch selbst nähen (speziell bei Reisen in die Tropen). Vielerorts ist es Brauch, dass Mannschaft und Unteroffiziere einen angesteckten Zopf zu tragen haben, der mit einem schwarzen geteerten Band umwickelt ist (daher der Name „Teerzopf"). Offiziere schmücken ihr Haupt stattdessen mit einer weißgepuderten Perücke und kleiden sich im Gegensatz zur übrigen Crew in eine Uniform. Ein weiterer Unterschied ist, dass sie Schuhe tragen. Die meisten Seefahrer verrichten ihre Arbeit barfuß, da es so deutlich einfacher ist, in die Takelage zu steigen oder auf rutschigem Boden Halt zu finden. Je nach Tätigkeit auf dem Schiff kann Seefahrerkleidung mit Gürteln, Schlaufen oder Taschen ergänzt sein, in denen sich Werkzeuge unterbringen lassen.

Zusatzregel: Ein Jäger in Seefahrerkleidung erhält bei allen Akrobatik-Proben an Bord eines Schiffs einen Bonus von +2. **Kosten:** Seefahrerkleidung kann für 10 Gulden in jeder Hafenstadt erworben werden.

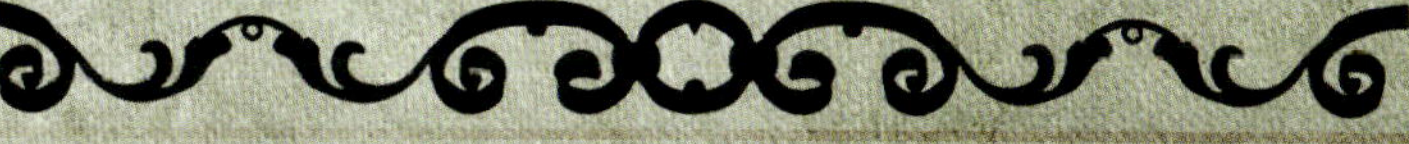

Neue Fertigkeit: Schiffsnavigation

Diese auf Wissen (Wis) basierende Fertigkeit wird zum Steuern von Segel- und Ruderschiffen verwendet und kommt vor allem in Verbindung mit Seereisen und -gefechten zum Einsatz. Jäger mit der Rolle „Seefahrer" beherrschen sie zu Beginn mit Fw 0 und können sie mit Fertigkeitspunkten nach den üblichen Regeln steigern. Bei vielen Proben auf Schiffsnavigation muss entweder der Schnelligkeits- oder Wendigkeitsmodifikator des Schiffs eingerechnet werden (siehe: Reisen über See, Kapitel 4). Da die Fertigkeit zudem die Navigation nach den Sternen umfasst, kann sich ein Jäger mit ihr (auch an Land) anhand der Gestirne orientieren (um Norden zu bestimmen, ist keine Probe notwendig).

Optional: Schiffsnavigation steht eigentlich nur dem Seefahrer zur Verfügung, der HeXXenmeister kann aber auch anbieten, dass Jäger anderer Rollen die Fertigkeit erwerben können, wenn sie eine Weile auf einem Schiff gearbeitet haben oder einen passenden Hintergrund vorweisen können.

fügung hast. In einer passenden Umgebung kannst du im Kampf als freie Aktion 1 Coup ausgeben und eine Akrobatik-Probe ausführen. Erzielst du mindestens so viele Erfolge, wie Gegner an dich gebunden sind, kannst du dich automatisch von allen lösen. Du kannst in dieser Runde nur noch Fernkampfangriffe ausführen und dich nicht mehr in den Nahkampf bewegen. Gegner können dich in ihrer Ini-Phase aber wieder normal angreifen.

- **Seilschutz (Experteneffekt/Gestik):** Du bist geübt darin, Leinen und Taue im Kampf zu deiner Verteidigung zu nutzen, indem du dich hinter ihnen versteckst oder mit ihnen gegnerische Hiebe abwehrst. Einmal pro Kampf darfst du als freie Reaktion 1 Coup opfern, um eine Erkennen-Probe abzulegen und Puffer-LeP in Höhe deiner Erfolge zu erhalten. Solltest du überrascht worden sein, kannst du Seilschutz erst ab der zweiten Kampfrunde einsetzen.
- **Netzangriff (Experteneffekt/Gestik, Sicht)** Du kannst Netze auch im Kampf einsetzen. Ein Netz wird mit der Fertigkeit „Schleudern" geworfen. Es gelten die Einschränkungen und Ap-Kosten eines Schleuderangriffs, jedoch verursachen Netze nie Schaden, stattdessen erleidet ein getroffener Gegner 1 Malusstufe pro Erfolg. Das Netz hat keine Auswirkungen gegen winzige oder riesige Gegner, zudem kann jeder Feind nur von einem Netz gleichzeitig betroffen sein. Sollte ein Gegner während des Kampfes alle Malusstufen abbauen, gilt das Netz als zerstört. Netze finden sich in ausreichender Zahl an Bord von Schiffen oder in Häfen, können aber auch für jeweils 5 Gulden auf einem Markt erworben werden.
- **Seilkunde I (Experteneffekt):** Coups +1.
- **Seilkunde II (Meistereffekt):** Coups +1.
- **Löse die Taue (Meistereffekt/Bewegung, Sicht, Gestik):** Du kannst Taue, Seilwinden, Rahen oder Segel nutzen, um Bandengegner von Bord zu schleudern. Einmal pro Kampf darfst du als Aktion für 3 Ap 2 Coups ausgeben und eine Probe auf Akrobatik oder Fingerfertigkeit ablegen. Pro Erfolg werden 2 Bandengegner (gleich welcher Stufe) ausgeschaltet. Sollte sich der Kampf auf Deck und im Wasser abspielen (siehe: *Mare Monstrum Obscura*, Kapitel 4), bleiben die Bandengegner weiter im Spiel. Ansonsten gelten sie als Verluste.
- **Lehrmeister der Seile (Meistereffekt/Sicht, Sprache):** Du kannst alle Gesellen- und Experteneffekte dieser Ausbaukraft (mit Ausnahme von Seilkunde) kurzfristig auf andere Jäger übertragen. Das ist nur an Bord von Schiffen möglich und kostet dich 1 Coup als freie Reaktion. Der Empfänger darf den Effekt für jeweils eine Aktion bzw. Probe anwenden.

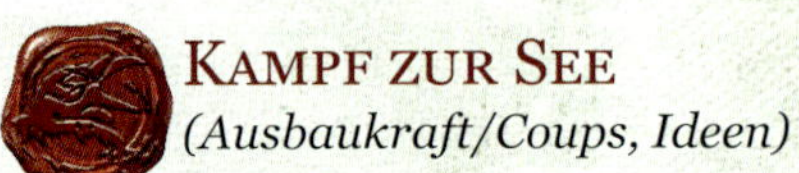

Kampf zur See

(Ausbaukraft/Coups, Ideen)

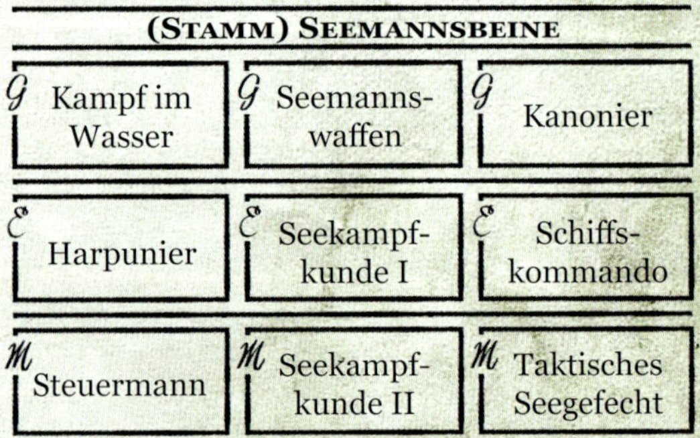

(Stamm) Seemannsbeine		
G Kampf im Wasser	G Seemannswaffen	G Kanonier
E Harpunier	E Seekampfkunde I	E Schiffskommando
M Steuermann	M Seekampfkunde II	M Taktisches Seegefecht

Du bist darin geübt, an Bord von Schiffen und im Wasser zu kämpfen, und beherrschst den Umgang mit den typischen Waffen der Seeleute.

Als Startkraft: Du verfügst wahlweise über ein Entermesser (Säbel), eine Bordaxt (Schlagwaffe) oder einen Marlspieker (Dolche und Messer).

- **Seemannsbeine (Stammeffekt/Beweglichkeit):** Wenn du auf einem Schiff kämpfst, ignorierst du bei allen Angriffen und defensiven Reaktionen (Ausweichen, Schildblock, Parade) den Malus, der durch Umgebungseffekte aufgrund schwankenden oder glatten Untergrunds, starken Winds oder Ähnlichem zustande kommt.

- **Kampf im Wasser (Geselleneffekt/Beweglichkeit, Gestik, Sicht):** Du kannst im Wasser fast ebenso gut kämpfen wie an Land oder an Bord eines Schiffs. Opfere als freie Reaktion 1 Coup und ignoriere für diese Kampfrunde alle negativen Modifikatoren durch Wellengang, Sturm, Tauchmanöver etc.
- **Seemannswaffen (Geselleneffekt/Beweglichkeit, Gestik, Sicht):** Du bist geübt im Umgang mit Waffen, die an Bord von Schiffen Verwendung finden. Wenn du dich auf einem Schiff befindest, kannst du jederzeit eine der folgenden Waffen nutzen, als ob du diese bei dir tragen würdest: Entermesser (Säbel), Bordaxt (Schlagwaffe), Marlspieker (Dolche und Messer), Esponton (Stangenwaffe), Harpune (Stangenwaffe). Bei Angriffen und Paraden mit diesen Waffen erhältst du auch an Land einen Bonus von +1.
- **Kanonier (Geselleneffekt/Beweglichkeit, Gestik, Sicht):** Du bist in der Lage, Kanonen mit großer Präzision auszurichten und abzufeuern. Im Kampf kannst du ein Bordgeschütz gegen einen Gegner außerhalb des Schiffs einsetzen. Der Angriff erfordert eine Handwerken-Probe, verbraucht 3 AP und verursacht einen Grundschaden von 10. Am sinnvollsten ist dies gegen Meeresungeheuer. Gegnerische Schiffe lassen sich mit dem Effekt nicht angreifen, dazu wird stets die gesamte Breitseite abgefeuert (siehe: *Mare Monstrum Obscura*, Kapitel 4).
- **Harpunier (Experteneffekt/Beweglichkeit, Gestik, Sicht):** Du bist darin geübt, mit Harpunen und ähnliche Waffen bei Walen oder riesigen Meeresungeheuern größtmöglichen Schaden anzurichten. Immer wenn du eine solche Kreatur im Kampf mit einer Stangenwaffe, Lanze oder Schlagwaffe attackierst, kannst du 1 Coup opfern: Der Angriff verursacht +5 Grundschaden. Bei kleineren Gegnern (ohne die Eigenschaft „Riesig") erhöht sich der Grundschaden stattdessen nur um 2.
- **Seekampfkunde I (Experteneffekt):** Coups +1.
- **Schiffskommando (Experteneffekt/Sprache):** Du kannst deine Mannschaft so anleiten, dass sie besonders effektiv kämpft. Immer wenn ermittelt wird, wie viele Bandenfreunde an Seeleuten du für einen Fokuskampf oder einen Landgang aufbringen kannst, darfst du 1 Idee ausgeben, auf Redekunst würfeln und die Erfolge in zusätzliche Bandenstufen umtauschen. Dieser Effekt ist kumulativ zu „Crew motivieren" bei einem Seegefecht (siehe: *Mare Monstrum Obscura*, Kapitel 4), jedoch müssen beide Effekte von unterschiedlichen Jägern ausgelöst werden.

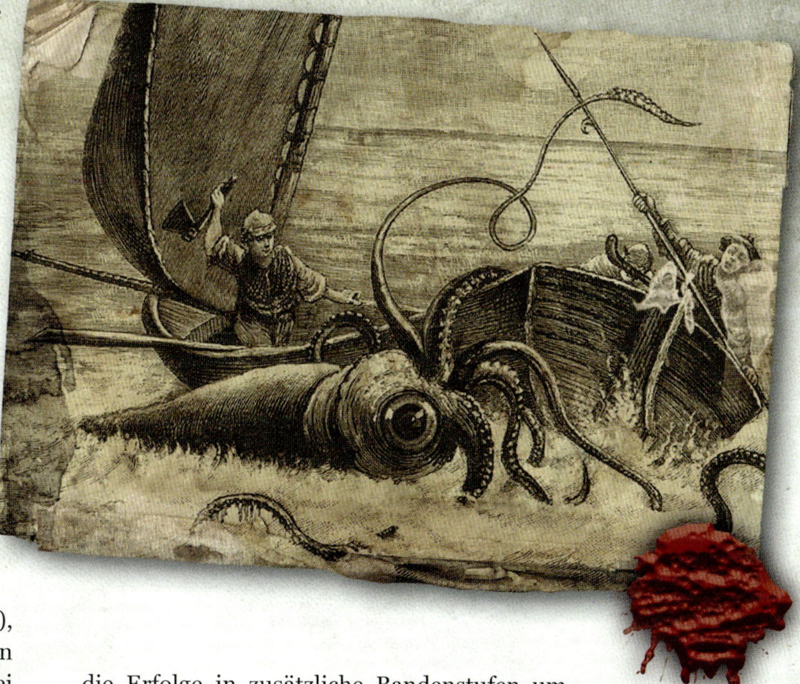

- **Seekampfkunde II (Meistereffekt):** Coups +1.
- **Steuermann (Meistereffekt/Sprache, Gestik):** Solange du freistehst und keine andere Person in dieser Runde eine Probe auf Schiffsnavigation abgelegt hat, darfst du das Steuerrad bemannen, um das Schiff so zu lenken, dass deine eigenen Leuten einen Vorteil daraus ziehen können. Einmal pro Kampf kannst du als Aktion für 2 AP eine Probe auf Schiffsnavigation ausführen und Navigationsmarker in Höhe der Erfolge generieren. Du und jeder deiner Mitstreiter kann 1 Navigationsmarker auf eine der folgenden Weisen nutzen: 1) als Coup, um eine Probe zu fokussieren; 2) um einen Bandenfreund riskant einzusetzen, ohne für seinen eventuellen Tod würfeln zu müssen; 3) um den Nachteil eines Umgebungseffekts vollständig zu ignorieren; 4) um einen Bandengegner auszuschalten (pro Bandenstufe 1 Marker, Gegner wird über Bord gespült). Am Ende des Kampfes werden ungenutzte Navigationsmarker entfernt.
- **Taktisches Seegefecht (Meistereffekt/Sprache):** Du bist ein Veteran in Seegefechten und kennst alle taktischen Finessen, entweder aufgrund eines intensiven Studiums oder langjähriger Erfahrung. Sobald du ein Schiffsmanöver fokussierst, erhältst du den vollen Bonus von +5 statt +3.

Neue Professionen für Jäger

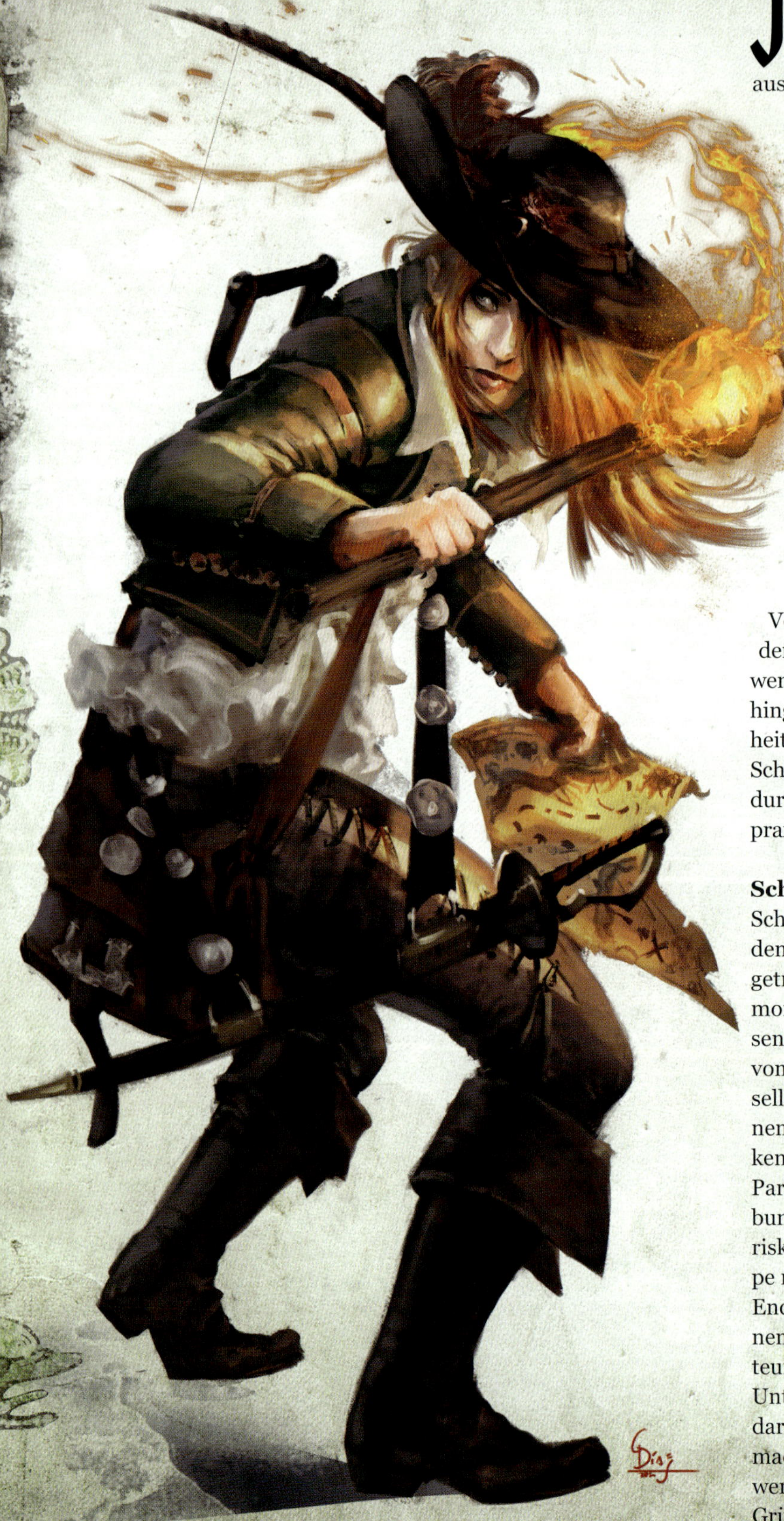

Im Folgenden werden vier neue Professionen vorgestellt, die von den Jägern ergriffen werden können und sich besonders, aber nicht ausschließlich für Abenteuer im Mare Monstrum eignen. Mehr Informationen zu den Organisationen, die im Mittelmeerraum mit diesen Professionen in Verbindung stehen, findest du in Kapitel 1 dieses Buches.

Schatzjäger

Voraussetzung: *Rolle „Attentäter" (Jägerkraft „Wie ein Schatten", Stammeffekt), Rolle „Fernkämpfer"*

Schatzjäger sind furchtlose Gesellen, die in hitzeflirrenden Wüsten, dampfenden Dschungeln, dunklen Gewölben oder auch am Grund des Meeres nach den Relikten der Vergangenheit suchen, nach Artefakten fremder Kulturen und verschollenen Schätzen. Nicht wenige von ihnen sind äußerst gebildet, manche hingegen deutlicher zwielichtiger als andere. Klugheit, List und Heimlichkeit jedoch sind für jeden Schatzjäger unabdingbar – ob es sich nun um einen durchtriebenen Grabräuber oder einen äußerst praxisorientierten Altertumsforscher handelt.

Schatzjäger als Profession

Schatzjäger sind prädestiniert als Jäger. Sie werden von Neugier, Mut und Geschäftssinn angetrieben und scheuen weder den Kampf gegen monströse Kreaturen, denen sie auf ihren Reisen begegnen, noch das gelegentliche Biegen von Gesetzen und Regeln. Sie müssen sich in gesellschaftlichen Zusammenhängen bewegen können, sich mit alten Schriften und Kulturen auskennen und Feldforschung betreiben, was sie zu Partnern von Organisationen wie dem Wächterbund macht. Zudem ist es deutlich sicherer, der riskanten Tätigkeit der Schatzsuche in einer Gruppe nachzugehen, auch wenn man die Gewinne am Ende teilen muss. So finden sich viele Expeditionen in Begleitung von Jägern und anderen Abenteurern. Nur in Bezug auf die Motivation mag es Unterschiede geben: Während die meisten Jäger daran arbeiten, die Welt zu einem besseren Ort zu machen, sind Schatzjäger oft nur auf Profit aus, wenngleich einige wenige auch aus ideologischen Gründen Artefakte und altes Wissen bergen.

Lizenzen und Zauber

Die Schatzsuche wurde ab dem späten Mittelalter populär, wenngleich die Kirche sie ablehnte, da bei der Jagd nach Reliquien häufig Ruhestätten von Märtyrern und Heiligen geplündert wurden. Das hielt Herrscher aber nicht davon ab, ähnlich wie Kaperbriefe Lizenzen zur Schatzjagd auszustellen. Der Betreffende musste seine Expedition allein bezahlen und vom Gewinn einen Teil abgeben, erhielt dafür jedoch das Recht, auf den Gebieten des Fürsten Altertumsstätten zu untersuchen. Diese Lizenzen wurden mitunter auch missbräuchlich verwendet. Der englische Schatzjäger Robert Curzon etwa nutzte sein vom König verliehenes Privileg nur dazu, um andere Schatzsucher zu erpressen, die kein solches Schriftstück besaßen. Außerdem griffen frühe Schatzjäger oft auf verbotene Mittel zurück, die allerlei magischen Hokuspokus umfassten. Ein Beispiel hierfür ist die sogenannte Jenaer Christnachttragödie von 1715, in der zwei Schatzgräber und zwei Totenwächter bei einer mutmaßlichen Geisterbeschwörung starben (wahrscheinlich an einer Kohlenmonoxidvergiftung). Die Auftraggeber sahen über diese lasterhaften Methoden großzügig hinweg, es sei denn, der Schatzjäger war erfolglos – dann folgte mitunter eine Bestrafung.

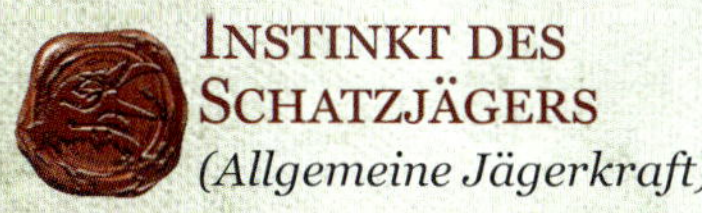

Instinkt des Schatzjägers
(Allgemeine Jägerkraft)

Du hast einen sechsten Sinn für wertvolle Artefakt, kryptische Hinweise, Geheimtüren oder Fallen und spürst diese instinktiv auf. Sobald du dich in der Nähe eines passenden Objekts befindest (Richtline: innerhalb von 10 Metern), muss der HeXXenmeister dir dies mitteilen. Durch den Adrenalinschub, den eine solche Entdeckung ausmacht, erhältst du zudem 1 Coup und 1 Idee (dies ist pro ausgekundschaftetem Terrain zweimal möglich, sprich: innerhalb derselben Grabkammer führen die ersten beiden Entdeckungen noch zu Ressourcengewinn, alle weiteren nicht mehr). Darüber hinaus erhältst du einen Bonus von +2 auf alle Aufmerksamkeit-Proben.

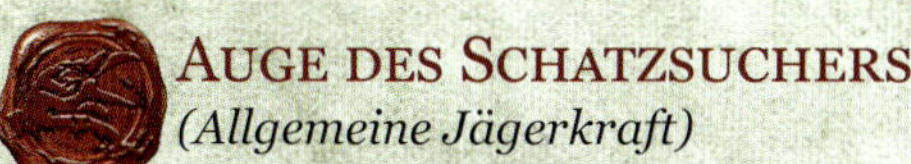

Auge des Schatzsuchers
(Allgemeine Jägerkraft)

Du hast ein Auge für Dinge von Wert, die andere übersehen würden. Nach jedem relevanten Konflikt darfst du eine Wissensgebiete-Probe mit einem Bonus entsprechend der höchsten am Kampf beteiligten Anführerstufe ablegen. Die dabei erzielten Erfolge kannst du sammeln und in Erzählzeit auf folgende Weise einsetzen: 1) Du findest etwas überraschend Wertvolles wie alte Münzen, verschollene Kunstwerke oder Sammlerstücke im Wert von 10 Gulden pro Erfolg. 2) Du erhältst abhängig von Gegner und Situation pro Erfolg eine einfache Information, die für das aktuelle Abenteuer relevant ist (z. B. durch versteckte Symbole an der Kleidung des Gegners, Besonderheiten an seinen Waffen, ein im Ärmel eingenähtes Schriftstück). 3) Du erhältst für 10 Erfolge eine wichtige Information, die für den Hintergrund des Abenteuers von besonderer Bedeutung ist (beispielsweise ein Detail, das die Jäger bei einer früheren Szene übersehen haben, oder tiefgreifendes Wissen zu Personen, Gegnern, Orten oder Mythen). Kann der HeXXenmeister dir keine entsprechenden Informationen geben, darfst du die Erfolge immer in Gulden umwandeln. Solltest du 10 Erfolge eintauschen (gleichgültig wofür), darfst du zusätzlich 1 verbrauchtes EH- oder MH-Kästchen wieder verwenden.

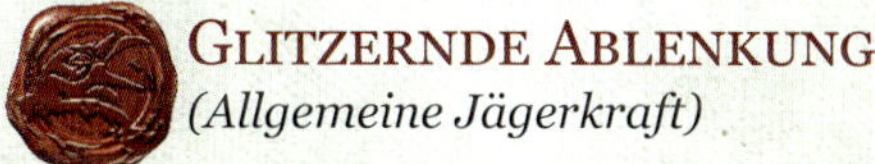

Glitzernde Ablenkung
(Allgemeine Jägerkraft)

Zwar bist du ein leidenschaftlicher Sammler von Schätzen, aber in der Not kannst du dich auch von ihnen trennen, um Gegner im Kampf abzulenken. Das erfordert eine Aktion mit 2 Ap und eine Probe auf Heimlichkeit. Opfere anschließend pro Erfolg 5 Gulden (Münzen oder Beutegut), wobei du die Anzahl der Erfolge freiwillig reduzieren kannst. Bestimme eine Anzahl von Gegnern in Höhe der Erfolge. Handelt es sich um einen Anführer, erleidet dieser 2 Malusstufen, ein Bandengegner verliert stattdessen beim nächsten Angriff 1 Treffererfolg. Du kannst diese Kraft nur einmal pro Kampfrunde anwenden.

Mitglied des Schatzjägerrings
In den Ländern des Mittelmeerraums können Schatzjäger dem Schatzjägerring angehören, der zwar mehr eine lose Verbindung ist als eine organisierte Gruppierung, seinen Mitgliedern aber durchaus große Vorteile bietet wie gegenseitige Unterstützung, Informationsaustausch und die Möglichkeit zum Verkauf von Relikten.

Assassine

***Voraussetzung:** Rolle „Attentäter“ (Jägerkraft „Wie ein Schatten“, Stammeffekt), Rolle „Alchemist“*

Sie sind Attentäter, Spione, Mitglieder eines geheimen Netzwerks – und sie sind ein Mythos: Obwohl der Bund von Meuchelmördern offiziell seit Jahrhunderten nicht mehr besteht, gibt es die legendären Assassinen noch immer, heute jedoch agieren sie ausschließlich im Verborgenen. Zwar ist ihr Orden bei Weitem nicht mehr so groß und einflussreich wie zur Zeit der Kreuzfahrer, doch seine Anhänger sind mehr als gewillt, die Ziele des Groß-Dā'ī durchzusetzen. Und die sind weit weniger finster als man annehmen könnte, denn Assassinen betrachten sich als Kämpfer aller drei abrahamitischen Religionen und sind somit Vordenker einer neuen, einer toleranteren Zeit. Ob im Osmanischen Reich, dessen Schutz (und im Speziellen dem des Sultans) sie sich verschrieben haben, oder im Herzen Europas, wo ehemalige Templer den westlichen Flügel des Ordens aufbauten: Die Assassinen bekämpfen mit all ihrer Macht religiöse Ausbeutung, Korruption und Unterdrückung.

Östliche und westliche Assassinen

Obwohl noch weniger Menschen vom europäischen Zweig der Assassinen wissen als vom ursprünglichen im Orient, können Jäger auch dem in Frankreich beheimateten westlichen Flügel angehören. Dies sollte aber immer mit dem HeXXenmeister abgesprochen werden, der dem Spieler auch mehr Informationen zu den europäischen Assassinen geben kann.

Das Haschisch des Raschid ad-Din Sinan

Die Assassinen haben viele alchemistische Künste gemeistert, darunter auch die Herstellung des Haschischs des Raschid ad-Din Sinan, des sagenumwobenen „Alten vom Berge“. Legenden zufolge soll dieser das Rezept als Bezahlung von einem Dschinn erhalten haben, für den er sieben goldgierige Kreuzritter eliminieren ließ. Die alchemistische Mischung besteht nicht nur aus Haschisch, sondern auch einigen anderen Ingredienzien, von denen jede für sich genommen tödlich wäre.

Rang des Assassinen

Damit der Spielercharakter in seiner Entscheidungsfreiheit weniger eingeschränkt ist, empfiehlt es sich, dass er in der Hierarchie des Ordens eher unten angesiedelt ist und den Rang eines Fidā'ī besitzt (siehe: Die Assassinen – Dolche in der Dunkelheit, Kapitel 1).

Assassine als Profession

Assassinen sind gut als Jägercharaktere geeignet. Sie sehen es als ihre Pflicht an, widernatürliche Kreaturen zu jagen, reisen kreuz und quer durch das Land, treten für Toleranz und Völkerverständigung ein – und wenn es sein muss, töten sie. Obwohl sie niemals Unschuldigen ein Leid antun würden (schließlich ist deren Schutz ihr höchstes Ziel), haben sie etwa im Gegensatz zu einem Ordenskrieger keine Skrupel, jeden zu beseitigen, der Elend und Not über die Menschen bringt. Diese Einstellung positioniert sie in einer moralischen Grauzone zwischen Rechtschaffenheit und Grausamkeit und kann zum Konflikt mit anderen Jägern führen, insbesondere wenn es sich um gottestreue Streiter handelt. Daher wird sich ein Assassine die Jägergruppe, der er sich für kurze oder längere Zeit anzuschließen gedenkt, sehr sorgsam auswählen, und nicht selten verschweigt er seine wahre Identität.

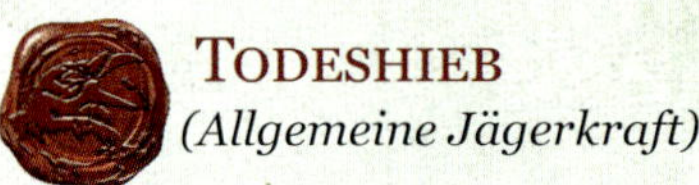

Todeshieb
(Allgemeine Jägerkraft)

Du beherrscht nicht nur die legendäre Kunst von Stock und Dolch, du kennst auch die tödlichen Vitalpunkte des Körpers und kannst sie gezielt angreifen. Immer, wenn du einen Gegner mittels Fausthieb attackierst, kannst du diesen in einen Todeshieb verwandeln. Führe wie üblich für 1 AP eine Probe auf Fausthieb durch. Erzielst du gegen einen Bandengegner Erfolge in Höhe dessen Bandenstufe oder mehr, so wird der Gegner vernichtet; andernfalls nimmt er den regulären Schaden durch den Fausthieb. Greifst du mittels Fausthieb einen Anführer an, darfst du für je 2 Erfolge, die du erwürfelst, 1 PW des Gegners ignoriert.

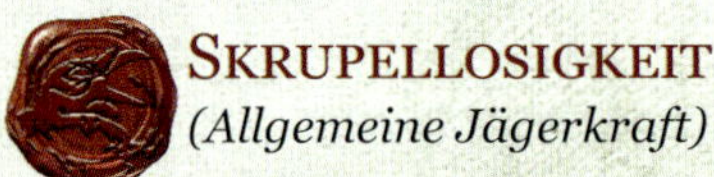

Skrupellosigkeit
(Allgemeine Jägerkraft)

Deine moralische Pflicht gilt allein dem Schutz der Unschuldigen. Hast du erst ein Ziel ausgewählt, das den Tod verdient hat – sei es widernatürlich oder auch menschlich –, verfolgst du es ohne Skrupel, ohne Zurückhaltung und mit eisernem Willen. Nichts kann dich dann noch von deinem Weg abbringen, weißt du doch, dass für eine gerechtere Welt die Ungerechten sterben müssen. Zwar erhältst du wie jeder andere Jäger für bestimmte Untaten Verderbnisse, übersteigt deren Zahl jedoch deinen Wil-Wert, verlierst du für jede Verderbnis über dem WIL-Wert 2 LEP permanent, verfällst aber nicht dem Bösen (es sei denn, du entscheidest dich freiwillig dazu). Sollte dein WIL-Wert steigen oder du Verderbnisse verlieren, erhältst du die verlorenen LEP wieder. Solltest du Verderbnisse in doppelter Höhe deines Wil-Wertes +1 gesammelt haben, verfällst auch du dem Bösen. Deine Skrupellosigkeit macht dich sogar noch effizienter. Einmal pro Kampf darfst du die Zahl deiner Verderbnisse auf den Schaden eines Nahkampfangriffs addieren (nach Ausführen der Angriffsprobe).

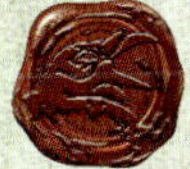

ASSASSINENDROGE

(Allgemeine Jägerkraft/Handwerk/Unterhalt +20)

Du bist in der Lage, das legendäre Haschisch des Raschid ad-Din Sinan herzustellen. Die Herstellung der Droge erfordert 1 FZA sowie ein Labor oder transportables Laboratorium. Würfle auf Wissensgebiete: Für jeden Erfolg stellst du eine Dosis der Assassinendroge her. Wird diese im Kampf eingenommen (Aktion, 0 AP, einmal pro Kampfrunde möglich), darfst du sofort einen Angriff kostenlos ausführen, der 1 AP kosten würde (Messer und Dolche, Fausthieb, Fechtwaffe). Dieser Angriff zählt nicht gegen das Maximum von 3 Angriffen pro Runde. Pro Einnahme erleidest du Geistschaden in Höhe eines Blutwürfels; kann nicht kombiniert werden mit Effekten, die die Zahl der Angriffe weiter erhöhen. Nicht-Assassinen, die die Droge einnehmen, erleiden 2 Blutwürfel Geistschaden.

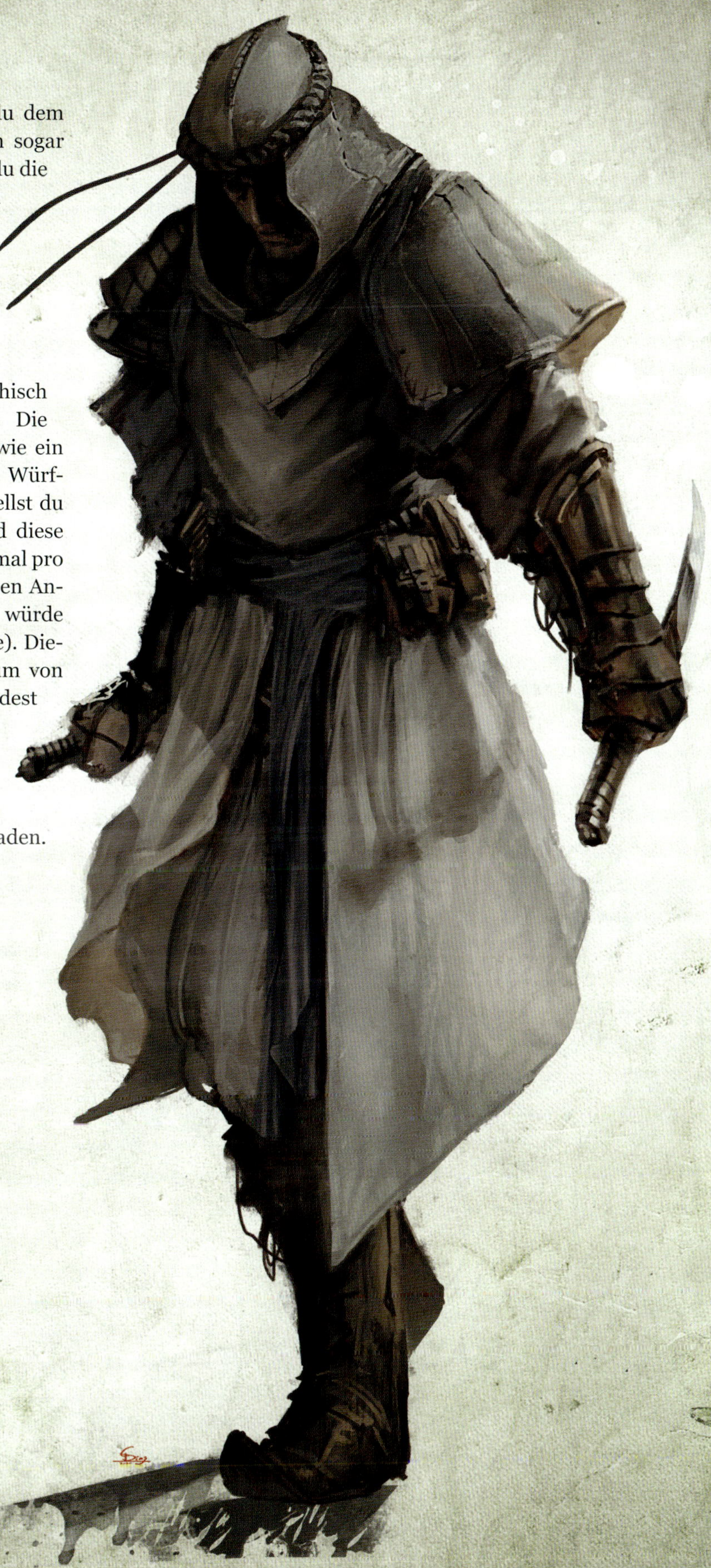

Seeräuber

***Voraussetzungen:** Rolle „Seefahrer“ (Jägerkraft „Kampf zur See“, Stammeffekt), Rolle „Fechter“*

Sie sind der Albtraum jedes Kauffahrers, der Schrecken der Meere, die Geißel der Rechtschaffenen. Dabei muss ein Seeräuber nicht zwangsweise kriminell sein oder boshaft, was ihn antreibt und dazu gebracht hat, mit der Piraterie seinen Lebensunterhalt zu verdienen, kann von Person zu Person sehr unterschiedlich sein. Ob er nun aus reiner Gier oder aus der Notwendigkeit zu überleben handelt, einen Seeräuber definiert, dass er aus freien Stücken agiert – selbst wenn er als Freibeuter im Auftrag einer übergeordneten Macht oder Nation steht. Natürlich gehört es ebenso zu seinem Naturell, dass er mit Vorliebe auf den Planken eines Schiffen kämpft, mit Leichtigkeit selbst schwierige Entermanöver ausführt und sich mit allen Widrigkeiten der See auskennt.

Seeräuber als Profession

Ein Jäger kann sich als Seeräuber verdingen, wenn er der Meinung ist, nur auf See die Kreaturen der Nacht bzw. deren Diener bekämpfen und besiegen zu können. Womöglich hatte er eine traumatische Erfahrung, z. B. weil er als Teil einer Schiffsmannschaft von einem widernatürlichen Kapitän und dessen verdorbener Mannschaft oder einem schrecklichen Meeresungeheuer

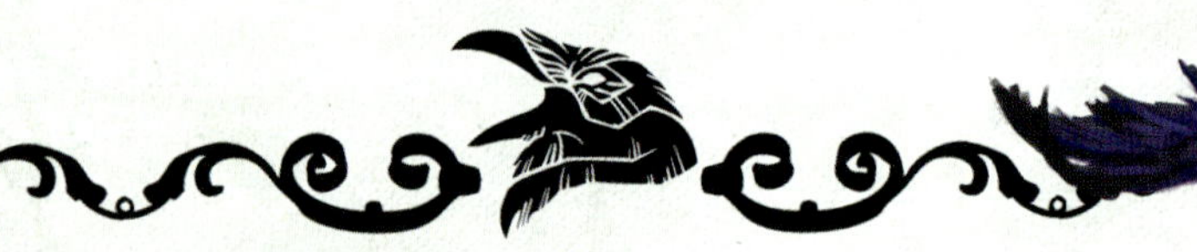

Seeräuber oder Piraten?

Es gibt viele unterschiedliche Begriffe für die freien Männer und Frauen, die Küstenstädte und reich beladene Handelsschiffe überfallen. Hier eine Abgrenzung:

Seeräuber: Von uns verwendeter Überbegriff aller freier Kämpfer zur See.

Pirat: Ein Seeräuber, der mittels Gewalt fremdes Eigentum an sich reißt. Piraten gehen oft skrupellos vor und scheuen sich nicht davor zurück, andere Menschen zu töten oder in die Sklaverei zu verkaufen. Der Begriff „Pirat“ wird vor allem in der Karibik und an den Küsten der Neuen Welt verwendet.

Korsar: Als „Korsaren“ werden die meist muslimischen Piraten des Mittelmeers bezeichnet. Außer ihrem Namen unterscheidet sie wenig von Piraten. Mehr als die Seeräuber der Karibik sind sie jedoch in Küstennähe aktiv und seltener auf hoher See.

Freibeuter: Ein Seeräuber, der von einem Herrscher dazu beauftragt wurde, im Namen eines bestimmten Reiches Piraterie zu betreiben. Das wird oft als Teil eines Krieges angesehen und ist oft gegen den feindlichen Seehandel gerichtet. Ein Freibeuter erhält zur Dokumentierung seiner Rechte einen Kaperbrief. Daher werden Freibeuter auch als „Kaperer“ bezeichnet.

Bukanier: Diese vormals französischen Siedler stellten sich gegen Ende des 17. Jahrhunderts in den Dienst der englischen Krone und führten Kaperfahrten in der Karibik aus. Ihr Gegenstück in französischen Diensten waren die sogenannten Filibuster oder Flibustier.

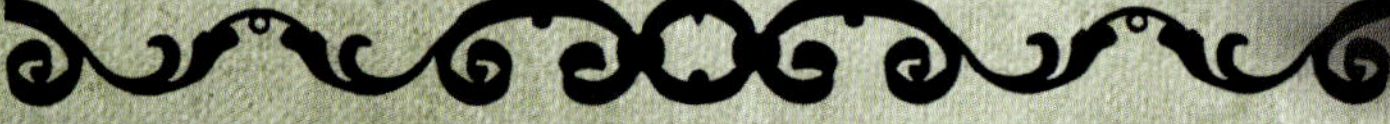

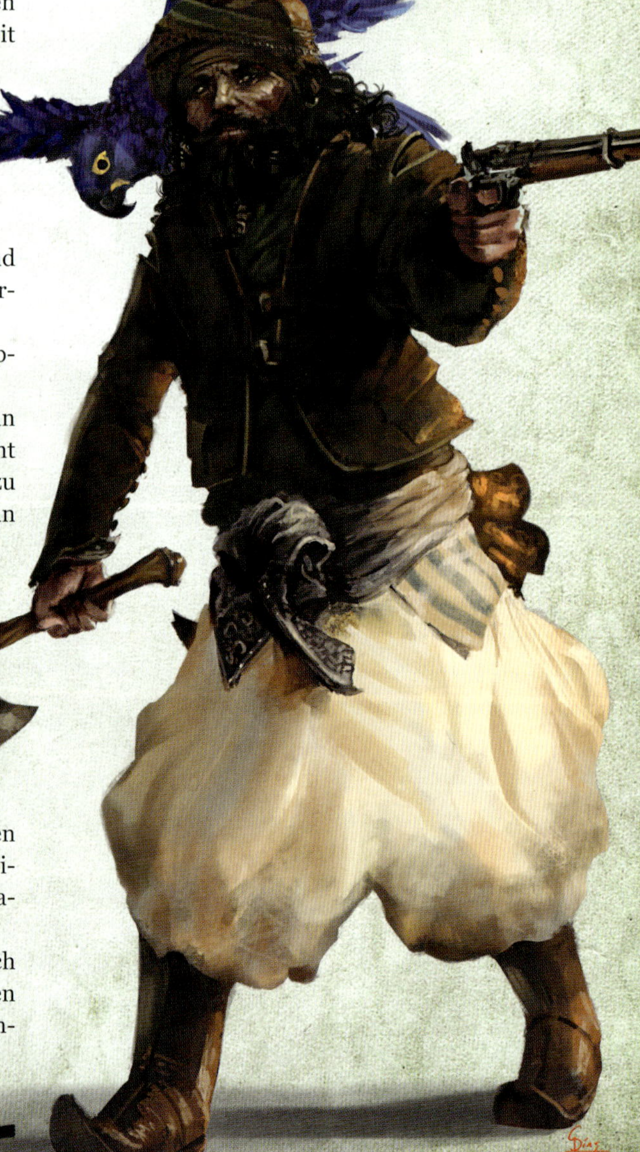

angegriffen wurde und als einziger überlebte. Eventuell war der Jäger in früheren Jahren auch Pirat oder Korsar, stieß im Zuge seiner kriminellen Aktivitäten jedoch mit Kreaturen der Nacht aneinander und schwor sich, nur noch diese Abscheulichkeiten zu bekämpfen. Vielleicht ist die Jagd auf die Geschöpfe der Hölle aber auch seine Art, Widergutmachung für die verruchten Taten der Vergangenheit zu leisten.

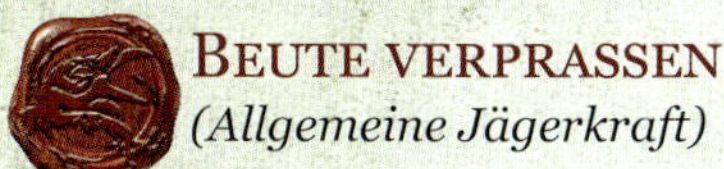

Beute verprassen

(Allgemeine Jägerkraft)

Reichtümer kommen und gehen – schließlich lebt man nur einmal, zudem als Seeräuber meist nicht besonders lange. Daher streift ein Großteil der Mannschaft nach erfolgreichem Beutezug durch die Kaschemmen, feiert nächtelang und verprasst den Gewinn nach Strich und Faden. Du kannst als Fza 100 Gulden opfern und das Leben feiern. Wenn du das tust, bist du für die nächste Zeit äußerst motiviert. Suche dir eine zweite Motivation aus, die zusätzlich zur ersten gilt, dieser in ihrer Auswirkung aber nicht widersprechen darf (wie Nihilistisch*DDL* und Verbissen). Die zweite Motivation behältst du so lange, bis du nach einem relevanten Konflikt wieder in einen Hafen einläufst oder eine größere Stadt erreichst. Wenn du dort nicht erneut deine Beute verprasst, verlierst du die zweite Motivation.

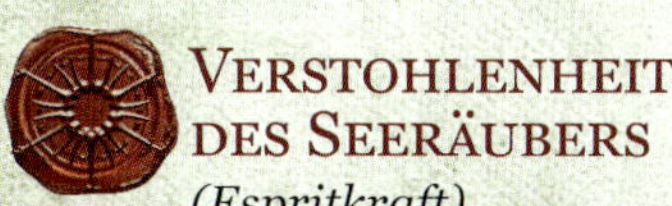

Verstohlenheit des Seeräubers

(Espritkraft)

Als Seeräuber stürzt du dich nicht immer kopfüber in die Schlacht. Viel häufiger bist du gezwungen, dich heimlich an Bord eines Handelsschiffs zu schleichen, einem fremden Kapitän nach dessen Besuch in einem dreckigen Hafenbordell aufzulauern oder versteckt an einer Küste abzuwarten, bis die Landungscrew des ausgespähten Ziels an Land geht. Bei allen Heimlichkeit-Proben, die du ablegst, zählt jeder gewürfelte Espritstern als Erfolg. Bei einer entsprechenden Gruppenprobe darfst du diese Erfolge (nur durch Espritsterne) außerdem an deine Mitstreiter abgeben. Die Verteilung kannst du vornehmen, nachdem deine Gefährten ihre Proben gewürfelt haben.

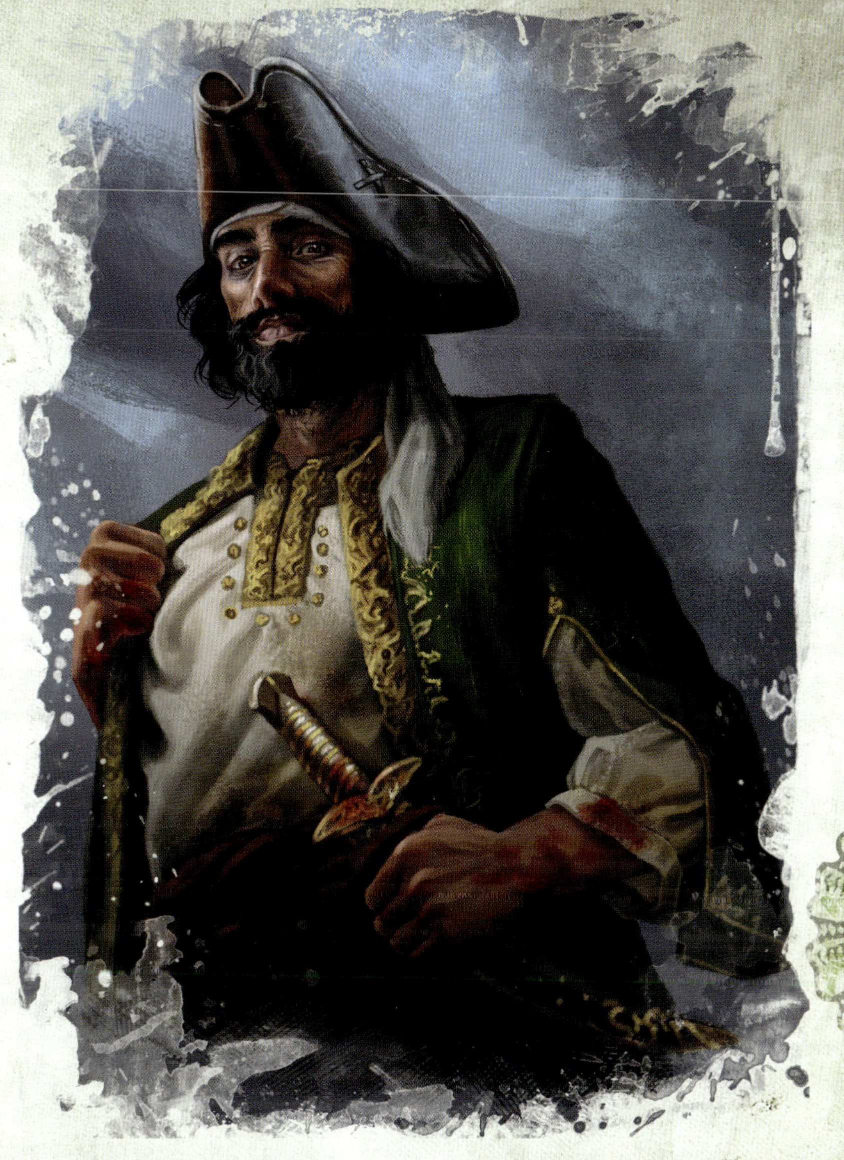

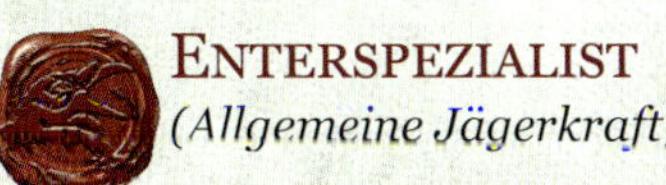

Enterspezialist

(Allgemeine Jägerkraft)

Du hast schon an vielen Entermanövern teilgenommen und kennst dich mit dem Kampf auf rutschigen Planken und in den beengten Verhältnissen unter Deck bestens aus. Immer wenn du auf einem Schiff kämpfst (ob gegen Meeresungeheuer oder während eines Bordgefechts), erhältst du einen Bonus von +2 auf alle Angriffe sowie defensiven Reaktionen (Ausweichen, Schildblock, Parade). Wenn du Beute auf fremden Schiffen machst, ist sie um 10 % höher (gilt für die gesamte Beute, die die Gruppe im Kampf macht, nicht kumulativ).

Johanneus-Bruder

***Voraussetzung:** Rolle „Alchemist“ (Jägerkraft „Elixiere herstellen“, Stammeffekt), Rolle „Eiferer“*

Die Johannei des Hospitaliterordens sind passable Kämpfer, wurde doch jeder von ihnen im Klingengewölbe der Maltei im Nahkampf unterwiesen. Ihre besondere Gabe jedoch ist der Umgang mit den okkulten Elixieren und Ritualen der sogenannten Höheren Mysterien. Im Alter von acht Jahren beginnt die Ausbildung eines Johanneus als Knappe. Während die kämpfenden Brüder des Ordens besonders nach körperlichen Qualitäten und oft auch nach dem Geldbeutel ihrer Familien ausgewählt werden, sind die Maßstäbe an die Aspiranten der Johannei höher. Ein gewisser Grad an Vorbildung sowie ein innewohnender Wissensdurst zeichnet ihre Knappen aus. Nach einer Lehrzeit bei den Brüdern beider Ordensfraktionen entscheidet allein der Meister Johanneus, wer in die Reihen der Ritterbrüder aufgenommen wird. So sind die Johannei sehr unterschiedlichen Alters und Standes. Ein Johannes-Bruder beherrscht die Versorgung der Kranken und Verwundeten ebenso wie er die Geheimnisse der okkulten Alchemie kennt und erforscht. Ein Leben lang strebt er sowohl nach Wissen und höherer Erkenntnis als auch nach Ehre für seinen Orden.

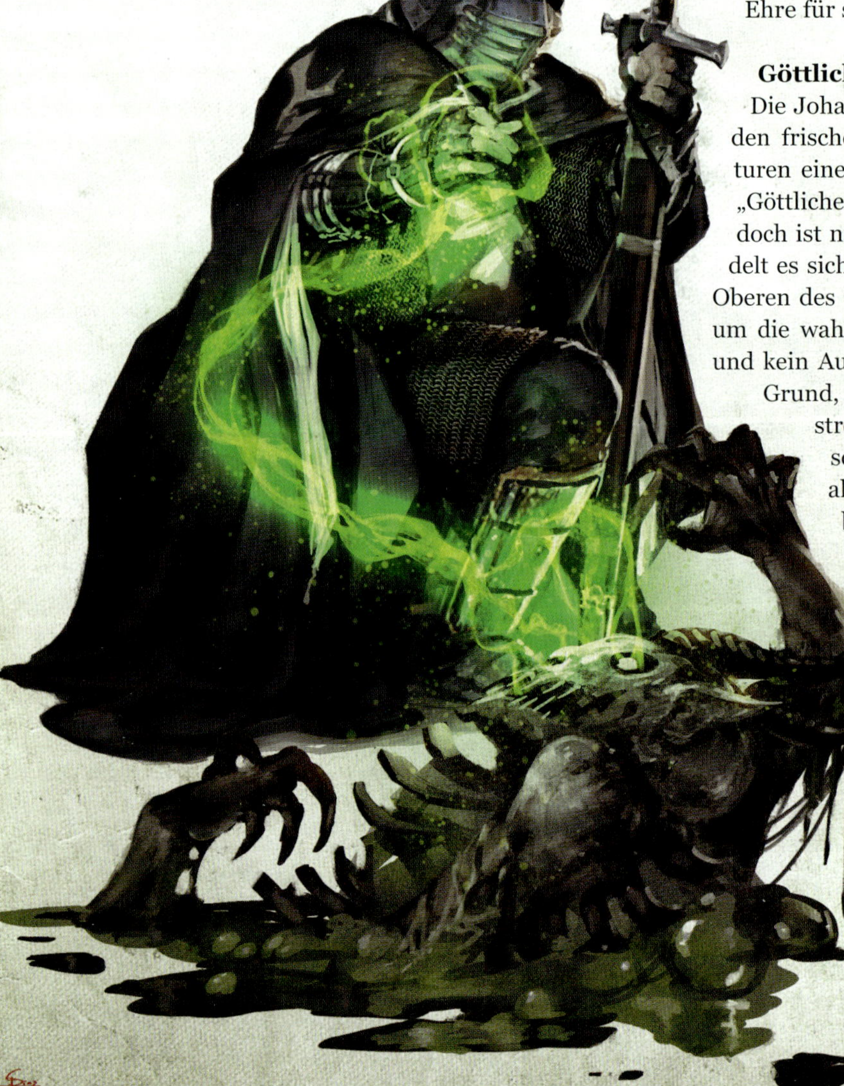

Göttliche Essenz

Die Johannei haben einen Weg gefunden, aus den frischen Kadavern widernatürlicher Kreaturen eine Substanz zu extrahieren, die sie als „Göttliche Essenz“ bezeichnen. Tatsächlich jedoch ist nichts Göttliches daran, viel eher handelt es sich um eine Abart des Seelenlichts. Die Oberen des Ordens wählten den Begriff bewusst, um die wahre Natur der Essenz zu verschleiern und kein Aufsehen zu erregen. Dies ist auch der Grund, warum die Kunst ihrer Herstellung streng geheim gehalten wird. Viele Forschungen der Johannei basieren auf alchemistischen Prozeduren in Verbindung mit dieser Substanz.

Der Vorgang der Essenzgewinnung ist eine Mischung aus heiliger Zeremonie, etwa Gebeten und Gesängen, und wissenschaftlichem Vorgehen. Die leicht grünliche Substanz hat die Konsistenz von Blut. Wie dieses kann sie dem Körper entnommen und in Glasphiolen (ganz ähnlich den Heinzeller-Gläsern) abgefüllt werden, außerhalb derer die Essenz rasch gerinnen würde.

Johanneus-Bruder als Profession

Nach der Ausbildung werden die Johannei oft für eine gewisse Zeit auf Missionen außerhalb Maltas und der Ordensangelegenheiten entsandt, um ihren Horizont und den Einfluss der Hospitaliter zu erweitern. So dienen viele Johanneus-Brüder als Ärzte an Fürsten- und Königshöfen sowie als Ratgeber und Spezialisten des Okkulten. In dieser Funktion sind sie auch bei Jägergruppen sehr gefragt und begleiten sie auf ausgesuchten Missionen. Mitunter schließen sie sich diesen gar für längere Zeit an, um ihre Künste im Kampf gegen das Böse zu schulen oder sich neues Wissen anzueignen.

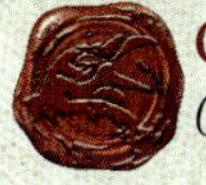

Göttliche Essenz

(Allgemeine Jägerkraft/Unterhalt +20)

Du bist in der Lage, aus einer getöteten Kreatur der Nacht Göttliche Essenz zu gewinnen. Mithilfe eines Labors oder transportablen Laboratoriums kannst du dem frischen Kadaver eines widernatürlichen Anführergegners 1 Göttliche Essenz pro As entnehmen. Immer wenn du ein Verbrauchsgut (z. B. Gift, Wurfgeschoss, Waffenöl oder Elixier) anwendest, bei dem Blut- oder Elixierwürfel zum Einsatz kommen, darfst du vor dem Ablegen der Probe als freie Reaktion 1 Göttliche Essenz opfern und den Spezialwürfel auf eine beliebige Seite drehen. Werden mehrere Spezialwürfel genutzt, kannst du nur das Resultat eines von ihnen beeinflussen. Auf Verbrauchsgüter mit Effekten, bei denen keine Sonderwürfel verwendet werden, hat Göttliche Essenz keine Auswirkung. Du kannst Göttliche Essenzen für 10 Gulden pro Stück auf jedem Markt verkaufen.

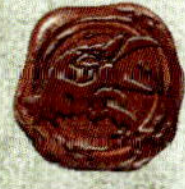

Waffenöle

(Allgemeine Jägerkraft/Handwerk/ Unterhalt +15)

Du kennst geheime okkulte Rezepturen, um metallische Oberflächen härter, stabiler, schärfer oder flexibler zu machen, sodass Waffen und Panzerungen einen verbesserten Effekt haben. Waffenöle sind Verbrauchsgüter, die du im Rahmen einer FzA herstellst (du benötigst dazu ein Labor oder transportables Laboratorium). Lege eine Probe auf Wissensgebiete ab. Pro Erfolg erhältst du 1 Waffenöl, das du im Kampf als Reaktion (1 AP) auf eine beliebige Nahkampfwaffe oder Panzerung aufbringen kannst, allerdings nicht auf Kleidungssets. Bei Waffen erhöht es den nächsten verursachten Schaden um einen Elixierwürfel und gilt danach als verbraucht. Bei Panzerung erhält der Jäger stattdessen Puffer-LeP in Höhe eines Elixierwürfels; dies kann erst wiederholt werden, wenn der Betreffende keine Puffer-LeP mehr besitzt (am Ende des Kampfes verfallen wie üblich alle ungenutzten Puffer-LeP).

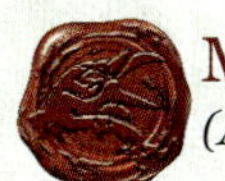

Mystik des Teufels

(Allgemeine Jägerkraft)

Einige Johannei betreiben Studien in Bereichen des Okkulten, die andere Diener Gottes als verboten, geächtet und schändlich ansehen. Mit dem Ziel, eine Möglichkeit zu finden, den Menschen gegen die Verlockungen und Zauberkräfte des Bösen zu wappnen, erforschen diese Johanneus-Brüder das Wirken des Teufels in den Geschöpfen des Herrn und eignen sich auf diese Weise so manche dunkle Riten aus der christlichen Frühzeit an. Einmal pro Kampf darfst du als Aktion für 2 AP diese frevelhaften Zeremonien ausführen. Du erhältst pro Verderbnis, die du besitzt, 1 Segnung, 2 Puffer-LeP sowie 1 Coup und 1 Idee. Zusätzlich wird die Zahl deiner Verderbnisse für die Dauer des Kampfes auf 0 gesetzt, sodass sie nicht länger deine Segnungen begrenzen. Sobald die Kraft jedoch angewendet wurde, zählt bis zum Ende des Konfliktes jeder Espritstern, den ein Anführergegner gegen dich würfelt, als zwei Erfolge.

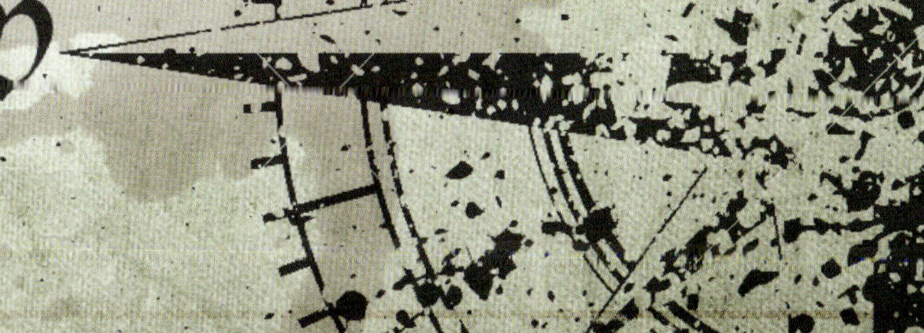

Neues Volk: Heroen

Es waren die Schriften des Vigo van Dahlen, die mich dazu brachten, meinen Forschungen in der Ägäis eine neue Richtung zu geben. Hatte ich mich bis dahin nur mit der Verbreitung von Sturmgeistern und ihrem Wirken auf Mensch und Tier auseinandergesetzt, so begann ich nun, den antiken Wasser- und Quellenkulten nachzuspüren, und entdeckte wahrhaft Erstaunliches. Es scheint gerade so, als würden sich viele Sagen und Mythen, aber auch ihre Widersprüche, durch meine Entdeckung erklären lassen ...

– Fragment eines unbekannten Buchs, verkauft in der Gasse der Wunder in Konstantinopel

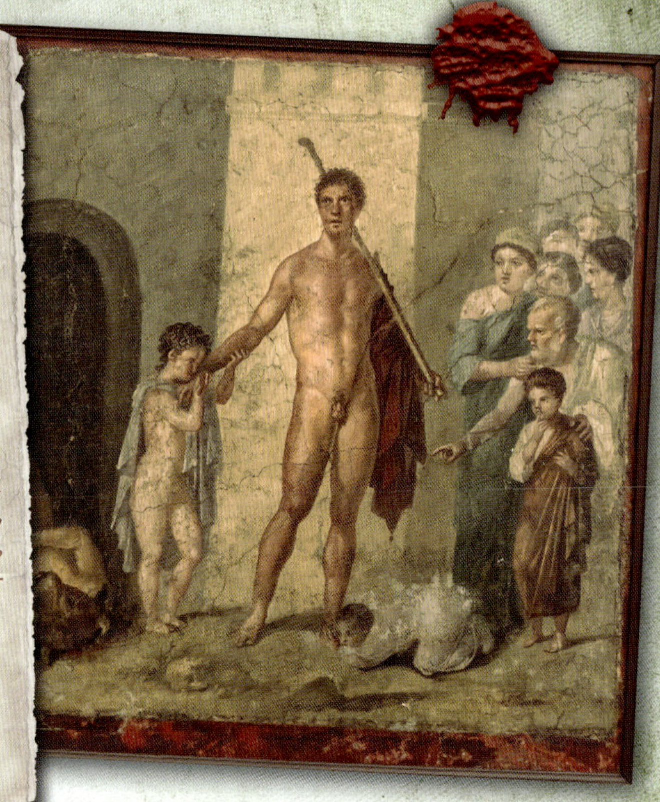

Bei Heroen (männlich: Heros, weiblich: Heroine) handelt es sich um die Nachkommen einer Nymphe und eines menschlichen Mannes. Sie sind somit Mischwesen aus Mensch und Alb, Wandler auf den Wegen zwischen der Realität und der Anderswelt, zugleich aber auch Helden, auf deren Schultern die bedeutsame Aufgabe lastet, eine kommende Katastrophe abzuwehren – auch wenn sie oft nicht wissen, worum es sich dabei genau handelt.

Geburt von Heroen

Wenn Nymphen die Vorahnung eines düsteren Schicksals haben, setzen sie mitunter ein Wesen in die Welt, das sich dieser drohenden Gefahr annimmt: einen echten Helden, einen Heros oder eine Heroine. Dazu muss sich der Naturgeist mit einem menschlichen Mann einlassen und auf gewöhnliche Weise paaren. Die anschließende Schwangerschaft dauert zwölf Monate, nach der sich die Nymphe mit dem Neugeborenen für weitere zwölf Monate in die Anderswelt zurückzieht, um sich zu erholen und das Kind zu erziehen. Da die Zeit in den jenseitigen Sphären oft schneller verstreicht, zählt der Heros oder die Heroine nach dieser Dauer 15 bis 17 menschliche Jahre.

Charakterkonzept
Mit den Heroen präsentieren wir hier ein neues spielbares Charakterkonzept. Es liegt im Ermessen der Spieler und des Spielleiters, ob Heroen zugelassen werden oder nicht.

Bereits in frühester Jugend offenbart die Nymphe ihrem Zögling die ihm zugedachte Bestimmung als Retter und Held und beginnt mit seiner strengen Ausbildung. Aus der Sicht der Schicksalsmächte werden Heroen für einen einzigen Zweck geboren; sobald sie die Welt der Menschen betreten, beginnt ihre Zeit abzulaufen. Im Diesseits verbleiben ihnen genau zwölf Jahre, nach deren Ablauf sie unweigerlich vergehen. Dieser Zeitraum kann nur verlängert werden, indem sie sich zwischenzeitlich in die Anderswelt zurückziehen, wo ihre Alterung aufgehoben ist. Meist jedoch erfüllt sich ihr Schicksal innerhalb der zwölf Jahre, indem das von ihrer Mutter erspürte Verhängnis eintritt. Selbst wenn Heroen versuchen, ihren eigenen Weg zu gehen, folgen sie dabei paradoxerweise oft ihrer Bestimmung, denn am Ende ist es unmöglich, dem Schicksal zu entkommen.

Heroen als Jäger

Heroen stellen eine neue Art von spielbarem Volk dar, das Aspekte menschlicher Jäger mit den zauberhaften Kräften von Alben und den Sagen antiker Helden vereint. Sie sind Kinder zweier Welten und verfügen durch ihr albisches Erbe über einige herausragende Zauberkräfte. Gleichzeitig sind sie Menschen, empfinden wie diese und trachten häufig danach, ein normales Leben zu führen. Allerdings gehören sie keiner von beiden Welten richtig an. Alben erkennen sie als das, was sie sind: Werkzeuge zur Verhinderung einer unbestimmten Katastrophe, und wollen sie aus Angst vor finsteren Ereignissen nicht in ihrer Nähe haben. Menschen hingegen fühlen sich von ihnen schnell eingeschüchtert oder sehen in ihnen nur heldenhafte Beschützer, keine Personen. Viele Heroen wählen daher eine Karriere als umherziehender Abenteurer oder Jäger, wobei sie sich in jedem Fall entscheiden müssen, wie sie mit ihrer düsteren Bestimmung umgehen. Dafür gibt es im Grunde nur zwei denkbare Haltungen:

- Der Heros/die Heroine will sich vom schicksalhaften Erbe der Mutter befreien und versucht, der drohenden Katastrophe aus dem Weg zu gehen. Er/sie schließt sich Jägern von ähnlicher Gesinnung an, die oft vom Krieg und den Schrecken der Hölle gebeutelt sind und sich auf der Suche nach dem Sinn in ihrem Leben befinden. Derartige Heroen trachten oft entweder danach, die ihnen gegebene Zeit auf Erden zu verlängern, oder sie leben jeden Tag so, als gäbe es keinen nächsten.
- Der Heros/die Heroine akzeptiert die vorherbestimmte Aufgabe als unentrinnbar. Er/sie schließt sich Jägern an, die bei der Bewältigung dieses Schicksal womöglich hilfreich sind oder Hinweise geben können über die Art der bevorstehenden Katastrophe. Diese Art von Heroen arbeitet zudem häufig mit anderen Nachkommen ihrer Mutter zusammen, die im Auftrag der Nymphe oft als Lehrer oder Ausbilder fungieren.

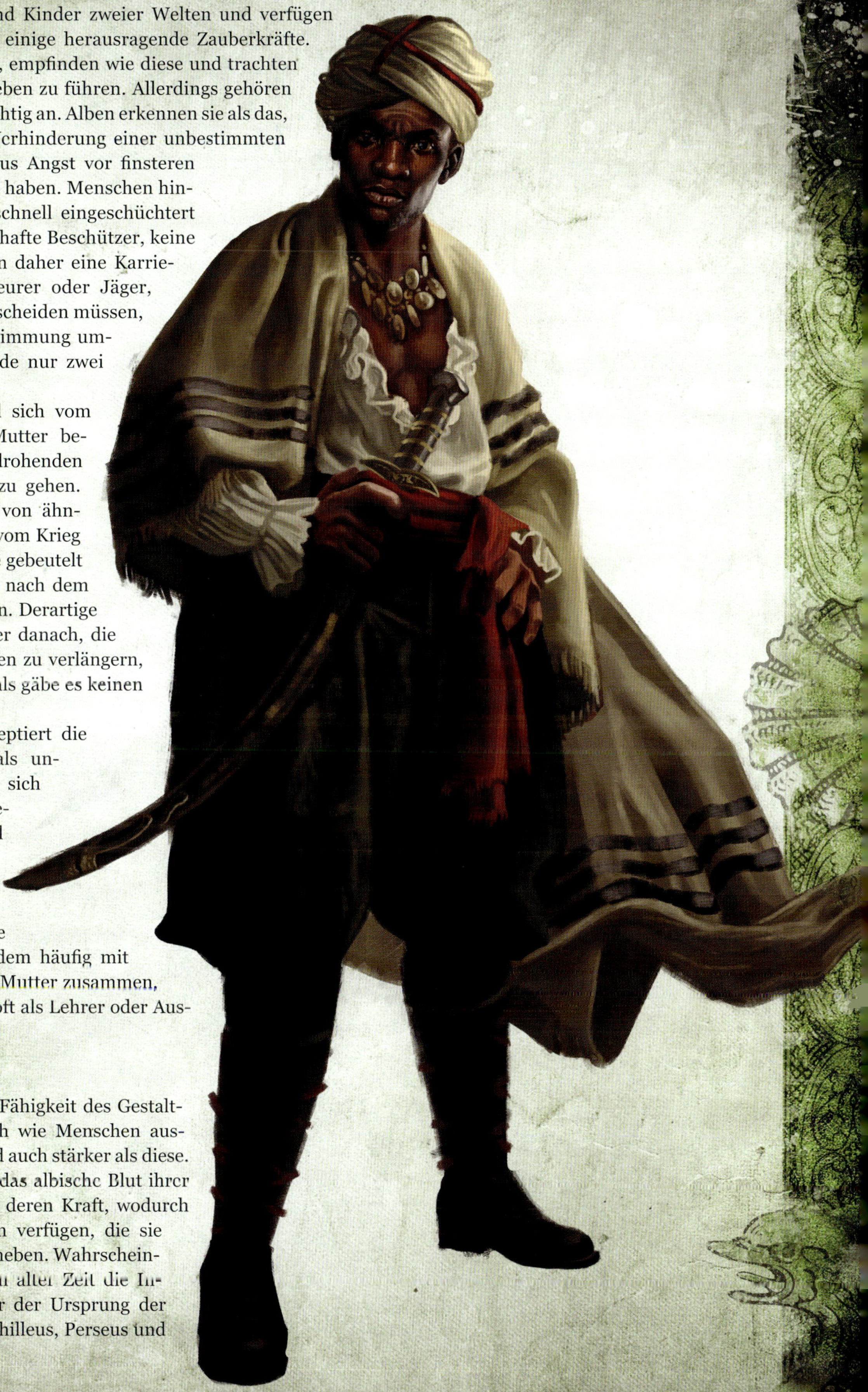

Kräfte der Heroen

Obwohl Heroen nicht über die Fähigkeit des Gestaltwandels gebieten und äußerlich wie Menschen aussehen, sind sie doch schöner und auch stärker als diese. Zudem pulsiert in ihren Adern das albische Blut ihrer Mutter und damit ein Teil von deren Kraft, wodurch sie über besondere Fähigkeiten verfügen, die sie deutlich von anderen Jägern abheben. Wahrscheinlich waren diese Mischwesen in alter Zeit die Inspiration, möglicherweise sogar der Ursprung der antiken Epen über Herakles, Achilleus, Perseus und anderer sagenhafter Helden.

Allen Heroen ist gemein, dass sie schnell lernen und wie ein Kind jegliches Wissen geradezu in sich aufsaugen. Ebenfalls kindlich ist ihr Verlangen, ob ihrer kurzen Verweildauer auf Erden möglichst viel von der Welt zu sehen. Da sie menschliche Gesellschaft jedoch häufig meiden und ihr Leben von ihrem Schicksal geprägt, gelten sie dennoch oft als weltfremd (siehe unten) – ihr Wissen bezieht sich eher auf niedergeschriebene Informationen.

Heroen erstellen

Um einen Heros oder eine Heroine als Spielercharakter zu erstellen, muss die Jägererschaffung an folgenden Stellen angepasst werden:

- **Stärke und Schwäche:** Heroen glänzen immer in einem besonderen Bereich. Bei der Jägererschaffung erhalten sie 1 zusätzlichen Attributpunkt. Gleichzeitig verfügen sie stets über eine Schwachstelle: Der Spieler muss ein Attribut bestimmen, in dem sein Charakter nur 2 Punkte besitzt. Dieses darf auch später nie gesteigert werden.
- **Rollen:** Heroen können alle Rollen ergreifen, sogar technische wie die des Konstrukteurs (selbst Odysseus bediente sich schon mechanischer Hilfsmittel). Allerdings werden sie aufgrund ihres intuitiven Unbehagens gegenüber Seelenlicht keine seelenlichtbetriebene Apparaturen, Waffen, Panzerungen oder sonstigen Objekte bauen oder verwenden .
- **Motivation:** Heroen wählen keine Motivation, ihr Leben ist immer von ihrem düsteren Schicksal bestimmt.

Sonderregeln

Für Heroen gelten folgende Sonderregeln.

- **Anfällig:** Heroen sind anfällig gegenüber Unheilschaden, daher erleiden sie wie Nsc mit der gleichnamigen Eigenschaft bei entsprechenden Angriffen den 1,5-fachen Schaden. Zudem bereitet ihnen die Anwesenheit von Seelenlicht Unbehagen. Sollte sich eine starke Quelle in der Nähe befinden (z. B. Straßenbeleuchtung oder eine Seelenfalle der Faust-Gesellschaft), erhalten sie einen allgemeinen Malus von –1. Bei schwächeren Quellen von Seelenlicht (z. B. der in einem Mechanikum eingebaute Seelenmotor) verspüren sie zwar auch eine innere Unruhe, die aber zu keinem Malus führt.
- **Kraftentfaltung:** Heroen können beim Fokussieren 2 Coups bzw. Ideen opfern, um den maximalen Bonus von +5 zu erhalten. Besitzen sie einen Effekt, der ihnen das bereits erlaubt, müssen sie stattdessen nur 1 Coup bzw. Idee ausgeben.
- **Held:** Auf den Stufen 3, 6, 9 und 12 erhalten Heroen jeweils eine beliebige neue Heldenkraft (siehe unten), ohne dafür Jägerpunkte ausgeben zu müssen. Sie starten ohne Heldenkraft.
- **Erfülltes Schicksal:** Heroen steuern unablässig ihrem vorherbestimmten Schicksal entgegen und können diesem nicht ausweichen. Sobald sie im Kampf kritisch verletzt werden (LeP unter –10), können sie ihre Vorsehung erfüllen: Der Jäger heilt sämtliche LeP, erhält alle Coups und Ideen zurück und regeneriert seine Eh-/Mh-Kästchen. Das Gleiche gilt für all seine Gefährten. Der Heros/die Heroine selbst erhält für den Rest des Kampfes den maximalen Bonus von +5 auf alle Angriffe, füllt seine Puffer-LeP auf 10 auf und erhält +2 Ap pro Runde. Das Schicksal des Jägers ist allerdings besiegelt: Sollte er erneut kritisch verletzt werden, stirbt er den Heldentod; sollte er den Feind bezwingen, wandert er kurze Zeit nach der Begegnung für immer in die Anderswelt ab. „Erfülltes Schicksal" kann auch im freien Rollenspiel angewendet werden, um eine besonders heldenhafte Tat zu vollbringen, z. B. einen ausbrechenden Vulkan mit einem gewaltigen Stein zu verschließen, ein einstürzendes Gebäude mit dem eigenen Körper abzustützen, bis alle daraus geflüchtet sind, oder einen sich ausbreitenden Erdriss mit den bloßen Händen zusammenzuhalten. Auch das führt zum Ende des Charakters.
- **Weltfremd:** Aufgrund ihres erdrückenden Schicksals sind Heroen oft weltfremd. Zudem fehlt es ihnen durch ihre spezialisierte Ausbildung in der Anderswelt an sozialen Fähigkeiten und gesellschaftlichem Wissen, das sich gewöhnliche menschliche Kinder allein durch das Aufwachsen in einer Gruppe aneignen. Bei jedem Stufenaufstieg erhalten Heroen nur 2 statt 3 Fp. Ab Stufe 13 haben sie die anfänglichen Defizite jedoch ausgeglichen und bekommen fortan die gewöhnliche Menge Fp, die für die jeweilige Stufe vorgesehen ist.

Heldenkräfte

Albenblut

Nicht nur ist dein albisches Erbe besonders stark, deine Nymphenmutter hat dich auch in den Gepflogenheiten dieses geheimnisvollen Volkes geschult. Du kannst dich mit jedem Alben verständigen, unsichtbare Alben automatisch erkennen und hast Einblick in die jeweilige Kultur und die Traditionen eines Stammes (bei jedem Albenvolk steht dir eine Probe auf Land und Leute zu, pro Erfolg kannst du vom HeXXenmeister eine Informationen über dieses erfragen). Von Alben gezüchtete Kreaturen werden dich nicht angreifen, es sei denn, du attackierst diese zuerst. Da du zudem die Schwachpunkte albischer Geschöpfe kennst, genießt du einen Bonus von +2 beim Angreifen, Parieren, Ausweichen und Blocken im Kampf gegen Alben und ihren Kreaturen.

Brecher der Ketten
Dein kräftiger Körper und dein unbändiger Wille sind die Verkörperung von Freiheit. Nichts vermag dich dauerhaft festzusetzen. Du verlierst immer 2 statt 1 Stufe, wenn du Lähmungsschaden reduzierst.

Donnerkeil
Die Kraft der Natur durchströmt dich, sodass du in offener Umgebung Blitze herbeirufen und durch deinen Körper auf einen Gegner leiten kannst. Ein solcher Blitzschlag kostet 3 AP und erfordert eine Angriffsprobe, die auf Unempfindlichkeit gewürfelt wird, wobei du je nach Wetterlage einen Bonus erhältst, Richtlinie: bewölkt +1, regnerisch +3, stürmisch +5 (oder zufällig bestimmt mithilfe eines Elixierwürfels). Bei Sonnenschein musst du die Blitze aus dir selbst heraus erzeugen, wodurch du pro Angriff 1 Blutwürfel Geistschaden erleidest. Für Blitzangriffe gelten keine Einschränkungen (vergleichbar mit Pistolenschüssen). Sie verursachen als Grundschaden 5 Blitzschaden.

Flinkheit der Artemis
Du bist kurzfristig in der Lage, deine Kraft zu bündeln, um eine enorme Schnelligkeit oder Gewandtheit zu erlangen. Als freie Reaktion erhältst du zusätzlich 1 AP, nimmst aber gleichzeitig 1 Elixierwürfel Geistschaden. Pro Kampfrunde darfst du dies nur einmal tun und auch nur dann, wenn du in dieser Runde keine zusätzlichen AP aus anderen Quellen bekommst (z. B. durch Segnungen).

Flügel des Hermes
Als Heroe vermagst du die Gesetzmäßigkeiten der Schwerkraft zu beugen und dich kurze Zeit so zu bewegen, als seist du extrem leicht. Alle Akrobatik-Proben, die etwas mit Klettern oder Balancieren zu tun haben, gelingen dir automatisch oder (falls die Zahl der Erfolge wichtig ist) legst du mit dem vollen Bonus von +5 ab. Im Kampf kann sich der Heroe einmal pro Runde als freie Reaktion von einem Gegner lösen.

Göttliche Wiederherstellung
Dein Körper ist erfüllt von der Kraft deiner nymphischen Mutter und regeneriert sich schneller von Wunden aller Art. Du besitzt 1 zusätzliches EH-Kästchen.

Günstling der Elemente
Du bist besonders widerstandsfähig gegen den Einfluss der Elemente, vor allem Feuer und Kälte machen dir nur wenig aus. Du verlierst immer 2 statt 1 Stufe, wenn du äußeren Schaden reduzierst.

Helm des Hades
Zwar kannst du dich nicht gänzlich unsichtbar machen, wie es der Gott der Unterwelt durch seine legendäre Kopfbedeckung vermochte, aber dein albisches Erbe verleiht dir die Fähigkeit, dich so zu bewegen und verbergen, dass man dich kaum wahrnimmt. Alle Heimlichkeit-Proben, die etwas mit Schleichen oder Verstecken zu tun haben, gelingen dir automatisch oder (falls die Zahl der Erfolge wichtig ist) legst du sie mit dem vollen Bonus von +5 ab.

Nektar und Ambrosia
Du bist ein Freund von Festen aller Art und liebst guten Wein, gutes Essen und gute Gesellschaft. Dein albisches Erbe macht dich immun gegen die Auswirkungen von Alkohol, außerdem verlierst du immer 2 statt 1 Stufe, wenn du inneren Schaden reduzierst.

Poseidons Atem
Du bist in der Lage, beliebig lange unter Wasser zu verweilen. Zwar erleidest du noch den üblichen Malus von −2, wenn du tauchend kämpfst, aber du erhältst nicht den Zustand „Atemnot“ (siehe: *Mare Monstrum Obscura*, Kapitel 4). Zudem genießt du einen Bonus von +3 bei allen Angriffen gegen schwimmende oder tauchende Gegner, die nicht im Wasser heimisch sind oder mithilfe magischer Fähigkeiten in diesem atmen können.

Sturheit der Götter
Weder weltliche noch widernatürliche Zauber können dich einschüchtern und auch andere Hindernisse halten dich nicht auf. Du verlierst immer 2 statt 1 Stufe, wenn du Malusschaden reduzierst.

Praktische Helfer für den weltreisenden Jäger

Nutze die Möglichkeiten zahlreicher praktischer Hilfsmittel, um dein Spielerlebnis als Jäger in HeXXen 1733 noch zu steigern.

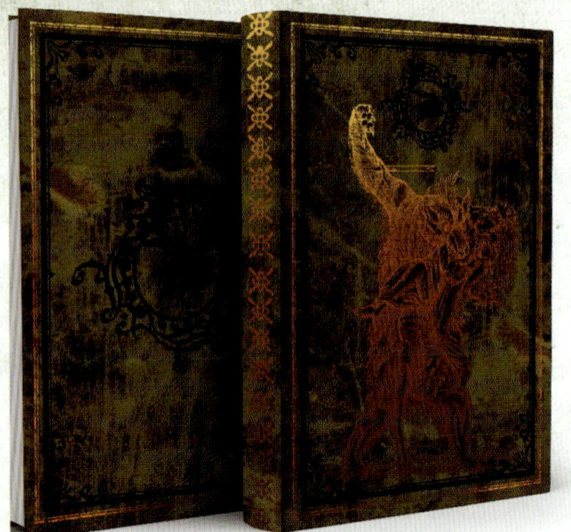

US81047 Notizbuch des Jägers

Halte alle deine spannenden Erlebnisse in diesem stilvollen Notizbuch in der typischen HeXXen-Aufmachung fest.

US81039 Jägerspielmatte

Praktische Unterlage, um alle deine Ressourcen im Blick zu haben, darunter auch die neue Ressource Quintessenz, die in der Fibel des Jägerhandwerks vorgestellt wird.

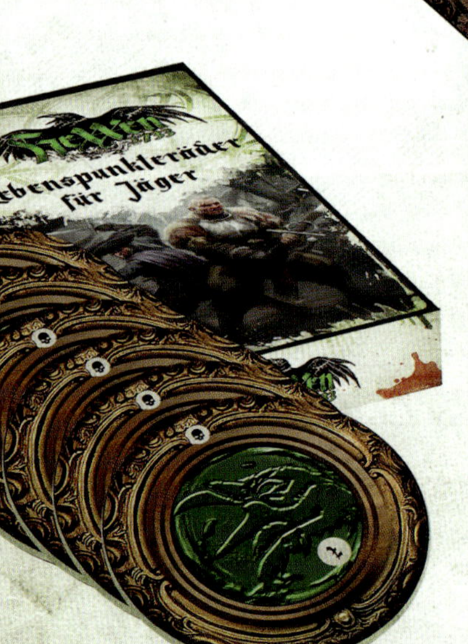

US81042 Lebenspunkteräder für Jäger

Ein nützliches Werkzeug für alle Jäger: Mit einem Lebenspunkterad kannst du deine Lebenspunkte von -10 bis +30 festhalten, ebenso deine Puffer-LEP. Das Set enthält sechs LEP-Räder.

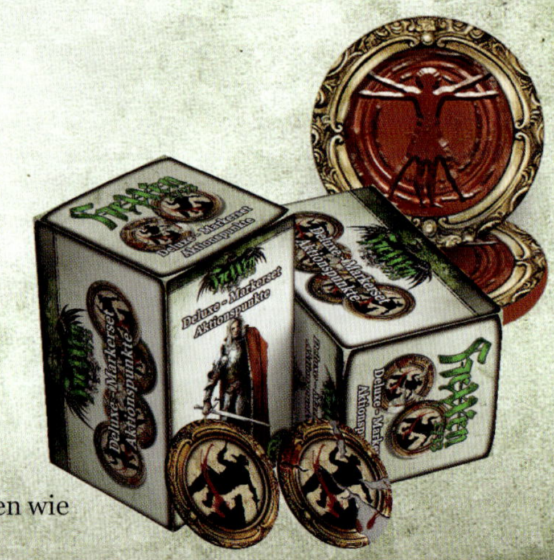

US81038 Deluxe-Markerset Aktionspunkte

US81006 Deluxe-Markerset Coups und Ideen

US81059 Deluxe-Markerset Quintessenz

Halte mit diesen Markersets in Pokerchip-Größe alle deine Ressourcen wie Coups, Ideen, Aktionspunkte und Quintessenz-Punkte im Blick.

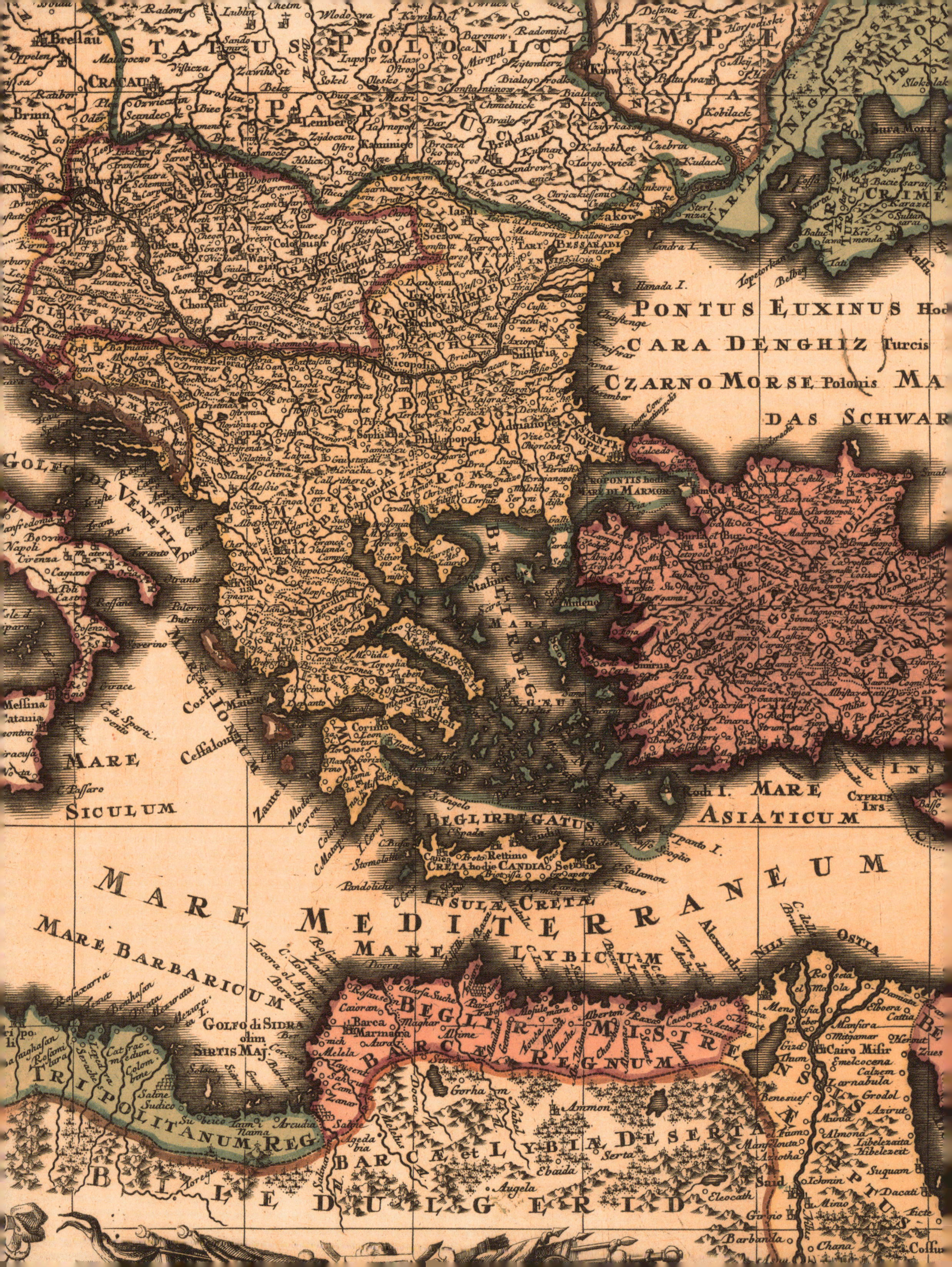

STATUS POLONICI
IMPE
PARS
Lemberg
Cracau
Bresslau
Oppelen
Brinn
Kiow
Oczakow
Crimea
Pontus Euxinus hod
Cara Denghiz Turcis
Czarno Morse Polonis
Das Schwar
Propontis hodie Mare di Marmora
Golfo di Venetia
Mare Ionium
Mare Siculum
Messina
Corfu
Cefalonia
Zante I.
Philippopoli
Adrianopel
Sophia
Nicopoli
Silistria
Belgrad
Macedonia
Rhodi I.
Mare Asiaticum
Cyprus Ins.
Beglirbegatus
Canea
Creta hodie Candia
Insula Creta
Mare Mediterraneum
Mare Lybicum
Mare Barbaricum
Golfo di Sidra olim Sirtis Maj.
Tripolitanum Reg.
Barcae Regnum
Misir
Ostia Nili
Alexandria
Cairo Misir
Barcae et Lybia Deserta
Ammon
Biledulgerid
Aegyptus